思想的・睿智的・獨見的

經典名著文庫

學術評議

丘為君　吳惠林　宋鎮照　林玉体　邱燮友
洪漢鼎　孫效智　秦夢群　高明士　高宣揚
張光宇　張炳陽　陳秀蓉　陳思賢　陳清秀
陳鼓應　曾永義　黃光國　黃光雄　黃昆輝
黃政傑　楊維哲　葉海煙　葉國良　廖達琪
劉滄龍　黎建球　盧美貴　薛化元　謝宗林
簡成熙　顏厥安（以姓氏筆畫排序）

策劃　楊榮川

五南圖書出版公司 印行

經典名著文庫

學術評議者簡介（依姓氏筆畫排序）

- 丘為君　美國俄亥俄州立大學歷史研究所博士
- 吳惠林　美國芝加哥大學經濟系訪問研究、臺灣大學經濟系博士
- 宋鎮照　美國佛羅里達大學社會學博士
- 林玉体　美國愛荷華大學哲學博士
- 邱燮友　國立臺灣師範大學國文研究所文學碩士
- 洪漢鼎　德國杜塞爾多夫大學榮譽博士
- 孫效智　德國慕尼黑哲學院哲學博士
- 秦夢群　美國麥迪遜威斯康辛大學博士
- 高明士　日本東京大學歷史學博士
- 高宣揚　巴黎第一大學哲學系博士
- 張光宇　美國加州大學柏克萊校區語言學博士
- 張炳陽　國立臺灣大學哲學研究所博士
- 陳秀蓉　國立臺灣大學理學院心理學研究所臨床心理學組博士
- 陳思賢　美國約翰霍普金斯大學政治學博士
- 陳清秀　美國喬治城大學訪問研究、臺灣大學法學博士
- 陳鼓應　國立臺灣大學哲學研究所
- 曾永義　國家文學博士、中央研究院院士
- 黃光國　美國夏威夷大學社會心理學博士
- 黃光雄　國家教育學博士
- 黃昆輝　美國北科羅拉多州立大學博士
- 黃政傑　美國麥迪遜威斯康辛大學博士
- 楊維哲　美國普林斯頓大學數學博士
- 葉海煙　私立輔仁大學哲學研究所博士
- 葉國良　國立臺灣大學中文所博士
- 廖達琪　美國密西根大學政治學博士
- 劉滄龍　德國柏林洪堡大學哲學博士
- 黎建球　私立輔仁大學哲學研究所博士
- 盧美貴　國立臺灣師範大學教育學博士
- 薛化元　國立臺灣大學歷史學系博士
- 謝宗林　美國聖路易華盛頓大學經濟研究所博士候選人
- 簡成熙　國立高雄師範大學教育研究所博士
- 顏厥安　德國慕尼黑大學法學博士

經典名著文庫193

政治經濟學原理：
及其在社會哲學上的若干應用（上卷）

Principles of Political Economy with Some of Their Applications to Social Philosophy

---

約翰・斯圖爾特・彌爾 著
（John Stuart Mill）
金鏑、金熠 譯

經典永恆・名著常在

五十週年的獻禮・「經典名著文庫」出版緣起

總策劃 楊榮川

五南，五十年了。半個世紀，人生旅程的一大半，我們走過來了。不敢說有多大成就，至少沒有凋零。

五南忝爲學術出版的一員，在大專教材、學術專著、知識讀本出版已逾壹萬參仟種之後，面對著當今圖書界媚俗的追逐、淺碟化的內容以及碎片化的資訊圖景當中，我們思索著：邁向百年的未來歷程裡，我們能爲知識界、文化學術界做些什麼？在速食文化的生態下，有什麼值得讓人雋永品味的？

歷代經典．當今名著，經過時間的洗禮，千錘百鍊，流傳至今，光芒耀人；不僅使我們能領悟前人的智慧，同時也增深加廣我們思考的深度與視野。十九世紀唯意志論開創者叔本華，在其〈論閱讀和書籍〉文中指出：「對任何時代所謂的暢銷書要持謹慎的態度。」他覺得讀書應該精挑細選，把時間用來閱讀那些「古今中外的偉大人物的著作」，閱讀那些「站在人類之巔的著作及享受不朽聲譽的人們的作品」。閱讀就要「讀原著」，是他的體悟。他甚至認爲，閱讀經典原著，勝過於親炙教誨。他說：

> 「一個人的著作是這個人的思想菁華。所以，儘管一個人具有偉大的思想能力，但閱讀這個人的著作總會比與這個人的交往獲得更多的內容。就最重要的方面而言，閱讀這些著作的確可以取代，甚至遠遠超過與這個人的近身交往。」

爲什麼？原因正在於這些著作正是他思想的完整呈現，是他所有的思考、研究和學習的結果；而與這個人的交往卻是片斷的、支離的、隨機的。何況，想與之交談，如今時空，只能徒呼負負，空留神往而已。

三十歲就當芝加哥大學校長、四十六歲榮任名譽校長的赫欽斯（Robert M. Hutchins, 1899-1977），是力倡人文教育的大師。「教育要教眞理」，是其名言，強調「經典就是人文教育最佳的方式」。他認爲：

> 「西方學術思想傳遞下來的永恆學識，即那些不因時代變遷而有所減損其價值

的古代經典及現代名著，乃是眞正的文化菁華所在。」

這些經典在一定程度上代表西方文明發展的軌跡，故而他爲大學擬訂了從柏拉圖的《理想國》，以至愛因斯坦的《相對論》，構成著名的「大學百本經典名著課程」。成爲大學通識教育課程的典範。

歷代經典．當今名著，超越了時空，價値永恆。五南跟業界一樣，過去已偶有引進，但都未系統化的完整舖陳。我們決心投入巨資，有計劃的系統梳選，成立「經典名著文庫」，希望收入古今中外思想性的、充滿睿智與獨見的經典、名著，包括：

- 歷經千百年的時間洗禮，依然耀明的著作。遠溯二千三百年前，亞里斯多德的《尼各馬科倫理學》、柏拉圖的《理想國》，還有奧古斯丁的《懺悔錄》。
- 聲震寰宇、澤流遐裔的著作。西方哲學不用說，東方哲學中，我國的孔孟、老莊哲學，古印度毗耶娑（Vyāsa）的《薄伽梵歌》、日本鈴木大拙的《禪與心理分析》，都不缺漏。
- 成就一家之言，獨領風騷之名著。諸如伽森狄（Pierre Gassendi）與笛卡兒論戰的《對笛卡兒沉思錄的詰難》、達爾文（Darwin）的《物種起源》、米塞斯（Mises）的《人的行爲》，以至當今印度獲得諾貝爾經濟學獎阿馬蒂亞．

森（Amartya Sen）的《貧困與饑荒》，及法國當代的哲學家及漢學家余蓮（François Jullien）的《功效論》。

梳選的書目已超過七百種，初期計劃首爲三百種。先從思想性的經典開始，漸次及於專業性的論著。「江山代有才人出，各領風騷數百年」，這是一項理想性的、永續性的巨大出版工程。不在意讀者的眾寡，只考慮它的學術價值，力求完整展現先哲思想的軌跡。雖然不符合商業經營模式的考量，但只要能爲知識界開啓一片智慧之窗，營造一座百花綻放的世界文明公園，任君遨遊、取菁吸蜜、嘉惠學子，於願足矣！

最後，要感謝學界的支持與熱心參與。擔任「學術評議」的專家，義務的提供建言；各書「導讀」的撰寫者，不計代價地導引讀者進入堂奧；而著譯者日以繼夜，伏案疾書，更是辛苦，感謝你們。也期待熱心文化傳承的智者參與耕耘，共同經營這座「世界文明公園」。如能得到廣大讀者的共鳴與滋潤，那麼經典永恆，名著常在。就不是夢想了！

二〇一七年八月一日 於

五南圖書出版公司

導讀

臺灣大學政治學系陳思賢教授

歐洲邁入近代之後，其實只有兩件事情是文明發展上攸關人性尊嚴與生民福祉的百年大計，一是民主政治的發展，另一則是人類在工業社會階段的經濟制度。我們回顧兩、三百年來的政治社會思想史，就可以知道「民權」與「民生」這兩個問題占據了所有思想家的心靈，也牽動世局。

在十九世紀，可以說只有兩個人同時在這兩個問題上深深地影響了世界，留下寶貴的遺產與巨大的影響。這兩位足以名垂青史且成爲政治理論家典範的人，一個是左派的馬克思，另一個則是非左派（但也不算純粹右派）的約翰．彌爾（而十八世紀則只有亞當．史密斯與其《國富論》）。既然說是左派與非左派，那他們的差異應該很大，但是卻在一個重要觀念上，他們有著完全的交集：那就是他們都認爲，沒有純粹的政治學，也沒有純粹的經濟學；這兩個學門是密切連結不可分的，它們形成了所謂「政治經濟學」。馬克思在一八五九年出版了《政治經濟學批判》（*Contribution to a Critique of Political Economy*），而彌爾則在一八四八年出了《政治經濟學原理》（*Principles of Political Economy*）的第一版。換句話說，在十九世紀的中葉，兩個偉大的心靈同時針對工業時代的文明，戮力擘劃出政治經濟體制，因爲他們都看到了這是個最重要的問題，所以幾乎把他們所有的心力與學問投入此問題的研究上。

在《政治經濟學原理》前言中有提到，彌爾這本書的價值有兩處：一是收納自從亞當．史密斯之後，最新政治經濟學理論的研究成果；二則是「堅持理論聯繫實際」，也就是書中進行的討論需要包含

「對超出政治經濟學領域的更為寬廣的思想與課題」。對於第一點的補充前人，這似乎是任何學術著作出現的基本原因與任務，自不待贅言，他也認為《國富論》「許多內容已經過時，而且整體上不夠完善」，因此亟需要後繼者；而第二點就是彌爾最自豪之處，他自承其基本立場是與前輩亞當．史密斯完全一致：「政治經濟學與社會哲學的許多分支領域，具有千絲萬縷的聯繫」，因此若要將政治經濟學原理應用於實際現況，必須「超越純粹政治經濟學的領域，進行更廣泛的思考」。但是彌爾也提醒讀者注意，雖然他在宏觀上希望做超出對於政治經濟學抽象理論的論述，但是「仍然希望這種論述應該在著作中占有一席之地」，也就是說他不會因為要顧及實際應用，而「犧牲嚴格的科學論證」。總而言之，在全書的最開始，彌爾就已經昭示他撰寫這個龐大主題與長篇浩帖的主要理念：「用當代最優秀的社會理念揭示社會的經濟現象。」

政治經濟學就是研究有關「財富」的問題，而研究這個問題就是研究財富如何產生與如何分配。如果用經濟學的術語來說，就是研究生產、分配與交換（全書的上卷），而相關的概念就包括了勞動、資本、土地、所有制、工資、地租、利潤、貿易、貨幣等。在全書的下卷中，彌爾列出了我們今天所謂總體經濟學與政府財政上的一些討論項目（見諸第四編與第五編），他將之稱為「社會進步對於生產與交換的影響」，與「論政府的影響」，其中的重要概念即包括了產業發展與人口增長對價值、價格、地租利潤與工資的影響，以及稅收、國債等問題的討論。從以上可以見到，彌爾的書把今天經濟學的重要次領域都包含進去了：個體經濟學、總體經濟學、貨幣銀行學與財政學等。在十九世紀中葉，當時的學界規模不大、資訊交流遠不如今日方便，文獻收集更不易，他就已經獨力完成了這樣一本政治經濟學的巨著，如何不令人欽佩？

對於生產、分配與交換的討論，彌爾強調了因素、變數間橫的與縱的影響關係。所謂縱的，就是時間軸之下的演變；橫的，就是社會脈絡下與大自然之內的動態交互影響。以勞動爲例，他認爲有直接性的勞動與間接性的勞動，生產糧食以供其他生產者從事各種生產的勞動與後續從事各式生產的勞動，這是時間軸。而人類將勞動力作用於自然物以創造最終產品，就同時需要人的精巧勞動技能配合上自然物的特性（例如棉花可以搓揉成長纖維而織成紗、人利用物質的物理特性製成工具以快速生產），這些都是各因素間橫的共同作用結果。所以由勞動的簡單例子我們就可以知道，彌爾的經濟學與今日的量化模型經濟學最大差別，在於他的觀點是「整體性的」（holistic）與「統合性的」（compositional），而非「化約論式的」（reductionist）與「分析性的」（analytical）。在他的申論模式中，時間與空間內的變化都非常重要，個別因素與整體變動間的關聯也須要被考量。與計量經濟學相比，他的經濟學彷彿是立體的而不是平面的，是動態的而不是停格在特定時間點上的。這樣的風格與亞當·史密斯的《國富論》或是馬克思的《資本論》相似，因此其論點鋪陳的困難度很高，我們今日就可稱之爲「科際整合式的」（interdisciplinary）論述方式，也就是古典政治經濟學的範式。

這種範式顯然在社會理論的「社會科學化」後就不易維持了。所謂「科學化」就是指仿效自然科學的模式而將分析之對象「標準化」與「量化」，前者是爲了可以達成普遍推論的目的，而後者則是能夠透過精確化而納入邏輯結構中分析。這樣的發展趨勢其實是隨著社會理論與經濟學的採納「效用主義」（utilitarianism）而逐漸成形的。「效用主義」是「倫理學自然主義」（ethical naturalism）的代表，意味倫理學的研究應該像自然科學一樣地精確，不能任由抽象的形上學觀念來引導，否則不會有確定的結果。另外，自然主義的研究方法也因爲有固定而邏輯化的過程，故可以訴諸客觀的評論，也會有清晰的結論與普遍推論的可能。因此，《國富論》、《資本論》與《政治經濟學原理》今日的經濟學者已不閱讀，原因就是在經濟學中已發生明確的知識典範的推移，經濟學已成爲社會科學的範式，大步朝向自然科學的「客觀與嚴謹」邁進，「數理經濟學」與「計量經濟學」替代了已是昨日黃花的古典「政治經濟學」。以上三本政治經濟學的經典著作，現在大抵都是政治系與社會系專攻古典社會理論的學生在研讀，彷彿成了思想史的「考古」資料。

從今天來看，這樣的「古典」、「經典」作品的價值何在呢？與其說它們可幫助我們解決經濟問題，不如說它們有其他更好的功用。爲何說它們主要不是用來面對經濟問題呢？在此，如要宣稱它們的理論已經陳舊失效，倒不如說時代環境改變很多，不但經濟行爲的模式、媒介或標的不同了，連問題的性質都不一樣！然而這些經典政治經濟學著作，無一不是偉大心靈運作的產品，它們至少可以給我們兩方面重大的啓發，第一是對人性本質的探析，第二是從事社會理論的研究方法論。

就第一點來說，在效用主義及倫理學自然主義的視野內，人性的本質（human nature）並不具有重要性，也不構成理論的預設。以效用主義而言，重視的是可觀測到的「理性選擇」（rational choice）的結果，一般對於「動機」並不追究。但是傳統的「政治經濟學」研究卻把社會視爲是一個有機的整體，人與環境互相關聯影響，人與人也互相關聯影響，以至於人不只是一個被觀察的對象，也是具有「能動性」（agency）的行動者（agent），他的思維、欲望與傾向——也就是構成他行爲的「動機」——是社會理論無可逃避的課題與建構假設的材料。因此，我們可從古典政治經濟學家的論述中加深很多對於人的認識〔不要忘記亞當·史密斯還有一部聞名的著作，《道德情操論》（*Theory of Moral Sentiments*，一七五九）〕。在社會哲學史上，對於人之本質的探究應該要先於對其行動結果的分析，這就是整個西方人文傳統所留下的重要遺產；而所謂社會理論，其實就是對於人的微觀與宏觀研究的加總，對人的所有可能性的描繪。

至於第二點，前面已經簡單提過。「整體論」與「科際整合」的取徑不僅可以讓不同的知識得到彙整之機會，也讓我們在具體的情境中看待人的社會行爲。這種古老的研究方法庶幾可以類比於傳統中醫與現代醫學的對比。中醫是整體醫學，不但強調身體的體系性，也注重身心與環境或自然之互動連結；西醫分科很精細，用具體的檢驗數據來描述身體的狀況與擬定治療方針。我們現在已經知道這兩種方式各有利弊，而不少大醫院（至少臺灣）也開始有了中西醫並存的現象。這可以給學術界一個啓示，就是傳統的政治經濟學不可放棄，它雖然入門困難、成就也不易，但是可能深具啓發且有與現實密切結合的能力。我們只要看看馬克思與彌爾對於國家角色在百年多前的預言——關於政府的干預、政府的影響與政府受資本的左右等，就可以知道經濟與政治不能是分立的兩個學術領域了！

且讓我們再強調一次，《國富論》、《資本論》與《政治經濟學原理》是社會思想史的瑰寶，在意識形態立場上雖各有堅持，但在治學精神上是三位一體的。

中譯者序

我鄭重並眞誠地向國人推薦彌爾先生的大作《政治經濟學原理及其在社會哲學中的某些應用》（簡稱《政治經濟學原理》），它可以使人們的精神有所寄託，且讓思想得到昇華。首先，它是務實的，它將所有核心概念的闡述、所有重要規律的推斷，都建立在實際情況的調查和相關資料的分析基礎之上。第二，它是通俗的，它力圖用最直接的語言、最簡捷的方法，探討複雜的經濟問題與深奧的哲學問題，這與當前盛行的運用晦澀的數學進行經濟分析的文風大相逕庭。因此，讀者無需具備特別的專業知識，只要仔細閱讀，都會大有收穫。第三，它是深刻的，它並未因爲追求務實與通俗而失之膚淺，書中對財富、勞動、價值、信用、土地私有、財產繼承、民族的習俗、文化的差異、人口的限制、社會的發展以及勞工的未來等與人類社會密切相關的經濟問題論述，都已經超越了經濟學的閾限，抵達哲學的層面，即使是專業人士也能從中受益匪淺。第四，它是優美的，書中語言不僅簡練、嚴謹，而且華麗、生動；作者思路不僅清晰、和諧，而且活潑、新奇，讀者可以從閱讀中，獲得極大的享受。第五，它是適時的，約翰·斯圖爾特·彌爾（Jone Stuart Mill，一八〇六－一八七三），是英國經濟學家與哲學家，一生涉獵廣泛，著作甚豐；我所翻譯的這版本，應當屬於本書第六版之後的版本，印製於一九〇九年；雖然此書在歐洲流行了四十多年，並且被尊崇爲經濟學領域的聖經，但是，對於一百多年之後的中國來說，是否已經過時了呢？在進行翻譯的過程中，我突然醒悟到，這本書非但沒有過時，反而非常適時，因爲中國與西方相比，在某些方面，的確落後了一百多年。如果人類社會有可能實現跨越，當然，對於這一點仍然有待於得到歷史事實的證明，那麼人類社會的意識形態卻是根本無法實現跨越的。對於中國社會當前所存在的信用危機的思考，更加堅定了我的這種看法。

數年前，我曾經爲一家知名的企業集團做過有關職業道德的講座，結束後，一位聽眾悄悄走到我的跟前，輕聲說「您講得很有道理，但是我遇到一個不知道應該如何處理的實際問題，希望聽聽您的意見。」他說：「我是一個部門經理，買了別的企業的產品，貨到後，到了合約的付款時間，我直接找集團負責人，請求批准付款。這位負責人故作驚詫地打量我許久，最後悻悻然問道，買東西要付款，我要你幹什麼？您看，我應該怎麼辦？」我當時有如遭受當頭棒喝，頓時啞口無言。我實在不知道應該鼓勵他奮起抗爭，當然最終必然丟掉飯碗；還是應該奉勸他委曲求全，甚至爲虎作倀？難道我們的企業家都是奉行買東西不付款這樣的信條在經商嗎？這是否純屬偶然呢？不過，當我冷靜下來之後意識到，在中國氾濫的三角債問題，正是這種經商理念所帶來的必然後果。去年秋天，我去歐洲旅行，與許多海外華人接觸，無意中談到爲什麼有一些海外華人在海外遭到搶劫甚至槍殺，相比之下，被搶的白人卻相對較少的問題。我得知，因爲華人身上往往攜帶大量的現金。爲什麼需要攜帶大量的現金？因爲華人要求或者被要求進行現金交易，而白人則普遍使用支票。爲什麼華人需要進行現金交易？因爲華人不講誠信。這本書告訴我們，一百多年前，英國先於法國和德國，已經開始使用個人支票，當時人們就認識到，將信用以某種方式分配給每一位社會成員是最公平的。可是時至今日，中國社會使用個人支票的基礎仍不具備；現在，我對於這種信用危機的嚴重程度又有了更爲深刻的認識。今年年初，我投資於一家國有商業銀行與一家基金公司合作推出的理財產品的合約到期，可是當我去銀行領取本金和利息的時候，銀行卻突然告訴我，儘管合約已經簽字蓋章，儘管數萬元的投資款項已經按時從我的儲蓄帳戶中轉走，但是我的這筆投資實際上並沒有買到該種理財產品，本金已經轉回我的資金帳戶。我感到奇怪，爲什麼銀行不及時通知儲戶投資沒有成功，以便尋找其他的投資機會？更爲使我覺得奇怪的是，從列印出來的帳單上無論如何也查不出這筆本金轉回我資金帳戶上的日期。我堅持要求銀行的客戶經理花費一個多月的時間進行查找，結果仍然是上窮碧落下黃泉，兩處茫茫皆不見。據業內人士透漏，除非進行人爲的掩飾，否則在完全依靠電腦進行操作的情況下，查不出交易日期的現象是難以想像的。於是，我不得不相信，這是國有商業銀行與基金公司相互勾結，利用銀行在社會公眾心目中所具有的較高誠信度，以及基金公司在經營範圍內具有的較高靈活性，打著爲儲戶理財的旗號，在共同盜用儲戶的資金。而且實際上，有一批人與我有相同的遭遇。遺憾的是，我還沒有能力查出它們盜用儲戶存款的總額度。這種欺詐行爲，與買東西不付款以及攔路搶劫毫無二致。在中國，應該完全以誠信作爲經營基礎的國有金融機構，都肆無忌憚地透支著政府的信用、社會的信用，並且以高科技手段爲掩護，因此面目顯得分外可憎。

那麼，難道中國人不講究誠信是中華民族所特有的劣根性所決定的嗎？非也！彌爾先生在本書中所列舉的大量事實使我瞭解到，當時的英國農民在出售苧麻時，會在苧麻捆中夾帶石塊並灑水，以增加重量；英國的勞工稍微得到一點公平待遇就會忘乎所以，以至於迅速失去「僱用的價值」；英國的公司想盡辦法進行欺詐，以及英國的資本家進行過度投機對社會造成了巨大的災難。原來不講求誠信是人類社會發展進程中的必然產物，即使最具有紳士風度的英國人也不能免俗。就在我感到如釋重負時，彌爾先生的一段話卻突然跳入我的眼簾，使我頓感汗顏，「過去的愛國者，除其中富有教養、能夠將世界視爲自己國家的人之外，無不希望本國以外的一切國家都貧窮而且管理不善。現在，他們將其他國家的富裕和進步視爲本國富裕和進步的直接泉源」。（本書第三編第十七章§五）我實在不知道今天究竟還有多少中國人具有這種風光這邊獨好的思想情感，但是，難道因爲其他國家的人們也不講求誠信或者曾經不講求誠信，我們就可以對中國社會的這種病態意識形態感到釋懷嗎？

「人類之間彼此信任所產生的利益，實現在人類生活的各個層面，貫穿於人類生活的各個環節，體現在經濟方面的利益，大概只是其中最微不足道的一部分。然而即使體現在這方面的利益，也是難以計量的。」（本書第一編第七章§五）那麼究竟如何才能力挽狂瀾，澈底扭轉中國社會信用危機的這場敗局呢？我想到目前重新盛行起來的以孔孟之道爲主體的國學。誠然，中華文化源遠流長、博大精深，孔孟之道的確也成就了中國格外綿長持久且一度非常強大但最終腐朽沒落的封建社會。然而，今天用國學來塑造中國的商品社會，恐怕於事無補，甚至有害無益。一個運用孫子兵法與厚黑學經商的民族，不是以誠信而是以權謀作爲經營理念；而且早已成爲歷代封建王朝牧民政策基礎的孔孟之道，更是封建王朝的倡導者們自己絕不相信也不會遵循的，它是專門用以麻痺民眾思想的工具，難怪魯迅先生曾經犀利指出，在孔孟之道的字裡行間都寫著「吃人」二字。如果人們都以「成者王侯敗者寇」作爲人生信條，那麼在所有的商業活動中，乃至於在所有的其他活動中，人們都會爲達到目的而不擇手段。關於這一點，已經在各個方面得到了充分的證實。我認爲，要眞正解決我們所說的問題，學習西方社會商品經濟發展進程中所出現的優秀理論與成功實踐，是比較理想的選擇。「對於人類來說，就目前所接受的這種教育而言，即使要養成一種良好的品質，也很難不出差錯。因此，人們將他們自己的觀念和習慣，與處境不同的人們的經驗和實例進行充分的相互比較，是非常必要的。任何民族都需要向其他民族借鑑某些東西，不僅需要借鑑具體的技術或者實踐，而且需要借鑑優於自身的其他民族的基本的民族特性。」（本書第三編第十七章§五）如果相關部門能夠將這部著作作爲中國政治經濟學的基本參考讀物甚至教材，那麼在這方面一定會取得顯著成效。

當然，我並不希望利用西方的意識形態來束縛中國人的頭腦，事實證明，這也絕對不可能成功。我不過希望能夠對中國人數千年以來所形成的思維方式有所衝擊，使人們能夠從多方面系統地思考有關人生、社會以及世界的基本問題，畢竟，信仰是人思想意識的產物，是需要人自身去加以建立的。「人們已經完全拒絕將以下觀點作爲一項基本的論點，即一個政府應該決定人民的觀念，在政治、道德、法律或者宗教領域，政府應該禁止出版或者公開地宣講它所不贊成的學說。現在，人們清醒地認識到，這種體制將對各方面的繁榮造成巨大的危害，即使對於經濟繁榮也是如此。當人們的頭腦由於懼怕法律或者輿論而受到束縛時，人們就無法在那些最爲重要的問題上自由地運用自己的心智，人們將普遍地變得麻痺和愚鈍；事態發展到一定的程度，人們甚至在生活的日常事務中都難以有所作爲；如果情況進一步惡化，甚至會逐漸地呈現出退化的跡象。」（本書第五編第十章§六）於是，我想對當初向我請教有關買東西是否付款問題的聽眾，提出如下參考意見：根據自己的價値觀念與道德取向，決定爲此付出多大的代價，或者從中獲取多大的利益。只有每個人都對誠信問題做出深刻的思考，並對個人的行爲做出選擇時，社會的誠信問題才有望得到解決。在歐洲，我有幸結識了一位華人企業家，他在海外隻身打拚了將近二十年，創下了一份相當可觀的產業，而且在業內以從不逃漏稅而聞名，爲此，他得到當地政府以及中國使館人員的一致好評。在一個非常偶然的場合，有位朋友突然向他發問，在大部分華人都在想方設法逃漏稅的情況下，你卻一次又一次地丟掉機會，放棄了唾手可得的巨大利益，你究竟是怎麼想的呢？這位華人企業家的臉色變得凝重起來，他沉吟良久才道出自己的兩點眞實想法：首先，中國人認爲攔路搶劫是犯罪，卻往往認爲逃漏稅不是犯罪，我則認爲，逃漏稅就是對納稅人進行攔路搶劫，因此也是犯罪；其次，每個人的一生都有一本帳，在這本帳上記載的每一筆帳目，只要記下了，就永遠無法註銷，逃漏稅這筆帳更是如此。我並未試圖分析這位先生的見地有多麼深刻和正確，但是我卻強烈地感受到他對此問題的認眞思考，並且做出了自己的選擇。

雖然，在將近一年的時間裡，我幾乎每日凌晨兩、三點鐘就起床伏案工作，逐字逐句地推敲揣摩，反覆進行修改，不經意間雙肘已經磨出了老繭，但是，我仍然知道，沒有他人的幫助，我無法完成這部譯著。金熠女士提供了第一、二編部分譯文的初稿，並對全部譯稿進行了首次校對；邊瑞霄女士提供了第三、四、五編部分譯文的初稿；胡企林、朱泱的譯文（商務印書館，二〇〇五年）提供了很有價值的參考；金荃女士完成了大量的文字輸入工作；此外，潘雪女士、曲偉女士、蘇樂卿先生、李元先生等都在各個不同的方面給予我鼓勵與支持。最後，我要向我的夫人劉玉珍女士表示誠摯的謝意，幾十年來她為我做出的奉獻實難盡言。

金鏑

二〇〇八年八月六日於大連

前言

已經有許多優秀的著作論述過本書所研究的問題，因此，對於本書的出版做出某些說明，想來是很有必要的。

爲此，僅需指出尚沒有任何一部政治經濟學著作，包含了這一領域中理論上最新進展這一點，也許就已經足夠了。最近幾年間所展開的討論，尤其是對於通貨、對外貿易以及或多或少與殖民地建設相關重要問題的討論，已經產生了許多新的思想，並且促進這些新思想在實踐中的應用。因此，從整體上對政治經濟學重新加以審視，似乎是合乎情理的，即使目的僅僅在於，使這些研究成果與相關領域中最優秀的思想家先期創立的原理相互協調一致，也是非常必要的。

然而，彌補同一研究領域前期著作之不足，並不是作者想要達到的唯一目的，甚至不是主要目的。本書的構思不同於亞當．史密斯（Adam Smith）的大作問世以來英國所出版的任何一部政治經濟學專著。亞當．史密斯著作最突出的特點，也是使它有別於與之並駕齊驅，甚至在政治經濟學基本原理的闡述方面略勝一籌的某些其他著作的一點是，它始終堅持理論聯繫實際。這一點本身意味著，必須對超出政治經濟學領域的更爲寬廣的思想與課題，進行抽象的研究。實際上，政治經濟學與社會哲學的許多分支領域具有千絲萬縷的聯繫。從表面來看，除了某些純粹的枝節問題，也許沒有任何實際問題，但即使其性質最接近於純粹的經濟問題，也可以僅僅依據經濟的前提條件加以解決。因爲亞當．史密斯從未忽略過這一道理，正是因爲他在對政治經濟學所做的應用中堅持超越其他人，也超越純粹政治經濟學的領域，進行更廣泛的思考，因此，致使他合乎情理地建立起將政治經濟學原理應用於實際堅實的基礎，並使他的《國富論》成爲政治經濟學著作中唯一一部不僅受到一般讀者的歡迎，而且在上層人士與立法者的腦海中都留下深刻印象的著作。

對於當前的作者來說，一部在總體目標與基本概念方面與亞當．史密斯的著作相同，然而卻運用了當代更爲廣博的知識與更爲先進的思想的著作，目前似乎可以作爲對於符合政治經濟學需要的一種貢獻。《國富論》中許多內容已經過時，而且整體上不夠完善。嚴格意義上的政治經濟學自亞當．史密斯時期起，就幾乎已經結束了它的幼年時代；而社會哲學，實際上這位著名的思想家從未使他所研究的具體問題與社會哲學相互分離，雖然尚處於發展的早期階段，但是與他辭世時相比，也已經取得了重大的進展。然而迄今爲止，還沒有人試圖將他注重實際的研究方法與自從他的理論問世以來已經大爲增長的知識相互結合，或者像他曾經做過的那樣，爲他所處時代的哲學做出令人欽佩的貢獻，堅持用當代最優秀的社會理念揭示社會的經濟現象。

這就是本書的作者爲自己提出的設想。在實現這些設想的過程中，即使僅僅取得了部分的成功，也必將成爲一項頗有價值的成就，這一點激勵著他，使他甘願承受著徹底失敗的危險。不過，尚需補充說明的是，雖然他的目標是實際的，並且在相關問題的性質所允許的範圍內也是通俗的，但是他並未試圖透過犧牲嚴格的科學論證來達到任何一種這樣的目標。儘管他希望本書應該超出對於政治經濟學抽象理論的論述，但是他仍然希望這種論述應該在著作中占有一席之地。

除了將外文的所有摘要和大部分術語譯成英文，並且將看起來多餘的少數引文的全部或者部分刪除，本版完全依據第六版重印。過去作爲附錄重印的有關作者與《季度論壇》就法國土地所有制狀況所進行的論戰的文章，也予以刪除。

總目次

【上卷】政治經濟學原理：及其在社會哲學上的若干應用

第二編　分配

第三編　交換

【下卷】

第五編　論政府的影響

目次

第二編　分配

緒論

在人類活動的每一個領域，實踐都長期領先於科學。對於自然力作用方式的系統性研究，是人們長期爲在實踐中應用自然力做出不懈努力之後才獲得的成果。因此，雖然直到近代，將政治經濟學視爲科學分支的觀念才得以形成，但是，政治經濟學所研究的問題在各個時代都必然是與人類實際利益密切相關的，其中有一個問題更是得到人類的高度關注。

這就是有關財富的問題。政治經濟學領域的學者聲稱，講授或者研究財富的本質及其生產和分配的規律，包括對於由人類的狀況或者任何由人類社會的狀況直接或者間接決定的、對人類所追求的這個統一目標產生有利或者不利作用的所有因素的研究，並不是任何一部政治經濟學著作都能夠論述或者哪怕列舉出所有這些因素；但是，它總要盡可能地闡明這些因素發揮作用的規律與法則。

每個人對於財富究竟意味著什麼這個問題都有自己的認識，而且從常識的角度來看，都是相當正確的。與財富有關的研究不會與任何其他人類重大利益相關的研究相互混淆。大家都知道變得富有是一回事，變得睿智、勇敢或者仁慈則是另一回事；研究一個國家如何才能富裕，與研究一個國家如何才能自由、公正，或者在文學、高雅藝術、軍事、政治方面聲名卓著，是完全不同的問題。誠然，所有這些問題都是間接地相互聯繫且相互影響。一個民族有時之所以獲得自由，是因爲它首先已經變得富有；或者它之所以變得富有，是因爲它首先已經獲得自由。一個民族的信仰與法律，對其經濟狀況會產生重大影響；然而，同樣地，其經濟狀況透過對於民眾的智力開發與社會關係的影響，又反作用於其信仰與法律。不過，雖然這些問題密切相關，但是在它們之間又存在著本質上的區別，人們對此從來沒有異議。

故弄玄虛地定義一個已經可以完全滿足實際需要的術語，並不是本書構想的一部分。然而，儘管很少有人認為在像什麼是財富這樣簡單的問題上，人們在思想上會發生任何有害的混亂，但是在人類的歷史上的確出現過這樣思想上的混亂，理論家和政治家無一例外，在某一時期內都普遍地遭受影響，並且在其後幾代人的時間裡，指引著歐洲的政策走上了一條方向完全錯誤的道路。我指的是自亞當．史密斯時代起，被人們冠以重商主義體系名頭的一整套學說。

在這種思想體系盛行期間，國家的所有政策或者公開或者潛在地認定，財富僅僅是由貨幣或者尚未鑄成貨幣但是能夠直接轉化為貨幣的貴金屬所構成。基於當時流行的觀點，只要增加一個國家所擁有的貨幣或者金銀錠，就會增加它的財富；只要將貴金屬運出一個國家，就會使它變得貧窮。如果一個國家沒有金礦或者銀礦，則只有對外貿易是有可能使它致富的產業，因為只有這個產業才能從外國換回貨幣。任何一個貿易部門，如果運出去的貨幣多於運進來的貨幣，則不論以其他形式所獲取的收益有多大、多麼有價值，都會被認為是在做賠本買賣。貨物的出口受到優待和鼓勵（甚至採取大量消耗國家實際資源的極端措施），因為人們規定購買出口貨物時必須用貨幣償付，以實現將出口的收益體現為實實在在的黃金和白銀的希望。進口貴金屬除外的任何物品，都被視為國家的損失，損失的額度與進口物品的全部價款相當，除非進口是為了再出口，並且有利可圖，或者除非進口國內某些產業實際需要的原物料或者工具，從而使本國具備以較低的成本生產出更多的出口物品的能力。世界的商業被視為在國家之間展開的一場鬥爭，以奪取現存黃金和白銀的較大份額；而且在競爭中，任何國家要想有所得，都必須設法使其他國家等量地有所失，或者至少防止它們有所得。

經常發生的情況是，人類一個時代的普遍信念——沒有智慧和勇氣做出非凡的努力，便沒有任何人能夠擺脫下一個時代的荒謬和可笑——使人們無法相信；有關將貨幣與財富等量齊觀的學說就發生了這種情況。這種想法太過於幼稚，很難將它作爲一種嚴肅的觀點加以看待。它更像是兒童極不成熟的幻想，只要任何成年人稍加點撥就可以立即得到糾正。不過，任何人都無法斷言，如果他生活在這種觀念盛行的時代，他會倖免於遭受迷惑。日常生活與正常的商業活動相互聯手，爲這種觀念的形成推波助瀾。當人們只能透過它們之間的相互聯繫去考察這個問題時，我們現在認識到的顯而易見的謬論就似乎成了不言而喻的眞理。事實上，只要有人提出質疑，它就會土崩瓦解。不過當人們不熟悉描述和分析經濟現象的某些思維方式時，就很難對這種觀念提出疑問，只有在亞當·史密斯及其詮釋者的影響之下，人們才會對這些思維方式有大體上的瞭解。

在日常交談中，財富總是用貨幣加以表示。如果你問一個人多富有，得到的答覆往往是他有幾千鎊。所有的收入和支出、所有的利得與虧損、使一個人變得富有或者貧困的每一種事情，都是用收到或者失去多少貨幣來計算。誠然，一個人的財產帳目不僅包括他實際擁有的財貨，或者別人應該歸還給他的貨幣，而且還應包括他所有的其他有價物品。但是，記錄在冊的並不是這些有價物品本身的性質，而是如果將它們賣出去可能換回的金額。如果它們能夠換回的金額少了，那麼儘管這些物品依舊，人們也會認爲這些物品的所有者的富裕程度已經大不如前。同樣地，人們不會因有錢不用而變得富有，他們必須願意爲獲取利得而花錢。那些深諳此道的人透過開展商業活動以錢易貨，再以貨易錢使自己發財致富，前一步與後一步都是整個過程必不可少的組成部分。不過，爲了獲取利得而購進貨物的人，一定會把貨物再賣出去以換取貨幣，同時也期望得到的貨幣比他付出的更多。因此，即使對這個人來說，獲得貨幣也是整個過程的最終目的。但經常發生的情況是，他並非以貨幣，而是以某些其他物品進行支付：買進價值相當的貨物，用來抵補他賣出去的貨物。不過，他是基於對貨幣量的估價才這樣做的，而且相信這些貨物將來帶給他的價格最終會超過他買進它們時的價格。一位經銷商做大筆的生意，迅速周轉他的資本，而在任何時候，他手中持有的現金都很少。不過，只有當他感到一切都有可能轉換成貨幣時，這樣做才會對他有價值，直到淨收益透過直接支付或者信用的方式以貨幣清償之後，他才會眞正認爲一筆交易已經結束。當他從商界隱退時，他要將其所擁有的一切都兌換成貨幣，只有這樣，他才認爲眞正實現他的利得；似乎只有貨幣才是財富，而貨幣的價值就在於它是獲得貨幣的唯一手段。如果今天有人提出質疑，除了滿足本人或者其他人生活上的需要或者享樂，究竟出於什麼目的才會認爲貨幣是如此值得追求，那麼重商主義的捍衛者根本就不會爲這個問題而感到窘迫。的確，他會說，這就是財富的用途，而且當僅限於用貨幣購買本國商品時，這就成爲了財富的一種非常值得稱道的用途。因爲在這種情況下，某一個人所支出的貨幣，剛好使他的同胞提高了相同的富裕程度。如果他願意，他可以將他的財富揮霍於他所感興趣的任何嗜好上；但是，他的財富不是這些嗜好，而是他揮霍在這些嗜好上的貨幣總量或者年度貨幣收入。

雖然有很多東西使重商主義體系所依據的前提條件似是而非，但是重商主義者將貨幣與其他各種價財產斷然區別開來的做法，還是有些道理，儘管理由不是很充分。的確，當我們實際上公正地衡量一個人所擁有的財富優勢時，並不是考察他眞正享有多少有用而且合意的物品，而是考察他可支配用於購買有用而且合意的物品的資金總額；即他在應付緊急情況或者爲滿足欲望獲得任何物品方面所擁有的能力。現在，貨幣本身就是這種能力的證明，而所有其他物品，在一個文明國度內，似乎只有在兌換成貨幣之後才具備這種能力。擁有任何其他有價值的物品，只是僅僅擁有這一具體物品，而無其他任何意思。如果你不想要這件物品而是想要另外一件物品，必須先把這件物品賣掉，或者忍受不便與等待（如果不是不可能的話），或者去尋找你想要擁有的物品並且願意與你進行物物交換的人。但是，使用貨幣，你可以立即購買供出售的任何物品，因而一個人擁有的財富如果是貨幣，或者是可以迅速兌換爲貨幣的物品，那麼在他本人和別人看來，他所擁有的就不是某一種物品，而是可以用貨幣隨意購買到的所有物品。財富的效用在超出一定數量後的最大部分，不是它所能夠滿足的嗜好，而是財富的擁有者手中所持有的達到這種目的的基本能力；沒有任何一種財富像貨幣一樣，直接而且確切地具有這種能力。只有貨幣這種財富不僅能夠用於某一方面，而且能夠立即轉而用於任何方面；同時，這種差別也會引起政府的高度關注，因爲它對政府來說意義重大。文明國家的政府如果不能徵收貨幣形式的稅賦，則它能夠從稅收中獲取的利益便非常有限；而且如果一國政府出於戰爭或者援助之目的——以便進行徵收或者免予被徵收（直到近代，這仍然是國家政策的兩項主要目標）——需要進行或者突然需要爲外國籌措一大筆支付，則除貨幣之外，幾乎沒有任何其他支付媒介可以達到這種目的。所有這些原因共同促使個人以及政府在估算財力時，幾乎都將他們不論實際擁有的還是可能擁有的貨幣均置於獨一無二的重要地位上，而把所有的其他物品（當把它們作爲一部分財源時）僅僅視爲獲得貨幣的間接手段。只有獲得貨幣，才能對想要獲取的物品擁有無限、即刻的支配權。這便是對重商主義者的財富觀念所做的最好的說明。

然而，謬誤終歸是謬誤，當揭去貌似合理的面紗之後就可以看到這一點。當人們開始探究事物的本質，即使是以很不完善的方式，並且依據基本的事實而不是以日常談話的方式和用語來審視它們的前提條件時，重商主義學說的眞正面目便會暴露無遺。一旦他們捫心自問，貨幣眞正意味著什麼——從本質來看它是什麼，以及它所執行的職能的確切性質是什麼——他們便會醒悟到，貨幣與其他物品一樣，只是基於它的有用性才成爲人們想要占有的對象；同時，貨幣的用途也並不具有表象所展示出來的那種無限性，而是受到了嚴格的限制，即貨幣是用來遵照分享者的意願，爲產業的產品在進行分配時提供便利。進一步的考察還表明，增加一個國家貨幣的保有量和流通量，並不會增加貨幣的功能。貨幣所能提供的服務並不因貨幣總額大小不同而有所不同。二百萬夸脫（一千六百萬英斗）的穀物不能供養四百萬夸脫（三千二百萬英斗）的穀物所能供養的那麼多的人口，但是二百萬英鎊卻能做與四百萬英鎊所能做的相同規模的生意，儘管所能買賣的相同數量的商品的名目價格要低一些。貨幣之所以對任何人來說都具有價值，只是因為貨幣具有某種便利的形態，人們可以因而得到自己的各種收入，然後在適當的時候再把這些收入轉變為對自己有用的物品。雖然在使用貨幣的國家與完全不使用貨幣的國家之間存在著很大的差別，但是差別只不過是便利與否的問題；使用貨幣能夠節省時間並減少麻煩，正如用水力代替人工磨穀物或者（按照亞當・史密斯的說法）修築道路能為人們帶來利益一樣；並且，將貨幣視為財富，就如同將可以最便捷地通往你的房屋或者土地的通衢大道視為房屋和土地本身，都是大錯特錯的。

作為達成政府與私人重要目的的工具，貨幣被視為財富，是正當的；不過，所有其他可以達成人類目的而又不是大自然無償提供的物品，也都是財富。所謂富有，就是擁有大量有用的物品，或者擁有購買它們的能力。因此，所有擁有購買能力的物品都是財富的組成部分，因為可以將它們用來交換有用的或者合意的任何物品。從這一術語在政治經濟學中使用的意義來看，凡是不能透過交換獲取任何物品的物品，不論多麼有用或者不可或缺，都不是財富。例如，空氣雖然是絕對必需的，但是因為可以免費獲得，所以在市場上根本沒有價格：儲藏空氣不會使任何人獲得利潤或者有利條件；有關空氣的生產規律和分配規律的研究，是與政治經濟學的研究大相逕庭的。不過，雖然空氣不是財富，但是人類卻由於它的恩賜而變得富有，因為人類可以將為滿足所有需求中這一最為迫切的需求所需要的時間和勞動節省下來，進而用於其他方面。可以設想空氣成為財富的一部分的情況，如果人們長期居住在空氣不能自然進入的場所（例如沉入大海的潛水鐘），那麼人工供應的空氣就會像自來水那樣具有價格；而且如果自然界發生劇變，使空氣變得極為稀薄，不足以滿足消費，或者有可能被壟斷，則空氣便會獲得極高可用於市場交換的價值。在這種情況下，超過自己的需求而占有的空氣，就會成為占有者的財富。因此乍看之下，這似乎是巨大的災難，但卻反而增加了人類的總體財富。錯誤之處在於，人們忽略了以下這點，即不管空氣的所有者在使社會的其他成員遭到損害的前提下變得多麼富有，其他所有成員卻都變得更爲貧窮了，其程度與他們爲當初無需支付即可獲得的空氣所做的支付相當。

這導致財富一詞的含義在應用於個人的占有物與應用於國家或者人類的占有物時具有重大的差別。在人類的財富中，不包括那些本身不能提供某種效用或者滿意感的物品；但是對於個人來說，某種物品本身雖然毫無用處，但是只要能夠用它從別人手中換取有用而且合意的物品時，它便是財富。例如，利用地產獲得一千鎊的抵押貸款，對於透過它獲取收益或者也許能夠在市場上將它賣掉用於還債的人來說，它是一筆財富；但是對於國家來說，它卻不是財富；如果交易合約被宣告無效，那麼國家既不會因此變得更爲富有，也不會因而變得更爲窮困。承受抵押者將損失一千鎊，土地所有者則會得到這一千鎊。從國家的角度來看，這項抵押貸款本身並不是一筆財富，而是賦予某人對於另一人的一部分財產的一項要求權；它是某人的一筆財富，這個人可以將這筆財富轉讓給協力廠商。不過，實際上，他以這種方式轉讓的乃是以一千鎊爲限的與另一人作爲正式的唯一所有者的土地相聯繫的一種共有權。國家證券持有人或者公債所有者的情況與此相同，他們是國家總體財富的承受抵押者。廢除債務並未造成財富的毀滅，而只是完成了財富的轉移。這是爲了政府或者納稅人的利益從社會某些成員手中不正當地奪取財富的一種方法。因此，公債不能算是國民財富的一部分，進行統計計算的人經常忽略這一點。例如，在根據所得稅估算國家總收入的時候，往往沒有把源自於公債的收入排除在外：儘管是基於納稅人的全部名目收入對其徵稅，不允許扣除他們已經繳納的這部分稅款以形成證券持有人的收入。因此在這種計算中，國家的一部分總收入被重複計算了兩次，致使總收入的額度看起來比實際的額度幾乎多出了三千萬鎊。不過，一個國家卻可以把其居民所持有的全部外國公債及其所擁有的全部外國債權，都當作是它的財富。但是，即便如此，國家也不過僅擁有由他人所占有的財產的部分所有權，它並不是人類總體財富中的一部分，它是決定分配的一項因素，不過不是總體財富的組成部分。

有人提議，將財富定義爲重要的「工具」，這並非僅僅是指工具和機器，而是指個人或者社會所擁有的爲實現其目的所積累起來的全部手段。於是，土地是一種工具，因爲它是獲得穀物的手段；穀物是一種工具，因爲它是獲得麵粉的手段；麵粉是一種工具，因爲它是獲得麵包的手段；麵包是一種工具，因爲它是使獲得滿足並維持生命的手段。此時，我們到了這樣一點上，即物品不再是一種工具，它是爲了自身的利益而存在，並且它不再是獲得其他物品的手段。站在哲學的高度來看，這種財富觀是正確的；或者，更確切地講，這是一種可以加以利用的表述方式，與其他表述方式一起，並非用以維護一種與普通的財富觀念截然不同的財富觀，而是對普通的財富觀念做出更加確切、實際的說明。然而，這種表述方式過於偏離人們更易於獲取基本概念的語言習慣，除了用於舉例說明，它很難用於其他方面。

另外一個實例是奴隸。奴隸對於他的占有者來說是財富，但是對於國家或者人類來說卻不是財富。在允許蓄奴的國家裡，概念混亂得令人無法想像，人們竟然按照每位奴隸值多少錢，將其計入國家的財富之中或者資本之中，透過這種方式默許這種財產的存在。如果將奴隸所擁有的生產能力視爲一種物品，而且當奴隸的生產能力被別人擁有時，它就是國民財富的一部分，那麼當他們的生產能力歸他們本人所擁有時，他們在國民財富中的分量就不可能減小。某個奴隸在其主人心目中的價值是主人可能從他身上榨取的錢財，這種榨取並不能增加他們兩個人的財產的總量，也不能增加他們兩個人在所在的國家的財產中的總量。因而，基於財產的分類，一個國家的人民不應算是這個國家的財富。國民財富是爲了滿足人民的利益而存在。人們使用財富一詞，是想用於說明他們所擁有的合意的物品之多寡，並不包括他們自己本身，而只包括與他們自己相對立的物品。他們對於他們自己來說並不是財富，儘管他們是獲取財富的手段。

因此，可以將財富定義為一切具有交換價值的有用的或者合意的物品；或者，換言之，可以將財富定義為除無須付出任何勞動或者犧牲即可隨意獲取的物品之外的一切有用的或者合意的物品。對於這一定義，唯一的反對意見似乎是，它仍然使一個廣受爭議的問題懸而未決，即可否將所謂的非物質性產品視為財富？例如，可否將工人的技能，或者任何其他先天賦予或者後天獲取的體力、腦力稱為財富？不過，這個問題並不十分重要，因而為方便起見，不妨在其他章節中再進行相關的討論。（參見本書第一編第三章）

關於財富，首先做出以上陳述，下面將轉而考察存在於國家與國家之間、時代與時代之間的財富方面的巨大差異，考察財富在數量和種類方面的差異，以及社會現有的財富在社會成員之間分配方式上的差異。

今天，也許已經不存在完全依靠採集野生植物謀生的民族或者社會，不過仍然還有許多部族完依靠或者幾乎完依靠狩獵野生動物與魚類過活。他們以獸皮遮體；他們用原木或者樹枝搭建可以隨時放棄的簡陋小屋作為居所；他們難以儲藏食物，因而缺乏食物儲備，常常受飢挨餓。這種社會所擁有的財富，可能只包括用於遮體的獸皮；少量裝飾品——大多數野蠻人都具這種嗜好；一些粗糙的器皿；用於捕殺獵物或者與敵爭奪生活必需品的武器；用於河流、湖泊擺渡或者下海捕魚的小舟；也許還有一些毛皮或者其他野生物品，採集起來用於與文明人交換毛毯、白蘭地或者菸草；或者可能還有少許尚未消費的外來產品。當然，還應該把土地計入這份相當貧乏的物質財富清單之中；與定居水準較高的社會相比，他們對土地這種生產手段利用得很少，不過土地仍是他們生活必需品的來源；如果鄰近的農業社會所需要的土地多於他們自己所擁有的土地，則他們的土地便會具有市場價值。這就是迄今為止為人所知最為貧困的社會狀態。不過，在某些較富裕的社會中，部分居民的境況在生存狀態與舒適程度方面，與野蠻人相比，也不存在多大差別。

人類擺脫這種境況的第一次偉大進步，是對更爲有用的動物進行馴養，由此使人類社會進入畜牧或者游牧階段。人類不再依靠狩獵謀生，而是依靠牛奶和乳製品以及逐年繁育牛群和羊群過活。這種狀況不僅本身值得肯定，它有利於對未來的發展產生激勵作用；而且在這種社會狀況下，還能積累起大量的財富。只要地球上廣闊的天然牧場沒有被完全占用，牧草的生長快於消耗，就會有數量不斷增加的大量的生活必需品被儲備起來，人們需要付出的勞動僅僅在於護衛牲畜群，以防止野獸的襲擊與強盜的明搶暗奪。因此，勤勞並且節儉的人們依靠自己的努力，而氏族和部落的首領則依靠忠順子民的努力，終於擁有了大量的牛群和羊群。於是，游牧社會出現了財產占有上的不平等，這在野蠻狀態下是極爲罕見的，因爲人們很難擁有絕對必需品以外的任何物品，食物匱乏時連絕對必需品也需要與部族的其他成員分享。在游牧社會，有些人擁有大量的牲畜，足以供多人食用；而另一些人則沒有多餘的物品，或許根本沒有牲畜。不過，人們無需再過朝不保夕的生活了，因爲較爲成功的人所擁有的多餘物品，除用於供養那些運氣不夠好的人之外並無他用。對於這些成功者來說，與他們聯繫在一起的人越多，他們就越安全，擁有的權力也就越大，如此一來，他們就可能脫離所有的勞動，而只進行管理與監督；並迫使依附者在戰爭時期爲他們作戰，在和平時期爲他們生產。這種社會狀態的特徵之一是，部分社會成員——甚至在某種程度上，全體社會成員——開始擁有閒暇，人們只需要花費一部分時間來獲取食物，在其餘的時間裡既無需爲將來的生活擔憂，也無需爲繁重的體力勞動休養生息。這種生活狀況非常有利於新的欲望產生，也有條件使新的欲望得到滿足。於是，人們開始想要得到比野蠻時代更好的衣著、器皿和家具，而多餘的食物也使部落的一部分人有可能從事這些物品的生產。因而我們發現，在所有或者大部分游牧社會中，都有粗糙的家庭手工業，有些社會甚至有精細的家庭手工業。有充分的證據表明，當世界上那些現代文明的發源地基本上還處於游牧狀態時，人們就已經在紡織、編織、印染、皮革加工以及看起來難度更大的金屬加工等領域，掌握了相當高的技能，甚至思維科學也產生於這一社會發展階段。根據可能屬實的傳說，最早的天文觀測應該歸功於迦勒底的牧羊人。

從這種社會狀態向農業社會的轉換的確很難，因爲人類習俗的重大改變都非常困難的，它不是極爲痛苦，就是相當緩慢，但是這種轉換卻存在於所謂的自然發展進程中。人口和牲畜的增長最終使天然牧草出現短缺。毋庸置疑，這一原因促使人們開始耕種土地，正如同一原因後來也促使殘留的游牧部落襲擊農業部落那樣，直到農業部落變得更強大，能夠擊退這種入侵爲止。在這種情況下，發動侵略的部落便失去了原有的出路，被迫轉變爲農業社會。

但是在完成這一偉大的跨越之後，人類持續的進步似乎並不像人們所預期的那麼快（某些罕見的複雜情況除外）。即使在最爲糟糕的農業制度下，土地爲人類所提供的糧食也遠遠超出純粹的游牧狀況下的數量，最終的結果必然是人口大增。不過，由於只有依靠大量額外增加的勞動才能獲得大量額外增加的糧食，因此，與游牧時期的人口的狀態相比，農業人口不僅空閒時間要少得多，而且更長時期處於使用不完善的工具與非常落後的工藝的狀況之中（世界上有很大部分地區的情況直到今天仍是這樣）；除氣候與土壤特別有利的情況之外，農民生產不出大量超出自身消費量的餘糧，因此無法供養任何規模的勞工階層從事其他產業部門的生產；而且不論這部分餘糧是少是多，通常都會被生產者必須服從的政府，或者被擁有強大勢力的個人，以及藉助宗教的或者傳統的階級觀念使自己成爲土地貴族的人，從生產者手中奪走。

從史前就占據著亞洲平原的幅員遼闊的君主國，最先採用了這種政府占有的方式。這些國家政府的作爲，雖然會因爲君主個人素質的不同而有所不同，但是都很少留給耕作者除生活必需品以外的物品，甚至常常連生活必需品也奪走，以至於在拿走了他們的全部產品之後，又不得不再把其中一部分產品返還給耕作者，以便使他們有種子耕種，而且有可能熬到下一個收成季節。在這種制度下，雖然人口的絕大部分都在忍飢挨餓，但是只要管理上說得過去，政府就能透過迫使數量眾多的人口每人繳納相對少量的貢品，在表面上維持一種與社會基本狀況相差甚遠的繁榮景象；因而在歐洲人的心目中，東方國家都是強大而昌盛的，這種根深柢固的印象直到最近才被消除。對於這些財富，姑且不算被政府豢養、進行橫徵暴斂的官吏拿走的一大部分，除直接的皇親貴戚之外，還有很多人參與瓜分；其中有很大一部分是在政府各式各樣的職能部門之間，以及君主情有獨鍾的或者突發奇想的工程項目之間加以分配；偶爾也有一部分用於公共工程建設，例如水庫、水井和灌溉渠道，在很多熱帶地區，沒有這些設施就難以進行耕作；以及防護河流的堤壩、商人聚集的市場或者供旅行者休憩的驛站，這些設施都不能依靠使用者貧乏的財力進行修建，它們的存在要歸功於王公大臣們的慷慨大度，以及關注自身利益的深謀遠慮，或者歸功於各處富人的樂善好施或者愛慕虛榮。不過，當你對這些人的財產追本溯源時就會發現，它們總是直接地或者間接地來自於財政收入，而且大部分經常是直接來自於君主的賞賜。

這種社會的統治者，在把大部分財富用於供養他本人和其所關心的所有人，以及供養他感覺爲保衛自己與國家安全所必需的大量士兵之外，仍然還有一大筆可支配的財富用於交換自己喜好的奢侈品；那些依靠他的賞賜，或者透過掌管財政收入而發財致富的階層也會這樣做。於是就出現一個狹小然而富裕的市場，以滿足他們對於精美、昂貴的製成品的需求。不過，他們所需求的物品幾乎完全是由先進社會的商人予以供給的，但經常也會在這個國家內部形成一個工匠階層。這些人對相關物品的性質並沒有太多的瞭解，全憑敏銳的感覺、耐心的觀察以及靈巧的雙手製作出精良程度登峰造極的物品，例如印度的某些棉織品就是如此。這些工匠是由政府和官吏分享的產品中剩餘的糧食所供養的，因此，實際的情況是，在某些國家內，工人不是把工作拿回家做，做完以後再收取報酬，而是帶著工具到客戶家裡去做，在那裡吃住，直到把工作做完。然而，在所有的財產都得不到安全保障的社會狀況下，富有的購買者最先考慮的是要置辦那些不易損壞、體積小而價值高、適宜隱藏或者攜帶的物品。所以，金銀珠寶便在這些國家財富中占了很大的比例。許多富有的亞洲人幾乎都將其全部財產放置在自己和自己妻妾的身邊，除了君主，誰也不願意把財富投資於不動產。如果君主感到江山穩固，確信能夠將寶座傳給自己的子孫，則他有時會沉迷於大興土木之中，金字塔、泰姬瑪哈陵以及塞卡亞王陵就是這樣修建的。爲滿足耕作者的需要，原始的製造業依靠鄉村工匠逐步發展起來，他們以耕種分配給他們的免收地租的土地，或者收取村民從政府留下來的收成中支付給他們的實物報酬爲生。然而，這種社會狀況並不排斥商人階層的存在，這一階層主要是由糧食經銷商和貨幣兌換商兩部分所組成的。糧食經銷商通常不向糧食生產者購買糧食，而是向政府官員購買；後者願意將徵繳來的實物收入委託給他人運送到王公大臣那裡，因爲這是他的主要的文職官員、軍隊頭領以及滿足這些人需要的工匠所聚集的地方。貨幣兌換商放款給由於年景不好或者承受苛捐雜稅而陷於困境的農民，以維持他們的生活和耕作，並且在下一個收成季節到來之時以高利回收；或者向政府，或是向享受部分國家收入的王公貴族提供大筆貸款，以此得到指派繳稅官員或者享受一定地區稅收的優厚待遇，使他們可以自行從稅收中得到補償。爲了使他們能夠實現這一點，政府通常需要將很大一部分權力交給他們行使，直到這些地區被贖回或者債務被抵補時爲止。因此，這兩類商人的經營主要是針對構成政府收入的那部分產品進行的。這種收入使他們的資本定期得到重置並且獲得利潤，同時，他們最初的資本也幾乎總是來自於政府收入。這就是亞洲大多數國家經濟狀況的基本特徵，自有確切的歷史記載開始，直到今天，只要沒有受到外來的影響，情況就一直是如此。

眾所周知，在古代歐洲的農業社會中，事物的發展大相逕庭。這些社會最初大多是小型的城邦社會，建立在無人居住的地區或者原先的居民已遭驅逐的地區，所占有的土地以相等的或者分級的份額分配給組成社會的各個家族。在某些情況下，不是僅有一個城邦，而是有一個城邦聯盟，由據說是屬於同一種族或者大約在同一時間定居於該地的人們所占據。每個家庭生產自己需要的糧食和衣料，通常由婦女在家裡加工當時頗爲流行的粗糙布料。這些社會不課徵稅賦，因爲那時或者沒有領取俸祿的政府官員，或者即使有，他們的俸祿也是由奴隸耕種專門爲國家保留的土地予以提供，軍隊則是由全體公民所組成。因此，土地的全部產品均歸耕種它們的家庭所有，沒有任何扣除。只要情況的發展允許這種處置財產的方式持續下去，那麼這種社會狀況對於大多數自由農民來說也許不壞；而且在這種制度下，有時人類在精神文明方面的進步特別迅速、輝煌。特別是如果種族狀況優越，氣候條件適宜，以及除現在已經無從考究的各種有利的偶然事件之外，同時還兼有地理位置上的優勢，即位於遼闊的內海沿岸，而且彼岸已經建立起社會，則情況更是如此。這種地理位置有助於人們瞭解外國的生產狀況，更容易接受外國的思想與發明，從而使這些社會更易於擺脫陳規陋習的束縛，這種束縛對於未開化的人民來說，通常是相當深的；透過他們產業的發展可以略見一斑。他們很早就產生了各式各樣的需求和欲望，這促使他們利用已經掌握的方法從他們的土地上盡可能獲取更多的產品；如果他們的土地過於貧瘠，或者產量已經達到極限，則他們往往轉而經商，整批收購外國的產品，然後再到其他國家銷售，以獲取利潤。

然而，這種狀況從一開始就極不穩定，這些小型社會幾乎永遠處於戰爭狀態。造成這種局面的原因很多。在不發達的單一的農業社會中，最常見的原因是，不斷增長的人口對於他們有限的土地產生的壓力越來越大，這壓力常常因爲糧食歉收、農業粗放耕作以及他們必須依靠相對狹小的國土來供應糧食而加重。出於這些原因，社會經常集體遷移，或者派遣大批武裝的年輕人去奪取不大善戰的人民的土地，把他們趕走或者留下淪爲替他們耕種的奴隸，以獲取掠奪的利益。貧窮的部族這樣做是爲生活所迫，比較富裕的部族這樣做則是出於野心和尚武精神；而且，經過一段時間以後，所有的城邦社會不是成爲征服者就是成爲被征服者。有時，征服者滿足於向被征服者徵收貢品，而承受這種負擔的被征服的人民，卻免除了他們自己浴血奮戰並進行海上防禦的麻煩，因此有可能在征服者的統治下分享一部分經濟繁榮的成果；與此同時，征服者則獲得財富的剩餘，整體上過著奢侈豪華的生活。正是依靠這些剩餘，人們建造了帕德嫩神殿和希臘雅典衛城的入口，購買了菲迪亞斯（Pheidias）的雕刻作品，舉辦了慶祝盛典，埃斯庫羅斯（AEschylus）、索福克里斯（Sophocles）、尤里比底斯（Euripides）和阿里斯托芬（Aristophanes）為此創作了他們的戲劇。不過，這種形式的政治關係——如果能夠持續，對於人類的進步和最終利益大有裨益——卻難以持久。小型的征服者社會如果不能同化被征服者，則最後終將被征服。因此，世界的統治權最終便落入深諳此道的羅馬人之手。不論是否採用其他謀略，羅馬人總是在一開始或者在最後，讓他們自己的首領占據絕大部分的土地，然後再吸收剩餘土地的大領主進入他們的統治集團。這裡沒有必要詳細講述羅馬帝國悲慘的經濟史。一個社會一旦出現財產不均等的現象，又沒有依靠發展生產來彌補這種現象所造成的損失，則透過大魚吃小魚，這種不均等現象就會越演越烈。於是，在羅馬帝國的版圖上最後所能看到的便是由相對少數的幾個家族占有的大片土地，爲了滿足他們奢侈的生活，以及更經常地爲了滿足他們炫富的心理，最昂貴的物品被生產出來了；而與此同時，土地的耕作者卻淪爲奴隸，小佃農幾乎也處於被奴役的境地。從這一時期開始，帝國的財富就日漸枯竭了。剛開始，財政收入與富人的財力至少還可以支撐義大利各地富麗堂皇的公共或者私人的樓堂館所的修建，但是時間一長，受到不良管理的負面影響，財力迅速萎縮，以至於無法使已經建成的高樓大廈免於頹敗。最後，文明世界的力量與財富變得不足以抵禦北方邊境游牧民族的入侵，他們蹂躪了帝國，隨後建立起不同的秩序。

可以認爲，由此建立起來的歐洲社會的新格局中，每個國家的人口都是由兩個不同的民族或者種族——征服者與被征服者——以不同的比例所組成：前者是土地的所有者，後者是土地的耕作者。這些耕作者得到允許，遵照一定的條件占用土地，這些以暴力爲基礎的條件常常很苛刻，不過很少達到絕對奴役的地步。在羅馬帝國的後期，奴隸制度就已經普遍演變成爲一種農奴制度；羅馬人所說的奴隸，事實上更接近於農奴而不是奴隸。野蠻部族的征服者出於無能，又不願意事必躬親監督他人艱苦的耕作，所以別無選擇地只得允許耕作者從土地中得到一定的實惠，以激勵他們努力勞動。例如，規定他們每週必須爲領主勞動三天，而在其餘時間內勞動的產出則歸他們自己所有。如果要求他們供應城堡日常所需的各種產品，並且經常向他們額外徵調，那麼只要他們滿足了這些需求，就允許他們自行處置自己所能生產的任何其他產品。處於這種制度下的中世紀的農奴與現代俄國的農奴一樣（在那裡，直到最近採取解放農奴的措施之前，基本上仍然屬於這種制度），並不是不可能獲得財產的，事實上，他們的積累乃是現代歐洲財富古老的源泉。

在這種充滿暴力和混亂的年代裡，能夠積攢點滴剩餘產品的農奴所要做的第一件事情就是贖回自由，並且遷徙到某個自羅馬統治時期就保留下來且未被毀壞的城鎮或者堅實的村莊；或者不贖回自由，直接逃到那裡去。在這個身邊環繞著同階層成員的避難所裡，他們試圖憑藉自己與同伴的勇氣，享有一種在某種程度上可以免於遭受武士階層凌辱和勒索的生活。這些獲得解放的農奴大部分轉行成爲工匠，用自己的產品換取封建地主的土地所出產的剩餘糧食和原料賴以爲生。這使得歐洲呈現出一種與亞洲各國極爲相似的經濟狀況；不過，亞洲國家只有一個君主，伴隨著一大群宦海沉浮的寵臣和酷吏；而歐洲則形成一個人數眾多並且相當穩定的大土地所有者階層；後者遠不及前者窮奢極欲，因爲就個人來說，他們所擁有的剩餘產品要少得多，而且在很長一段時間裡，還需要用大部分剩餘產品供養他們的侍從。由於社會尚武好戰，而政府又無力提供保護，所以當時的大土地所有者爲了自身的安全必須豢養一大批侍從。與經濟上可以相互比擬的亞洲國家的政體相比，這種社會狀況使得個人的地位更爲平穩、牢固，而這正是有利社會進步的一個主要原因。從這一時期起，社會的經濟進步從未中斷過，人們的人身和財產的安全保障一直在緩慢而穩步地得到增強，生活的技能不斷提高，掠奪不再是人們進行積累的主要方式，封建的歐洲嬗變爲商業和製造業的歐洲。在中世紀後期，義大利和佛蘭德的城鎮、德國的自由城市、法國和英國的某些城市，居住著人數眾多、精力旺盛的工匠和富有的自由民，他們透過加工產品或者買賣製成品發達致富。英國的平民、法國的第三階層以及歐洲大陸的中產階級，大多是這一階層的後代。由於這些人崇尚節儉，而封建貴族子弟揮霍成性，所以前者便逐步地取代後者，成爲大部分土地的所有者。這種自然演變的趨勢，有時因政府頒布法律旨在將土地保持在原來的所有者家庭的手中而受阻，有時又因政治革命的爆發而加速。漸漸地，儘管比較緩慢，但在所有文明程度較高的國家中，土地的直接耕作者都脫離了奴隸或者半奴隸狀態，儘管他們所獲得的法律地位和經濟地位，在歐洲各國中極不相同，並且在由歐洲人的後裔於大西洋彼岸建立起來的各個龐大的社會中也極不相同。

今天，在這個世界上分布著幾個幅員遼闊的區域，它們擁有各式各樣的財富，其富足程度是過去年代的人們根本不可能想像得到的。現在，它們並未依靠強制性的勞動，每年就能從土地中得到大量的糧食，除了供養實際的糧食生產者，還供養著人數相同甚至更多的生產各種生活便利品和奢侈品或者從事產品運輸的勞動者，同時供養著大批負責指揮和監督各種勞動的專門人員，以及供養著比最爲富足的古代社會還要多的從事非生產性職業的人員甚至無業的人員。面積相同的一塊土地（至少是在同一區域內）生產出來的糧食，可以供養比以前還要多的人口，而且這種供養更爲安全可靠，它不會遭受到在歐洲早期歷史上週期性發生、目前在東方諸國仍然頻繁出現的饑荒的影響。除了糧食的數量大爲增加，糧食的品質和品種也大爲改善，並且糧食除外的便利品和奢侈品不再僅限於供給人數較少的富有階層，而是使社會各個階層的廣大民眾都可以充分受惠。當一個社會決定將這些財富集中起來以備不時之需時，這種社會集體財源的威力之大，可能是全世界前所未有的，例如，建設艦隊和軍隊，修築不論是出於實用目的還是裝飾門面的公共工程，興辦國家慈善事業（例如，爲西印度奴隸提供贖金），開拓殖民地，教育當地民眾。總而言之，可以完成一切需要花錢才能完成的豐功偉業，但是卻無需要求國家公民爲此勒緊褲帶，甚至無需降低他們的生活水準。

不過，在所有具有現代工業社會特徵的這些社會中，彼此之間存在著巨大的差別。雖然與過去的年代相比，它們都變得更爲富足，但是它們富裕的程度卻各不相同。即使在公認最爲富有的各個國家中，也有某些國家對生產性資源的利用更爲充分，相對於國土面積而言，獲得比其他國家更高的產量；它們之間不僅在財富的數量方面，而且在財富的增長速度方面，也具有很大的差別；而在財富分配領域的差別，比在財富生產領域的差別還要大。在不同的國度裡，最貧困階層的生活狀況也存在著巨大的差別，處於最貧困階層之上的其他各個階層，在人口比例和富裕程度上也有很大的差別。參與土地產品初始分配的各個階層在性質和稱謂方面，各地的差別也不小。在某些地方，土地所有者階層本身幾乎完全脫離勞動；而在另外一些地方，土地所有者階層則幾乎全都參與耕作，親自扶犁種田。在土地所有者本身不參與耕作的地方，有時候在土地所有者與勞工之間，存在一個中間階層，即農場主，他們墊付勞工的工資，提供生產工具，並且在支付給土地所有者地租之後占有全部產品；在其他情況下，則只有地主、受僱的代理人和勞工分享土地的產品。同樣地，有時製造業是由分散的個人經營，這些人自備或者租賃所需要的工具和機器，除自己的家人之外，很少僱用勞工；在其他情況下，有時製造業則是由富有的製造商經營，他們配備昂貴而且複雜的機器設備，使許多勞工在同一座建築物裡共同工作。在商業經營方面也存在著同樣的差別。誠然，在任何地方，凡是經營批發業務，都需要投入大量的資本，但是，在零售行業，零售商儘管整體上也占用大量的資本，但有時卻是在小店裡經營，主要靠店主本人與自己的家人工作，或者僱用一、兩個學徒；而有時則是在大型商場裡進行經營，其資金由富有的個人或者合夥組織提供，僱用人數眾多的男女店員。以上就是通常被稱爲文明世界的不同地區在經濟現象上所展示出來的差別；除此以外，我們在前面加以評述的所有較早時期的社會形態，直到今天，在世界的某些地方依然存在，它遠遠落後於我們的時代。在美洲，仍然存在狩獵社會；在阿拉伯和亞洲北部的大草原上，仍然存在游牧社會；東方社會本質上依然故我；俄羅斯大帝國在很多方面，至今仍然與封建時代的歐洲幾乎毫無差別。所有重大的人類社會形態，包括愛斯基摩人或者巴塔哥尼亞人的社會形態，現在都依然存在於世。

在財富的生產領域與分配領域，人類種族不同部分之間所存在的顯著差別，與所有其他現象一樣，一定是事出有因；把這種差別完全歸結於人們在不同的時間和地點對於自然規律與生活實用技能的掌握在程度上有所不同，是遠遠不夠的，還有許多其他原因可能導致這樣的結果；在實用知識的進步與傳播方面所存在的差別，部分取決於財富生產和分配的狀況。

在一個國家的經濟狀況取決於物質方面的知識的限度內，與之相關的問題屬於自然科學及其建立在自然科學之上的科學技術所研究的對象。但是，在影響因素具有精神的或者心理的特徵，取決於各種制度和社會關係，取決於人類的本性的限度內，與之相關的問題則不屬於自然科學的範疇，而是屬於精神科學與社會科學的範疇，屬於所謂的政治經濟學所研究的對象。

財富的生產以及從地球的物質中攫取人類生存與享樂的手段，顯然不是一件隨心所欲的事情，它必然具備必要條件。在這些必要條件中，某些屬於物質方面，取決於物質的屬性，並且取決於人們在特定的地點和時間對於與這些屬性相關的知識掌握的程度。政治經濟學並不研究這些，而只是予以默認，將其作爲有關自然科學或者日常經驗的基礎。政治經濟學把這些有關外部世界的事實與有關人類本性的其他眞理相互結合，試圖探索出某些次要的或者衍生的、決定財富生產的規律；這些規律必須能夠對現在和過去所存在的貧富之間的差異做出解釋，並且說明未來財富的任何增長都必須具備的基礎。

與生產規律不同，分配規律是人類制度的一部分，因爲在任何特定的社會中，財富分配的方式均取決於那裡通行的法規或者習俗。不過，儘管政府或者國家有權決定應該建立什麼樣的制度，但是它們卻不能隨意決定這些制度應該如何實施。它們對於財富的分配所擁有的權力是有條件的，而且社會認定適宜於接受的各種行爲方式如何對分配產生影響的問題，與任何自然界的物質規律一樣，都是科學研究的對象。

生產與分配的規律，以及基於這些規律推斷出來的某些實際結論，是本書的主題。

第一編　生產

第一章　關於生產要素

§一　生產要素分爲兩類：勞動與適用的自然物品。

勞動既可以是體力勞動也可以是腦力勞動，或者使用更易於理解的語言，可以表述爲：勞動既可以是身體方面的勞動，也可以是精神方面的勞動。此概念不僅僅包括一個人爲從事某項具體的工作所消耗的腦力或者體力，或者兩者兼具，還包括與其相聯繫的所有不愉悅感、所有身體上的不舒適感或者精神上的煩惱。關於另一類要素——適當的自然物品，這裡是指某些屬於自然存在或者自然生長，適合用來滿足人類需要的物品，例如，岩洞和樹洞可以提供藏身之所；果實、根莖、野生蜂蜜和其他自然產物可以維持人的生命。不過，一般來說，即使在這種情況下，也仍然需要大量的勞動，目的不是在於創造，而是在於尋找與占用這些自然物品，少數並且不重要的情況除外（不包括人類社會發端時期），自然所提供的物品只有在人類的努力下，且在發生一定程度的轉化之後，才可以用來滿足人類的需要。即使是狩獵森林中的野生動物和捕捉海洋裡的魚群，人類的主要勞動以捕捉爲主，但這些動物在作爲食物之前，都必須經過宰殺、分割，而且不管在任何地方都還必須經過烹飪過程，這些都需要一定程度的人類勞動。在變成適合直接用於滿足人類需要的形式之前，自然物品在人類所給予的作用下發生轉化的程度是多種多樣的，既可以像上面所列舉的實例那樣，也可以僅在外觀和本質上發生微小的改變，或者是發生澈底的改變以至於無法分辨其形狀與結構。在地層中所發現的礦物質與人們所製作的犁鏵、斧頭、鋸子等物品之間，幾乎沒有任何相似之處；在瓷器與用來製作瓷器的花崗岩之間，在混有海藻的泥土與玻璃之間也是鮮有共同特徵；羊毛與薄紗織品之間、一把棉籽與一塊布之間的區別更是顯而易見。羊與棉籽本身並非自然成長之物，而是人類先期勞動與精心培育的結果。在這些實例中，最終的產品與自然界所提供的物品截然不同，因此，根據常見的說法，自然界的作用僅僅體現在提供原料方面。

然而，自然界並不僅僅侷限於提供原料，還提供動力。地球上的物質具有活躍的能量，可以與人類的勞動相互結合，甚至替代人類的勞動。很久以前，人們將穀物放在兩個石塊之間碾壓成麵粉，之後又發明了透過轉動手柄使一個石塊在另一個石塊上面旋轉的磨麵粉方法——這項工藝經過了少許改進之後，仍然是東方慣用的磨麵粉形式。這種勞動需要消耗大量的體力，因此經常用來作爲奴隸冒犯主人的懲罰。當人們意識到應該節省勞動以及緩解奴隸的苦難時，便發明了藉助自然界的風力和水力旋轉上面石塊的裝置，因而不再需要大量消耗人力。在這種情況下，自然界的力量——風力和水的重力——完成了原先由人力予以完成的部分工作。

§二 在與此相類似的實例中，一定的人力所完成的工作被分給了自然界的力量加以完成，這種情況很容易促使人們對於人力與自然力的相互作用產生錯誤的觀念，好像這些力量與人類的勤勞相結合，只能完成人力所能完成的工作；在人類手工製作物品的情況中（正如常見的說法所說），自然界僅僅提供被動的原料而已。一位工人將亞麻或者大麻撕成纖維，用手指將幾股纖維撚在一起，並藉助於紡錘的簡單工具，將其製成麻線；接著工人將這些麻線排列整齊，再藉助於梭子，上下交織其他同樣的麻線；現在這位工人織成了一匹布，根據材料的不同，可能是亞麻布或者麻袋布。這位工人用手工完成了這項工作，而且在這項工作的過程中，沒有參雜任何自然界的力量。但是，是什麼力量使得這位工人每一步操作都成爲可能，並且最終生產出布匹呢？是纖維的黏性和相互結合的力量，這是自然界中的一種力量，我們可以透過其他機械的力量對其做出精確的測量，從而確定這種力量所能平衡或者承受的力量究竟有多大。

如果考察其他所謂的人類作用於自然界的情況，我們將發現，一旦把某個物品放在正確的位置之後，自然力，或者換言之，某物的屬性，就會以同樣的方式發揮作用。在整個操作過程中，人類對這個物品所做的，或者說，所能夠做的，只是將之安放於適當的位置，藉以發揮其自身內在的力量或者存在於其他自然物體中的力量，人所完成的工作僅是將某一物品移近或者移開另一物品而已。人將種子撒向大地，之後是植物自身的力量使種子生根、發芽、開花、結果；人用斧頭砍樹，是在重力的作用下樹才轟然倒地；人用鋸子切割木材，是透過一定的形式以及物理特性的作用，使比較柔軟的部分讓位於比較堅硬的部分，才將木材鋸成木板，然後人將木板按照一定的位置加以排放，使用釘子或者黏膠，才製作出桌子或者房屋；人將點點星火移近燃油使之燃燒，然後利用燃燒的能量烹煮食物或者熔化鋼鐵；人將麥芽或者甘蔗汁放入特定的裝置，然後使其轉化成啤酒或者蔗糖。除移動之外，人類沒有任何其他作用於物質的手段。保持運動以及保持靜止，就是人的肌肉生成的全部功能；透過肌肉的收縮，人可以對外在物體產生一定的壓力，在力量足夠大的條件下，將使物體開始運動；如果作用於運動中的物體，則將阻礙、改變或者澈底終止物體的運動，除此之外，人不可能做得更多。不過這已經足以揭示出一點，即人類從自然界中所獲取的全部支配力量是無法估量的，這遠遠超出人類自身的力量，而且這種已經十分強大的支配力量將註定變得更加強大。或者透過使已經存在的自然力量發揮作用，或者透過安置物體使之混合並且協同產生自然力量，人類得以行使這種支配力量，正如人將點燃的火柴投入燃料之中，再將盛水的鍋爐置於其上，於是產生了蒸汽膨脹的力量；這種力量已經被廣泛地應用於滿足人類的各種目的。[1]

因此，在物理學領域，勞動僅僅被用來使物體產生運動，物質的性質和自然的規律將完成其餘的工作。人類的技能與獨創性主要體現在發現運動，運用他們的力量予以運作，並且產生他們所希望獲得的結果。不過，既然人類利用自己的肌肉所能夠立即獲得的結果只是運動，那麼人類並無必要在獲得想要得到的所有運動過程中，都直接利用自己肌肉的力量。最初也是最爲典型的替代是牛的肌肉運動，逐漸地，不具有生命形式的自然物也被用於替代，例如風力和水力，這些已經處於運動狀態的物質，人類利用它們的部分運動推動輪子使之轉動，此項發明替代了由人類肌肉所能完成的工作。這種由風力與水力所提供的服務，被所謂的機器替代，機器像前者一樣，將一定的物體安置於一定的位置，不過在整個過程中不再需要不斷重複的肌肉運動，而是一蹴而成，從而在整體上節省了大量的勞動。

§三　某些學者提出，是否自然界在這種或者那種產業中，給予了人們更大的幫助，並且在某些工作中勞動完成得多一些，而在另一些工作中自然界完成得多一些。然而，這種說法似乎造成思想上的極大混亂。自然界在人類的任何工作中所發揮的作用都不能確定，也無法評價。不可能確定自然界在這件事中比在那件事中所做的工作更多一些。人們甚至不能說勞動所做的工作要更少一些，的確可能需要較少的勞動，但是如果這種較少的勞動是絕對不可或缺的，則可以說，所獲得的結果既是勞動的產物，同樣也是自然界的產物。為了獲得某種成果，當兩項條件同樣不可少的時候，議論其中各項條件各自發揮了多少作用是毫無意義的，正如試圖評價一把剪刀的兩部分，在剪東西的過程中哪一部分所發揮的作用較大；也正如試圖評價在五與六相乘得到三十的過程中，哪個數字較為重要一樣。這種思想通常認定，自然界在農業生產中對於人類的幫助比在工業中大。由法國經濟學家所堅持的這種觀點，亞當·史密斯也未能擺脫其影響，這觀點源自於人們對於地租本質的錯誤理解。這些學者設想，土地的租金是支付給某種自然力量的價格，可是在工業生產中卻沒有支付這種價格，之所以如此，是因為在農業生產中自然界提供了更大量的服務。然而，更深入思考這個問題就會發現，對於土地的使用需要支付價格，是因為土地是有限的。如果空氣、熱量、電力、化學能源以及其他被工業所運用的自然界力量的供給，也像土地那樣被壟斷或者強占，則使用這些自然力量同樣需要支付租金。

§四　這導致形成某種區別，我們將會發現這種區別具有極為重要的意義，即自然界的各種力量，有些是無限的，有些則是有限的。當然，所謂的無限並非指字面意義上的無限，而是指實際應用意義上的無限，意味著已經使用的量除外，在任何條件下，或者至少在目前的條件下，能夠獲得更多的量。在某些新興國家中，土地的數量實際上是無限的，因爲土地數量超過了現在的人口或者未來幾代人口可能使用的量。不過，即使在這些國家裡，地理位置優越、便於進行市場活動與運輸活動的土地也是有限的；人們樂於占有、耕種或者以其他方式加以利用的土地總是相對稀少。在所有古老的國度裡，可以耕種且至少還算肥沃的土地，必須歸在數量有限的自然要素之列。河流、湖泊中的水，如果僅供日常飲用，也許可以將其視爲一種無限充沛的資源，不過，如果要供農田灌溉，則或許不再能夠滿足所有的需求；而在那些需要依賴蓄水池、水塘或者水井解決飲水問題的地方，或者水源枯竭的地方，水就成爲了總量極其有限的資源。在水資源十分充沛的地方，可以作爲水力資源的總量，即利用水的落差所產生的機械力爲工業生產提供服務的水力資源的總量，與在水資源更加充沛的條件下對於水力的使用相比，也可能是極其有限的。煤炭、金屬礦藏以及地層中所蘊藏的其他有用物質，與土地資源相比，則更爲有限，這些資源不僅受到嚴格的地域限制，而且可能枯竭，儘管在某一特定的時間與地點，現存的總量遠遠超過當時所能利用的總量，甚至超過無償條件下所能利用的總量。在大多數情況下，大自然賦予人類的海洋漁業資源，實際上是無可限量的。不過，北極鯨的捕撈在很長一段時期內都不能滿足需求，即使在必須以相當高的價格支付其捕撈成本的情況下也是如此，結果促使南海捕鯨業得到巨大的發展，並且出現了鯨類滅絕的趨勢。大自然所賦予的河流漁業資源是極其有限的，如果允許任何人不受限制地進行捕撈，將會迅速枯竭。空氣，甚至我們稱之爲風的空氣形式，在大多數場合，都可以充分地獲取，並在所有可能的方面加以使用；在海濱或者水運通暢的大河流域，情況也是如此，儘管在許多地方爲這種運輸方式提供服務的港口、泊位，都遠遠少於在風力更加易於獲取的情況下將會得到的建設數量。

今後人們將會看到，社會經濟的發展在很大程度上受制於非常重要、數量有限的自然要素，更具體地講，就是受制於土地。今天所能指出的不過是，只要自然要素的數量實際上是無限的，那麼除非受到人爲壟斷的影響，否則它就不會具有任何市場價值，因爲沒有任何人會爲可以無償得到的東西付出任何代價。但是，只要實際上可以進行某種限制，只要不再能夠無限量地占有，爲了使用某種自然資源需要提出申請，那麼這種自然要素的所有權或者使用權就會產生一定的交換價值。在某一擁有瀑布的特定地區，當人們對於水力的需求增大時，人們就要爲利用瀑布的水力付出代價。當某地區的人們耕種土地的需求超過該地區所擁有的土地時，或者超過一定優越位置條件下具有一定品質的土地時，則符合位置要求與品質要求的土地，就會以某種價格出售，或者以收繳年租金的方式出租。後面將會更爲詳盡地討論這個問題，不過，在全面進行展示以及闡述的時機到來之前，透過簡要的說明，對相關原理和推斷給予提示，這是大有裨益的。

◆註解◆

【1】關於人類對於自然界的支配力量這項基本並且首要的定律，是詹姆斯・彌爾先生（Mr. James Mill）在其著作《要素》第一章中最先提出並且論證為政治經濟學的基本法則。

第二章　關於作爲生產要素的勞動

§一　偏限於供人使用的一件物品的生產過程的勞動，既包括直接用於生產該件物品的勞動，也包括爲滿足生產該件物品所需要的條件而進行的前期勞動。例如，在製作麵包的過程中，直接用於生產麵包的勞動是麵包師傅本人的操作，雖然磨坊工人的勞動並非直接用於生產麵包，而是用於製作麵包所需要的麵粉，但是在生產麵包所需要的勞動總量中同樣也占有一部分，播種者的勞動與收割者的勞動也是如此。有些人也許會認爲所有這些人的勞動都是直接用於生產麵包，因爲穀物、麵粉與麵包不過是同一種物質的三種不同形態而已。不妨拋開純粹涉及語言問題的爭論，其中還應該包括耕種者的勞動，即爲播種而翻鬆土地的人，他的勞動與物質的任何形態都不發生關係；還有製犁工匠，他的勞動與最終的成果更是相差甚遠。所有這些人的勞動都是從麵包或者其價格中獲取報酬。製犁工匠之所得與其他人的也相同，因爲犁除用於耕地之外別無他用，除非是爲了獲取更大的收益，否則沒有人會出於其他原因而製作或者使用犁。因此，從土地中獲取的收益成爲向製犁工匠的勞動提供等價報酬的源泉。如果供使用或者消費的產品是麵包，則麵包必須提供這一等價物。麵包必須爲所有這些勞動者和其他勞動者提供報酬，例如，建築農舍的木匠和瓦匠，爲保護農作物挖溝並修築籬笆的工人，爲鑄造犁和其他工具所需要的原物料而開礦、冶煉的礦工和鑄造工。不過，這些人與製犁工匠的報酬並不取自於一次製作的麵包，而是取自於直到犁、農舍和籬笆用壞爲止時所製作的全部麵包。我們還需要附加另一類勞動，即將物品從生產場所運送到最終使用場所的勞動：將麥子運送到市場的勞動，然後將麥子從市場運送到磨坊的勞動，接著將磨好的麵粉運送給麵包師傅的勞動，再把製作好的麵包運送給最終消費者的勞動。有時，這些勞動是相當可觀的：運送到英格蘭的麵粉來自於大西洋彼岸，而麥子則來自於俄羅斯的心臟——莫斯科；除直接僱用的勞工之外，還需要僱用搬運工和水手，以及租用價格不菲的交通工具，例如輪船；而輪船的建造則將涉及更多的勞動。不過，這些勞動的報酬並不完全取自於麵包，而只是部分地取自於麵包；輪船在其使用期內通常會被用來運輸各式各樣的商品。

因此，估算生產任何商品所消耗的勞動絕對不是一件簡單的工作。所涉及層面相當多，對於某些人來說似乎是無限多。因爲製作麵包所消耗的勞動部分，我們將製犁工匠的勞動計算在內，也許有人會問，爲什麼不把製犁工匠所使用的工具的製造者勞動也計算在內？以及爲什麼不把這些工具製造者所使用的工具的製造者勞動也計算在內，一直追本溯源呢？不過，在這追溯的過程中會陷於繁瑣以至於無法進行計算的困境。試想，對於一個使用期限爲十二年的犁來說，只需將十二分之一製作犁的勞動計算至每年的成果中。這十二分之一製作犁的勞動可以準確估算，但是製犁工匠很可能使用同一套工具製作上百個犁，而這些犁又在許多不同的農場中使用。於是，一千二百分之一的勞動被消耗在某個農場的一年收穫成果之中，當把這個數值再分攤到多袋麥子與更多的麵包上時，立刻就會發現得出的數值實際上在與商品相關的問題中根本不值一提。事實的確如此，如果沒有工具製造者的勞動，根本無法生產麥子與麵包。不過，即使估算他們的勞動，其價值也不會超過四十分之一便士。

§二 需要特別關注的是，對一件物品的生產有著間接作用的另外一種形式勞動，即用來生產維持參與該物品生產的勞動者生存所必需的物品的勞動，極小規模的生產除外，這種前期消耗的勞動是每一項生產性勞動均不可或缺的條件。除了狩獵和捕魚等勞動，幾乎沒有任何一種勞動可以立即得到回報。在獲得成果之前，任何生產性勞動都需要在一段時間內具有一定的持續性，除非勞動者在開始工作之前擁有充足的食物，或者能夠從別人那裡獲得補給，該數量足以維持他完成這項工作；否則他只能間歇性地工作，以便不時地去尋找補給。他不可能獲得充足的食物，因爲任何以這種方式獲取食物的做法都需要有現成的食物儲備才行。農業需要數個月的時間才可能提供新的糧食，儘管農業生產者不需要在整段時間內持續不斷地勞動，但是在大部分時間裡都必須勞動。因此，不僅農業需要事先生產的糧食作爲儲備，任何以農業爲基礎的社會都需要大量的糧食儲備以自我維持。像英國和法國這樣的國家，之所以能夠進行當年的農業生產，僅僅是因爲在這些國家或者其他某些地方前幾年所生產的糧食，足以維持它們堅持到下一個收成的季節。除生產糧食之外，它們還能夠生產許多其他物品，因爲自上一次收成之後所儲存的糧食，不僅足以養活農業生產的勞動者，而且還可以養活其他大量的工業人口。

生產糧食儲備所消耗的勞動，在爲開展當前的勞動創造必要條件的前期勞動中，占有很大且十分重要的一部分。不過，需要特別關注的是，這種勞動與其他類型的前期勞動或者準備性勞動之間存在著根本性的差別。磨坊工人、收割者、耕地者、製犁工匠、運輸工和造車工匠，甚至水手及造船工人，只要被僱用，就會從最終產品——用穀物製成的麵包中——得到報酬，因爲他們對於穀物的生產都付出了自己的勞動，或者對相關操作都提供了工具。生產這些勞動者所需要的口糧的勞動，與其他各種勞動一樣，對於生產最終的成果——製作本次收成季節的麵包——都是不可或缺的，但是卻不是從麵包中獲取報酬，這種前期的勞動已經從前期的糧食中得到了酬勞。爲了生產某種產品，需要勞動、工具、原物料以及供養勞動者的食物。但是，工具和原物料除用於生產產品之外毫無其他用處，或者至少未被消耗於其他用途，因此，製造它們的勞動只有從獲取的產品中得到報酬。然而，糧食卻與此相反，其本身的可用性可以直接用於供養人類。生產糧食所消耗的並且已經從糧食中得到補償的勞動，不需要從之後所生產的其他產品的勞動成果中再次獲得報酬。如果我們假設同一組勞動者在生產產品的同時也種植糧食供自己所需，那麼他們就擁有糧食和產品作爲其辛勤勞動的回報。然而，如果他們僅僅在種植原物料的同時製作生產工具，則他們什麼都不能擁有，而只能從製成的物品中獲取自己辛勤勞動的報酬。

因爲擁有糧食，所以可以養活勞動者，進而索取的報酬是另一類報酬；這是對於節制給予的報酬，而不是對於勞動給予的報酬。如果一個人擁有糧食儲備，他就有權在無所事事中自行消耗這些糧食，或者用糧食養活伺候他以及爲他服務的人。如果他並未這樣做，而是將糧食提供給生產性勞動者，用以支持他們完成自己的工作，那他就能夠從產品中索取報酬。在這種情況下，他將不會滿足於簡單的償還；如果他的所得僅能使他恢復到當初的狀況，那麼他所進行的節省，即推遲實現自身的利益與享樂，就沒有爲他帶來任何利益。他期望從他的節制中獲得等價回饋，期望他所墊付的糧食在回報過程中有所增加。用商業的語言來講，就是期望獲得利潤；對於利潤的追求是促使他產生節省自身消費、囤積糧食的動機的一部分，或者至少是促使他放棄個人便利與享樂的誘因。用以維持生產工具和原物料勞動的糧食，也必須由某人墊付，同時，他也必須從最終的產品中獲取利潤。不過，不同之處在於，最終產品不僅必須提供利潤，而且也必須對勞動做出補償。實際上，工具製造者（例如製犁工匠）往往不必等到收成季節才得到報酬，土地耕作者可以預付報酬，成爲犁這個工具的所有者。然而，不管怎樣，支付均來自於收成，因爲，除非土地耕作者預計他的支付將從收成中得到抵補，而且也包含著爲這項新的墊付所支付的利潤；也就是說，除非收成在提供給土地耕作者勞動的報酬（以及墊付的利潤）之後還有足夠的剩餘，能夠給予製犁工匠報酬和利潤，以及土地耕作者關於這兩項的利潤，否則土地耕作者將不會承擔這筆開支。

§三 由此可見，在列舉和劃分進一步對其他生產性勞動產生疏遠、間接作用的勞動的類型時，無須考慮爲生產性勞動者生產糧食和生產其他生活必需品的勞動。因爲人們從事這種勞動的主要結果與目的就是生存本身，而且，雖然儲存糧食可以完成其他工作，但那不過是一種偶然出現的結果。其餘間接地對生產產生促進作用的勞動的方式，可以劃分爲以下五大類。

第一類是爲了生產製造業使用的原物料所僱用的勞動。在很多情況下，這純粹是一種爲特定用途服務的勞動，這被迪諾耶爾先生（M. Dunoyer）稱之爲採掘業。例如，礦工的勞動是挖掘地下的物質，這些物質將被製造、轉換成種類繁多的物品提供人類使用。不過，採掘業並非僅限於採掘原物料，以煤炭爲例，它不僅用於製造業的生產過程，而且也直接供人類取暖使用。當以這種方式使用時，它就成爲最終產品，而不再屬於生產的原物料。採掘寶石也是如此，只有少部分寶石用於製造業的生產過程，例如，用來製作玻璃切割刀、金剛砂打磨器等，它大部分用於裝飾品，雖然作爲裝飾品之前，通常需要對它進行一定程度的加工，從而使我們有理由斷定它也屬於原物料。各種金屬礦石均爲純粹的原物料。

我們必須將伐木工的勞動劃分到生產原物料的勞動之中，他們的勞動包括砍伐和準備提供建築業使用的木材，或者提供木匠以及其他工匠使用的木料。在美國、挪威、德國的森林及庇里牛斯山和阿爾卑斯山的森林中，伐木工的勞動對象主要是自然生長的樹木，而在其他情況下，必須在伐木工的勞動之外附加種植樹木與培育樹木的勞動。

同樣地，生產原物料的勞動，還包括種植亞麻、大麻以及棉花，養蠶，飼料加工，樹皮加工，染料生產，種植油料作物，以及生產其他多種物品的農民的勞動。生產這些物品純粹是爲了滿足其他製造業部門生產的需要，以獲取皮毛爲目的的獵人的勞動是如此，牧羊人的勞動、飼養牛等牲畜的勞動是如此，而收集羊毛、皮革、角、豬鬃、馬鬃等物品的勞動也是如此。作爲某些加工過程或者製造過程的原物料種類繁多，但大多爲動物、植物或者礦物的範疇。除此之外，許多製造業部門的最終產品也屬於其他某些部門的原物料。紡紗工廠紡出的紗線，除作爲織布的原料之外別無他用。織布機產出的產品主要作爲服裝業和家具業的原物料，或者其他製造業進一步加工的原物料，例如縫帆工的原物料。製革工匠發現他們的工作就是將原物料轉化成所謂的加工過的原物料。嚴格地講，幾乎所有出自於農民勞動的糧食，都不過是麵包師傅和廚師的原物料。

§四

第二類間接性勞動就是製造供勞動時使用的輔助性工具或者器械的勞動。以最寬泛的含義來看，這類工具包括人們在生產過程中使用的所有永久性的工具或者有助於生產的器具，從點火用的燧石到蒸汽輪船，甚至更爲複雜的加工機械，很難劃分工具與原物料之間的界限；某些用於生產的物質（例如燃料），幾乎很難利用普通的語言將其歸類爲任何一種類別，只能依據科學研究不同的要求，採用恰當的術語加以區分。爲了避免毫無科學意義且過於繁瑣的分類與命名，政治經濟學家通常將所有用於直接性生產手段（稍後將說明非直接性生產手段）的物品，歸類爲生產工具或者歸類爲原物料。也許最爲常見也最爲簡便的劃分界限的方法，就是把所有一次性使用（至少就手頭的工作而言）之後就報廢的物品視爲原物料。例如燃料，燃燒之後就不能再作爲燃料使用，只有尚未燃盡的部分仍然可以作爲燃料。同時，燃料不僅不能在未被消耗的情況下使用，而且只能在被消耗的過程中發揮作用。因爲如果沒有燃料的消耗，就不會產生任何熱量。同樣地，羊毛在紡織成衣的過程中被消耗，已經織成成衣的毛線，就不能再作爲毛線使用。然而，使用斧頭砍樹，斧頭沒有在砍伐樹木的過程中消失，而且可以繼續砍伐成百上千株樹木，雖然斧頭在每次使用的過程中可能會發生某種程度的磨損，但是斧頭並不像煤炭和羊毛那樣透過消滅自身來進行工作；相反地，品質越好的斧頭，抵抗磨損的能力越強。有些物品在第一次使用之後仍然可以進行第二次或者第三次使用，不過，也應該將其正確歸類爲原物料。製造坦克和管道的鋼鐵，可以再次被熔煉然後用來製造犁或蒸汽機等；建造房屋的石塊可以在房屋倒塌後用於建造另一座房屋。不過，無法在原始產品仍然存在的情況下開展這些工作；這些原物料的功能，只有在被製成的物品使用損耗殆盡之後，才得以再度發揮作用。劃分爲工具的物品則與此不同，它們可以在新的工作中被反覆使用，直到完全磨損，這有時需要相當長的時間；同時，由它們所完成的工作成果卻仍然存在，這些工作成果只有在受到自身規律的影響或者遭遇破壞時才會消亡。[1]

從另外一個角度對原物料與工具進行具有實際意義的區分，已經引起人們的關注。由於原物料是在一次性使用中消耗殆盡的，所以從事原物料生產的全部勞動以及人們爲使該種生產得以持續而進行的節制，都必須從原物料一次性使用所生產出來的成果中得到回報；與此相反，對於可以不斷重複使用的生產工具來說，則可以從這些工具所生產的所有產品中、爲製造工具的勞動和人們爲維持這些勞動所進行的節制中提取報酬。爲此，每件產品僅需奉獻一小部分，通常是微不足道的一小部分，就可以爲這些勞動和節省，或者爲直接生產者墊付給工具製造者的開支，提供回報了。

§五　第三類型的勞動是除產業使用的原物料與輔助性工具生產所需要的勞動之外，還必須考慮爲防止因天災人禍對工作造成的干擾，以及勞動對物品所造成的損害。由此就產生了第三種類型的勞動，它有助於生產，但並非直接作用於產品，而是實現產業安全所使用的勞動。所有用於產業活動的建築物，例如倉庫、船塢、糧倉、畜禽飼養場以及其他用於產業生產的建築物，均爲保護對象。在這裡，排除了供勞工居住的房舍，或者供他們活動的建築，因爲這些建築與滿足實際需要的糧食一樣，都必須計算在對於勞動的報酬之中。還有許多形式的勞動，更爲直接地應用於保護生產性的活動方面，例如，牧羊人的勞動，是爲了防止羊群遭受侵害，此爲最接近於保護的實現所具有的實證含義。我曾經提及挖溝、修築防護性籬笆的工人勞動，或者砌牆、築堤等工人的勞動，同樣還應該加上士兵、員警和法官的勞動，的確，他們的勞動並非專門用於爲產業安全提供保護，他們的所得也不是由私人生產者承擔，從而成爲生產開支中的一部分。但是，他們的報酬來自於稅收，稅收則取自於產業的產品；而且在治理得較好的國家中，他們所提供的服務價值均遠遠地超過相應的成本。因此對於所有社會來說，它們也屬於生產開支中的一部分；如果生產的收益不足以按照與其他必要勞動者所具有的相同條件、水準供養這些勞動者，那麼生產將無法進行，至少無法以現有的形式和方法進行下去。不僅如此，如果政府不能爲產業活動提供這種保護，那麼生產者就必須自行抽出可觀的時間與勞動提供保護，或者僱用武裝人員提供保護。在這種情況下，所有這些勞動的報酬必然直接取自於生產的產品，而且那些不能爲這種附加的勞動提供報酬的物品將不會再被生產出來。在當前的制度下，產品對相同的保護支付固定額度的費用，而且儘管政府在支出過程中偶爾出現揮霍與浪費，但是仍然能夠以相當低的成本提供品質較好的保護。

§六　第四類，有大量的勞動並非用於生產產品，而是用於將產品提供給有意使用的人。許多重要的勞工階層便專門從事這種類型的勞動，首先是所有從事水陸運輸工作的人們，例如馬伕、車伕、船員、碼頭工、煤炭裝卸工、搬運工、鐵路員工等。其次是所有製造運輸工具的人們，包括輪船、馬車、火車等運輸工具的製造，也包括公路、水路與鐵路的修建。公路有時由政府修築並免費供公眾使用，但是修築公路的勞動報酬卻由產品予以支付。每一位生產者透過繳納稅賦的方式爲公路的使用付費，公路爲他們帶來了諸多的便利；如果對於公路的修築進行適當的評估，則公路爲生產者帶來的利益將遠遠超過生產者所繳納的稅款。

在此種類型的勞動中，另一類數量極大的勞動就是由經銷商或者交易商（也可以稱爲批發商）所提供，這種勞動是將生產出來的物品提供給消費者。如果消費者只能直接從生產者手中獲得想要的產品，將浪費許多時間，且還要遭遇諸多不便與麻煩。因爲生產者和消費者通常是極其分散的，而且後者常常遠離前者。爲了減少時間和勞動上的浪費，市集與市場應運而生，在不需要任何中間媒介參與的情況下，爲消費者和生產者提供定期相會的場所。這種方式適合用於很多商品，尤其適合用於農產品，因爲農民在農閒季節擁有大量的閒暇時間。但是，儘管如此，對於從事其他職業而且不是居住在附近的購買者來說，這樣做仍然存在諸多不便與麻煩。而且許多商品需要生產者長期持續的勞動才得以生產出來，爲此，市集往往間隔相當長的時間才舉辦一次，因爲需要較長的時間準備滿足消費者需求的商品，也因此導致消費者的需求長期得不到滿足。在社會的資源尚未允許開設商店之前，人們普遍依靠商販來滿足這種需求，每月出現一次的商販比一年舉行一、兩次的市集更受歡迎。現在，在遠離城鎮或者大型村落的農村地區，商販的工作仍然沒有被完全取代。不過，擁有固定場所與固定客戶的商人得到了更多的信賴；如果距離較近，消費者都願意跟他們購買商品，致使商人們從自己的利益出發，發現在消費者人數眾多之處開設商店可以為自己提供一定的回報。

在大多數情況下，生產者與零售商是同一個人，起碼在資金所有與工作控制方面是如此。裁縫、鞋匠、麵包師傅和其他類型的手工業者，至少就其生產的最後階段來說，他們也是所銷售產品的生產者。只有當商品的製造地點靠近銷售地點，並且製造量與銷售量都較小時，這種生產者與銷售者結合的方式才是恰當的；而當商品的生產地點遠離銷售地點時，一個人就很難兼顧製造與銷售了。而且當物美價廉的產品可以大規模生產時，那麼可能一家製造廠就需要透過眾多地方的銷售管道銷售產品，這時，最便捷的方式就是透過授權代理機構進行銷售。至於鞋類產品與服裝，當需要大量供給時，例如供給軍隊等單位時，通常並非直接從生產商獲得，而是需要透過中盤商獲取；這些中盤商知道可以從哪些生產者那裡買到物美價廉的產品。當商品進入最後的零售階段時，便利性將零售商劃分出等級。當產品的種類與交易的數量不斷增多進而達到某一特定水準時，當一個生產工廠向多個商家供貨而同時一家商店又從多個工廠進貨時，製造商與零售商都會發現，與少數幾個大盤商打交道比他們相互之間直接聯繫還要方便，這將大大減少時間上的損失與所遭遇的麻煩。這些大盤商只進行大量的買進和賣出，先向不同的工廠收購產品，然後批發給零售商，再進一步出售給消費者。所有這些要素組合在一起就構成經銷階層，其功能已經成為生產階層的補充；以這種方式經銷的產品或其價格，可以為經銷商的努力以及其為經銷業務所需資金而進行的節制，提供報酬的源泉。

§七

以上已經列舉了在生產過程中作用於外部自然界的所有勞動形式。不過，還有一種勞動的方式同樣有助於生產——儘管它與生產的關係更為疏遠——那就是以人為對象的勞動。將每個嬰幼兒撫養長大，都需要耗費某個人或者某些人的大量勞動，如果沒有這種勞動的付出或者部分這種勞動的付出，孩子將無法長大，且當孩子成年時，他也無法成為有能力的勞動者。就社會整體而言，撫養未成年人的勞動與開支構成決定社會生產條件開支的一部分，並且將從未來社會勞動增加的產出中得到回報。對於個人來說，付出這種勞動與開支的動機，不同於追求最終獲得補償的動機，因此，從政治經濟學的主要目的出發，無須將這種勞動列為生產支出。不過，社會的技術教育或者產業教育，學習、講授生產工藝的勞動，獲取並且傳播生產技能的勞動，實際上一般都是為了獲取更多、更有價值的產品的勞動，同時也是為了在僱用教師的情況下，除對於教師的勞動給予補償之外，將來能夠對於學習者的勞動給予等值甚至超值的報酬。

無論是體力方面還是腦力方面的生產勞動，都可以視為社會完成生產活動的勞動的一部分，或者換言之，視為社會成本的一部分；同樣地，用於防止突發事件或疾病造成傷害以維繫生產能力的勞動也是如此。必須將外科醫生與內科醫生的勞動，以及當這種勞動被參與產業活動的人們所耗用時，視為社會經濟做出的某種犧牲，以便保護存在於社會生產性成員的生命、體力以及腦力中的生產能力，不會因為遭受疾病或者死亡的威脅而消失。的確，對個人來說，這構成人們接受治療的部分動機，不過，有時這當中存在難以覺察的一部分，例如，人們並非因為經濟方面的動機，才同意進行截肢或者努力治癒疾病，儘管人們這樣做的同時，也在經濟方面做了充分的考慮。因此，這種勞動和支出雖然有助於生產，但是卻並非以生產為目的，也並非要從生產中得到回報，所以，這不屬於政治經濟學所要討論的生產性勞動的範疇；儘管從社會整體的角度——而不是從個人的角度——出發考慮問題時，必須將這種勞動與支出視為社會為其生產活動所墊付的部分開支，並將從社會的產出中得到回報。

§八　還有一種類型的勞動通常被劃歸於腦力勞動，雖然不像體力勞動立即對生產產品產生作用，但是卻與體力勞動一樣對最終產品產生直接的影響，腦力就是生產發明工藝的勞動。之所以說這樣的勞動通常被歸類於腦力勞動，是因爲實際上這並不是純粹的腦力活動。所有的人類活動都包含著一定的腦力活動與體力活動，哪怕最愚笨的工人每天機械地重複上上下下的爬梯子工作，他也運用了自己的部分智力。的確，即使最聰明的狗或者大象，也可能無法被訓練得能夠這樣爬梯子，但最遲鈍的人經過事先的指導卻可以轉動磨盤。不過，不在人們的駕馭或者監視之下，馬不可能做到這點。另一方面，即使是最爲純粹的腦力勞動在產生任何外在的成果時，也都需要一定的體力勞動。不做筆錄或者口述，牛頓就不可能提出他的定律；而且，他在頭腦中進行醞釀的同時，也一定畫下許多圖示，寫過種種公式，做過大量的運算。發明家運用他們的腦力，在將他們的智慧思想轉化爲現實的成果之前，都需要進行大量的體力勞動，親自動手建立模型並進行實驗。然而，無論是腦力勞動還是體力勞動，都是使生產活動得以進行的勞動。瓦特發明蒸汽機的勞動，與製造蒸汽機的工程師的勞動，以及使蒸汽機運轉的機械師的勞動一樣，都是生產活動不可或缺的一部分，並且與其他人的勞動一樣，都期望從產品中獲得報酬。人們通常採用同一種方法對發明者的勞動與操作者的勞動進行評估並給予報酬。許多製造裝飾用品的製造商會僱用設計師，請他們進行設計並領取薪資，設計師與依照其設計進行生產並領取工資的工人並無兩樣。所有這些勞動都毫不含糊地成爲生產勞動的一部分，就像出版一本書，作家的勞動與印刷工、裝訂工的勞動一樣，都是生產書的一部分勞動。

從整個國家或者整個世界的角度來看，狹義上，學者與思想家的勞動，與生產工藝的發明家的勞動一樣，都是生產的一部分。許多發明創造均源自於理論上的發現，每一次對於自然界力量的深入認識，均能夠轉化爲實際應用於客觀世界所需要的成果。電報是奧斯特（OErsted）的試驗與安培（Ampère）的數學研究所帶來最爲美妙而且最令人不可思議的成果；現代航海技術則不可預見地產生於數學家亞歷山大（Alexandria）對於一個平面與一個圓錐相交所形成的三維曲線理論研究，以及在強烈好奇心的驅使下所做的探討。從完全生產以及物質的角度來看，純粹思想活動的重要性也是無可限量的。然而，由於物質的成果並非學者們直接追求的目標，因此學者的報酬通常也並非來自於經過很長的時間之後基於其發現所生產出來的更多產品。所以，從政治經濟學的主要目的出發，無須將這種最終的影響考慮在內；而且，純粹的思想家大多爲著作的生產者，或者其他直接出自他們之手的有價值和可銷售的文章的生產者。不過，換一個角度（作爲政治經濟學家應該時常這樣做）——不是從個人的行爲與目的的角度出發，而是從對於整個國家乃至整個世界所造成的影響來看——則不難發現，理論研究乃是社會生產性勞動中最具有影響力的部分，同時應該將用於開展這種勞動並且對這種勞動提供報酬的那部分社會資源，視爲社會支出中具有高度生產力的一部分。

§九　在前面研究促進生產所使用的勞動的類型時，並未格外關注將產業劃分爲農業、工業或者商業等，這種頗爲流行的分類方式。因爲實際上這種分類方式很難達到分類的目的，卻可能使許多生產性行業的分支找不到合適位置，或者失去顯著劃分的界限，例如（姑且不提狩獵者和捕魚者）礦工、鋪路工人與船員。農業與工業的界限無法精確地劃分，例如磨麵粉工人與麵包師傅，他們是屬於農業勞動者還是工業勞動者呢？他們所從事的職業性質是製造，糧食在運給他們前已經與土地分離；同樣地，打穀者、揚穀者、奶油和乳酪的製作者的工作也是如此。他們的工作之所以被視爲農業勞動，也許是因爲這些勞動通常都是由生活在農場中的人們所完成，他們的勞動與耕種者的勞動接受相同的監管。出於多種目的，所有這些人，包括磨麵粉工人與麵包師傅，都被歸到耕種者與收割者之列。人們認爲他們都生產糧食，並且都從所生產的糧食中獲得回報；當其中某種類型的勞動者收成豐碩時，其他類型的勞動者也就會隨之富裕起來，他們整體上構成了「農業利益」；他們的勞動組合爲社會提供同一項服務，並且從相同的源泉中獲取報酬。同樣地，即使是耕種者，當他們生產的產品不是糧食而是工業原料時，出於多方面的考慮，也將他們歸於社會經濟中的工業勞動者之列。卡羅來納州的棉花農夫、澳洲產羊毛的牧場主，他們與紡織者之間的共同利益，超過了他們與穀物種植者之間的共同利益。但是另一方面——之後將會看到——直接作用於土地的勞動具有某些特性，不僅會帶來許多重要的結果，而且使之有別於所有後續的生產階段的勞動，無論這些生產階段是否由同一人進行，均使之有別於打穀者、揚穀者的勞動，也有別於棉紡者的勞動。因此，當提及農業勞動時，除非在文中另有說明，否則我所指的就是直接作用於土地的勞動。工業這一詞使用在要求概念清晰的場合時，往往也是含糊不清的，因此，我希望人們能夠從通俗的意義上而不是從科學的意義上去理解。

◆註解◆

[1] 一位富有才幹而且十分友善的本書評論者，在《愛丁堡評論》（一八四八年十月刊）就有關區分原物料與工具的問題發表了不同的觀點，他建議將原物料視為「所有經歷生產過程中所發生的變化之後，自身也發生變化的物品」，而將工具（或者器械）視為「製造這種變化，但是自身並沒有成為可變化的結果中的一部分物品」。依據這種劃分，生產過程中所消耗的燃料就應該視為生產工具而不是原物料。與書中的觀點相比，如此使用相關術語更符合「原物料」一詞的實際含義，不過，如此進行區分則幾乎與政治經濟學毫不相關。

第三章 關於非生產性勞動

§一 勞動是生產所不可或缺的，但是勞動卻並非總是對生產產生影響。有很多勞動具有高度的有用性，然而卻不是以生產爲目的，因此勞動被劃分爲生產性勞動與非生產性勞動。政治經濟學家在應當把何種勞動歸類爲非生產性勞動的問題上存在著不小的分歧，但是他們並未覺察到，在現實中兩者之間並不存在事實上的爭論。

很多學者不同意將任何勞動歸類爲生產性勞動，除非該項勞動的成果屬於某種明顯可知的物質實體，而且能夠從某一個人轉移給另一個人。還有一些學者，例如麥克庫洛赫先生（Mr. M'Culloch）與賽伊先生（M. Say），則認爲非生產性一詞具有貶義，反對用來描述任何有用的勞動——能產生利益、帶來愉悅並且具有價值的勞動。他們認爲，只要政府官員、軍官、醫生、律師、教師、音樂家、舞蹈家、演員、僕從等人的勞動與其報酬相符，在量上也未超過所需要的水準時，就不應該將這些勞動貶低爲非生產性勞動；似乎非生產性是浪費或者無價值的同義詞。不過，這實際上是對所爭論的問題的一種誤解。生產並不是人類生存的唯一目的，因此，非生產性一詞並不必然包含有任何貶義，況且在當前的情況下，也從未有人打算這樣做。這純粹是語言與分類方面的問題。然而，即使觀點一致，語言上的分歧也並非不重要，因爲即使兩種表述都與整個事實相吻合，但是人們往往也會關注其中不同部分的事實。因此，當我們用生產性或者非生產性來說明勞動時，就必須考慮其中可能具有的各種含義。

首先，必須記住的是，即使在所謂的產品生產中，勞動並沒有生產出產品中的物質。世界上全人類的所有勞動都不能生產物質中的一個微粒。紡織寬幅布只是按照一種特定的方式將羊毛重新排列起來而已；種植穀物不過是將稱爲種子的物質置於可以利用空氣與土壤的環境中，形成稱爲植物的物質。雖然我們不能創造物質，但是可以設法使物質具備某些性質，使原本對我們無用的東西轉變成爲對我們有用的東西。正如賽伊先生確切地指出的那樣，我們所生產或者想要生產的是效用。勞動不是創造物品，而是創造效用。同樣地，我們既沒有消費也沒有毀滅物品本身，組成物品的物質依然存在，只是形式上或多或少地有所改變而已，眞正消費的是適用於滿足某種目的的品質。因此，賽伊先生以及其他人理所當然地會問：既然說生產物品只是在生產效用，那麼爲什麼不把所有生產效用的勞動均視爲生產性勞動呢？爲什麼不把這一修飾詞同樣賦予修復肢體的外科醫生、維持社會秩序的法官和議員以及切割並打磨寶石的工匠呢？爲什麼否認老師傳授生存技能的勞動爲生產性勞動，卻認定帶給人們短暫的味覺愉悅的製糖商的勞動爲生產性勞動呢？

的確，所有這些勞動都生產效用。如果生產效用足以代表人類所形成的有關生產性勞動的概念，那麼現在盤踞在心中的問題就根本不是問題了。生產或者生產性，當然是生產出某種物品的簡略說法；不過，這裡所指的「某種物品」，我認爲不應該理解爲效用，而應該理解爲財富。生產性勞動意指生產財富的勞動。於是，這使我們回想起在緒論中曾經涉及什麼是財富的問題，以及是否只有物質產品才算是財富，還是財富包括所有有用的產品的問題。

§二　現在，人們通常將由勞動所生產的效用分爲三種類型：

第一，固化且體現於外在物體上的效用，即運用勞動作用於外在的物體，使之形成對於人類有用的性質。這是普通的情況，無須詳加說明。

第二，固化且體現於人類自身的效用，在這種情況下，運用勞動作用於人類自身，使之形成對自己以及他人有用的性質。所有與教育有關的勞動均屬於此種生產效用類型，包括教師、導師、教授的勞動，而且從有助於提高人們素質的角度來看，也包括政府官員的勞動，以及道德家和牧師的勞動及善行；還包括醫生的勞動和他們致力於維持生命、體力、腦力的有效性；也包括體能訓練等各種類型的教師勞動、科學與藝術教師的勞動、求學者的勞動，以及所有畢生致力於提高和培養自身與他人的體力和腦力機能的人們的勞動。

第三，也是最後一種，並未固化且體現於任何物體上，效用僅存在於所提供的服務中：在一段較長或者較短的時間內賦予人們一種滿足，使鬱悶或者疼痛得以舒緩，但是並未使任何人或物得到永久性的改善，即運用勞動直接生產某種效用，並非（像前兩種情況那樣）作用於其他某種物品之上使之適合於提供這種效用，例如樂師、演員、演講者或者吟誦者，以及從事表演事業的人的勞動。毋庸置疑，他們的勞動在當時以及之後的一段時間裡會帶給觀眾情感、立場或者基本的愉悅狀態，產生積極或者消極的影響，影響所帶來的結果可能有利，也可能有弊，但是這兩種結果都不是表演者與觀眾觀看時所刻意追求的，人們所期望的只是當時的滿足。同樣地，軍隊與艦隊士兵的勞動也在此列，他們充其量可以防止國家被占領、侵略或者侮辱，這是一種服務，但是卻沒有在其他方面使國家有所進步或者倒退。同樣也包括立法者、法官、審判員，以及其他政府機構的官員在其日常事務中所付出的勞動，暫且不考慮他們的勞動在改善國民心理方面所產生的影響；他們提供的服務維護了和平與安全，並且包含了他們的勞動所生產的效用。似乎對於某些人來說，運輸者、批發商或者經銷商的勞動也應該歸爲此類，因爲他們的勞動沒有增加物品的任何性質。不過，我對此的回答是，他們改變了物品的性質，也就是使物品處於人們需要它的地方，而不是處於其他地方。這是一種非常有用的性質，這裡所提供的效用包含於物品之中。現在，物品處於被人們需要使用的地方，效用增加的結果是，物品可以因增加效用所付出的勞動成比例地以更高價格出售。因此，這種勞動不屬於第三種類型的勞動，而屬於第一種類型的勞動。

§三

現在，必須考慮在這三種勞動中，究竟哪一種屬於生產財富的勞動，因爲這是使用生產性一詞時它本身所具有的含義。第三種類型的勞動創造效用，是只有在欣賞時才能夠獲得的滿足，只有在表演時才能夠提供的服務，除公認可以作爲財富的隱喻之外，不能稱其爲財富；可以積累，是財富概念的基本含義。我認爲，在生產出來之後不能夠保存一段時間然後再加以使用的物品，都不能算作財富。因爲無論生產且享受多少這種效用，獲益者都沒有變得更爲富有，其狀況根本沒有得到改善。不過，將既有用又可以積累的任何產品視爲財富，就不會與財富概念相違背了。一個國家的技術工匠所擁有的技能、精力與奮鬥精神，與他們所擁有的工具和設備一樣，均屬於國家財富的一部分。[1]根據此項定義，應該將所有用於創造持久性效用的勞動均視爲生產性勞動，不論這種效用是體現於人類自身之中，還是體現於其他生物體或者非生物體中。我在以前的出版物中，[2]曾推薦過這種有助於分類的方法，現在我仍然堅持我的觀點。

不過，當用財富一詞說明人類從事產業活動的能力時，總是心照不宣地理解成與物質產品相互聯繫。技術工匠的技能只有作爲某種可以在物質層面上獲取財富的手段時，才可能被認爲是財富，而任何無助於達到此目的的都根本不能算是財富。除隱喻的意義之外，人們很少說一個國家因爲其國民擁有才華、美德和修養而富有，除非該國確實是出售物品，可以獲取其他國家的物質財富，就像古希臘與現代一些國家所做的一樣。因此，如果需要創造新的專用術語，那我寧願選擇以產品的持久性，而不是產品的物質性作爲區分的標準，因而，當採用某一頗爲流行的術語時，應該盡可能不要違背該術語的一般用法。因爲透過曲解已經被人們廣泛接受的含義而對術語進行的任何修正，都是得不償失的，且新舊詞彙之間的衝突將使相關術語的含義變得更爲模糊不清。

因此，在本書中提及的財富僅指物質財富，而且生產性勞動指的是生產效用體現於物質實體中的勞動。不過，依據我自行限制這個詞的含義，我將在限制允許的範圍內，充分利用這個受到限制的概念。我不拒絕將未直接增加物質產品但在自身努力的最終結果爲物質產品的增加的這種勞動，稱之爲生產性勞動。因此，我將用於獲取生產技能的勞動歸納爲生產性勞動，這樣做並不是基於生產技能本身，而是基於生產技能所生產的產品，以及學習生產技能的勞動有助於產業的發展。政府官員的勞動以這種或者那種形式爲產業發展提供保護，這種保護對於產業繁榮來說，是不可或缺的條件，所以必須將其視爲生產性勞動，甚至視爲有關物質財富的生產性勞動。因爲如果沒有這種勞動，無論以何種方式擁有的豐富物質財富，都不可能存在。我們不妨將這種勞動稱爲間接或者調停的生產性勞動，以有別於耕種者以及紡織工的直接生產性勞動。它們所具有的共同特點是，都使社會的物質產品比社會建立之初時更加豐富，且增加或者趨於增加物質財富。

§四 與此相反，應該將非生產性勞動理解爲並非以增加物質財富爲最終結果的勞動；無論如何大量、成功地從事這種勞動，都不會使社會乃至整個世界，在物質產品方面變得更爲富有，反而會由於僱用勞動者從事這種勞動因而需要進行消費，進而變得更爲貧困。

以政治經濟學的語言來講，所有以當下的享受爲目的但又未能實現享受的持久性手段的累計存量，都是非生產性勞動。而且依據我們當前的定義，所有能夠帶來持久性利益的勞動，無論多麼重要，如果在所增加的利益中不包含任何形式的物質產品，則均歸類於非生產性勞動。挽救一位朋友的生命不屬於生產性勞動，除非這位朋友是從事生產性勞動的勞動者，而且其產出大於消費。對於一位宗教人士來說，拯救靈魂遠比拯救生命更重要，但是並不能因而稱傳教士或者神職人員爲從事生產性勞動的勞動者，除非他們能夠像南海傳教士所做的那樣，在傳播教義的同時，也傳授文明國家的技能。顯而易見的是，一個國家所供養的傳教士和神職人員越多，在其他方面能夠支配的財富就越少；相反地，如果一個國家明智地將更多開銷花費在農業和工業生產者身上，那麼該國能夠花費在其他方面的財富就會更多。在其他條件相同的情況下，前者減少物質產品的存量，而後者則增加物質產品的存量。

非生產性勞動可能與生產性勞動同樣有用，甚至從持久性利益的角度來看，它可能更爲有用；或者它的用處只在於某種滿足的感覺，感覺過後便消失無蹤；或者可能連滿足的感覺也沒有，成爲一種純粹的浪費。在任何情況下，社會與人類都不會因爲它而變得更爲富有，只會因爲它而變得更爲貧困。不從事生產的任何人所消耗的所有物質產品，會從社會所擁有的物質產品中予以扣除。不過，雖然社會不會因爲非生產性勞動而變得富有，但是個人卻可以。一位非生產性勞動者可以透過他的勞動，從那些得到滿足與利益的人們手中獲取報酬，對他來說，此項報酬可能成爲一種相當可觀的財富泉源。不過，他的所得與他們之所失旗鼓相當。他們的消費可能完全物有所值，不過他們也會在相同程度上變得更爲貧困。當裁縫師縫製一件大衣並將其賣出時，除了金錢從顧客手中轉移到裁縫師手中，還有一件原本並不存在的大衣轉移到顧客手中。然而，演員單純從觀眾手中獲得金錢，並沒有留下任何值錢的物品當作觀眾付出的酬償。因此，從整體來看，社會從演員的勞動中一無所獲，且社會損失掉演員所得中所有被他消費的部分，僅僅保留下他所積攢的部分。然而，一個社會卻可以透過非生產性勞動，以其他社會的損失爲代價，增加自己的財富，正如個人可以其他個人的損失爲代價，使自己變得富有一樣。義大利的歌劇明星、德國的女家庭教師、法國的芭蕾舞者等，只要他們出國演出，則對於他們各自的國家來說，他們便能成爲某種財富的泉源。希臘的某些城邦，特別是較蠻荒落後的地區有許多傭兵，他們大多受僱於東方王孫貴族，進行無謂但頗具破壞性的戰爭，戰爭結束之後，這些傭兵攜帶積攢的錢財回家安度晚年；這些人都是非生產性勞動者，他們的收入與戰利品都是供養他們的國家沒有回報的支出。不過，雖然世界毫無所得，但是希臘卻大有所獲。在其後的一段時期內，希臘與其殖民地又向羅馬帝國輸送了另外一類冒險家，即所謂的哲學家與演說家，他們專門爲上層社會的子弟傳授據說是最有價值的技能。這些人大多爲非生產性勞動者，但是他們豐厚的酬報卻成爲自己國家財富的泉源。在這些情況下，世界的財富都毫無增加。如果這些勞動者的服務是有用的，那麼他們的所得是以犧牲世界部分物質財富爲代價；如果是無用的，則他們全部的消費對於世界來說就是一種浪費。

然而，浪費並非僅侷限於非生產性勞動。生產性勞動如果其消耗超過產出，也會形成浪費。如果勞動者的能力低下，或者管理者決策失當，也會造成生產性勞動的濫用；如果一位農場主堅持用三匹馬和兩個人耕地，而經驗證明兩匹馬和一個人就夠了，那麼這些過剩的勞動，儘管目的是用於生產，但也是浪費。如果一項經過改進的新工藝在實際應用之後，發現不如原來的工藝好，或者沒有當初預期得好，那麼爲了改進工藝所投入的人力、物力，以及爲了應用所進行的種種試驗，就是浪費。生產性勞動也有可能使一個國家變得更爲貧困，如果它所生產的財富，即它所生產增加的有用物品存量不適合當前的需要，就會造成和供給大於需求導致商品賣不出去的情況一樣；或者就像投機者過早建成船塢和倉庫，但卻沒有任何交易發生時的情況一樣。北美的某些州就是由於犯下同樣的錯誤，過早修建鐵路與開鑿運河，最終走向破產。令人值得懷疑的是，是否英國不均衡地發展鐵路事業，在某種程度上，也是在重蹈覆轍。當社會的資源有限，而且迫切需要儘快得到回報時，以遠期利益爲目的而投入的勞動，不僅有可能使國家陷於困境，而且由於這些勞動者的消耗，也有可能使國家最終變得更爲貧困，遠不如將勞動首先投入到可以迅速提供回報的事業上，推遲對於提供遠期回報之事業的投入。

§五　生產性與非生產性的區別既適用於勞動，也適用於消費。所有的社會成員並非都是勞動者，但卻都是消費者，而且他們的消費可能是非生產性的，也可能是生產性的。凡是對生產沒有做出任何直接或者間接貢獻的人，就屬於非生產性消費者；只有生產性勞動者才是生產性消費者，當然，其中不僅包括從事勞動的人，也包括指揮勞動的人。然而，消費，即使是生產性勞動者的消費，也並不都是生產性消費。生產性消費者也可能進行非生產性消費，他們在保持或者改善健康狀況、身體條件、工作能力等方面所進行的消費，或者供養其他生產性勞動者以接替他們的工作等方面所進行的全部消費，均屬於生產性消費。但是，無論是無所事事者還是勤奮勞動者，他們在享樂方面所進行的消費，因爲並非以生產爲目的，不會對生產有所促進，所以被認定爲非生產性消費。有所保留的是，也許應該將某種程度的享樂歸類於必需品，因爲任何勞動缺少適度享樂，都將無法發揮出最高的效率。只有維持並提高社會生產能力的消費，才屬於生產性消費；無論這種生產能力是存在於土壤、原物料或者生產工具的數量與效率中，還是存在於民眾之中。

有很多產品只能用於非生產性消費，例如，用於金絲帶、鳳梨或者香檳酒的消費，必須視爲非生產性消費，因爲這些物品對於生產毫無幫助，對於生命和體力也不具有任何益處，而且可以用更爲便宜的物品來替代。因此，基於政治經濟學家所賦予的生產性勞動這一術語的含義，不應該將生產這些物品的勞動視爲生產性勞動。我認爲，用於生產供非生產性消費的物品的勞動，不具備促使社會長期富裕的傾向。爲不勞動的人縫製一件外衣的裁縫師是生產性勞動者，可是，如果若干週或者數月之後，這件外衣已經破損，而穿它的人卻沒有生產出任何物品予以替代，那麼社會並沒有因爲裁縫的勞動而變得更爲富有，這與花錢去歌劇院看戲並無二致。不過，儘管如此，在外衣破損之前，裁縫的勞動還是增加了社會財富，也就是說，直到社會透過其非生產性成員選擇非生產性消費的勞動產品之前，社會財富是有所增加的。有關金絲帶和鳳梨的消費情況就是如此，只是它們不具備外衣所具有的必需品性質，不過，在它們被消費之前，同樣地也使社會財富有所增加了。

§六　然而，由此可以看出，對於社會財富的某種區分，比對於生產性勞動與非生產性勞動之間的區分更爲重要。這就是對於供生產性消費所用的勞動，與供非生產性消費所用的勞動之間的區分；亦即用於維持和增加國家生產性資源的勞動，與用於其他目的的勞動之間的區分。一個國家的產品只有一部分用於生產性消費，其餘的則用於生產者的非生產性消費，以及非生產性階層的所有消費。假設年產出的一半用於前者，那麼國家生產性勞動者中僅有一半人參與了決定國家持久性財富的勞動；而另一半人的勞動則被年復一年、世世代代地予以占用，生產的物品永遠得不到回報，一經消費便蕩然無存。而且，不管怎樣，從對國民資源所產生的永久性影響來看，後一半人的非生產性消費都屬於一種純粹的浪費。假設後二分之一的勞動人口停止工作，由政府和教會供養，閒散一年，那麼在這種情況下，即使前二分之一的勞動人口像以前一樣地工作，也可以提供滿足自己以及後二分之一的勞動人口的生活所需要的產品，並且保持原物料的存量以及生產工具不至於減少。的確，非生產階層或者忍飢挨餓，或者被迫自行生產自己生活的必需品，在一年中，整個社會僅擁有勉強維持生活的必需品。不過，生產的資源並未遭受損壞，來年的產出也未必會少於如果不發生停止活動情況時的產出。然而，如果情況剛好相反，前二分之一的勞動人口停止日常的工作，後二分之一的勞動人口繼續他們的工作，那麼到了年底，國家的儲備必將消耗殆盡。

如果人們對於一個富裕的國家拿出每年產出中大部分的產品，用於滿足非生產性消費的情況表示惋惜，那將是大錯特錯。國家從必需品中拿出大部分用於人們的享樂或者滿足更高層次的需求，是無可厚非的。這部分產品代表著社會爲滿足基本生存除外的其他需求所提供的資金的水準，是對社會享樂手段與達到生產除外的所有其他目的之能力的一種衡量。一個社會可以動用大量的剩餘來達到這些目的，這是一件值得讚賞的事情。令人遺憾並且無法改變的是，這些剩餘的分配極不公平，較大部分剩餘被用於毫無價值的事務上，剩餘的較大份額則落入了大多數不能提供等價服務作爲回報的人手中。

◆註解◆

【1】一些權威人士認為財富概念的基本含義，不僅包括可以被積累，而且包括可以被轉移；由於個人所擁有的高素質與生產能力無法分離進而轉移給其他人，因此有人不認為這些也歸屬於財富範疇之列，同時否認為學習技能所耗用的勞動是生產性勞動。然而，在我看來，例如技術工匠的技能，既是人們樂於擁有的能力，也是具有持續性的能力（且不說甚至是能夠生產物質財富的能力），因此不存在拒絕給予財富一詞含義更為正當的理由，而僅因為這技能依附於個人身上，不像煤礦或者製造廠那樣依附於某個地方，所以就不應將其視為財富，這是沒有道理的。不僅如此，雖然技能本身不能與本人分離，進而轉移給購買者，但是，技能的使用卻可以做到這點；如果技能不能夠被出售，那麼也可以被僱用；在所有法律允許的國家裡，技術工匠可以與其技能一起被出售。因此，它的不可轉移性這種缺陷並不屬於它天生的特性，而是源於法律和道德所設置的障礙。（正如前面所看到的那樣）我沒有將人類本身歸於財富。財富是為人類而存在的，但是人類所需要的能力只是作為一種手段而存在，正是勞動使這些能力得以存在，因此，在我看來，它完全歸屬於財富範疇之列。

【2】《政治經濟學有待解決的若干問題論文集》，論文三：〈論生產性與非生產性一詞〉。

第四章　關於資本

§一　如前所述，除了勞動與自然界的力量這兩種基本的、普遍的生產要素，還有一種生產要素，缺少了它，任何生產活動均不可能超越其原始且不充分的狀態，即事先積累的前期勞動產品的存量，這種勞動產品所積累的存量就稱作資本。透徹理解資本在生產過程中所發揮的作用是至關重要的，因爲對此問題造成干擾的許多錯誤觀念，均源自於對於資本理解得不夠充分和清晰。

對於全然不熟悉這個問題的人們來說，資本就是貨幣的同義詞。爲了對這種錯誤的理解加以剖析，我們將重述緒論中已經闡明過的內容：貨幣與資本之間的共同之處不比貨幣與財富之間的共同之處多；貨幣本身並不執行任何資本的功能，因爲貨幣不能對生產發揮任何輔助作用，必須透過與其他物品相互交換才能達到這個目的；而任何可以用來與其他物品相互交換的物品，都可以在相同的程度上對生產做出貢獻。資本爲生產所做的是提供場所、保護、工具和工作所需要的原物料，以及在生產過程中供養並且維護勞動者。這些均屬於現在的勞動需要過去的勞動以及過去勞動的產品所提供的服務。任何具有這種用途——爲生產性勞動提供各種先決條件——的物品，就是資本。

爲了使自己對這個概念有更深的認識，不妨設想投入到一個國家中的任何生產性產業部門的資本究竟都做了些什麼。例如，一位製造商，他的一部分資本會以建築物的形式存在，適宜並預定作爲其製造部門經營之用途；而另一部分資本則會以機器的形式存在；如果他是一位紡織品製造商，則第三部分資本會以原棉、亞麻和羊毛的形式存在；而如果他是一位編織品製造商，則部分資本會以亞麻線、毛線、絲線或棉線以及細絨線等形式存在。凡此種種，皆取決於製造產品的性質。根據現代習慣的做法，勞工的糧食和衣物並不由資本家直接提供。除食品和服裝的生產者之外，很少有資本家將其資本的一部分以食品和服裝的形式存在；取而代之的是，資本家支付金錢給他的工人，使他們可以自行供養；資本家在倉庫中存有製成品，透過出售製成品，獲得更多的金錢。資本家除了以相同的方式使用金錢，還會將金錢用於增加原物料的庫存、維修廠房和機器，並且置換報廢的設施。然而，資本家的金錢和製成品並非全都是資本，因爲他並沒有把金錢和製成品全部都用於以上那些目的；資本家將部分金錢用於個人和家庭其他成員的消費上，或者僱用馬伕或僕人，或者供養獵人和獵犬，或者教育子女，或者繳納稅賦，或者承辦慈善事業。那麼什麼是他的資本呢？準確來說，他所擁有的資本，無論以何種形式存在，用於維持生產的部分，即爲他的資本；其形式不能直接滿足勞工需要的那一部分資金，甚至全部資金，是與資本無關的。

假設一位五金製造商，他的資本除機器之外均爲金屬製成品，但金屬製成品卻不能用於供養勞動者。然而，只需要進行一定的轉換，他就可以供養勞動者。假設他意欲用部分收入供養獵犬和家僕，之後他又改變初衷將這部分收入投入他的事業，用來支付工人工資；這些工人將這位製造商原本打算用來消費在獵犬和僕人身上的收入用來購買食品。如此一來，製造商在沒有接觸到食品的情況下，在不經意間，他的行爲決定了國家現存的糧食中，較大部分提供給生產性勞動者，更少地提供予非生產性勞動者。現在我們改變前提條件，假設用於支付工資的那部分收入，原本並非打算用來供養僕人和獵犬，而是打算用來購買餐具和珠寶首飾。爲了便於感知相應的後果，不妨假設這種轉換的規模相當大，一大筆投入到餐具和珠寶上的資金轉而用於僱用生產性勞動者；我們假設他們原先就像愛爾蘭佃農那樣是處於半飢半飽、半失業狀態的勞動者。這些勞動者不會用獲得的工資購買餐具和珠寶，而是用來購買食物。然而，國家並沒有多餘的糧食，也不能像前述情況將供養非生產性勞動者或者動物的食物轉而用於生產性目的。因此，如果有可能，則國家將進口糧食；如果沒有可能，則勞動者將在一段時間內處於供養不足的狀態。不過，由於資本家的支出從非生產性方面轉向生產性方面，可導致有關商品需求的轉換，進而產生的結果是，來年將生產較多的糧食而生產較少的餐具和珠寶。於是這種情況再次表明，沒有任何人的行爲直接涉及勞工的食物，由於個人的部分資產無論以何種形式從非生產性方面轉向生產性方面，結果都將導致生產性勞動者消費的糧食更多。因此，資本與非資本之間的區別並不取決於商品的種類，而是取決於資本家的意圖——他打算將資產用於這種目的還是那種目的；而且，所有資產無論本身多麼不適合供勞動者使用，只要將它或者它所提供的價值用於生產性投資，均會成爲資本的一部分。由個人所有者以這種方式使用的價值總和，便構成一個國家的總資本，而所有這些價值所處的形態是否可以直接用於生產性目的，則是無關緊要的。無論它們處於何種形態，都是暫時的現象，一旦被確定需要用於生產，就會轉換成那些可供生產使用的物品。

§二 既然凡是用於生產的產品都是資本，那麼可以反過來說，國家的全部資本都用於生產。不過，對於後一種說法必須給予一定的限制和解釋。也許一筆資金正在尋找生產性使用的機會，但是卻未能找到符合資金所有者心願的使用方式，雖然它仍然是資本，但是卻屬於閒置資本。或者庫存中未能售出的商品，它們不能直接用於生產性目的，或者在現階段不符合市場的需求，在銷售出去之前也屬於閒置資本。同樣地，由於人爲或者意外的原因，需要事先儲備大量的存貨，即在進入生產之前，比實際需要占用了更多的資本。假使政府在生產的前期階段徵稅，例如對原物料徵稅，那製造商就必須在開始生產之前繳稅，因此製造商積累的資金必須多於生產所需要的或者實際所使用的資金水準。爲了維持數量相同的生產性勞動，製造商必須擁有更大量的資本，或者（同樣可以說）他必須擁有等量的資本以能維持較少量的勞動。這種徵稅方式不必要地限制了國家的產業發展，資金的所有者用於生產方面的部分資金偏離了方向，成爲一筆不斷墊付給政府的款項。

另外一個實例是，一位農民在一年中開始租賃土地進行耕種的時候，地主要求他必須在獲得收成的前一個、兩個甚至三個季度繳納地租，因此他必須用自己的資本予以支付。現在，當地租用於對土地本身進行支付而不是用於對勞動所實施的土地改良進行支付時，它並不屬於生產性開支——它不是一項用於維護勞動或者向勞動的產品提供工具或者原物料的支出，而是爲使用已經被占有的自然要素所付出的價格。的確，這種自然要素與任何其他工具一樣都是不可或缺的（甚至是更爲重要的），但是，必須爲使用它而支付某種價格卻並非如此。對於工具（勞動所生產的物品）來說，某種價格是其存在的必要條件，但是，土地卻是自然存在的。因此，租用土地的支付並不屬於生產的花費；而且，租用土地的支付所需要的款項必須來自於資本，與原本自然所需要的資本量相比，或者與處於不同的土地所有制度體系之下所需要的資本量相比，現在需要更大量的資本，或者需要對前期勞動的產品進行更大量的積累。這筆額外的資本，儘管其所有者打算將其用於生產方面，但實際上卻用在非生產方面，而且每年並非由其自身所生產的任何產品予以重置，而是由農場主其餘的資本所供養的勞動力所生產的產品予以重置的。

最後，在國家用於支付勞工工資和薪資的生產性資本中，有很大一部分明顯不是生產所不可或缺的。超過生命和健康實際需要的部分（對於擁有熟練技能的勞工來說，這種超過量通常是相當可觀的），不是用以支撐勞動，而是用來作爲酬報，勞工可以等到生產全部完成之後再得到這部分回報，它無須提前作爲資本而存在，否則與其總量相當的一部分生產，將令人遺憾地不得不遭到放棄。爲了能夠每天或者每週向勞工預付這筆報酬，資本家必須提前準備比當前的生產規模實際上所需要的更多存貨或者資本，以專供生產使用，多出的程度相當於超過一位自私自利、精明的主人付給奴隸的報酬。實際上，只有在積累了豐富的資本之後，資本家才有可能提前向勞工支付超過最低生存需要的任何報酬，因爲以這種方式支付的報酬實際上並非用於生產，而是用於生產性勞動者的非生產性消費。這說明有很大一部分用於生產的資金偏離了原有的目標，被習慣性地單純用來滿足人們的喜好了。

從以上不難看出，我們一直假設的勞動者依靠資本謀生，這是顯而易見的事實，儘管資本並非一定要由所謂的資本家提供。當勞動者利用自有的資金維持生計時，就像農場主或者地主依靠自己土地的產品而生存，或者像工匠爲自己工作一樣，他們也需要資本作爲支撐，即墊付一筆資金。農民並不是依靠當年的收成來維持當年的生活，而是依靠往年的收成來維持當年的生活；工匠也不是依靠目前正在製造的產品供養自己，而是依靠以前完成並且已經出售的產品生活。每個人都是以自己所擁有的小額資本來維持生計，然後週期性地利用自己的勞動產品予以重置。大資本家也以相同的方式利用提前預備好的資本謀生。如果他自行經營業務，那他就應將自己與其家庭的花費（只要沒有超過以市場價格計算之其勞動的合理報酬）視爲資本的一部分，與其他資本一樣，它屬於生產性支出；而且，他的個人消費，在生存所需要的限度內，也屬於生產性消費。

§三　雖然上述論述略顯冗長，但是爲了使資本的概念更爲清晰和準確，我必須進一步舉例說明。就像賽伊先生所正確指出的那樣，對於政治經濟學理論來說，舉例說明非常必要，因爲人們所犯下的諸多重大錯誤，都源自於缺乏對於基本概念透徹的掌握。這極爲正常，大樹的枝杈染病，其他部分仍然有可能茁壯成長，不過，如果樹根發生異常，則全樹都將發生病害。

現在，考慮一下那些沒有介入生產而依靠利息生活的人，他的財產是否應算作資本，以及在什麼情況下可以算作資本。就個人而言，通常這樣講並無不妥之處。財產的所有者可以從中獲取收入的全部資產，並未因他的使用而對資本本身造成損失和浪費，這對於他來說都等同於資本。不過，將這一針對個人來說正確的概念，簡單、草率地作爲一個基本觀點加以使用時，必將成爲政治經濟學領域出現諸多錯誤的根源。在目前這個實例中，就個人而言，實際上是屬於資本的資金，但它是否也屬於國家的資本，這取決於假定他本人沒有揮霍這些資金的條件下，其他人是否揮霍了這些資金。

例如，A擁有一萬英鎊，借給B（農場主或者製造商），並且這筆資金在B的事業中獲利頗豐。這筆資金就是資本，與B擁有它時的情形一樣。如果不是針對A本人而是針對A的財產來講，A才是眞正的農場主或者製造商。價値一萬英鎊的資本用於生產——維持勞工的生活並且提供工具與原物料；屬於A的資本由B加以使用，而B從中獲取的報酬相當於利潤與B付給A的利息之間的差額。這是最簡單的情況。

接下來，假設A的一萬英鎊沒有借給B，而是以抵押貸款的形式借給土地所有者C，C用這筆資金修築籬笆、排水設施、道路，或者購買肥料以提高土地的生產能力，這是屬於生產性的使用。這一萬英鎊用來進行投資而沒有被揮霍，這筆錢將產生持久性的回報。現在，土地提供的產出增加，如果支出受到嚴格的控制，則幾年之後將足以重置這筆資本，並且及時地使之增値。於是，在這種情況下，一萬英鎊的價値被用於提高國家的產出。如果C出租他的土地，則他將以提高地租的方式從中獲得回報；而提供抵押貸款的A，則依據當初的約定以每年獲取利息的方式得到回報。現在，讓我們改變一下情況，假設C並未使用這筆資金來改良土地，而是用來償還以前的抵押貸款或者供養子女，那麼在哪種情況下，這一萬英鎊屬於資本，將主要取決於最終獲得這筆資金的人如何使用。如果C的子女們將他們得到的這筆財富投資於生產性工作，或者收回貸款的人將其又借給另外一位土地所有者用於改良土地，或者借給製造商用於擴展業務，則它仍然屬於資本，因爲它被用於生產了。

然而，如果舉債的地主C是一個揮金如土的人，他將借來的錢未用於增加個人的財富，而是揮霍於聲色犬馬，那麼這筆資金在一、兩年內就會被消耗殆盡，而且沒有任何回報。A仍然像以前一樣富有，雖然他不再擁有那一萬英鎊，但是他擁有土地的抵押權，仍然可以一萬英鎊的價格出售土地。然而，C卻比以前減少了一萬英鎊，同時沒有任何人會變得比以前更爲富有。有人會說，從這筆錢的花費中獲得利潤的人會變得比以前更爲富有。毫無疑問，如果C因爲參與賭博或者遭受僕人詐騙而失去這筆資金，那麼這筆資金僅僅發生轉移，並沒有消失，因爲得到這筆錢的人仍然可以利用它來進行生產性的活動。但是，如果C將這筆錢用於購買自己的日常用品和奢侈品，或者用於僱用僕從並且大宴賓客，這些物品將不復存在，也沒有生產出新的物品予以補償；與此相反，如果這筆錢用於耕地和製造，則到了年底，由勞動創造出來的新產品將抵補開支並且有結餘。由於C的揮霍，使原本可以獲得收益的資金被消費掉了。與C進行交易的人們可能在整個交易過程中獲得利潤，但是，如果這筆資金用於生產，那麼例如建築工人、修築籬笆的工人、工具製造者、商人等勞動者，可以提供等量的利潤，而且貸款期限結束時，C完全可以收回這一萬英鎊（更不用說還有增加）。但是現在，他失去了這一切。因此，總結是社會至少損失一萬英鎊。這是不利的，它耗費在C的非生產性消費上；從A的角度來看，這種差異卻不具有實際的重要性，因爲他的收入可以得到保證，而且，如果擔保可靠、市場利率不變，則他總是能夠按照抵押品的初始價值將其售出。因此，對於A來說，C的價值一萬英鎊的抵押品就是資本。不過，對於社會而言，情況也是如此嗎？答案是否定的。A原本擁有一萬英鎊的資本，由於C的揮霍浪費而損耗殆盡。現在，A所獲得的收入並非來自於他本人的資本所提供的產品，而是來自屬於C的其他收入來源，例如可能來自於他的土地的租金，即來自於農場主從自己的資本所生產的物品中支付給C的報酬。國家的資本減少了一萬英鎊，也相應減少了由這一萬英鎊資本所提供的收入。這種損失沒有落在被消耗殆盡了的資本的所有者A的身上，因爲消耗全部資本的C已經同意爲A提供保障。不過，C的損失只是社會相繼損失的一小部分，因爲用於資本所有者個人使用和消費的部分僅僅是資本的利息，而資本用於長期維護一定數量勞動者的那部分資本，卻可以透過正常的再生產對於消耗掉的部分給予補償。然而，現在它的這種維護勞動的功能已經被剝奪了，因此無法提供任何補償。

現在，讓我們進一步改變前提條件，假設舉債的不是地主而是國家。A將資本借給政府用於戰爭，他從國家買進所謂的政府債券，也就是說，政府有責任向他提供一定的年收入。如果政府將這筆錢用於修築鐵路，這也許屬於生產性的使用，因而A的資產仍然是作爲資本使用的；可是，如果政府將這筆錢用於戰爭，支付給沒有提供任何產出的軍官和士兵，以及耗用於毫無回報的火藥和子彈上，那麼政府就與揮霍無度的C一樣處於完全相同的地位上，作爲國家資本的A的一萬英鎊將不復存在。從財富與生產的角度來看，這筆資本實際上如同石沉大海，儘管從其他角度來看，這樣使用這筆資本也許合乎情理。A各期的收入並非取自於他自己的資本的產出，而是取自於社會其他資本的產出中徵繳的稅收；對於其他資本而言，A的資本沒有提供任何收益，沒有對社會支出給予補償。A的資本消耗殆盡，現在他所擁有的是，向他人的資本和產業索取回報的某種權利，他可以透過出售這種權利而收回與其資本等量的資金，然後將其用於生產方面。事實上，他並未收回他個人的資本或者他的資本所生產的任何物品，他的資本與其可能產生的收益已經消失，他所得到的是其他某些人的資本，這些人願意用自己的資本與A對稅收的索取權進行交換；另一位資本家將代替A成爲公眾的債權人，而A則代替其他資本家成爲這筆用於生產方面的資本的所有者，或者可能用於生產方面的資本的所有者。透過這種交換，社會的生產能力既未增加也未減少。當政府花光A的資本時，國家的資本發生變動，政府從生產性使用方面撤回並且扣留一萬英鎊，用於非生產性方面的消費，使這筆資本未能提供等量回報時便遭到毀滅。

第五章　有關資本的基本命題

§一　如果前面的闡述達到它的目的，那我們不僅基於資本的定義，而且對於資本的概念也有非常透徹的掌握，並且透過與資本相關的具體實例，在各種模糊不清、錯綜複雜的條件下，對於資本有更深的認識，即使外行的讀者也具備探討有關資本的命題或者原理的基礎。對於資本的充分理解已經成爲我們從黑暗走向光明的重要的一步。

第一個命題是，產業的發展受制於資本。這一點是如此顯而易見，以至於在許多一般性的言論中，往往被作爲討論的基礎。不過，偶然地發現某個眞理是一回事，而從思想上眞正認識且理順其他命題與它之間的關係則是另一回事。直到最近，這個原理仍然遭到立法者與政治評論家的忽視，與其相背的理論仍然大有市場。

在以下常見的表述中就包含著這一眞理。扶持產業中某一具體行業的行爲被描述爲是向該行業投放資本，發展農業則是對土地投放資本，將勞動用於製造業則是對製造業進行投資等。這意味著沒有資本投入產業，就無法得到更大程度的發展。的確，只要透徹理解這一命題，人們就一定會贊同它。當然，投放資本是一種比喻的說法，實際投放的是勞動；資本是不可或缺的條件。同樣地，我們經常提及「資本的生產力」，其實這種說法在理論上是不正確的。只有勞動與自然要素擁有生產力，或者若透過語義的延伸說資本的某一部分具有屬於它自身的生產力，那麼也只是說工具和機器就像風和水一樣，可以對勞動發揮輔助性的作用而已。勞動者所需要的口糧與生產所需要的原物料是沒有生產力的，但是，沒有它們，勞動的生產力就無從發揮。沒有物質進行加工，沒有食品維持生存，就沒有產業可以得到更大的發展。不言而喻但經常被人們遺忘的是，使一個國家的人口得到供養以及需求得到滿足的並非當前勞動之成果，而是過去勞動的成果。人們消費的不是將要生產出來的產品，而是已經生產出來的產品；而已經生產出來的產品只有一部分是用來維護生產性勞動，同時，只有被維護的這部分勞動，才能夠向生產提供糧食、原物料和工具。

然而，這一事實顯然被人們忽略了，人們長期相信法律和政府在沒有創造資本的前提下可以創立產業。在沒有使人民更加勤勞或者使他們的勞動更加富有效率的情況下，政府可以在某種程度上間接地達到這些目標。即使不提高勞動者的生產技能和奮鬥精神，或者讓更多的遊手好閒的人參加勞動，仍然有人相信，政府無須提供更多的資金就可以創造更多的就業機會。政府透過頒布禁令就可以終止某種商品的進口；而當這種商品在國內生產之後，政府往往自吹自擂，認爲已經成功地爲國家創造一個新興產業，並且會在統計報表中展示由此增加的產量與就業的人數，並將國家所獲得的全部利得均歸功於禁令的頒布。雖然這種政治算術在英國已經失去一定的市場，但是在歐洲大陸卻仍然長期盛行。可是，如果立法者意識到產業的發展受制於資本，那麼他們就會看到，國家的資本總量並沒有增加，在法律的作用下，任何投放於新興產業的資本，都是從原有的其他產業的資本中提取或者扣減而來；這些資本在其他產業中可能維持或者已經維持的就業量，與在新興產業中所維持的就業量不相上下。[1]

§二　由於產業發展受制於資本，因而我們不能斷定產業總會達到資本所設置的界限。有些資本很可能處於暫時的閒置狀態，例如，商品未能售出，或者資金未能找到任何投資機會。在此期間，這些資本未對任何產業的發展產生作用，或者可能獲得的勞動少於資本所能維護並且加以使用的勞動。在新開發的殖民地就曾經出現過這種情況，有時由於勞動力匱乏而使資本處於閒置狀態，斯旺河殖民地（現在稱爲西澳洲）建立初期的情況即是如此。由現存資本供養的許多人根本不參加生產，或者生產的產品遠遠低於他們所能生產的水準。如果減少勞工的工資，或者如果在工資不變的情況下增加勞動時間，或者如果增加已經得到現存資本供養的勞工家屬的勞動的強度，那麼一定的資本量將會爲更多的產業活動提供服務。由現存資本所維持的生產性勞動者的非生產性消費，會被終止或者被推遲，直到生產出更多的產品，從而使一定的資本量可以維持更多的生產性勞動者；藉由這種手段，社會可以利用現有的資源獲得更大的產出。在大部分現存資本突然遭到損毀的時期，就必須採用這種方式，以便使剩餘的資本發揮最大的作用。

當產業發展尚未達到資本所設定的界限時，政府可以採取多種措施，例如，引進更多的勞動力，使之接近這一界限，就像將苦力與自由黑人引入西印度群島那樣。政府還可以採用另外一種方法促進產業的發展；政府可以創造資本，例如，徵收稅賦並將其用於生產性勞動，還可以採取幾乎等價的措施：對收入徵稅或者對支出徵稅，並將稅收用於償還公債；當公債持有者得到償付後，他們仍然希望從他們的資產中獲得更多的收入。因此在大多數情況下，他們會將自己大部分的資產用於生產，而其中很大的一部分來自於當初用於非生產性消費的資金。因爲人們通常並不打算將用於儲蓄的資金拿來繳納全部稅款，而是將用於開支的資金（如果不是用來繳納全部稅款的話）繳納部分稅款。進一步指出的是，由於生活技能的改進或者其他方面的原因，使資本的生產力（更確切地說應該是勞動的生產力）得到的任何提高，均趨於增加勞動的就業水準。因爲當生產的總體規模擴張的時候，總有可能使擴張的某一部分被節省下來轉換爲資本。特別是當生產性產業的收益增加時，會進一步誘使人們將非生產性的資金轉換爲生產性的資金。

§三 一方面，產業受制於資本，而另一方面，資本的每一次增加都向或者能夠向產業提供更多可用的資本，且在這一方面並無限制可言。我並不否認資本或者其中的部分資本並未用於供養勞動，而是被固定在機器、建築、改良土地等方面。資本以任何形式的大量的增加，往往都只是對勞工發揮輔助作用，而不是供養他們。對此我打算說的是，用於供養勞工的那部分資本（假設其他條件不發生變化）是可以無限量增加的，不存在找不到用武之地的可能。換句話說，只要有具勞動能力的人，只要有食物可以供養他們，那麼他們將總是可以找到事做並生產某些物品。我們需要對此命題進行略加深入的闡述，因為一般性地接受它並不困難，但是面對錯綜複雜的社會現象，我們卻難以正確地掌握它，因為它與流行的觀點是針鋒相對的。人們普遍認為，對於為窮人提供的就業機會來說，富人的非生產性消費十分必要。在亞當・史密斯之前，這種觀點幾乎沒有受到任何質疑，而且甚至從亞當・史密斯時代開始，就有一些聲名顯赫的專家或學者[2]主張，如果消費者節省並轉化為資本的資金超過他們收入的一定份額，且用於非生產性消費的資本未達到國家資本的一定比例，那麼額外的資本積累就會被白白地浪費掉，因為增加的資本所生產出來的產品沒有任何市場。我們認為這是政治經濟學領域所存在的眾多謬誤之一，因為人們沒有先對簡單的情況進行檢驗，而過早糾纏於具體現象，因而無法自拔。

所有人都可以理解的是，如果一個仁慈的政府擁有社會全部的食物、工具和原物料，則政府將挑選出所有能夠從事生產性勞動的人進行生產，並使他們分享食物，根本不必擔心這些生產性勞動者無用武之地；因為只要任何個人的需要（這種需要能夠利用物質加以滿足）沒有得到滿足，那麼社會生產就會轉向能夠滿足這種需要的生產領域。現在，擁有資本的個人用新的積累增加資本後，其所做的事情與假想中仁慈的政府所做的事情是一樣的。既然允許利用假設進行分析，那麼不妨設想一種極端情況。假設每位資本家都認為他們不應該得到比做出巨大貢獻的勞工還要多的報酬，也不應該過得比勞工還好，因此從良心出發把節餘的利潤儲蓄起來；或者也可以假設這種自我克制不是自發的，而是強加在資本家的法律和輿論所造成的。並且假設對於地主來說，情形也是如此。那麼這將使非生產性消費降到最低水準。於是人們會問：增加的資本出路何在？誰會購買將要生產出來的物品？甚至連購買以前所生產的物品的消費者也會減少。因此，（據說）商品將無法賣出，將在倉庫中腐化，直到資本降至原先的水準，或者降至與已經下降的消費者需求相當的水準。不過，這只是觀察到的問題中的一個面向。在這一假想的情形中，將不存在資本家和地主階級對於奢侈品的需求，但是，當他們將自己的收入轉化為資本時，並沒有損毀他們的消費能力，只不過是將消費能力從自身轉移給他們所僱用的勞工身上。就勞工而言，現在可能出現兩種情況，即勞工的人數隨著資本的增加成比例地增加，或者沒有成比例地增加。無論情況怎樣，均不會出現任何麻煩。為新增加的人口生產必需品的勞動，將取代原有生產奢侈品的一部分勞動，使失去的就業機會剛好得到抵補。不過，假設人口沒有增加，當初資本家和地主用於消費奢侈品的資本，將透過增加工資的方式分配給原有的勞工。我們不妨假設原有的勞工已經獲得足夠的必需品，那麼接下來將會怎樣呢？勞工將成為奢侈品的消費者，當初用於生產奢侈品的資本仍然會以原來的方式予以使用，不同的是，奢侈品會被社會公眾所分享，而不再侷限於滿足少數人的欲望。嚴格說來，積累與生產的增長會繼續下去，直到每一位勞工對於財富的欲望與其不斷增加的勞動相互協調為止；假設他們的勞動能力客觀上足以生產出使其欲望能夠得到滿足的所有的物品。於是，財富根本不會因消費者的不足而受到限制，只會因生產者的不足以及生產能力的不足而受到限制。資本的每一次增長，不是增加就業就是增加報酬，也就是不是使國家富足就是使勞工階層富有。如果增加的資本能夠找到更多的人手參加生產，那麼它將增加總產量；如果只能維持相同數量的人手參加生產，那麼勞工將分得較大的份額，甚至勞工將得到激勵並更加努力地工作，致使生產本身也會擴大。

§四　有關資本的第二個命題是對於資本來源的闡述，即資本來自於儲蓄，關於這點，已在前面的問題中得到充分的證明。不過，對於這個命題仍然需要進一步說明。

如果所有人把他們生產的全部產品均用於滿足個人的嗜好，而且他們的收入均來自於其他人所生產的產品，如此一來，資本將得不到增加。所有的資本——少數情況除外——大多是人們最初的節省所帶來的結果。我之所以說少數情況除外，是因為一個自食其力的人可以消費掉自己所生產的全部產品而不會變得更窮；他所需要的必需品均來自於他個人的收成，或者來自於他自己的商品的銷售，儘管這些均屬於資本，但是卻不能說源自於節省，因爲他所生產的全部產品均用於滿足個人的需要，甚至消費的速度也會無端地加快。我們可以設想，每個人或者每個家庭都分散居住在各小塊土地上，他們自食其力，完全依靠自己所生產的產品過活，並且消費掉自己所生產的全部產品。不過，即便如此，他們也必須節省，除滿足個人的消費之外，他們起碼還需要節省下種子。因此，即使在這種關係最爲簡單的經濟形態中，節省也是必不可少的；人們的生產必須要多於其消費，或者人們所消費的必須得少於其所生產的。人們必須節省更多，才能僱用更多的勞工，以便完成比個人所能夠完成的更大量的工作。所有用於供養其他勞工的產品必定來自於最初節省的結果；必須有某些人最先生產出產品，然後抑制自己對這些產品的消費。因此可以肯定的是，所有的資本，特別是所有增加的資本，都是節省的結果。

在野蠻的原始社會，不斷發生的情況是，擁有資本的人並不是那些節省資本的人，而是身強力壯、有權有勢的人，他們藉由掠奪將資本據爲己有。即使在財產受到保護的社會形態下，在很長的一段時期內，資本的增長也主要依靠剝奪，儘管它同樣來自於節省，但是卻不具有同樣的稱謂，因爲這種節省是非自願的。實際的生產者是奴隸，他們被迫生產出力所能及、至多的產品，而只消費掉自私自利、通常又無比嚴厲的主人出於憐憫才允許他們消費的極少的產品。然而，這種被迫實現的節省並不能導致資本的增長，除非其中有一部分被奴隸主自願地再次予以節省才行。如果主人迫使奴隸生產並抑制其消費，然後將產品完全用於滿足個人的嗜好，那麼主人的資本將不會增加，也無法供養並且驅使更多的奴隸爲己所用。爲了供養奴隸，他必須事先節省某些產品，至少是提前準備食物。然而，這種節省無法透過唯我獨尊的奴隸主之自我克制加以實現，而很可能是由奴隸們在尚未失去自由前所節省；掠奪或戰爭不僅剝奪了他們的自由，而且也把他們的積累轉移給征服者。

在其他某些情況下，節省一詞以及通常與之相關的表述，並不完全適合用於說明資本增長的方式。例如，如果加速資本增長的唯一途徑是厲行節約，那麼這很容易使人們聯想到他們需要更加恬淡寡欲和加強自我克制。然而，顯而易見的是，只要提高勞動生產率，就會創造出更多可節省的資金，擴大的資本不僅不會使生活更加貧困，反而會提高個人的消費水準。從科學的意義來看，無論如何都會實現更大的節省。雖然消費增多，但是節省增加的量會更多，而生產也遠遠地超過消費。我們將上述情況稱爲實現的更大的節省是恰當的，儘管節省一詞不是沒有異議，但是卻很難找到更加理想的詞。消費掉的產品少於生產出來的產品可以實現節省，同時這也是實現資本增長的過程，那麼消費較少就不是絕對得具備的條件。我們一定不要使自己淪爲詞彙的奴隸——不敢在這個意義的層面上使用節省一詞，以至於有可能忘記——除消費較少之外，還可以透過另外一種途徑實現資本的增長，那就是生產較多。

§五　資本的第三個基本命題與上述討論的內容聯繫密切，即資本是節省的產物，但是節省的結果是爲滿足消費。節省一詞並不意味著所節省的物品不得用於消費，或者需要延遲消費；這只是表示如果需要立即進行消費，則它不是供節省者本人消費。如果純粹是供將來使用，那麼應該稱之爲儲存，而且在儲存期間不進行消費。不過，如果將其作爲資本使用，則全部都要消費，儘管它不是被資本家所消費：其中一部分用於交換工具或者機器，在使用過程中損耗；一部分用於交換種子或者原物料，在播種或者加工過程中被消耗，並且伴隨著最終產品的消費而澈底消亡；其餘的部分作爲工資支付給生產性勞動者，供他們日常需要之消費，或者如果他們將其中的一部分節省下來，一般來說，這部分也不屬於儲存，而是（透過儲蓄銀行、互助會或者其他管道）重新當作資本並且被消費掉。

前面所闡述的原理成爲某種典型的實例，這說明對我們學說中最爲基本的理論進行認真的思考是多麼必要。因爲此項原理是所有原理中最爲基本的，但還沒有人對這項原理進行深入分析並且透徹地加以理解，而且大部分的人在首次被告知時甚至都不願意接受。對於一般人來說，根本無法想像所節省的物品即為將被消費的物品。他們認為，任何節省的人似乎就是囤積錢財者。若是為了養家糊口，他們或許認為這種行為是可以理解的，甚至是值得稱讚的。不過，關於這種行為會為其他人帶來好處這點，則沒有任何概念。在他們的理解中，節省的含義是為自己保存物品，花費則是把物品分配給其他人。將自己的財富花費在非生產性消費上的人似乎是在廣濟天下，甚至花費別人的錢財進行這種消費的人也會受到同樣的讚賞；這種人不僅損毀了他自己的資本——如果他的確曾經擁有任何資本——而且透過舉債的方式，以承諾償還為條件而擁有他人的資本，然後以相同的方式予以損毀。

這一常見的錯誤源自人們僅注意到節省和消費所產生的一小部分結果，而忽略了兩者所有無法被看到的結果。人們看到所節省的物品，進入某種虛構的堅固的箱子中，然後失去蹤影；而所花費的物品，則落入商人以及被供養的人手中。但是，它均未觸及到兩種情況下物品的最終歸宿。為生產性投資所進行之節省運作的初始階段，與花費運作的初始階段極其相似，兩者所產生的影響均始於消費，也都伴隨著一定程度的財富損毀，只是被消費的物品以及進行消費的人有所不同而已。一種情況是，機器的磨損、原物料的消耗，以及提供給勞工的一定數量的食品和衣物在勞工的使用過程中被耗損；而另一種情況則是，消費的——換言之，損毀的——是酒、馬車和家具。到此為止，兩者對於國家財富所造成的結果是一樣的，財富遭受損毀的狀況也是相當的。但是，就花費而言，初始階段亦即為終止階段，勞工所生產的一定數量產品消失了，而且沒有留下任何東西；相反地，節省的人在損毀的過程中可以讓參加工作的勞工對於損毀加以修復，最終他將發現所有消費掉的物品均會得到補償而且有所增加。同時，這種運作可以無休止地重複進行而無須進行新的節省，一次節省可以形成一筆資金，為持續不斷地保持相應數量的勞動者，可以對每年維持他們生活的物品進行再生產，同時提供一定的利潤。

正是由於貨幣的介入，使得這些現象的本質變得模糊不清，並對實際的理解造成干擾。幾乎所有的支出都是透過貨幣進行，貨幣似乎已經成爲交易的主要特徵；而且，由於貨幣不會消失，只是轉手，因此人們忽視了在非生產性支出的過程中所發生的損毀。因爲貨幣僅僅是轉移，所以人們認爲財富也不過是從揮霍者的手中轉移給其他人。如此的想法，正是犯下將貨幣與財富相互混同的錯誤。遭受損毀的財富不是貨幣，而是用貨幣購買的酒、馬車和家具。這些物品毫無回報地被損毀，使社會的財富整體上相應地減少。有人會說，酒、馬車和家具不是必需品、工具和原物料，在任何情況下都無法用於維護勞動，而只能用於非生產性消費；同時，它們對於社會財富造成的損害發生在生產它們的過程中，而不是發生在消費它們的過程中。我傾向於接受這種觀點，爲進行爭論提出這種觀點也是必然的；而且，如果這些昂貴的奢侈品是來自於現有的存貨，且永遠不再予以補充，那麼這種觀點就更無懈可擊了。不過，情況剛好相反，因爲只要消費者需要，奢侈品就會不斷地被生產出來，並且產量會隨著需求的增長而加大。某位消費者決定每年消費五千英鎊的奢侈品，爲此需要僱用相當數量的勞工，年復一年生產這種對生產毫無用處的產品，這些勞工失去對國家財富的增長做出貢獻的機會；而且他們每年所損耗的工具、原物料和糧食，都需要從社會可用於生產目的之一般存貨中相應地予以扣除。任何階層的目光短淺或者奢侈腐化，都將促使該國的產業轉向奢侈品的生產，以供他們享用；其結果是，不僅使生產性勞工的數量大爲減少，而且這些就業的勞工賴以生存的必需品以及所使用的生產工具也都相應地有所減少。

簡而言之，節省使社會以及個人富有，而花費則使社會以及個人貧窮。換句話說，從整體來看，用於維護和促進生產性勞動的花費使社會以及個人富有，而用於享樂的花費則使社會以及個人貧困。[3]

§六 回到我們的基本原理。所有生產出來的物品都是用於消費，節省下來的物品與花費掉的物品也是如此，而且節省的速度幾乎與花費的速度一樣快。所有常見的語言都趨於掩蓋這一點。當人們提到某一國家古代的財富，或者提及人們繼承祖先的財產，以及進行其他類似的表述時，似乎總在暗示，這些財富產生於很久以前，是在當初獲得它們的時候生產出來的，而且除了當年對於資本總額所附加的資本，在英國的資本中沒有任何一部分資本是當年生產出來的。但事實卻遠非如此，英國現有的絕大部分資本都是在最近十二個月內生產出來的。事實上，在規模巨大的資本總額中，只有極少部分資本生產於十年前；除了農場建築物、工廠以及少量的船隻和機器，在英國現有的生產性資本中，幾乎沒有任何資本生產於十年前。如果在此期間不曾投入新的勞動對其進行維修、保養，那麼甚至以上所說的這些資本也不可能長期存在。土地可以留存百世，而且幾乎只有土地可以留存百世，其他生產出來的物品均會消失，而且大部分將會迅速地消失。絕大多數的資本因其性質所決定，所以不適宜於長期保存。少數產品，且只有少數產品可以長期保存。西敏寺屹立了數個世紀，僅需要偶爾進行維修；希臘的某些雕像已經留存了兩千多年；金字塔的年齡大概有四千到六千年。不過，這些建築都是供非生產性使用的。除橋梁和水道之外，在某些國家還應加上水塘和堤壩，很少有用於產業目的的建築物能夠長久被使用。這些建築物抵抗消耗和磨損的能力不高，而將它們建得異常堅固，可供長期使用，則既無必要也不經濟。世代相傳的資本並不是依靠精心的保存，而是依靠不斷再生產。一般來講，資本的每一部分被生產出來之後很快就會被使用並損毀，但是被僱用並消耗這些資本的人，卻將生產出更多的資本。資本的增長與人口的增長相類似。每個人均會經歷出生與死亡，然而，每一年新生人口的數量總會超過死亡人口的數量，因此，人口總是在不斷地增長。

§七　爲什麼一個國家在歷經劫難之後可以重新恢復？資本這種連續不斷的消耗和再生產，爲對此問題激動不已的好奇者提供了極好的解答：遭受地震、洪水、颱風和戰爭等災難，所造成的國家衰退是短期的，敵人可以用戰火將一個國家變成廢墟，掠奪全部可以搬走的財富，居民流離失所，然而在短短數年以後，一切幾乎又都恢復原樣。這種恢復的力量一直是思想貧乏的好奇者經常談論的話題，並被應用於印證節省法則的神奇力量。節省竟可以在如此短暫的期間內彌補如此巨大的損失，事實上，這根本沒有什麼不可思議之處。被敵人所毀壞的物品在短期內也會被居民自己所毀壞；他們如此迅速生產出來的財富，在任何情況下，都需要重新生產，而且很可能是在極短的時間內重新生產出來。一切都沒有發生改變，只是在重新生產的過程中，他們失去了享有消費前期生產出來之物品的利益。他們能否迅速地重建家園，主要取決於國家的人口是否大幅度減少。如果在戰爭期間國家的有效人口並未慘遭滅絕，戰爭之後也沒有忍飢挨餓，那麼由於他們仍然掌握著原有的知識與技能，並擁有土地和土地持久性的肥沃，以及未遭到損壞或者僅僅遭到輕微損壞的比較堅固的建築物，因此，他們幾乎擁有維持當初生產規模所需要的全部要素。如果留有足夠的食物，或者留有足夠的資金購買食物，那麼他們就可以在節衣縮食的條件下維持生存並進行生產，在很短的時間內就可以生產出與當初同樣多的產品、財富以及資本；他們只需要在各自的崗位上繼續付出與當初同樣多的努力即可。然而，這並不能從一般的意義上證明節省法則的力量，因爲以上所發生的並不是有意識的自我克制，而是非情願地遭受剝奪。

然而，學者們是如此不可避免地習慣於僅運用一套專業術語進行思考，而又沒有理由懷疑自己已經陷於與常人相同智力的混亂之中，因而致使在查默斯博士（Dr. Chalmers）之前，（據我所知）沒有任何一位政治經濟學家對此問題做出簡單的解釋。我認爲，查默斯博士有許多觀點是錯誤的，但是他所具有的優點是直截了當地研究各種現象，並且以自己的語言加以表述，這些表述往往可以揭示出事實的眞相，與專業術語經常趨於掩蓋事實眞相的情況大不相同。

§八 查默斯博士基於相同的思路，對與此緊密相關的另外一個問題——即用於滿足戰爭，或者其他非生產性支出的政府貸款問題——做出了非常重要的結論。這些貸款——取自於資本（利用稅收的留置權，通常以收入予以償付，隨著經濟的增長得到部分或者全部償還）——依據我們推斷的原理，必定趨於使國家貧困。然而，在這種開支規模巨大的年分中，往往在表面上展現出極大的繁榮景象：國家的財富和資源不但沒有減少，反而在整個過程中顯現出快速增長的跡象，並且在結束後擴大了極大規模。在上一次歐洲大陸戰爭的整個期間內，大不列顛的情況即是如此。這種情況促使許多荒誕不經的政治經濟學理論應運而生，並馬上博得人們的信任。幾乎所有人都傾向於高度評價非生產性支出，同時貶低生產性支出。爲了避免大量描述的確影響國家生產性資源、使之未能達到預期狀況的各種因素，我們將不考察這些因素的作用，僅設想可能出現的最爲不利情況：政府籌措並消耗的全部貸款，均取自債權人已經投放於生產性方面的資本。因此，國家當年的資本也減少相應的額度。不過，除非抽取的資本額度非常大，否則該國下一年的資本無法達到以往的水準就是沒有道理的。貸款不可能取自體現在工具、機器和建築物等方面的那部分國家資本，貸款一定全部取自用於支付勞工報酬的那部分資本，而且勞工將承擔相應的損失。不過，如果勞工還沒有忍飢挨餓，如果工資還能夠勉強維持生存，或者如果慈善機構能夠幫助他們避免陷於絕對貧困的境地，那麼就沒有理由認爲，下一年他們勞動所生產的產品數量將少於以往所生產的。如果他們生產的產品數量與以往所生產的一樣多，而得到的報酬卻減少了數百萬英鎊，那麼這數百萬英鎊一定形成他們雇主的利得。於是，國家資本出現的漏洞可以迅速得到彌補，不過，卻是以勞工階層遭受剝奪、蒙受苦難爲代價。這足以解釋爲什麼在這種時期，即使是在最爲不利的情況下，那些風光不再的人也很容易謀取暴利，並使國家顯現出繁榮昌盛的景象。[4]

由此引發查默斯博士特別提出的、令人大傷腦筋的問題：用於滿足大量的非生產性開支需求，政府是透過貸款且僅以稅收支付利息的方式籌措資金好呢？還是透過稅收一次性地籌措全部資金好呢？以財政金融的詞彙來講，就是抽取當年度的全部資金供給。查默斯博士堅決主張採用後一種方式。他指出，人們一般都認爲抽取當年度的全部資金供給是不可能或者是難以做到的；人們從年收入中一次性地繳納全部款項的難度很大，較好的方式是以支付利息的形式要求他們每年繳納一小筆款項，而不是讓他們繳納全部款項進而做出巨大的犧牲。查默斯博士對此給予的回答是，這兩種情況所造成的犧牲是相同的。政府的任何開銷，無論採取什麼形式，都只能取自於年收入。一個國家所生產的全部財富及每一部分財富，均形成或者有助於形成某些人的年收入。擬議中的剝奪必定全部來自於稅收，即使以貸款的方式融資也無法避免這一點。這種苦難無法轉嫁，全部落在最無力承受且最不應該承受這種苦難的勞工階層身上；而為長期支付利息、徵繳稅賦所帶來的對勞工身體上、道德上和政治上的種種不便，都將形成純粹的損失。只要從生產中或者用於生產的資金中抽取資本，借給政府用於非生產性支出，則全部款項都是從勞工階層的收入中予以扣除的。因此，貸款實際上也是在同一年被清償；為清償貸款所做出的所有必要的犧牲，實際上均已給予了補償，只不過補償給了錯誤的人，因而並沒有消除債權；同時，它是以最為惡劣、單獨強加給勞工階層的稅賦的方式進行清償，但在勞工以這種最為痛苦、最不公平的方式盡力清償債務之後，國家仍然需要承擔永久性支付利息的責任。

在我看來，上述觀點完全合乎情理，只要貸款所占用的價值原本就打算用於國內的生產性產業，其結果即是如此。然而，實際情況卻很少完全符合這種假設條件。相對而言，不夠富裕的國家的貸款主要來自於外國的資本，這些外國資本很可能無法找到比向政府提供貸款更為安全和可靠的投資機會；那些富裕、繁榮國家的貸款，通常取自於外國資本而非生產性產業，而生產性產業的收入會不斷形成新的積累，此時，如果一部分收入不用作政府貸款，即會轉移至殖民地或者國外，以便尋求新的投資機會。在這種情況下（後面我們將會對此做出更為詳盡的分析[5]），為滿足貸款的需要而抽取資金，既不會對勞工階層造成損失，也不會對國家的產業秩序形成干擾，甚至與增加稅收籌措貸款的情況相比，在這兩個方面都更為有利。因為稅賦——尤其是沉重的稅賦——往往部分取自原本應該節省下來要增加到資本中的資金。不僅如此，如果一個國家每年能夠將一部分大量增加的財富用於非生產性支出，而不會導致資本的減少，甚至不會阻礙資本的增長，那麼即使貸款所需要的資金均取自於能夠形成資本並被國家加以利用的資金，但對於勞工階層所造成的損害，以及由此而產生的反對貸款制度的理由，也將比所設想的第一種情況還要少。也許在其他某些地方進行有關這問題的討論更為合適，但是為了避免從前面假設的條件中得出錯誤的結論，有必要預先簡要說明。

§九　現在，我們轉而討論有關資本的第四個基本命題，與前面所討論的任何一個命題相比，這個命題更經常遭到忽視與誤解，即用來維護且僱用生產性勞動的是使勞動得以進行的資本，而不是購買者對於勞動所完成產品的需求。對於商品的需求並不是對於勞動的需求。對於商品的需求決定了勞動和資本應該投放於哪一個特定的生產部門，它確定勞動的方向，而不是勞動量本身的多寡，或者對於勞動的補償和支付數額的大小。這些完全取決於資本的額度，或者其他直接用於維護及補償勞動的資金額度。

例如，假設當前存在著對於天鵝絨的需求，而人們已經將購買天鵝絨的資金準備妥當，但是卻沒有人投資建設生產廠房。在這種情況下，無論對於天鵝絨的需求有多大，都是毫無結果的，除非有人將資本投入相關行業，否則不會生產出天鵝絨，購買也不會實現。誠然，如果某人的購買欲望異常強烈，自動將價格的一部分預先支付給工人，使他們進行天鵝絨的生產，即他必須將個人收入的一部分轉化為資本，並且投入到天鵝絨的生產才行。現在，把上述條件顛倒過來，假設已有足夠的資本可以用於天鵝絨的生產，但是卻沒有天鵝絨的需求，這樣天鵝絨也不會被生產出來。不過，資本並不是特定用於生產天鵝絨。織品商與他們的勞工並不是為了客戶的喜好才進行生產，而是為了滿足他們自己的需求而進行生產的；既然擁有生產所必需的資本和勞動，他們當然可以生產存在需求的其他物品，或者如果不存在其他需求，而他們自己擁有某種需求，那麼便可以生產出滿足自身消費需求的物品。所以，勞動的就業不取決於購買者，而是取決於資本。當然，我們沒有考慮到突發狀況下可能出現的後果。如果供給的商品在被生產出來之後，對於這項商品的需求卻始料未及、突然地減少了，那麼問題將會受到某些不同因素的影響，資本實際上已經被消耗在沒有人需要或使用的某種物品的生產上，因此資本已經損毀，它對於勞動力的僱用也終止了。不過，這並非是因爲沒有需求，而是因爲沒有資本。因此，這種情況不能檢驗此項原理。比較適合的檢驗是，假設變化是逐步發生，而且是可預見的，並且盡力避免資本的浪費，僅僅基於沒有重置已經磨損的機器，沒有將產品的銷售收入重新投入生產，最終才使生產逐漸停止下來。此時，資本已經準備就緒，可以用於其他方面的生產，並且可以用於維護與當初同樣多的勞動力。製造商和其工人們失去在某種特定領域所擁有的生產技能的優勢，這些技能可能僅有一小部分能夠用於其他領域。這是變化爲整個社會帶來的損失，不過，勞工仍然可以工作，以前用於僱用他們的資本或者仍然掌握在同一人的手中，或者被借給其他人，或者僱用了原來的勞工，或者僱用了數量相當的從事其他工作的勞工。

這個定理——即購買產品並不是僱用勞動力，對於勞動力的需求取決於生產之前所預付的勞工工資，而不是取決對於生產出來的商品的需求——是一個需要大量實例予以說明的推斷。對於一般人來說，這個理論是自相矛盾的，即使在著名的政治經濟學家中，除了李嘉圖先生（Mr. Ricardo）和賽伊先生，我也很難指出還有誰自始至終、堅定不移地在觀念上，對此理論是自相矛盾的這個事實加以肯定。幾乎所有其他人都曾經表示，他們認定購買商品的人，即購買勞動力的產品的人就是勞動力的雇主，他實際上創造了對於勞動力的需求，從相同的意義來講，就像他本人以支付工資的形式直接購買勞動力一樣。難怪政治經濟學發展緩慢，連如此初級的問題都未能加以解決。我認爲，如果對於勞動力的需求意味著，基於這種需求將使工資提高，進而使就業勞動人數增加，那麼對於商品的需求並不能構成對於勞動力的需求。我還認爲，雇主個人自行購買並消費商品，並不會爲勞工階層帶來任何利益，而且只有當他節制個人的消費與支出，且直接支付勞工工資以交換勞動時，才會爲勞工階層帶來利益，並且對他們的就業水準有所貢獻。

爲了更好說明這個原理，讓我們考慮以下情況。某位消費者可以利用他的收入購買勞務或商品；他可以用一部分收入僱用工匠修繕房屋，僱用工人挖掘人工湖，僱用園藝工整理和修繕庭院；或者他沒有做這些事，而是用同樣的這部分收入購買天鵝絨和金絲帶。問題油然而生，他的收入以這兩種不同的方式花費，是否會對勞工階層的利益產生不同的影響？很明顯地，在前一種情況下，他僱用了勞工，而在後一種情況下，勞工未被僱用，或者起碼未被僱用從事上述勞動。但是那些與我持不同觀點的人認爲，上述兩種情況所產生的影響是一樣的，因爲他在購買天鵝絨和金絲帶時，也同樣僱用了勞工，即僱用了生產天鵝絨和金絲帶的勞工。然而，我卻認爲，在後面那種情況下，他並沒有僱用勞工，他只是決定了其他某些人應該僱用這些勞工來從事什麼工作。這位消費者並沒有用自己的資金支付紡織工和絲帶編織工的工資，他只是對由資本和勞動生產出來的最終商品進行支付。事實上，對勞動進行了支付，對資本給予了補償的不是他，而是製造商。假設消費者習慣將他的部分收入用來僱用泥匠，而泥匠則將其工資用於購買食品和衣物，這些食品和衣物當然也是由勞動和資本所生產出來。然而，當他決定購買天鵝絨時，他只是創造了對於天鵝絨的額外需求，這種需求在沒有額外供給的情況下是得不到滿足的，而這種額外供給在沒有額外資本的情況下也是無法生產的。可是，資本來自何處？消費者消費目標的改變，並不能使國家的資本比當初更多。於是，顯而易見，如果沒有增加相應的資本來增加天鵝絨的生產，那麼這種對於天鵝絨的需求增加就不可能得到滿足。這位消費者用於購買天鵝絨的資金，就是當初支付給泥匠，而泥匠用於購買食品和生活必需品的那筆資金。現在這些泥匠或者放棄這部分消費，或者透過競爭減低其他勞工消費的份額。因此當初爲泥匠生產必需品的勞動和資本失去了它們原有的市場，必須尋求其他出路；最終他們發現，可以進行天鵝絨的生產以滿足這些新的需求。我並不是指當初用於生產必需品的勞動和資本本身轉而用在生產天鵝絨，而是無論進行多少次各種形式的轉換，最終還是會生產出天鵝絨。現有的這部分資本只能用於生產兩種物品中的一種——或者生產天鵝絨，或者生產泥匠所需要的必需品——魚與熊掌不可兼得。是消費者的選擇決定了生產什麼；如果他選擇了天鵝絨，則不會有相應的必需品。

為了更進一步說明，讓我們假設發生的情況與上述情況剛好相反。這位消費者原來習慣購買天鵝絨，但是現在他決定終止這項花費，並將每年用於購買天鵝絨的資金轉而用在僱用泥匠。如果一般的觀點是正確的，那麼他的消費方式的改變並不會增加僱用勞工的數量，只不過是將天鵝絨紡織工轉變成泥匠而已。然而，只要進行深入觀察就不難發現，支付給勞工的報酬總金額增加了。我們不妨設想天鵝絨織品商意識到對於自己商品的需求已經減少，所以進而削減生產，並且將當初用於生產天鵝絨的部分資本閒置起來。這筆資本加上當初用於維護天鵝絨紡織工的資本，與消費者用於供養泥匠的那筆資金並不是同一筆資金；是第二筆資金。因此，現在有兩筆資金——不同於先前只有一筆資金——可以用於供養勞工並支付勞工報酬。天鵝絨紡織工也沒有轉變成泥匠，而是泥匠的就業機會增多了。部分天鵝絨紡織工將轉行成為其他行業的勞工，很多人可能改行去生產泥匠所需要的食品和其他物品。

為了對此問題做出回答，可能有人會說，儘管用於購買天鵝絨的資金不是資本，但是它卻置換出了一筆資本；儘管它沒有創造出新的勞動需求，但它卻是使現有的需求得以維持之必要條件。我們對此可以說，織品商的資金被鎖定於生產天鵝絨，並不能直接用於維護勞動，直到天鵝絨被售出，而且用於生產天鵝絨的資本被購買者的支付置換之前，它們都始終沒有形成對於勞動的需求。因此我們還可以說，天鵝絨的生產者與天鵝絨的購買者之間，並非存在兩筆資本，而是只存在一筆資本，這筆資本透過購買者的購買行為，轉移給織品商；如果他不是購買天鵝絨，而是購買勞動，那麼他將只是把這筆資本轉移到其他地方。他在這裡所消除的對於勞動的需求，與在那裡他所創造出來的對於勞動的需求一樣大。

上述爭辯是不容否定的。毋庸置疑，對於勞工的利益而言，將一筆被鎖定的無助於供養勞動的資本置換出來，與創造出一筆新的資本並無區別。確實，如果我用一千英鎊購買天鵝絨，我就可以使織品商使用這一千英鎊來供養勞工，如果天鵝絨一直沒有被銷售出去，勞工也就無法被僱用；而且除非我去購買，否則天鵝絨永遠也賣不出去。不過，後來我改變主意，用僱用泥匠取而代之。毫無疑問，我並沒有創造出新的勞動需求，因爲一方面我用一千英鎊僱用勞工，而另一方面，我卻使天鵝絨織品商的一千英鎊資本長久處於無效狀態。不過，這是把僅僅由於突然發生的變化所產生的後果，與變化本身的結果相互混淆。如果當購買者終止購買時，用於爲他紡織天鵝絨的資本將一定會喪失，那麼當他用這筆錢僱用泥匠時，他並不能創造出新的就業機會，而只是使勞工的就業發生行業之間的轉換而已。除非天鵝絨織品商能夠將資本置換出來，而且也只有當資本被置換出來的時候，才會實現我所說增加勞工就業機會。不過，所有人都知道，如果時間充足，那麼投入到某一行業的資本是可以被抽取出來的。如果前面提到的天鵝絨織品商沒能得到與往常一樣多的訂單，那麼他將少生產價值一千英鎊的天鵝絨，並使相應的資本置換出來。如果他事先毫無察覺，結果使貨物滯留在倉庫，庫存加大，這將導致他在下一年於積壓的貨物得到清理之前，將停止或減少生產。當這個過程結束時，織品商會發現自己仍然擁有與以前一樣多的資產，僱用勞工的整體能力並未降低，儘管他的部分資本現在被用於維護另外一些勞工的數量了；在這種調整發生前，只是使對於勞動的需求有所變化，而沒有使之增加。不過，調整一旦開始，對於勞動的需求便會增加。在此之前只有一筆資本用於供養紡織工生產價值一千英鎊的天鵝絨，現在則是同一筆資本用於製造其他物品，同時又有一千英鎊分配給泥匠。現在有兩筆資本用於供養兩組勞工，而在此之前，其中的一筆資本——即消費者擁有的那筆資本——只不過是用來使製造商的其他資本得以年復一年地運轉機器上的輪子，使製造商可以繼續實現對其勞工的僱用。

我所堅持的論斷，對於某些人來說是無須證明的眞理；而對於其他一些人來說，卻是自相矛盾的謬論。我可以將其表述如下：一個人的所作所爲之所以對勞工有利，不是因爲他進行自我消費，而只是因爲他並沒有進行自我消費。如果我沒有用一百英鎊購買酒和綢緞，而是用來支付工資，那麼在這兩種情況下，對於商品的需求完全相同。在前一種情況下，是對於價值一百英鎊的酒和綢緞的需求，在後一種情況下，則是對於相同價值的麵包、啤酒、勞工的服裝、燃料和享樂品的需求。不過，在後一種情況下，將有多出一百英鎊價值的社會產品在勞工中進行分配。我減少價值一百英鎊的商品消費，並將我的消費能力轉讓給勞工。若不是如此，即我減少消費卻沒有使別人增加消費，那麼這種情況顯然是自相矛盾的。在生產並未縮減的條件下，一個人減少消費的物品必然會由得到他所轉讓之購買能力的其他人予以消費。在上述假想的情況中，消費最終並非一定會減少，因爲我所僱用的勞工可能爲我蓋一棟房屋，或者生產出可以供我將來消費的某些其他物品。但是不管怎樣，我已經推遲了消費，並將我對現有社會產品所占有的份額，部分轉讓給勞工。如果一段時間之後我得到補償，那也不是從現有的產品中得到補償，而是從隨後所增加的產品中得到的。因此，我已經讓別人消費更多的現有產品，並且使勞工獲得消費這些產品的能力。

《濟貧法》最爲有力地證明了反對上述論斷的觀點是錯誤的。無論是利用我的收入購買商品進行自我消費，還是拿出部分收入支付工資，或者以施捨的方式提供給勞工直接進行消費，都將爲勞工階層帶來相同的利益，那麼制定要我出錢救助貧民的政策的理由又何在呢？因爲我的非生產性支出不但能爲勞工帶來相同利益，同時還可以使我得到享樂。如果社會能夠同時做兩件事而雙收其利，又何樂而不爲呢？不過常識告訴每一個人，就某個人而言（儘管他的視野並不寬闊），其繳納的濟貧稅的確是從個人的消費中節省下來的，而且繳納稅款形成的錢的轉移，都不可能使兩個人消費同一件物品。如果他無須上繳濟貧稅，則他可以自己花費這筆錢，而貧民在國家總產出中所占有的份額就會相應地減少，而他本人就可以消費更

多的產品。【6】

於是，這說明需求只有延遲到工作完成時才能得到滿足，不需要提供墊付，只需要償還他人所提供的墊付，它對勞動的需求沒有做出任何貢獻。這樣的支出方式對於勞工階層的就業所提供的效用爲零，除非以犧牲以前已有的就業機會爲代價，否則它就沒有創造出也不可能創造出任何新的就業機會。

不過，儘管對於天鵝絨的需求對勞動和資本的使用來說，不過是決定已經存在的勞動和資本爲什麼應該在這一特定領域，而非其他領域使用的問題，但是對於已經從事天鵝絨生產而又無意退出的織品商來說，卻是極爲重要的。對他們而言，需求的減少意味著實際的損失，即使貨物最終得以全部銷售出去，這種損失也有可能達到極爲嚴重的程度，致使他們爲了免於遭受更大的損失，而選擇退出該行業。與此相反，需求的增加將使他們拓展自己的業務，如果他們擁有或者能夠籌措到更多的資本，他們就可以獲取更大的利潤；而且他們的資本周轉得越迅速，他們對於勞工的僱用就越穩定，或者僱用的數量就更多。因此，在特定的生產行業，對於某種商品的需求增加，往往導致憑藉相同數量的資本就可以僱用到更多的勞工。錯誤之處在於，人們沒有察覺到，在上述情況中，一個行業的勞動和資本所獲得的利益，乃是取自於另外一個行業，而且當這種變化產生其自然後果，使需求增加的行業成比例地吸收到更多的資本時，這種利益也就不復存在了。

充分理解一個命題的依據，通常就會對它的侷限性有所認識。現在我們所闡述的基本原理是，人們對於商品的需求只能決定勞動的流向，以及所生產的財富的種類，而不能決定勞動的數量和效率，或者所生產的財富的總量。不過，對此存在著兩種例外情況。第一種例外情況是，當得到供養的勞工尚未發揮全部生產能力的時候，如果這些勞工能夠生產的某種產品的需求有所增加，那麼就可以激勵這些已經得到供養的勞工更加努力工作，其結果是增加了財富的總量，致使這些勞工自己以及其他人的利益均有所增加。

依靠其他收入來源生活的人，在業餘時間完成的工作（正如我們前面所指出的那樣），不需要從其他行業中抽取資本，只需要一筆錢（通常數額很小）支付工具和原物料的費用即可，且這筆費用通常都是由專門爲此目的所進行的儲蓄予以支付的。在這種情況下，我們的命題得以成立的依據便不復存在了，命題當然也就不再成立了。同時，由於對商品的需求突然增加，該行業就有可能在不剝奪其他行業等量勞動的條件下進行生產。不過即使在這種情況下，需求也是透過現存的資本對勞動產生作用，它對資本產生某種激勵，使其可以調動比以往更多的勞動進行生產。

對於第二種例外情況，將在下一章中詳細介紹，這涉及由於勞動分工的細化促進社會生產性資源配置的效率提高，進而使商品市場擴張之眾所周知的結果。這種情況與第一種情況相類似，與其說是實質上的例外，還不如說是表面上的例外。不是購買者所支付的貨幣，而是生產者的資本爲勞工提供報酬；需求僅僅決定資本以何種方式被使用，以及爲何種勞動支付報酬。不過，如果由需求決定的某種商品生產規模應該加大，那它就有可能使等量的資本生產出更多的產品，從而產生間接的影響，使資本有所增加，進而使勞工的報酬最終得到提高。

商品的需求在交換理論中所占有的地位，比其在生產理論中所占有的地位更爲重要。從整體和長遠的角度來看，生產者的回報取決於個人所擁有的資本的生產能力水準。銷售產品換取貨幣，隨後用貨幣購買其他商品，僅僅是使交易雙方互惠互利的一種等價交換。誠然，行業的劃分是提高勞動生產能力的主要手段之一，交換能力的提高則可以使產量大幅度提高。但是即便如此，對勞動和資本提供回報的，是生產，而不是交換。我們不能過於苛刻要求自己再現交換的過程，因爲無論是物物交換，還是以貨幣爲媒介所進行的交換，都不過是個人將其勞動的報酬或者資本的報酬，轉換成對人們自己來說，最便於持有的資產的過程，但是人們卻對這些報酬本身的來源一無所知。

§十　雖然上述原理揭示出流行之觀點和學說的種種謬誤，但是這些謬誤仍然不斷地以新的面孔出現。例如，希望開創更好局面的某些人，認爲僅對擁有較高收入和中等收入的階層徵收所得稅，而不對貧困階層徵收所得稅；有的人甚至認爲這是一種欺詐，因爲從富人身上徵收來的這些錢，原本是花費在窮人身上的，而向富人徵稅對於窮人所造成的損害，與直接向窮人徵稅所造成的損害一樣大。現在我們知道應該如何認識這種觀點了。的確，如果不從富人那裡徵收這些稅款，那麼也許這些款項會節省下來並轉化爲資本，或者甚至用於供養僕人，或者用於供養任何其他非生產性的勞動者。從這種意義來說，毫無疑問，向富人徵稅一定會使他們對於勞動的需求有所減少，並且會對窮人造成損害；由於總會或多或少地產生這些影響，所以無論怎樣對富人徵稅，均會有一部分稅收的負擔轉嫁到窮人身上。不過即使在這種情況下，人們也可以提出問題，即是否政府在獲得稅收之後，將像納稅人所做的那樣，拿出稅收中的一部分，直接用於僱用勞動力。至於與稅收總量相當的那筆款項，如果不交給政府，便會用於商品消費，或者甚至如果資本家進行墊付，會用於提供某種服務。依據對於上述原理所做的闡述，這筆款項確實將落入富人的手中，而根本不會落入窮人的手中。就這部分款項而言，稅後對於勞動的需求與稅前完全相同。到目前爲止，一國用於僱用勞工的資本沒有發生變化，且仍然能夠僱用數量相同的勞工；用於支付工資的產品數量——即用於爲勞工提供食品和服裝的產品數量——也沒有發生變化。

如果反對我的觀點的人是正確的，那政府除向窮人徵稅之外，不可能向其他任何人徵稅。如果向勞工徵稅，即對於勞動產品的花費徵稅，則勞工階層將支付全部的稅款。然而依據相同的邏輯，同樣可以證明根本不可能向勞工徵稅，因爲這筆稅款即便或者用於僱用勞動力，或者用於消費商品，最終都將全部返還給勞工。於是稅收便具有一種非常獨特的性質，即稅收負擔不可能落在任何人的身上。依據相同的邏輯，徵繳勞工所擁有的一切，並在其他社會成員中加以分配，也不會對勞工造成任何的損害。這種理論源於相同的邏輯，即所有這一切均將「在他們中間花費」。它的錯誤根源在於，沒有考察現象的本質，而只注意支付與花費這種外在的機制。如果我們不僅關注貨幣的轉手所產生的影響，還關注被使用和消費的產品，那麼我們就會看到，繳納所得稅的結果的確降低了納稅階層實際的消費水準；正是他們消費水準的降低，說明他們承擔了稅收的負擔；他們所繳納的正是他們原本可以使用和享受的物品。另一方面，如果稅收的負擔不是落在他們將會消費的物品上，而是落在他們將會節省下來用於維持生產或者供養和支付非生產性勞動者的方面，則在此限度內，徵稅將使勞工階層所使用和享受的物品有所減少。但是如果政府（事實的確如此）將納稅人所繳納的全部稅款，直接用於增加勞動就業方面，例如，僱用水手、士兵和員警，或者用於償還債務（這種使用方式甚至還會增加資本），那麼勞工階層不僅不會因爲徵繳所得稅而減少就業機會，反而可能會獲得更多的就業機會，並且全部稅收負擔均將落在納稅人的身上。

在一個國家中，除勞工之外的任何個人消費的全部產品，都不會對供養勞工做出絲毫貢獻，除消費者本人之外，也沒有人會從單純的消費中獲益。一個人不可能使其相同的一筆收入，既供本人消費，又供他人消費；透過徵繳所得稅而取走的那一部分收入，不可能既剝奪本人的消費，又剝奪他人的消費；而只能是或者剝奪本人的消費，或者剝奪他人的消費。要想知道誰是受害者，必須理解誰的消費將會因而減少。然而無論受害者是誰，都將是真正承擔稅收負擔的人。

◆註解◆

[1] 必須承認，由於禁令的頒布而創建或者興盛起來的所謂的家庭手工業，是屬於一種例外情況。因為從事家庭手工業勞動的人原本已經被供養——由家庭中在其他行業工作的人所供養：除工具和原物料所需要的資金之外，其額度往往是微不足道的，無須其他資本的轉移，因而，如果徵收保護性關稅導致原來並不存在的這一產業興旺發達，那麼這的確會

使國家的生產有所增加。

為了使理論上的命題無懈可擊，必須將這種特殊情況考慮在內，不過，不能與有關自由貿易的實際理論產生牴觸。從事物根本性質的角度來看，家庭手工業是無須保護的，因為勞動者的生活已經由其他的資源所供養，因此，無論產品的價格可能下降多少，但留給該行業的均為淨收益。因此，如果家庭手工業退出競爭領域，那絕對不是出於迫不得已，而是經過人們的最佳判斷發現，產品的價值已經不能抵補勞動的成本，進而造成曾經在此行業工作的人們轉向其他行業；他們寧願購買服裝而不再願意自行縫製，除非社會給予產品的價值超過他們自己對於產品的估價，否則他們就不會繼續進行生產。

[2] 例如，馬爾薩斯先生（Mr. Malthus）、查默斯博士和西斯蒙第先生（M. de Sismondi）。

[3] 值得注意的是，在某些情況下，個人揮霍對於社會總財富造成的損失在一定程度上會有所減輕，或者說，損失本身會或多或少得到補償。其中一種情況是，揮霍者並未完全耗費掉自己所有的財富，這些人在金錢方面往往粗心大意，因此常會遭到欺騙或者偷盜，而欺騙、偷盜的人通常都十分節儉。這些疏於督察的財主所僱用的代理人、管家甚至僕從可能乘機聚斂大量財富。財主購買商品所支付的價格，通常比精打細算的人還要多，這使得他們成為頗受歡迎的主顧。也正因為如此，他們所占有並損毀的財富，並不等同他們所揮霍的財產，財產中有很大一部分轉移給其他人，而這些人很可能會節省其中一部分。另一種值得注意的情況是，某些人大肆揮霍可能會迫使另外一些人注重節省。假設某位揮金如土的消費者突發奇想，造成對於某種奢侈品的需求急劇增加，而由於缺乏預見，供給未能迅速增加，致使價格大幅上揚，遠遠超過購買該種產品之老主顧的承受能力，結果使這些人不得不放棄原有的嗜好並且節省下這筆資金。如果他們沒有這樣做，而是繼續像當初一樣將相同數量的資金耗費在這種商品上，那麼商人在售出等量商品的情況下，就可以獲得更多源自於揮霍者之支付的收益。於是，揮霍者所損毀的財富轉移到了商人身上，而且可能成為商人資本的附加；揮霍者透過減少其他購買者的消費而增加個人的消費，而其對同樣的等價物品，在這樣的消費下所獲得的滿意感卻少於平常的消費。另一方面，一定會在某處發生與此相反的過程，因為揮霍者必須減少在其他方面的消費，才能平衡在這一方面所增加的消費；他可能撤回用於維護生產性勞動的部分資金，如此一來，必需品和生產工具的商人能夠銷售出去的物品的數量就會減少，或者銷售相同數量的物品所獲得的收益將會減少。不過，勤勉者的收入和資本的減少，除非數額特別巨大，否則他們往往可以透過省吃儉用而得到補償。因此，從整體來看，社會資本也許並未遭受損毀，揮霍者的惡習所損毀的不是永久性的資源，而只是其他人暫時的享樂或者舒適。在所有的情況下，任何個人的花費都會使社會變得貧困，除非他的花費迫使其他人相應縮減開支。一些揮霍者會以其他更為隱密的方式迫使其他人厲行節約，以補償揮霍者所造成的損失。不過，這只能在第四編中加以詳細論述，這將涉及有關資本積累的

限制性法則問題。

[4] 另一方面，人們必須謹記的是，戰爭從生產性行業中抽取的不只是資本，還有勞工。從生產性勞工的報酬中聚斂的資金，部分用於支付相同的個人或者其他個人從事的非生產性勞動；這部分資金所產生的影響——即戰爭支出的影響——與查默斯博士所說的方式剛好相反，在戰爭支出發揮作用的範圍內，直接抵銷了正文中所描述的影響。在從生產部門徵招勞工進入陸軍或者海軍的情況下，勞工階層並未蒙受損失，資本家也並未獲得利益，只有國家的總產出減少了與戰爭開支相當的水準。因此查默斯博士的理論雖然對英國來說是正確的，但是卻不能完全適合情況不同的其他國家，例如，不適合拿破崙戰爭時期的法國。在那段時期內，法國連年大量徵用勞動人口參加戰爭，戰爭費用的絕大部分來自於法國軍隊所蹂躪的國家的稅收，僅有一小部分取自於法國本國的資本。於是，法國勞工的工資水準不僅沒有降低，反而有所提高；勞工的雇主們不但沒有獲益反而遭受損失；同時，法國的財富卻因大量生產性勞動的停擺、缺口受損失。在英國，所有情況則剛好與之相反。英國派出的本國陸軍和海軍或從生產部門招募的士兵相對較少，而是從生產性行業中抽取了數億資本用來滿足戰爭需要，為大陸盟軍的軍隊提供支援；其結果正如正文中所論述的那樣，英國的勞工蒙受巨大的損失，資本家則大發橫財，而且它的永久性生產資源也未見減少。

[5] 參見後文第四編第四、五章。

[6] 以下實例進行討論的方式略有不同，我們可以對問題做出進一步的說明。

假設一位富人A每天花費一筆錢支付勞工工資以及布施窮人，而得到這筆錢的人馬上消費在粗茶淡飯的享用上。A去世後將財產留給B，B終止這種形式的開支，而將同樣的一筆錢花在自家餐桌的美味佳餚上。之所以做出這種假設，是為了使兩者除比較項目不同之外其他所有的情況均完全相同。為了避免進行交易時的貨幣介入而混淆視聽，不妨進一步假定A與其繼承人B都是地主，接受A這筆錢的人所購買的食物，與B所消費在自己餐桌上的珍饈均產自於他們自己所擁有的土地。他們收取實物地租，並且事先確定要求收取的農產品的種類。現在的問題是，B的支出方式是否與A的支出方式一樣，可以提供同樣多的就業機會，或者給予貧困的左鄰右舍同樣多的食物。

在上述情況下，似乎A健在時，他用於工資和布施的那一部分收入，將由他以供給勞工的食物的形式，從農場中提取出來，並由勞工消費掉。而繼承者B取而代之的情況是，在自己家庭的餐桌上，消費掉價值與之相當的珍饈美饌。因此與A健在時的情況相比，在B當家的時代，一年中，農民每天需要生產較少的普通食物而需要生產較多的高級食物，同時勞工與貧困階層全年中所分得的食物將有所減少。這種推斷與正文中所闡述的原理完全一致。而另一方面，對此持不同意見的人一定會提出，生產B所需要的高級食物，並不是對於當初供給A之勞工的食物的一種替代，而是一種追加，必將使國家的產品總量有所增加。但是，如何才能實現這種雙重生產呢——在資本與勞動都已經被充分利用的情況下，農民怎麼可能不減少其他產品的生產，就能夠生產出滿足B所需要的產品呢？能夠對此做出解釋的唯一方式是，農民首先生產食物，然後將這些食物供給當初A所供養的勞工，再透過他們的勞動生產出B所需要的高級食物。這似乎就是反對者在受到嚴厲追問時所能給出的解釋。不過顯而易見的是，根據這種推斷，B必須等到下一年，才有可能得到他當年就需要得到的高級食物。依據最初的假設條件，B每天都要消費美味佳餚，這與以前A的勞工所分配到麵包和馬鈴薯的待遇是同等的。並沒有時間先供養勞工然後再供給B，不可能同時滿足B與勞工的需求，B只有在勞工對於商品的部分需求，即當初由A的資金所滿足的那部分需求得不到滿足的條件下，才能使自己對於商品的需求得到滿足。

的確，反對者可能會反駁說，既然現在證明，只要有足夠的時間，B的支出方式就會與A一樣，從總體來看，可以創造出相同的就業機會，那為什麼不可以假設B將延緩他對奢侈品的額外消費，直到A當初僱用的勞工能夠為他提供這些奢侈品為止呢？在那種情況下，我們可以說，B僱用和供養的勞工會與A當初所僱用和供養的勞工一樣多。毫無疑問，情況會是這樣，但為什麼會是這樣呢？因為他的收入將以與A完全一樣的方式花費，即對勞工支付工資。A從他個人的消費基金中預留一部分直接支付給勞工，B也採用同樣的方式，只不過他是交由承租土地的農場主予以支付，而不是由他自己直接進行支付。基於這種假設，就B個人而言，他在第一年沒有按照A的方式，也沒有按照自己的方式花掉這筆錢，而是將這部分收入節省下來提供給農場主了。如果在以後的歲月裡B僅使用當年的收入，那麼他就使農場主欠他一筆債務，這筆錢實際上已經成為追加的資本，農場主使用它，可以長期僱用並供養與當初A同樣多的勞工。根本沒有人認為這種變化，即將支付給勞工工資的收入節省下來轉化為資本，會剝奪勞工的就業機會。造成勞工失業的原因是最初假設的那種變化，即將收入從用於僱用勞工轉化為購買個人享用的消費品。

在我們的闡述中，均假設沒有發生任何交易或者沒有使用貨幣，但是我們的陳述除相關機制的細節之外，其他方面均與實際情況相符。從整體來看，任何國家都相當於一個農場和製造廠，每位社會成員從中獲得分配給他的產品份額，以稱作英鎊的籌碼加以計量，他會在自己方便的時候用來交換自己喜歡的商品。他無須像我們想像的那樣事先告知別人他需要什麼物品，商人和生產者完全可能憑藉觀察，瞭解消費者所需要的東西，而且需求的任何變化都會促使供給發生相應的變化。如果某位消費者將他用於支付勞工工資的那一部分收入，隨即（不是很長時間以後）用於購買供自己消費的物品，並且持續這樣做，那麼從那時起，該國為勞工生產的食物和用品就會減少，而減少的數量剛好與當下人們因為對奢侈品的需求所增加的價值相當，如此一來，勞工階層的整體狀況就會相應地惡化。

第六章　論流動資本與固定資本

§一　爲了使我們對於有關資本問題的論述更爲全面，有必要就資本通常所劃分的兩種類型進行分析。這兩種類型之間的區別非常明顯，在前兩章，我們雖然沒有明確說出兩種類型的稱謂，但是已經多次涉及。現在要對於這兩種類型給予確切的定義，並提出相關的某些論斷。

在用於任何一種商品生產的資本中，有一部分資本一經使用之後，就不再以資本的形式存在，即不能夠再爲生產提供服務，或者至少不能夠再提供相同的服務，或者不能夠再爲同一種生產提供服務。例如，原物料的這部分資本即是如此，用來製作肥皀的牛油和鹼，在生產過程中，牛油和鹼一經使用就不再以原來的形式存在，並且也不能再用於肥皀製造業；儘管肥皀可以在不同的條件下作爲原物料或者工具用於其他生產部門。用於支付工資的資本，或者作爲勞工生活必需品而被消費掉的資本，也都屬於這一類資本。織品商支付給工人的資本，一經支付，就不再以他的資本的形式或者以織品商的資本的形式存在；用於工人消費的這部分資本，不再以資本的形式存在，即使工人節省下其中一部分，也只能將其視爲一種新的資本，是二次積累行爲的產物。以這種方式而存在的資本，在一次性使用中，就完成在生產過程中所應當履行全部職能的資本，稱爲流動資本。這一稱謂雖然並非十分恰當，但是源於以下特徵，即這部分資本需要透過製成品的銷售不斷獲得更新，更新後需要不斷地用於購買原物料以及支付工資，因此它不是透過保持，而是透過轉手而發揮作用。

然而，另外一大部分資本存在於生產的工具中，具有一定程度的持久性，它們不是透過轉手，而是透過保持發揮它們的作用，而且在一次性使用過程中，它們的效能並未消耗殆盡。建築物、機器以及被稱爲器具或者工具的全部或者大部分物品，均屬於這一類資本，其中某些物品具有相當的耐久性，它們作爲生產工具的功能可以經過多次反覆生產操作而延續下來。投入於（正如所表述的那樣）土地永久性改良的資本，大多也屬於這類資本。還有在事業開始時一次性投入但是長期發揮效能的、以便爲之後的運作鋪平道路的資本也是如此，例如，開發礦山的支出、開鑿河渠的支出、修築道路或者修建船塢的支出等。還可以列舉其他實例，不過這些已經足夠了。以具有一定程度的耐久性形態存在且還可以在相應的持續時間提供收益的資本，稱爲固定資本。

在固定資本中，有些需要不定期或者定期予以更新，例如，所有的設備與房屋建築，每隔一段時間，都需要予以維修或者進行部分更新，直到最終完全磨損，不能再當作房屋和設備使用，必須重新回歸到某種物質形態爲止。在另外一些情況下（發生異常事故除外），資本無須完全更新，但是需要定期或者不定期的開支予以維護。船塢或者溝渠等設施，除了遭受有意破壞或者地震等其他自然災害，一經建造便無須像機器那樣要經常予以更新，但是需要定期或者經常性的開支予以維修。開發礦山的支出無須花費第二次，但是需要有人出資經常進行排水，否則礦井最終必遭廢棄。在所有的固定資本中，最具有持久性的是被人們經常用來改良的某種自然要素，例如土地。對於貝德福德平原沼澤地帶與洪泛區所實施的排水、填土、築堤等工程，均具有永久性改良的特徵，不過排水溝渠和堤壩需要進行經常性的檢查與維修；透過開挖地下排水溝渠，以提高土地生產能力的改良，也同樣具有永久性的特徵；還有爲土地施加長效肥料，用於改善土壤與空氣和水之間的關係，而不是供農作物直接予以消耗；或者在黏性土壤中摻沙子和石灰，或者在鹼性土壤中摻黏土和泥灰等，均具有永久性的特徵。然而即使這樣一些工作，也需要不定期的開支予以維護，使其保持全部的效力，儘管所需要的這種開支數額也許很小。

這些改良的確名副其實，可以提高收益，並且在償付用於改良的全部開銷之後，仍然會留有剩餘。這種剩餘便形成最初階段的資本中的收益，這種收益不像機器那樣最終會因磨損、毀壞而終止，而是會永遠存在。因此生產能力得到提高之土地的市場價格，與其生產能力的提高成正比。所以此時人們通常認爲投放於土地改良中的資本，仍存在於土地所增加的價值中。不過我們絕對不能誤解而認爲這種資本與其他資本一樣已經被消耗掉了，被用於供養從事土地改良勞動的勞工們，以及購買這些勞工所使用且磨損的工具。它是一種生產性消耗，對於某種適用的自然要素、土地生產能力的提高產生永久性的影響。我們可以將增加的產量視爲土地與固化於土地中的資本的共同產物。不過在現實中，已經消耗的資本是無法重新收回的，此後，被消耗的資本之生產能力便永久地與土地原始品質所決定之生產能力相互融合在一起。因此，其後對於這種資本的使用所給予的報酬，不再接受決定勞動與資本收益的法則制約，而是受到決定自然要素收益的法則制約。我們將在後文中對此加以論述。[1]

§二

在流動資本與固定資本對於國家總產量所產生的作用之間，存在著明顯的區別。流動資本在一次性使用中便消耗殆盡，或者對所有者來說，以任何比例的形式最終失去，而且這種一次性的使用所生產的產品，便成爲資本所有者的重置資本，或者從使用資本的生產中獲取報酬之唯一源泉。當然，該產品必須能夠滿足這些目的，或者換句話說，這種一次性的使用所產生的結果，必須能夠再生產出與所消耗的全部流動資本相當的資本，並且附加一定的利潤。然而對於固定資本來說，情況卻並非必須如此，例如，由於機器不會在一次使用中全部損耗消失，所以沒有必要透過一次使用所生產的產品重置全部資本。如果在每一個時段內，機器所產生的收益可以抵補機器的維修費用以及機器的價值在該時段內的折舊費用，同時提供與機器總體價值的正常利潤相當的剩餘，那麼這臺機器就可以達到所有者的要求了。

由此可以推斷，當所有固定資本的增加以犧牲流動資本爲代價的時候，至少會暫時地損害勞工的利益，不僅對機器而言是如此，對於所有使資本投入於其中的改良來說也是如此；這些資本將永遠不再能夠用於供養和償付勞動。假設某人耕種自己擁有的土地，每年拿出一萬六千英斗穀物的資本用於滿足勞工所需（爲了簡單起見，我們忽略有關種子和工具等方面的考慮），他的勞工每年爲他生產出一萬九千二百英斗的穀物，實現了百分之二十的利潤。我們不妨假設這些利潤剛好能滿足他每年的消費，從而使他可以年復一年地以這一萬六千英斗穀物的資本進行經營。現在讓我們進一步假設，他拿出一半的資本對土地進行永久性的改良；他僱用了一半的勞工，費時一年，完成此項改良。改良之後，他只需要僱用從前一半數量的勞工，就可以有效率地耕種他的土地。他仍然以從前的方式使用其他的資本。第一年，勞工的狀況沒有發生變化，只有其中部分勞工是透過改良土地獲取報酬，而以前他們是透過從事耕地、播種和收割等勞動獲取報酬。然而到了年底，這位改良者不再像從前那樣擁有一萬六千英斗穀物的資本，而只有八千英斗穀物的資本能夠如已往那樣被生產出來，現在他僅擁有八千英斗穀物的資本和經過改良的土地。在往後的每年，他將只僱用一半的勞工，並提供他們從前一半數量的必需品。如果經過改良的土地與數量減少的勞工，能夠像以前一樣再生產出一萬九千二百英斗的穀物，那麼他的損失將很快得到補償，因爲利得增加如此之快，以至於可能會促使改良者省下其中的一部分，再追加到他的資本中，從而使他可以僱用更多的勞工。但是也可以想像這種情況不大可能發生，因爲（我們不妨假設改良的效果將無限期地延續下去，而且用於維護的支出很小，根本不值得一提）即使土地改良後的產量不是一萬九千二百英斗的穀物，而是一萬二千英斗的穀物，但改良者的收益也是巨大的，這不僅使其當前的八千英斗穀物的流動資本得到重置，而且還獲得了百分之二十五的總資本利潤率（而不是從前的百分之二十），總資本爲流動資本與固定資本之和。由此可見，改良，對於土地所有者來說，可能是極爲有利的；而對於勞工來說，卻是極爲不利的。

上述假設條件僅代表某種純粹理想的狀態，或者頂多僅適用於退耕還牧的情況。雖然從前人們經常這樣做，但是當代的農學專家卻認爲這是改良的倒退。本世紀蘇格蘭北部的小農場遭到清除的情況即爲其中一例；爆發馬鈴薯饑荒並且廢除《穀物法》之後的愛爾蘭是其中的另外一例。最近引起普遍關注的愛爾蘭農業總產量大幅度下降的事實，在某種程度上就是將供養勞動人口的土地改成放養牲畜的牧場所致；如果不是移民和死亡造成愛爾蘭人口大規模減少，就不可能發生這種情況。這兩個發生的實例都說明，土地改良降低了國家供養人口的能力。然而基於現代科學所形成的所有改良均會增加產量，或者無論如何也不會減少產量。但是這也不會對問題的實質產生影響。假設在上述實例中，土地改良並未以文中所描述的方式進行，亦即並未使以前依靠土地生存的部分勞工失去土地，而只是使相同數量的勞工可以生產出更多的產品；我們進一步假設，由於改良，土地與相同數量的勞工所生產出來的更多產品都有需求，而且能夠找到買主。在這種情況下，改良者將需要與以前數量相同的勞工，並且支付他們與以前水準相同的工資。然而，他要從何處才能找到用於支付這些勞工工資的資金呢？他不再擁有可以達到這種目的之一萬六千英斗穀物的資本，其中的八千英斗穀物的流動資本已經消耗掉且不復存在——耗費在土地改良上。如果他打算僱用與以前一樣多的勞工，並且支付同樣高的工資，則他必須借入，或者從其他來源中獲得八千英斗穀物的資本來彌補此項虧空。但是這八千英斗的穀物已經用於供養，或者準備用於供養同樣數量的勞工。這些不是新創造出來的資本，而是由一種生產性使用方式轉換為另一種生產性使用方式的資本；雖然改良者可以此彌補自身流動資本的不足，但是整個社會的流動資本卻仍然無法得到補償。

堅持機器絕對不會對勞工階層造成損害之觀點的人認為，機器透過降低產品的價格，可以增加對產品的需求，從而可以使更多人找到工作來生產這些產品。不過在我看來，這一論點根本不像人們所認為的那樣具有說服力。印刷術的發明造成抄寫員的失業，毋庸置疑的是，其失業人數很快就會被取代他們的排字工人和印刷工人超越。今日在棉紡織業中就業的勞工人數，是哈格里夫斯（Hargreaves）和阿克萊特（Arkwright）的發明出現前的就業人數之數倍，這說明已經有大量的固定資本投入該行業，同時也有遠遠超過以前水準的大量流動資本投入該行業。但是如果這些資本取自於其他行業，如果用來重置昂貴機器而投入資金的資本，並不是取自於受到改良的激勵所增加的儲蓄，而是取自於社會的總資本，那麼這種單純的資本轉移對於勞工階層又有什麼利益可言呢？用什麼方式可以讓勞工階層因爲一部分流動資本轉化爲固定資本後所蒙受的損失，僅僅透過使剩餘的一部分流動資本從老行業轉移到新行業來得到補償呢？

我認爲，所有企圖證明勞工階層整體上不會因機器的引入或者將資本投入永久性改良導致暫時遭受損失的論述都是錯誤的；而認定在實施改良的具體行業中，勞工階層將蒙受損失的觀點基本上是可以接受的，且它顯然與常識相符。然而人們常說，儘管一個行業的勞工之就業機會可能會減少，但是其他行業的勞工之就業機會將會相對增加，因爲消費者會將由於某種產品降價所節省下來的錢用於其他產品的消費上，因而增加對於其他類型勞動的需求。這似乎很有道理，不過正如在上一章所論述的那樣，這涉及一種謬誤，即人們對於商品的需求完全不同於對於勞動的需求。誠然，消費者現在擁有額外的財力可以購買其他商品，但是這並不能創造出其他商品，除非有資本可以用來生產這些商品，而且即使改良沒有從其他行業中抽取資本，也不會使任何資本閒置。因此在其他行業中，人們所設想的產量和就業機會的增加根本不會出現，同時某些消費者對於商品的需求的增加，會由其他人相對的需求終止所平衡；這些人即爲被改良所拋棄的勞工，如果他們能夠生存下來，則現在他們必須或者透過競爭謀求就業，或者依靠施捨勉強度日。

§三　然而，我並不相信隨著改良的持續進行，生產領域的改良會經常地（如果的確發生過的話）對勞工階層整體造成哪怕是暫時的損害，除非突然發生大規模的生產改良情況才會如此，因爲此時大規模投入的資本一定需要由已經作爲流動資本的資金予以提供。然而改良的實施總是循序漸進的，人們很少或者從未抽取實際生產中的流動資本，而是利用每年增加的資本來實施改良。很難找到（如果的確存在的話）在固定資本快速增長的時期或者地點，流動資本沒有以相同的方式快速增長的實例。貧困落後的國家根本不會展開這種耗資巨大的大規模的生產改良。為獲得永久性的收益而投資土地——採用昂貴的機器設備——是為了實現長遠目標而犧牲眼前利益的行為；這同時表明：一、財產的保障相當可靠；二、生產性的企業非常活躍；三、所謂的「有效的積累欲望」的標準極高。這三者成為社會資本總量迅速增長的基本要素。因此，雖然不僅在以犧牲流動資本為代價而增加固定資本的情況下，而且甚至在固定資本增長過多和過快，從而延緩流動資本按照人口增加的正常速度而相應增加的情況下，勞工階層均一定會遭受到損害。但是問題的關鍵是，實際上這種情況幾乎不可能發生，因為任何國家都不會讓固定資本增加的速度超過流動資本。如果在一八四五年投機狂熱時期，得到國會批准的鐵路工程真的全部如期完工，那麼這種不可能發生的情況才有可能成為現實。不過這種情況倒是提供某種顯著的例證，說明如果將用於原有生產領域的大部分資本投入新的領域，必將遭遇到巨大的困難，這種困難大到足以阻礙從事投資的企業過於快速的擴張，以至於對現有的僱傭勞動力的資源造成損害。

我們必須予以補充的是，即使生產改良確實在某一時期內減少了社會的總產量和流動資本，然而從長期來看，它也促使兩者都得到增長。生產改良提高了資本的收益，收益的增加必然提高資本的利潤，或者降低消費者支付的價格。在這兩種情況下，均會促使資本積累的增長，並且進一步提高利潤，對資本的積累提供更大的激勵。在我們前面所選用的實例中，土地改良的直接結果是，總產量從一萬九千二百英斗穀物下降到一萬二千英斗穀物，然而，資本家的利潤卻從三千二百英斗穀物增加到四千英斗穀物，如果這多出的八百英斗穀物能夠完全節省下來，那數年之後將使改良者所減少的八千英斗穀物的流動資本得到重置。現在，實施生產改良的任何行業的經營範圍幾乎都獲得擴展，這種擴展對資本家產生極大的激勵，使他們隨著改良平緩地增加自己的資本。於是，改良所需的絕大部分資本均取自於改良自身所帶來的利潤增加以及儲蓄增長。

生產改良趨使資本增加積累，從而最終增加總產量，即使有可能使總產量暫時減少，但這種趨勢將展示出某種更爲顯著的特徵，即如果土地對於資本的積累以及產量的增長這兩方面都具有限制作用，那麼一旦達到這種限制程度，產量的進一步增長就會終止。不過生產的改良無論具有什麼其他方面的作用，都將促使其中一個方面所受到的限制，或者兩個方面所受到的限制，進一步得到緩解。現在，所有這些事實將會在下一階段的研究中得到最爲清晰的展示。我們將會看到，一國將要或者甚至能夠積累的資本量，以及將要或者甚至能夠生產的產品量，均與其現有的生產技術狀況成正比，而且所有的改進，即使在一段時期內會減少流動資本量和產品總產量，但最終都會爲兩者的進一步增長提供遠比其他情況所能提供的更爲廣闊的空間。這就是我們給予機器反對論者的明確答覆，並且在下文中我們還將證明，[2]即使在當前的社會狀況下，機器的發明最終也將造福於勞工。不過這並不能使政府推卸責任，也並不能不使政府不去設法緩和，甚至在條件允許的情況防止產生最終利益的泉源對於當代人所造成的損害。如果投入於或者固化在機器或者有價值工程中的資本，以前所未有的速度增長，以至於減少了供養勞動的資金，那麼當政者應該採取措施對其增長速度加以調整；同時，因爲雖然改進並不會在整體上減少就業機會，但是幾乎總會使某一特定階層的勞動者遭受失業，所以立法者最應該予以關注的，就是那些爲了同胞和子孫後代利益而蒙受損失的人。

回顧流動資本與固定資本之間所存在之理論上的區別，我們不難發現，既然所有用於再生產的財富都歸屬於資本，那麼有些資本既不符合固定資本定義，也不符合流動資本定義，例如，製造商或者經銷商的倉庫中，任何時候都存放著尚未售出的產品。不過儘管這些可以將其歸類爲資本的範疇，但是在實際運作中它們還不屬於資本，也不能參與生產；首先需要將其出售或者進行交換，也就是將其轉換爲與之等價的其他商品。因此它們既不屬於固定資本，也不屬於流動資本。不過它們將變成其中的一種資本，或者最終配置為兩種資本。製造商將成品的銷售收入部分用於給付他的工人，部分用於補充生產所需要的原物料，部分用於購置新的廠房和機器或者維護磨損的機器。但是究竟有多少用於滿足這個目的或者那個目的，這取決於生產的特點以及特定時刻的需要。

應該進一步注意到的是，雖然用於購買種子或者原物料的那部分資本不同於固定資本，它需要從總產量中一次性地予以重置，但是它與勞動就業的關係，卻和固定資本與勞動就業的關係相同。與投資於機器中的資本一樣，花費於原物料方面的資本，均取自於供給與補償勞工的資本，而且如果現在將用於支付工資的資本轉而用於購置原物料，那麼對於勞工所造成的損害，與將其轉而用於固定資本所造成的損害是一樣的。不過這種變化永遠都不會發生。生產的改良總是趨於提高生產活動的經濟性，在生產狀況一定的條件下，永遠都不會增加種子或者原物料方面的開支，勞工的利益不會遭受到這方面原因所造成的損害。

◆註解◆

【1】參見後文第二編第十六章〈關於地租〉。

【2】參見後文第四編第五章。

第七章　論生產要素的生產力水準的決定因素

§一　我們已經對生產要素進行了基本的論述，發現可以將之簡化爲三類，即勞動、資本以及由自然界所提供的原物料和動力。其中，勞動和地球上的原物料是最基本的，也是不可或缺的；另外，可以引入自然動力協助勞動，爲生產提供幫助，但這並不是必需的；剩下的要素——資本——本身就是勞動的產物。因此，實際上它在生產中的作用，就是勞動以某種間接的方式對生產所發揮的作用。不過，仍然需要對它單獨進行說明。工作過程中的消耗所需要的資本，是事先進行的勞動的產物，這種勞動絕不亞於工作本身所需要進行的勞動。同樣地，有助於生產的資本的一部分，目前也是最大的一部分，是用於維護進行生產的勞動的資本；其餘的資本，即工具和原物料，以與自然要素以及大自然所提供的原物料相同的方式，直接地對生產做出貢獻。

現在，我們致力於政治經濟學中第二大問題的討論，即是什麼決定生產要素的生產力水準。因爲很明顯的是，生產要素的生產力在不同的時間和地點是大不相同的；在人口和國土面積相同的條件下，某些國家產出總量遠遠大於其他國家；同一個國家在某一時期的產量也可能多於其他時期的產量。不妨將英格蘭與俄羅斯境內具有相同領土面積的區域相互比較，或者與相同的俄羅斯人口相互比較，也可以將當代的英國與中世紀的英國相互比較，或者將當代的西西里、北非、敘利亞與它們在被羅馬征服之前最爲繁榮的時期相互比較，我們不難發現，造成生產力差異的某些原因是非常明顯的，而另外一些原因卻不那麼明顯，我們將對其中的若干原因進行詳細的討論。

§二　導致生產力水準較高的最爲顯著的原因是有利的自然條件，這樣的條件各式各樣，而土壤肥沃就是其中非常重要的一種。在這方面的情況天差地遠，從阿拉伯的沙漠到恆河、尼日河以及密西西比河的沉積平原，不一而足。氣候適宜可能比土壤肥沃更爲重要。有些國家適合居住，但是過於寒冷而不利於農業生產，因此這些國家的居民大概只能停留在游牧階段。他們如果不想像値得同情的愛斯基摩人那樣以狩獵和捕魚爲生，那麼就必須像拉普蘭人那樣以飼養馴鹿爲生。某些國家可以種植燕麥，卻不能種植小麥，例如蘇格蘭北部。另外一些國家可以種植小麥，但是卻由於雨量過多而日照不足，因此收成很不穩定，例如愛爾蘭的部分地區。我們發現，國家的地理位置逐漸向南或者在歐洲溫帶氣候區逐漸向東，有一些新的農產品先有可能進行種植，然後逐漸形成優勢產業，例如葡萄、玉米、無花果、橄欖、稻米、椰棗等，甚至還可以得到蔗糖、咖啡、棉花、香料等產物。在氣候條件允許的情況下，可以種植常見的農作物，而且只需要進行簡單的耕種，每年就可以收成兩到三次。氣候的差異不僅對於農業來說非常重要，而且對於許多其他生產產業同樣具有重大影響，氣候甚至會影響所有暴露在空氣中物品的耐久性，例如，對建築物的耐久性產生影響。如果卡納克神殿和路克索神殿沒有遭受人爲破壞，那麼當初完美的外形就很可能會永久地保留下來，因爲神殿中的一些碑刻雖然屬於史前文物，但是卻比只有五十多年歷史的碑刻還要清晰可辨。聖彼得堡三十年前修建的堅固的花崗岩建築，據旅行者們的分析，由於遭受酷暑與嚴寒的侵蝕，已經需要重新加以修繕了。南歐紡織品的色彩豐富而且明亮，遠勝於英國的紡織品，這主要應該歸因於南歐良好的氣候條件，因爲在我國潮溼多霧的氣候條件下，無論是知識淵博的化學家，還是技藝高超的染色工匠，都無法製作出可以與之相媲美的紡織品。

氣候的另一部分影響，體現在減少生產者的物質需求方面。在氣候炎熱的地區，人類可以在房屋、服裝較差的條件下很舒適地生活；燃料是寒冷地區居民的生活必需品，但是對於熱帶居民來說，除了用於工業方面，幾乎可以免除，他們也不需要過多的食物。很久以前理論就已經證明，我們所消耗的大部分食物並不是爲了滿足身體營養方面的需要，而是爲了保持生物體的熱量，激發生命的活力；熱帶地區充足的陽光，足以滿足這方面的要求。因此在熱帶地區，人們不需要像在其他地方的人們那樣，將過多的勞動單純用於生活必需品的生產；如果當地居民的特性沒有誘使他們將這些有利條件耗費在繁殖人口或者貪圖享樂，那麼他們就會有更多可支配的勞動被用於滿足更高階的需求和享受。

在有利的自然條件中，除了土壤和氣候，還必須提及利用有限的勞動就可以進行的礦業開發方面的優勢。例如，大不列顛的煤田，在很大程度上緩和了惡劣氣候爲居民生活帶來的不利影響；英國與美國所擁有的少見初級資源，埋藏於接近地表的豐富鐵礦石，非常便於開採；在英國的山區，豐富的水力資源在很大程度上，消除了土地貧瘠所帶來的不利影響。不過，英國處於沿海的地理位置很可能是比所有其他自然條件都更爲有利的，尤其是擁有天然良港以及能與之通航的大型運河。誠然，這種優勢體現在對於運輸費用的節省方面，但是很少有人充分注意到其中所蘊含的巨大經濟利益；人們不能澈底地認識商品交換以及所謂的勞動分工對於生產產生的重大影響，就不能正確地估計這種經濟利益。這個條件是如此重要，以至於足以彌補土地貧瘠，或者任何其他不利的自然條件所帶來的不足，尤其是在工業發展初期，勞動與科技還不足以提供能夠與自然力量相匹敵的人工交通運輸能力時，情況更是如此。在古代和中世紀，最爲繁榮的國家或城市並不是那些疆域廣闊、土地肥沃的國家或城市，而是那些迫於土地貧瘠而不得不最大限度利用沿海地理優勢的國家或城市，例如雅典、泰爾、馬賽、威尼斯以及波羅的海沿岸的自由城市等。

§三　這些就是有關自然優勢的論述。有利的自然條件之重要性非常突出，從未被人們低估過。不過經驗證明，有利的自然條件對於一個國家或城市所產生的影響，絕不會比財富和地位對於一個人的性格和能力所產生的影響更大。不論是現在還是過去，擁有最爲宜人的氣候和最爲肥沃土地的國家，從來都不是最爲富有和最強大的國家，反倒是基本上位於最爲貧窮的國家之列（就人民大眾的情況而言），不過這樣國家的全體人民倒也在貧困中自得其樂。在這些國家中，人類生存所需要的物品是如此之少，以至於窮人很少為生計而焦躁不安，氣候使人愉悅，悠閒自得成為人們樂於享受的奢侈品。在激情的召喚下，他們也擁有旺盛的精力，但是卻從未耗費在堅持不懈的勞動中；而且由於他們很少自發地關注遠大的目標進而建立良好的政治制度，所以對於產業發展所產生的激勵，會由於發展成果得不到妥善的保護而遭到削弱。生產領域的成功與各種其他類型的成功一樣，主要取決於人們的素質，而不是人們工作的環境；而且培育充沛體力和腦力的工作困難重重，絕非輕而易舉即可完成。相對地，依靠掠奪和統治，強迫他人為自己的利益而勞動的人類部族，大多數崛起於艱難困苦之中，他們或者長年生活在北方的大森林裡，或者像希臘人和羅馬人那樣利用人為的嚴格軍紀來彌補艱苦的自然條件不足。自從現代的社會環境迫使這種紀律中斷以來，南方就再也沒有哪個國家崛起成為征服者，軍事活動、思辨思想和產業發展無不將其重心轉移到了自然條件相對較差的北方。

因此我們可以把較強的勞動能力，列為使生產力水準較高的第二位原因，不應將其理解為一種偶然形成的能力，而應將其理解為一種具有規律性和習慣性的能力。沒有人能夠像北美印第安人那樣毫無怨言地忍受隨時發生的艱難和困苦，或者使自己的體力和腦力長期處於過度緊張的狀態。然而一旦他們得以擺脫當前的壓力，他們就會變得無所事事。個人或者國家在某些強烈因素的直接刺激之下，能夠且願意做出的努力，彼此之間的差別並不是很大。而為追求遠大目標所做出的努力，並將這種努力實踐於日常工作之中，彼此之間的差別往往非常顯著。從某種程度來說，這些品格是人類取得巨大進步的必要條件。為提高野蠻人的文明程度，必須使他們受到新的欲望和需求的激勵，即使追求的目標不是很高，但只要能夠促使他們的體力和腦力穩定地進行有規律的活動即可。如果牙買加和德默拉拉的黑人土著在獲得解放以後，如所預料的那樣，僅僅滿足於已有的生活狀況，在熱帶氣候宜人、土地肥沃、人煙稀少的環境中遠離勞動，那麼雖然他們不會比身為奴隸時更為不幸，但是一定會陷於比以前還要野蠻的境地。促使他們工作最為有效的刺激是美麗的服裝和個人的飾物，但沒有人會支持他們的這種嗜好，而且在多數社會中沉溺於此，只能招致貧窮而不是富有。可是基於黑人土著的思維方式，這也許是唯一能夠促使他們自願從事有組織勞動的刺激。因此他們需要樹立且保持主動追求更加遠大目標的習慣。在英國，需要培育的不是追求財富的欲望，而是使用財富的方式，以便使人們更加關注那些財富不能換取，或者無須財富也能實現的目標。爲了眞正地完善英國人的品格，無論是促使他們樹立更加遠大的抱負，或者僅讓他們能夠對當前的追求做出正確的評價，都必須設法抑制他們對於財富的追求。然而沒有必要抑制他們奮發向上、腳踏實地的工作精神，這種精神展現在英國最優秀的工人身上，會成爲他們最爲寶貴的品格。

人類往往並不清楚如何把握最理想的中庸之道，當他們勞動時，他們全力以赴，尤其是傾注全部心智，但也僅僅是將一天中較少的幾個小時、一年中較少的幾天、一生中較少的幾年，用於單純追求金錢利益的勞動。

§四

決定社會勞動生產能力的第三個因素是社會現有的技能和知識水準，無論是勞動者本人所掌握的技能和知識，還是指導他們勞動的人所掌握的技能和知識，均屬於此類。我們無須說明從事日常操作的工人靈巧的雙手、從事腦力勞動人員的聰明才智，以及人們所掌握有關自然動力與物品性質的知識水準，是如何轉化爲產業的發展目標，是如何極大地提高產業的效率。同樣不證自明的是，人類勞動的生產能力受到他們關於生活技能的知識水準的限制；技術領域的任何進步，以及用於產業發展的自然物品與自然動力方面的任何改進，都將使相同數量和強度的勞動，生產出更多的產品。

工具與機器的發明和使用，是實施這些改進的主要方法。在本書中，我們無須詳細闡述技術進步是如何使產量提高以及使勞動成本降低。在巴貝奇先生（Mr. Babbage）眾所周知的著作《論機器和製造業的經濟》中，對此做出了既科學準確又通俗易懂的解釋和例證。巴貝奇先生在著作中，用了整章的篇幅，舉例說明在「人的力量不足以承受，人的手的靈巧不足以勝任」的工作中，機器所發揮的效能。不過我們很容易找到在沒有機器輔助的情況下，人力勞動根本無法完成的工作實例。在很多情況下，沒有利用蒸汽或者其他能源驅動的水泵，大多數礦坑開採到一定的深度後就得廢棄，因爲根本無法排除礦坑中的積水。沒有船舶就不能跨越海洋；沒有某種工具就不能砍伐樹木或者開鑿岩石；使用犁或者起碼使用鋤頭，才能耕種土地。而且迄今爲止，非常簡單和粗糙的工具，實際上已經在盡可能多的工作中協助人類，隨後的發明創造主要是使工作能夠更出色地完成，尤其是能大量節省勞動，由此節省下來的勞動可以用於其他方面。

知識對於生產的幫助，遠不止使用機器這一個方面。在農業勞動和園藝勞動中，除犁和少數其他簡單工具的發明及其不斷的改進之外，機器在當前才開始展示出它所具有能從事所有重要工作的能力。最爲偉大的農業發明是對土地本身和農作物直接應用更爲合理的耕作技術，例如，輪作技術，以避免出現每隔兩到三季，土地便需要休耕一季的問題；爲土地施肥，以便恢復土地因種植農作物而喪失的肥沃；翻耕表土與底土並且進行排水；將沼澤和水塘改造成爲可耕地。根據經驗，對植株和樹木進行修整、剪枝和支撐，有助於植株的生長；增加農作物的塊根或者種子之間的距離，並且進行精耕細作，屬於成本較高的種植方法。在製造業和商業中，某些重要的改進體現於節省時間，以便使勞動和支出更快獲得回報；還有其他一些改進，體現在對於原物料的節省方面。

§五　不過，一個社會知識水準的提高，對於社會財富的增加，所產生的影響是無須多加說明的，因爲即使沒有接受過教育的人，都能夠透過鐵路和蒸汽船這樣典型的實例，對其有所體會。不容易被人們理解和認識的是，知識在大眾之間的普及與傳播所蘊含的巨大經濟價值。適合指導或者管理任何工業、企業，甚至只是負責處理呆板日常事務的人員，總是供不應求，這可以從付給他們的工資，與普通勞動人員的工資之間，存在的巨大差別看出這一點。進行正常判斷的能力低下，使勞工階層中的絕大多數人不擅長籌劃，例如，他們對家庭經濟缺乏長遠打算，得過且過，毫無計畫，致使人們不得不將他們歸類為智力水準較低的勞動者之列。即使從有限的方面來看，普及教育的重要性也值得政治家——特別是英國政治家——予以關注。因為據某些經常僱用別國勞工且特別善於觀察的人士證實，其他國家的工人完全無須接受培訓就表現得非常聰慧，但是英國的勞工卻只擅長砍伐樹木或者端茶送水，即使在可以自修的情況下，也需要對他們進行相關的教育。蘇黎世的愛舍先生（Mr. Escher）（一位工程師和織品商，僱用了將近二千名來自不同國家的工人）在提交給一八四〇年濟貧法委員會報告的證詞中，談到有關對乞討兒童進行培訓的問題，將英國與歐洲大陸各國工人的特點加以對比；我相信，所有具有相同經歷的人均會對此表示贊同。

義大利人的接受能力很強，這表現在他們能夠迅速理解雇主對於交給他們完成任何勞動的說明，他們善解人意，能夠較快適應新的環境，遠遠勝過其他任何國家的人。法國工人也具有類似的天生素質，不過稍遜於義大利人。我們發現，英國、瑞士、德國與荷蘭的工人，天生的理解能力要差很多。僅就僱用工人而言，毫無疑問，英國的工人很受歡迎，因為正如我們所看到的那樣，他們大多接受過相關領域的專門培訓，並且能夠集中精力進行工作。不過，如果要挑選經營人員、一般工作人員或者雇主身邊的工作人員時，當然要選擇撒克遜人和瑞士人，特別是撒克遜人，因為他們大多接受過相當良好的基礎教育，這使得他們有能力勝任任何專門領域的工作，只要稍事準備，他們就可以承擔任何工作。可是如果我要僱用一位英國工人參與蒸汽機的安裝工作，那他將只懂得蒸汽機；對於機械領域的其他情況或者其他相關領域，無論關係多麼密切，相對而言，他都是所知甚少。他難以使自己適應所有可能遇到的新環境，不能妥善處理相關事務，不能就他的工作與機械相關的問題，提出良好的建議或者加以清晰說明。

在談到勞工階層的素質教育與道德水準之間的關係時，愛舍先生指出，「我們發現受過良好教育的工人，在各個方面都表現出較高的道德修養。首先，他們從不酗酒；他們在享樂方面也很有節制，表現得更爲理性和文雅；他們樂於接近上層社會，態度謙遜謹慎，因而容易被人們所接受；他們愛好音樂，喜歡閱讀，欣賞美景，並且經常結伴到鄉間遠足；他們注重節儉，不論是爲了個人還是爲了雇主，均是如此。因此他們誠實可信。」在談到有關英國工人的情況時，愛舍先生又指出，「從他們受過專門培訓的業務領域角度來看，他們都是擁有熟練技能的工人。但是從他們品行的角度來看，他們卻是最不遵守秩序、最缺少節制、最不懂得規矩的工人，因此在我們所僱用的各國工人當中，他們是最不值得尊重與信任的。我所接觸過的歐洲大陸製造商均對此深有同感，其中英國製造商的不滿之詞尤爲突出。這些惡行並不出現在受過教育的英國工人身上，而是出現在缺乏教育的英國工人身上。當缺乏教育的英國工人從英國雇主嚴格紀律的束縛下解脫出來，並與受過良好教育的歐洲大陸工人一起得到雇主禮遇的時候，他們便忘了自己的身分地位，以至於一段時間過後，他們竟然變得無法管理，完全失去了僱用的價值。」[1]他經過觀察所得出的上述結論，完全是以英國本土的經歷爲依據。一旦缺少教育的英國工人接觸到平等這個觀念，他們就被平等攪亂了頭腦，當他們不再淪爲他人的奴僕時，就會變得傲慢無禮。

對於勞工勞動的效率與價值來說，勞工的道德修養與勞工的聰明才智所具有的重要性完全相同。姑且不論酗酒對於他們的身體和大腦所造成的影響，以及輕浮狂躁對於他們的工作精力和耐久性所造成的影響（這些都是顯而易見的，無須詳加說明），只需要考慮一下他們勞動的總體成果，有多大程度取決於他們的誠信水準即可。現在所有用於監督方面的勞動——督促工人遵守紀律，以及用於檢查方面的勞動——

檢驗工人是否遵守紀律，都是轉移自眞正的生產性勞動，開展這些輔助性勞動的必要性並非來自於事情本身的客觀要求，而是由於人們不夠誠實守信。即使採取最大規模的外部預防措施，也無法避免效率低下的問題，這種情況在所有僱用勞工的地方，幾乎都是無法避免，只要管理中稍有鬆懈，就會有人抓住機會違反合約條款。人類之間彼此信任所產生的利益，實現在人類生活的各個層面，貫穿於人類生活的各個環節，體現在經濟方面的利益，大概只是其中最微不足道的一部分。然而即使體現在這方面的利益，也是難以計量的。我們不妨考察由於人們的不誠信，導致社會財富遭受損失最爲顯著的情況。在所有富裕的國家中，總有一批依靠掠奪和陷害他人爲生的人，我們難以透過數學的方法確定其數量，不過基於最保守的估計，在像英國這樣的國家中，其數量也是頗爲可觀的。供養這些人已經成爲國家產業的直接負擔。而員警、整個懲治和關押罪犯的機構，以及部分刑事審判機構，都是基於這樣的直接負擔而衍生出來的第二種負擔。迄今爲止，收費昂貴的律師職業並不是由律師們自己利用法律的缺陷來進行謀劃和維持，而是主要依靠人們的不誠信予以維持。隨著社會誠信程度的提高，所有這些花費都將減少。不過，如果勞工能夠忠誠守信地進行勞動，則其所產生的效益以及大幅度提高產品產量所帶來的時間和開支的節省，將遠遠超過這種純粹的節省；而且憑藉高昂的士氣、堅定的意志以及人們相互間的信任，人們將按照計畫完成各種類型的工作，並且確信自己的工作所必需的各種輔助工作承擔者，都將嚴格遵照擬定的條款和要求，一絲不苟地完成他們的工作。聯合行動的開展，完全取決於人們彼此之間能夠相互依賴的程度。在許多擁有一流的產業發展能力的歐洲國家中，對於大規模商業活動的開展造成嚴重阻礙的是，進行大宗款項的收付時值得信賴的人員數量太少。某些國家的商品得不到商人的信任，因爲無人知曉商品的品質是否與樣品的品質相符。如此目光短淺的欺詐行爲，在英國出口的商品中屢見不鮮。人盡皆知「魔鬼的塵埃」，而且在巴貝奇先生所列舉的其他實例中，有一例就談到了由於僞造和欺詐，導致某一出口貿易部門的工作長期中斷的情況；另一方面，在他的同一部著作中所列舉的大量實例，也充分證明誠實可信所帶來的巨大商業利益。「在我們一個最大的城鎮中，交易雙方每天所進行的大宗交易，都無須交換任何書面資料。」他們自身的誠信爲這個城鎮的生產者和經銷商節省時間、減少麻煩和花費，爲每年的交易帶來巨大的收益。「在上一次大戰期間，創建信譽以某種極爲有效的方式，對當時歐洲大陸排斥英國製品的問題，產生了巨大的影響。我國最大的一家公司慣於與德國中部的一家公司進行大宗交易，但是當時歐洲大陸的港口關閉，拒絕進口我國的製品，並對所有觸犯柏林和米蘭法令的人給予嚴厲懲罰。然而不管怎樣，這位英國製造商仍然不斷地接到訂單以及說明交貨方法、付款時間、方式的信件，他非常熟悉這些信件的筆跡，在只簽有教名，甚至根本沒有簽名的情況下，他也執行這些訂單，且全都按時收到了貨款。」[2]

§六　在決定生產要素生產力水準排名第二位的因素中，最重要的莫過於安全保障。這裡所指的安全保障，是指社會爲其成員所提供的全面性保護，這包括政府所提供的保護，以及對於反對政府的保護。在這兩者中，後者更爲重要。無論在什麼地方，如果貪得無厭的政府機構可以動用任何殘暴的手段，掠奪人們所擁有的任何財富，那麼失去任何希望的人們除生活必需品之外，就不會努力生產出更多其他物品。這是亞洲許多富庶的地區一度繁榮昌盛但今天卻陷於貧困的公認原因。從亞洲這些地區到歐洲治理最好的地區，可以將安全保障的程度劃分爲多種不同的層次。大革命前，在法國的許多省分，由於不正當的土地稅收制度，以及對於打著稅收旗號所進行的強徵掠奪，迫使耕種者不得不裝出窮困潦倒的樣子，不好好種田。只有一種不安全感可以打擊生產者的積極性，那就是政府或者掌握著政府行政權力官員造成的不安全感。生產者希望自身能得到保護，反對所有其他掠奪者的掠奪。上古時代的希臘和其殖民地、中世紀的佛蘭德和義大利，並沒有享受到現代意義上的安全保障，這些國家的社會狀況動盪不安，人民的生命和財產處於極其危險的境地。但是它們是自由的國家，既不遭受人爲的壓迫，也不遭受制度的掠奪。由國家制度喚起的個人力量，使得這些國家能夠成功地抵禦外敵的侵入，因此，這些國家的勞動生產力水準極高，財富不斷地增加，同時還擁有自由。羅馬專制結束了整個帝國的戰爭和內部的紛爭，使人民擺脫了以往的動盪不安。但是由於羅馬帝國使人民處於政府的殘酷壓迫之下，所以人民變得衰弱和貧困，直到最後被野蠻、自由的入侵者一舉擊潰。被侵略時，人民既不願意作戰，也不願意勞動，因爲政府不允許他們享有作戰和勞動的成果。

在現代國家中，人民的人身和財產的安全主要受到風俗和輿論的影響，而不是法律的影響。在現代或者近代，歐洲國家的君主名義上具有專制權，但是由於受到已經形成的習俗和慣例約束，實際上並沒有人會覺得政府能夠肆意掠奪他們的財產或者向他們徵收貢品。然而，由於開放程度不夠是專制政府普遍存在的特點，因此基層政府機構無可避免地會發生少量的掠奪和暴力行爲。在英國，人民受到制度和習俗的保護，可以對抗政府機構的勒索，不過他們要想免於遭受其他壞人的侵害，享有安全保障，卻很難指望政府的制度。法律只有在收取了昂貴的費用之後，才會對人民的財產提供保護，以至於人們基本上寧願放棄這種保護而聽任財產遭受侵害，在這種情況下，就不能說法律對財產提供了保護。在英國，財產的安全保障主要依靠輿論的作用（公開的暴亂除外）以及對於遭到揭露的畏懼，這些遠比法律和法庭的直接審判發揮的作用更大。

除了社會有意識地對財產施加保護所導致的不盡如人意之處，仍然存在各種其他方面制度上的弊端，這些弊端妨礙了國家生產性資源的最佳利用。我們將隨著研究的深入，對此做出進一步的闡述。在此不妨歸納如下：可以預期勞動效率的高低與勞動者所獲得的勞動成果兩者間成正比關係；社會機制整體上所調動的勞動積極性，取決於社會分配給每個人的勞動報酬，是否盡可能地與勞動的產品所帶來的利益成比例；有利於某一階級或者某一類人，而不利於其他人的所有法律和慣例，均將阻礙社會其他成員對於自身利益的追求，或者使他們的勞動與勞動的自然成果相互背離。這違背了經濟政策的最基本原則（姑且不論所有其他觸犯法律的因素），它必將導致社會生產力的整體水準遠遠低於本來應該達到程度。

◆註解◆

[1] 這位富有智慧與經驗的雇主所提供有關工人的全部證詞，都是值得重視的。在同一份報告中，其他證人所提供的證詞也表達了相同的觀點。

[2] 巴貝奇先生注意到，可以利用一些不起眼的例子，進一步說明社會成員之間相互不信任所造成的損失。「購買者所付出的成本包括為購買任何物品所支付的價格，以及鑑定物品是否與合約條款相符所付出的費用。在某些情況下，物品的品質很容易鑑別，因此該種物品的價格在不同商店的差別很小。例如，幾乎一眼就能看出方糖的品質，因此方糖的價格非常統一，致使利潤很小，雜貨店並不急於把方糖銷售出去。另一方面，鑑別茶葉的難度卻極大，富有經驗的雙眼也可能受到摻雜有假茶葉的矇騙，因此茶葉的價格五花八門，往往成為雜貨店最急於出手的物品。在某種情況下，鑑別物品的難度和成本極大，以至於難以確定其偏離公認標準的程度。因此一般的規律是，政府購買的物品比它自己製造的物品更便宜。然而不管怎樣，人們仍然認為建立一座龐大的麵粉廠（例如德普特福德麵粉廠），自己磨製麵粉，比檢查每一袋購買來的麵粉並且請人發明鑑定摻假麵粉的新方法要經濟得多。」如果一個國家，如像美國這樣的國家，發生類似的信用危機，那麼它將喪失大部分麵粉出口的機會。

再者，「若干年來，興起了一種對於久放的豆科與三葉植物的種子進行所謂的改良的辦法，這已經引起了下議院的關注。根據提交給下議院的證詞可知，為改良白豆的種子，需要先將種子稍微弄溼，然後再用硫磺將種子熏乾；為改良紅豆的種子，需要將種子和少量靛藍放入布袋中，均勻搖動就可以改變顏色。不過一段時間之後，人們就發現了這一點，於是專家就改用墨水木染料，並加入少許綠礬，有時加入銅綠，於是老舊的種子便有所改良。不過卻損害了（如果不是澈底破壞的話）種子已經相當衰弱的生長能力。假設這種處理沒有對種子造成損害（事實顯示，僅僅由於外觀的改善，就可以使種子每英擔的市場價格提高到五先令至二十五先令），但是這種處理的最大弊端是，使老舊種子在外觀上可以與品質上乘的種子相媲美。某人試種了改良後的種子發現，一百粒種子中，能夠發芽的還不到一粒；並且即使發芽了，不久之後也會死掉。而好的種子發芽率通常可以達到百分之八十至百分之九十。經過處理的種子賣給零售商，他們力圖以最便宜的價格買進，然後再賣給農民。不過無論是零售商還是農民，都無法辨別種子的好壞，結果是許多種植者削減了對於這些種子的購買，還有一些人則不得不出高價向那些能夠辨別種子好壞並且誠實可信的人購買」。

巴貝奇先生指出，雖然愛爾蘭亞麻天然的品質並不比其他地方的遜色，但是其每磅的市場價格卻總是低於外國或者英國亞麻價格一到兩個便士，部分原因是由於產品加工比較粗糙，部分原因則是由於長年擔任愛爾蘭亞麻管理委員會秘書的柯里先生（Mr. Corry）所披露：「擁有亞麻的人大多是社會下層人士，他們認為對買主進行欺詐可以大幅度地增加自己的利益。亞麻是按重量出售，於是他們採用各種手段增加亞麻的重量。每一種手段都是不正當的，尤其是使亞麻潮溼。這是一種常見的方法。每一捆亞麻（每批亞麻中每捆的大小也不盡相同）都塞滿了石塊或者各種垃圾以增加重量。人們買下這種亞麻並將其出口到大不列顛。」

下議院某個委員會所得到的證詞揭露，諾丁漢的貿易由於遭受到偽劣商品的影響，生意一落千丈。「有人生產出一種所謂的單層鎖口的花邊（我仍然引用巴貝奇先生的文章），儘管它看起來很不錯，但是洗過之後就會脫線以至於完全毀壞，幾乎不到千分之一的人能夠分辨出單層鎖口與雙層鎖口之間的區別。即使是工人和製造商也必須使用放大鏡進行查看，才能看出端倪；還有一種所謂的荷葉花邊也需要採用這種辦法才能看出來。」

第八章　關於勞動的合作或者勞動的聯合

§一　在已經列舉的有助於提高勞動生產力之諸多因素中，我們尚未涉及某項因素，這個因素非常重要，其中包含許多有待討論的問題，因此有必要單獨予以闡述。這項因素就是合作，或者勞動成員行爲的相互聯合。由於合作對生產所發揮的作用極大，所以一個名爲勞動分工的獨立研究領域，吸引了眾多政治經濟學家的廣泛關注。這的確非常值得予以關注，但是人們卻忽略了這個綜合法則所涵蓋的其他情況與實例。我相信，是威克菲爾德先生（Mr. Wakefield）率先指出這種以偏概全的做法所帶來的有害影響；一個更爲基本的法則爲勞動分工提供了依據，這個法則涵蓋了勞動分工的內容。

威克菲爾德先生注意到[1]合作分爲兩種不同的類型：第一種類型爲相同行業中的若干人，彼此提供幫助的行爲；第二種類型爲不同行業中的若干人，彼此提供幫助的行爲。我們不妨將它們分別稱爲簡單合作與複雜合作。

「簡單合作的優勢可以透過以下實例予以說明，即兩隻獵犬共同追殺野兔的數量，多於四隻獵犬各自獨力追殺野兔的數量。在人類所開展不計其數的簡單合作中，我們可以明顯地看到，兩個人協同勞動的成果比四個人或者十六個人獨自勞動的成果還要多。例如，舉起重物，伐木，鋸木，趕在天氣好時搶收農作物，應季節要求在短時間內對大片土地妥善地進行排水，拉縴，划大船，開礦，搭建鷹架，粉碎鋪路石修補路面以保持整條道路的狀況良好等，均是屬於簡單合作。在所有這些簡單合作中，當然還有成千上萬種其他形式的簡單合作，許多人在同一時間、同一地點且以同一種方式一起工作，是簡單合作絕對必要的條件。新荷蘭的部落民族從不互相幫助，即使在需要進行最簡單的合作時也是如此。因此他們的境況很難優於時常被他們捕捉到的野獸，甚至會比牠們更差。任何人只要想像一下，如果英國的勞工突然停止在簡單的工作中相互協助將會產生什麼後果，立刻就會充分認識到這種簡單合作的優勢。在無法計數的工作中，勞動的產量在某種程度上與工人們相互提供的幫助成正比，這是社會進步的第一步。」社會進步的第二步是，當「一群人聯合勞動所生產的食物多於他們自己所需要的食物，而另一群人聯合勞動所生產的衣物也多於他們自己所需要的衣物時，這一群人就可以用剩餘的衣物去交換另一群人剩餘的食物；當這兩群人共同生產的食物和衣物多於總體所需要的食物和衣物時，這兩群人就可以透過交換獲得適用的資本，以使更多的勞工在他們各自的行業中得到工作的機會」。於是在簡單合作的基礎上，形成了威克菲爾德先生所說的複雜合作。前者是若干勞工在同一組工作中相互提供幫助，後者則是若干勞工透過分工相互提供幫助。

簡單合作與複雜合作之間，存在著一個重要的區別。對於前者而言，勞動者在合作的時候會時刻意識到合作的進行，這一點對於最爲無知、愚鈍的人來說也是顯而易見的。對於後者而言，在合作的眾人中，只有極少數的人在某種程度上會意識到合作的進行。造成這種區別的原因也很明顯，當若干工人在同一時間、同一地點一起搬運重物或者拉動繩索時，沒有人會懷疑他們正在相互合作。這是一看便可以理解的事實。然而，當若干人或者若干人群在不同的時間、不同的地點，從事不同的工作時，他們之間儘管確實存在著合作，但是卻不像前者那樣容易被察覺；想要察覺其中所包含的合作，需要進行較爲複雜的思考。

在當前的社會狀況下，養羊是部分人的工作，梳理羊毛是另一部分人的工作，紡織羊毛是第三部分人的工作，將毛線織成寬幅布是第四部分人的工作，印染布匹是第五部分人的工作，製作上衣是第六部分人的工作，其中還未考慮到在這些工作過程中所需要的搬運工、批發商、經銷商和零售商等。這些人互不相識、瞭解，但是卻爲了某種相同的最終產品——上衣——進行合作。當然，這還沒有包括所有參與合作的人，每一個人都需要食品和其他消費品，除非他們可以指望其他人能提供這些物品，否則他們就無法將自己的全部時間都用於從事自己的工作。因此，爲這些生產者生產糧食和建造房屋的每個人，都在不知不覺中將自己的勞動與這些生產者的勞動結合起來。這是一種雖然沒有說明，但卻實際存在的合作。「生產的食物超過自己所需數量的一群人，可以與生產衣物超過自己所需數量的一群人進行交換；如果這兩群人因相距太遠或因不願意相互交換而彼此隔絕（除非這兩群人實際上合併成一群人，並且共同生產足以滿足整體需要的食物和衣物），那麼他們將不能把生產足夠的食物和衣物的全部工作，劃分成相互獨立的兩部分工作。」

§二 行業的劃分對於生產所產生的影響，比我們以通常的方式對這個問題所做的使讀者能夠感受到的影響之論述還要重要。當不同物品的生產成爲不同人的專門工作或者主要工作時，並非只是使每種物品的產量大爲提高，實際情況是，如果沒有行業的劃分，很多物品就根本無法生產出來。

假設一些家庭從事完全相同的生產活動，每個家庭都定居在一塊自己擁有的土地上，透過自己的勞動種植自己需要的糧食，而且因爲所有人都是生產者，沒有人會需要來購買這些剩餘產品，所以每個家庭都必須自行生產自己所需要消費的其他物品。在這種情況下，如果土地還算肥沃，人口並未隨著生活所需同步增長，則毫無疑問，將會出現某種類型的家庭手工業，首先這很可能是由婦女爲全家縫製服裝（這是行業劃分的第一步），同時透過聯合勞動建造和維修房舍。不過，除了簡單的食物（隨著季節的變化，食物的供給量也很不穩定）、粗糙的服裝和簡陋的房屋，每個家庭幾乎都不可能生產出更多的物品。一般來說，他們需要付出極大的努力才能完成這些工作，並且他們從土地中獲取食物的能力，也會因所使用的工具十分簡陋而受到嚴重制約。如果他們要爲自己生產更便利的產品或者奢侈品，則需要花費很多的時間，而且在很多情況下還需要到其他地方才有辦法生產。因此在這樣的情況下，行業的種類非常少，且實際存在的行業大多爲生產必需品的行業，整體的效率非常低。這不僅僅是因爲工具過於簡陋，還因爲當土地和由土地所維繫的家庭手工業可以使單個家庭自給自足時，在家庭人口保持不變的情況下，就不會產生促使勞動和土地生產更多物品的動力。

但是假設某一事件的發生，導致這個家庭所在的小小村落爆發了一場革命；試想一群工匠帶著工具和足以維持一年生活的口糧來到這個地區，並且在當地安頓下來。這些新來的定居者，開始生產當地人所喜歡的日用品和裝飾品。在這群新的定居者耗盡自己原有的糧食之前，他們生產出相當多的產品以備日後交換糧食之用。當地居民的經濟狀況也因此發生了重大的變化，他們有機會獲得單純依靠自己的勞動永遠也得不到而且也生產不出來的舒適品和奢侈品；而現在，只要他們能夠生產出更多的糧食和必需品，便可以用來交換獲得這些物品。於是他們得到刺激，開始努力提高自己勞動的生產能力。較好的工具很可能是他們初次獲得的便利品之一，除此之外，他們會更加勤勞，並且努力想出更多的辦法，以便使他們的勞動更加富有成效。藉助這些措施，他們通常能夠成功使土地生產出自己使用的糧食之外，還能夠生產出更多的糧食，透過產品交換，供給新居民消費。這些新居民構成了所謂的剩餘農產品市場。新的定居者的到來，繁榮了當地的經濟，他們不僅帶給當地居民他們所生產的製成品，而且也提高當地的糧食產量；沒有他們的到來，供他們消費的糧食是永遠不會被生產出來的。

這個學說與我們在前面所提出的論斷——商品市場並不構成對於勞動的使用——並不互相矛盾。[2] 這些當地人的勞動已經開始發揮作用，他們並不是因爲有了新居民的需求才有能力供養自己。這種需求對於他們所產生的作用是，激發了他們的勞動熱情，使他們更加具有活力和效率；以新的動機對他們產生刺激，使他們做出新的努力。同樣地，新居民也不是依靠當地人的需求來維持自己的生活和工作，備有一年的糧食使他們可以與當地的居民生活在一起，而且與當地人一樣生產稀少的糧食和生活必需品。不過我們看到，對於生產者的勞動生產能力至關重要的是，在生產者的周圍有從事其他不同勞動的生產者。一種勞動產品與另一種勞動產品相互交換的能力，構成提升勞動者生產能力的一個條件；如果沒有這種交換，勞動的總量就必然總是維持在較低的水準。當一種新的產品市場得以形成並且促使新產品的產量增加時，新產品產量的增加並非總是以犧牲另一種產品爲代價，它們通常是勞動新創造出來的成果，否則這些努力是得不到激發的；或者透過改進，或者透過合作的方式，使勞動獲得提升的結果；如果缺乏提高產量的動機，則這些改進與合作都將難以實現。

§三 透過以上分析我們可以看出，一個國家除非擁有大量的城鎮人口，或者唯一可以作爲替代的另一種情況是，將大量的農產品出口給其他國家，否則該國就幾乎不可能擁有生產力水準較高的農業。我們在這裡所簡要使用的城鎮人口一詞，代表那些通常集中生活在城鎮和大村落中，進行聯合勞動的非農業人口。威克菲爾德先生將這個理論應用於有關殖民地的研究，引起人們極大的關注，而且毫無疑問，這必將引起人們更大的關注。這是一項偉大且具有實踐意義的發現，一經發現之後，問題便顯得非常簡單明瞭，致使發現者的功績似乎不像其所應有的那樣顯赫。威克菲爾德先生率先提出現在已經普遍採用有關新殖民地的建設模式：使一些家庭相互毗鄰地定居下來，每家每戶都擁有一小塊土地，都以完全相同的方式進行生產。雖然在條件有利的情況下，這樣可以保證每個家庭能夠獲得比較充足的生活必需品，但是卻不利於發展大規模的生產，並促使經濟快速增長。在他的理論體系中，首先提出殖民地的建設要以確保農業人口與城鎮人口兩者相當來同步進行安置作業，同時要防止土地的耕種者過於分散，因爲如果距離太遠會導致城鎮人口無法形成其產品市場。這種建設方案所依據的理論，主要並不是那些有關支持集中土地從事大規模生產的理論，或者以僱用勞動力的方式進行耕種會提高生產力水準的任何理論。假設土地分割成小塊農田，由擁有的農民自行耕種，的確可以獲得最大產量，那麼城鎮人口剛好可以成爲促使土地的所有者進一步提高產量的誘因；而且如果農民距離最近的非農業產業園區太遠，因而無法將其作爲他們剩餘農產品的市場，同時也無法從那裡獲得他們所需要的其他產品，那麼一般來說，無論是這種剩餘農產品，還是其他與之相當的產品，就都不會再被生產出來了。

最重要的問題是，城鎮人口的不足，將限制一個國家產業的生產能力，印度的情況即是如此。印度的農業完全建立在小型土地所有制的基礎之上，然而在印度，聯合勞動的規模相當大。作爲印度社會基本架構的村社制度和習俗，爲必要場合下所進行的聯合行爲做出了規定，或者在制度無法充分發揮作用時，政府（當其管理尚好時）便會介入，動用稅收，以聯合勞動的方式建造農業生產不可或缺的蓄水池、堤壩和灌溉設施。然而，由於農業工具和技術過於落後，以至於即使在土地肥沃、氣候適宜的條件下，農產品的產量也少得可憐；而且即使在不改變小型土地所有制的前提下，也可以使土地提供比現在更充足的糧食給居民。不過，現在對此還缺少某種刺激，而藉助於簡便和廉價的交通手段，就可以對與鄉村地區相互聯繫的大規模城鎮人口提供這種刺激。然而同樣地，城鎮人口並沒有增長，因爲農耕者對於城鎮產品的需求過少，而且需求的增長無望（軍方與財政的橫徵暴斂，共同造成個人的財產直到最近仍然處於毫無保障的境地）。在這種情況下，印度生產性資源得到快速發展的最佳方法是，加大印度的農產品（棉花、靛藍、食糖、咖啡等）向歐洲市場的出口。在印度，這些物品的生產者是其農民生產糧食的消費者，當這些物品的市場得到拓展之後，將會促使人們產生對剩餘糧食有更大的需求；如果政府管理得當，那將會強化人們或者對於歐洲商品直接的需求和欲望，或者對於只有在印度的製造業人口增長之後，才有可能生產出來之產品的需求和欲望。

§四

因此沒有勞動聯合的某種形式和行業劃分，就不會出現產業文明的萌芽。不過當這種劃分已經徹底完成時，當每一位生產者向許多其他生產者供應某種商品，並且從許多其他生產者那裡獲得自己所消費的大部分物品已經形成一種基本慣例時，雖然並非絕對必須，但是確實有理由應該使這個原則得到進一步的貫徹和實施。人們發現，職業劃分得越精細，勞動的生產力水準就越高；透過不斷深入地將產業活動的過程加以細分，可以使每位勞工的工作範圍越來越侷限於最少數的幾個簡單的操作。因此，適時地出現的所謂關於勞動分工的著名實例，在本質上都是與此相關著作的讀者非常熟悉的。亞當·史密斯對於別針製造過程的闡述雖然人盡皆知，但是由於它很能說明問題，所以我仍然需要不斷冒昧地再一次引用它。「可以將製造一枚別針的勞動劃分爲相互區別的十八項操作：一個人拔絲，另一個人平直，第三個人切割，第四個人磨尖，第五個人打磨以安裝針頭……。其中可以將製造針頭的勞動劃分爲兩到三個相互區別的操作：安裝針頭是一項獨立的操作，塗白別針是另一項操作，甚至將別針用紙包裹起來也是另一項操作……。我見過一家僅僅僱用了十名工人的小工廠，在工廠裡某些工人需要完成兩到三種不同的操作。雖然小工廠裡僅配備有簡單、必要的機器設備，但是只要工人們努力工作，每天依舊可以製造出大約十二磅左右的別針。四千多枚中號別針的重量大約爲一磅。因此，十名工人每天能夠製造出多達四萬八千枚別針。每位工人每天製造四萬八千枚別針的十分之一，即相當於四千八百枚別針。但是如果這些工人分開獨立完成所有的操作，並且沒有任何人經過這方面的專門訓練，那麼他們每人每天能夠製造出的別針不會超過二十枚，甚至有可能連一枚別針也製造不出來。」

賽伊先生列舉出更加具有說服力的實例，對勞動分工的作用予以闡述。當然，這個實例來自於並不十分重要的製造產業——撲克牌製造業。「據業內人士表示，製作一張手掌大的撲克牌，在其可以出售之前，至少需要完成七十項操作，每一項操作都需要由在不同崗位上的工人加以完成。如果一家撲克牌加工廠沒有僱用七十名工人，那只能說明這個工廠的勞動分工尚未達到應有的精細程度；因爲在這個工廠裡的每一位工人，都需要負責完成兩到四項不同的操作。這種工作的分配所產生的影響是巨大的。我曾經見過一家有三十名工人的撲克牌加工廠，每天可以製作出一萬五千五百張撲克牌，意即每位工人每天製作的撲克牌超過五百張。不過，如果每位工人都需要獨立完成所有的操作，那麼即使他是熟練工人，但他每天能製作出的撲克牌也都不可能超過兩張，在這樣的情況下，這三十位工人每天製作出的撲克牌將不再是一萬五千五百張，而只會是不到六十張。」[3]

在鐘錶製造業，正如巴貝奇先生所指出的那樣，「根據提交給下議院委員會的證詞中描述，鐘錶的製造過程包括一百零二項不同的操作工藝，每項工藝招收一名學徒，他只學習其師傅的技藝，而且學習期滿後，不接受後續的培訓，因此他不能在任何其他環節工作。將鐘錶的零件集中起來加以整合的鐘錶組裝工人，是這一百零二名工人中，唯一能夠在其他環節工作的人。」[4]

§五 職業劃分可以提高勞動效率的原因眾所周知，因此我們無須特別予以闡述，不過將它們依次羅列出來還是值得的。亞當·史密斯將這些原因歸納爲三點：「首先，提高了每位工人技能的熟練程度；其次，節省了通常在轉換工作過程中所損耗的時間；最後，大量方便且節省勞動的機器發明，使一個人可以完成許多人的工作。」

其中，提高工人技能熟練程度這一點的影響是最爲顯著和普遍。並非因爲一件事情做得次數多，就一定做得更好，基本上這取決於工人的才智和他在思想上專注於工作的程度。不過，做的次數多，當然做起來就會更加容易一些。身體經過長期的鍛鍊，肌肉會變得更加健壯，肌腱會變得更加柔韌，大腦會變得更加靈活而且不易疲勞。而實行一件容易完成的工作，起碼將其做好的可能性會更大一些，而且應該會做得更快一些。最初需要長時間完成的工作，最後可能可以迅速予以完成；最初慢工出細活，最後快工也能做出具有相同精緻度的細活。腦力活動和體力活動兩方面的情況均是如此。即使一個孩子，在經過多次訓練以後，也能夠本能地將一連串數字迅速地相加。任何語言的口語能力，能快速地閱讀，照譜演奏音樂，都是熟能生巧的典型事例。就體力活動而言，舞蹈、體操、嫻熟而又出色的樂器演奏，都是需要經過不斷重複演練，才有可能達到日臻完美的境界。在簡單的手工操作中，這種效果當然可以更快地顯現。亞當·史密斯指出，「在特定的生產過程中，某些操作的迅速敏捷，已經超出了那些從未見過這種操作的人的雙手能力所能達到的限度。」[5]從本質來看，勞動的分工越精細，獲得這種技能所需要的時間就越短，而且如果一位工人需要完成操作的種類過多，會使他無法充分重複每一項操作，那麼要他達到同樣熟練的程度根本是不可能的。勞動分工所帶來的利益，並非僅僅侷限於提高了效率，而且因爲分工，還減少了學習技藝的過程中所損失的時間以及所浪費的原物料。巴貝奇先生指出，[6]「每個人在學習技藝的過程中，都會白白地耗費或者損壞一定數量的原物料，而且每次爲了適應一種新的工作，都會造成某些原物料或者半成品的浪費。如果一個人需要不斷地變換工作，那麼與這個人專注於一項工作相比，他所造成的浪費將會更大。」而且一般來說，一個人在學習某種工作技能的過程中，如果沒有受到要求學習其他工作技能的干擾，那麼他將會在較短的時間內勝任這項工作。

關於亞當·史密斯列舉的勞動分工所帶來的第二個方面的利益，我實在不得不認爲他與其他人一樣，都對這強調得有些過分了。爲了對他的觀點做出公正的評價，我將引用他的原述：「在節省因變換工作崗位而損耗的時間方面，勞動分工所帶來的好處，比我們初步考慮所認識到的還要多。對於從一個工作崗位轉換至另一個處於不同的地點、使用不同用具的工作崗位，人們不可能迅速地完成。一位編織工同時耕種小塊農田，在紡織機與農田之間的頻繁往來，一定會耗費掉大量的時間。如果兩項工作都可以在同一地點完成，那麼他一定會大幅度地節省所耗費的時間。然而即使在這種情況下，他在時間上的損耗也是巨大的。通常一個人從一項工作轉向另一項工作時，總會在一段時間內處於懶散狀態。當他剛開始新的工作時，很難集中精力並且全心地投入，正如人們所說的那樣，他的心思並不在工作上。在這段時間內，與其說他是在工作，倒不如說他是在虛度光陰。養成這種懶散和漫不經心的習慣，對於每半個小時就要更換一次工作、用具，而每天要從事二十多種不同工作的農村勞動者來說，是再自然不過的事情了，或者更爲準確地講，是完全不可避免的事情。這使他們變得懶惰，甚至是在最緊張的時刻也提不起精神。」顯而易見，只要人們具有努力工作的某種動機，這種對於農村勞動者低效率的描述都是過於誇大其辭。很少有人比園丁還要頻繁地更換工作和用具，難道園丁就總是精神萎靡嗎？許多工匠需要使用各種不同的用具進行名目繁多的工作，他們完成每項工作的速度也許並沒有從事單項操作的工人快，但除了單純從體力勞動的角度考慮問題，他們是更爲熟練的勞動者，而且從各個方面來看，他們都是更加具有活力的勞動者。

亞當・史密斯的追隨者巴貝奇先生認爲，「當人的雙手或者大腦，在一段時間內專注於某項工作之時，就不可能在轉換到另一項工作時立即發揮出全部的效能。工作中所運用到的那部分肢體肌肉，在運動中會變得靈活，而未運用到的那部分肌肉則會變得僵硬，這將導致每一次變換工作的速度放緩並且不夠協調。與其他情況相比，長期努力工作的習慣會使得到鍛鍊的肌肉能夠忍耐更大強度的疲勞。腦力勞動的轉換似乎也是如此。人們在開始研究新的問題時，精力往往難以集中，只有經過一段時間的工作後情況才會得到改善。在從一項操作向一系列的其他操作轉換的過程中，需要頻繁更換所使用的不同工具，這是造成時間耗費的另一個原因。如果工具比較簡單而且變換得不大頻繁，則時間的耗費還不算太多。不過在很多工藝中所使用的工具都是非常精密的，且在每次使用時都需要進行精細的校正，因此在許多場合，校正工具的時間相對於使用工具的時間要來得多。滑動刀架、刻線機和鑽孔機等機械，均屬此類。因此人們發現在大規模的加工型工業中，保持每臺機器長期僅完成單獨一項加工作業的做法是十分經濟的。例如，使一臺機床沿其床面長度方向對滑動刀架做螺旋狀運動——單純加工滾筒，使另一臺機床在通過夾具的位置時進行勻速運動——磨削加工工件的表面，再用第三臺機床專門削刮加工輪子。」

我絕非暗示這些不同的考慮是沒有意義的，我不過認爲某些與此相對立的因素遭到了忽略。如果這種體力勞動和腦力勞動與那一種不盡相同，那麼這恰恰可能成爲使勞動者在某種程度上得到放鬆的原因；而且如果勞動者開始第二項操作時不能立即散發出全部活力，那麼第一項操作也不可能在保持高度緊張的狀況下無限地持續下去。根據一般的經驗，變換工作通常會爲勞動者提供喘息的機會，否則他很可能需要徹底的休息。與只完成一項操作相比，一個人不斷變換不同的操作，可以不知疲倦地持續工作更長的時間。從事不同的工作，需要使用不同部分的肌肉或者進行不同形式的腦力活動，在其他部分處於工作狀態時，這一部分可以得到休息和恢復。進行腦力勞動時體力可以得到休息，反之亦然。將此富有哲學色彩的語彙加以闡述就是，這種工作轉換本身對於人的元氣頗具調節作用。對於所有非機械性工作的效率來說，這一點是非常重要的；而即使是對於機械性工作的效率來說，這也不是不重要。當然，這種相對的重要性因人而異，某些人會比其他人更加適合持久從事同一項工作，而不適合於更換工作，他們往往需要較長的時間，才能夠興奮起來而且不會感到疲倦；同時他們也往往需要較長的時間才能使個人的能力得到充分發揮。因此當他們的能力一旦發揮出來之時，他們就不願意停頓下來，而希望能不斷地繼續工作下去，即使工作可能會對他們的健康造成損害也無所顧忌。氣質在某種程度上決定了這些差異。有些人的才能發揮似乎具有與生俱來的遲緩性，他們往往需要長時間的工作才可能取得成就；而另外一些人則才思敏捷，但卻很快就會枯竭。不過這方面的情況與大多數其他情況一樣，雖然先天的稟賦差異會產生一定的決定作用，但是習慣上的不同所產生的作用更大。從這一行迅速轉入另一行的習慣，與其他習慣一樣，是可以進行早期培養的。這種習慣一旦形成，工人就不會在每一次變換工作時出現亞當·史密斯所描述的懶散情況，他們不但不會缺少活力與興趣，而且與超出他們所習慣的工作時間長度，持續地從事同一部分的工作相比（異常興奮的情況除外），他們反而會更加精力充沛地投入到每一部分的新工作。通常婦女比男人具有更大的可變性（至少在目前的社會環境下是如此）。我們現在所討論的問題是眾多實例中的一例，從中可以發現，在形成人類的認識方面，婦女的思想和經驗是很不受重視的。很少有婦女會接受這樣的觀點，即工作時間拖得越長，就越使人們的工作精力旺盛，而且在更換工作後的一段時間內，工作效率必然會降低。我認爲，這種情況與其說是天性，還不如說是習慣造成這種差別。男人從事的工作十之八九是專業性的，而婦女從事的工作則十之八九是一般性的，涉及大量的瑣事，而每件事只需要很少的時間即可完成。婦女經常需要迅速地從一項手工操作，轉向另一項手工操作，而腦力活動的變換也更加頻繁。因此這種變換使她們付出的代價和時間都很少，而男人則通常需要長期從事某種或者有限的幾種較爲穩定的工作。不過有些時候情況剛好與此相反，於是她們的性格也會隨之改變。婦女在工廠裡從事男人通常所從事的單調工作中，她們的效率並不比男人低，否則工廠就不會大量地僱用她們了。同時，如果培養一個男人從事多項工作的習慣，他也不會像亞當・史密斯所描述的那樣懶散和懈怠，相反地，他通常會充滿熱情與活力。不過事實上，即使對於最爲多才多藝的人來說，過於頻繁地更換工作也是不適合的，不斷變換工作甚至比千篇一律地工作更加容易使人疲憊不堪。

亞當・史密斯列舉的勞動分工所帶來的第三個方面的利益，在一定程度上是實實在在的利益。一個人精力越是集中，當長時間投入到某項工作中，就越有可能實現有關這一特定工作節省勞動時間的發明。一個注意力分散的人，不可能對一項工作做出實際上的改進。不過能否進行發明，取決於個人基本的智力水準和動腦的習慣，而不是取決於工作專門化的程度。而且如果這種專門化工作在某種程度上不利於智力開發，則很可能會造成更大的弊端。我們必須進一步指出的是，一旦進行發明，則導致無論發明成功的原因是什麼，都應當將工作效率的提高歸功於發明本身，而不是歸功於勞動的分工。

在現代製造業中，勞動的精細分工所帶來的最大利益（僅次於工人技能熟練程度的提高），並沒有被亞當．史密斯所提及，不過卻引起了巴貝奇先生的關注，即依據工人的能力，將其加以分類，從而使勞動的分配方式變得更爲經濟。在同一系列的工作中，不同部分的操作需要具有不同技術和體能的工人予以完成；技術水準高的工人從事較爲複雜的工作，體力好的工人從事最爲艱苦的工作，從而使他們有可能充分發揮各自的優勢；誰都能做的工作，則留給那些不適合從事需要特殊能力才能完成的工作的人去做；只有當生產的每一部分工作都由具有剛好適合的技術和體能的工人予以完成，而不是由具有更好的技術和體能的工人予以完成時，生產的效率才會達到最高的水準。在製造別針的工作中，看起來不同的操作需要不同的技能，因而工人的日工資從四十五便士到六先令不等；而且若要求工資最高的工人完成整個生產過程的工作，那麼他每天都有一部分時間浪費在日工資從六先令到四十五便士之間的這些工作上了；即使不考慮在所完成的工作量方面所造成的損失，並且假設他可以在十名工人聯合勞動生產出十磅別針的相同時間內，自行生產出一磅別針，那麼在這種情況下，根據巴貝奇先生的計算，製造成本將是實行勞動分工時之成本的三點七五倍。他還補充說明，在製造縫衣針的工作中，這種差別將會更大，因爲生產過程中進行不同操作的工人日工資是從六便士到二十先令不等。

體現在從工人的技能中最大限度地獲取效用方面的勞動分工所帶來的利益，極其類似地也體現在從工具中最大限度地獲取效用的方面。一位才華洋溢的學者指出，[7]「如果某個人從事多種不同的工作，並且擁有他所需要的全部工具，那麼他至少會有四分之三的工具經常處於閒置狀態。毋庸置疑，與其讓一位社會成員擁有全部的工具，還不如盡可能地將這些工具分配給社會中的每一位成員，並且讓每一位社會成員僅從事某一項工作。不論對於整個社會來說，還是對於每一位社會成員來說，這種轉變所帶來的利益都是巨大的。首先，得到經常使用的各種工具，會因為生產工具的投入而帶來較高的回報。其次，這將使工具的所有者有能力承擔維護與改進工具的費用，使工具日臻完善。兩者相互結合所產生的結果是，可以為整個社會未來的需要做出更多的貢獻。」

§六　正如所有論述這個問題的學者所指出的那樣，勞動分工受到市場規模的限制。如果將製造別針的工作劃分為十項不同的操作，並且一天就可以製造出四萬八千枚別針，那麼只有在相關的消費者人數足夠多，多到大約每天需要四萬八千枚別針的情況下，這種分工才是行之有效的。如果消費者每天只需要兩萬四千枚別針，則勞動分工就只能在與這一數量相當的生產規模上展開。因此這種情況表明，對於某種商品的需求增加，趨於提高生產該種商品的勞動效率。市場的規模可能受到若干因素的限制，例如，人口數量太少，人口居住過於分散而且相距遙遠，難以互通往來；陸路與水路交通不便；人民過於貧困，即他們的集體性的勞動效率太低，致使他們難以成為大量商品的消費者。因此，那些可能成為某種商品之消費者的懶惰、生產技能的低下，以及缺乏聯合勞動的能力，均會限制該種商品的生產者聯合勞動的實際規模。在人類文明發展的初期階段，任何特定地區的需求都必然是非常有限的，因此只有那些控制著沿海與運河交通運輸的人，才能促進產業的繁榮與發展，他們把全世界或者沿海與運河兩岸都作為自己的產品市場。世界財富總量的增長，遠洋運輸能力的提高，透過道路、運河或者鐵路所開展的內陸運輸的改進，均將使各個地區所生產的特定商品之市場規模不斷擴大，因而促進相關商品生產的勞動分工的精細程度，其結果必然是趨於提高所有國家的勞動的生產力。

在許多情況下，勞動分工也將受到工作性質的限制，例如，農業生產並不像諸多製造業那樣具有非常精細的分工，因為不可能同時進行各種不同的農業勞動。一個人不可能總是在耕地，另一個人也不可能總是在播種，第三個人也不可能總是在收割。只做一種農活的人可能在一年的十一個月裡都無事可做，而另一個人可能持續從事全部的農業勞動，只在大量氣候惡劣的日子裡能得到足夠的休息時間。進行大規模的農業改良需要眾多的勞工一起工作，不過除了少數的指揮人員，其他人往往都要以相同的方式進行勞動。不實行眾多勞工的聯合，就無法完成運河的開鑿或者鐵路路基的修築；不過，除了工程師和少數辦事人員，其他人都只能是挖土工。

◆註解◆

[1] 對於亞當·史密斯的威克菲爾德版本的評註，見第一卷，第二十六頁。

[2] 參見前文第一編第五章§九。

[3] 參閱賽伊，《實用政治經濟學》，第一卷，第三四〇頁：「依靠如此繁複的手工操作製造出的物品，能夠以如此低廉的價格出售，這充分證明這種精細的勞動分工蘊含著巨大的經濟性。」

[4] 參閱《論機器和製造業的經濟》，第三版，第一〇一頁。

[5] 「在天文觀測中，操作人員的感官因為習慣而變得異常敏銳，他們甚至可以估計出時間上十分之一秒的差別，而且他們還能夠按照五千分之一英寸的幅度逐步調整觀測儀器。在最普通的製造工藝中情況也是如此。一個安裝別針針頭的小孩，需要在連續幾個小時中重複同一種操作，這種操作需要使肌肉在一分鐘之內，完成若干種不同的運動。據近期的《曼徹斯特時報》報導，一種特別的編織品或者嵌織品，最初進入市場時的價格是三先令，但是現在的價格僅為一便士，這項產品並不是像通常那樣因為新機器的發明才使價格下降，而僅僅是因為工人操作的熟練程度提高了。」（參見《愛丁堡評論》，一八四九年一月，第八十一頁）

[6] 同上，第一七一頁。

[7] 參閱約翰·雷（John Rae），《關於政治經濟學問題的某些新原理》（美國，波士頓），第一六四頁。

第九章　關於大規模生產與小規模生產

§一

基於勞動聯合的重要性，我們不難看出，大規模生產可以在多種情況下提高極大的效率。爲實現勞動的最高效率，無論何時都需要眾多勞動者的相互結合才行，即使只進行簡單的合作也很有必要；而企業的規模必須夠大，才有可能將眾多的勞工聚集在一起；資本必須足夠雄厚，才有可能供養這些勞工。而且在行業的性質允許、市場可能的擴展得到保證的情況下，進一步實現更爲精細的勞動分工是非常重要的。企業的規模擴大，才有可能實現更爲精細的勞動分工，這也是人們建立大型生產企業的主要原因之一。即使營運規模的擴大並沒有使工作進一步分工，但將規模擴大到可以將工作分配給最適合從事該種工作的人去做的程度，也能使企業獲得良好的經濟性，巴貝奇先生清晰地闡述了這一點。[1]

假設可以實現機器二十四小時的連續運轉（顯然這是使用機器的唯一有效模式），這需要有人看顧工人們倒班；對於門口崗哨或者被僱用完成這項工作的其他人來說，不論是看顧一名工人進廠，還是看顧二十名工人進廠，他的休息都將遭受到相同程度的干擾。同樣地，對機器隨時進行調整和維修也是很有必要的，而且由熟知機器製造的工人來做這件事情，比由使用機器的工人來做這件事情要來得好。現在因爲機器的性能和壽命在很大程度上取決於能否迅速、及時地消除機器所發生的不正常震動或者機器零件所存在的缺陷。所以由某位工人在現場對此嚴加巡視，必將有效減少企業在機器損耗方面的開支。但是對於單臺花邊紡織機或者單臺織布機來說，採用這種辦法就顯得過於昂貴了。於是便出現有必要擴大工廠規模的新理由。有必要考慮使機器的臺數增加到剛好可以由一名維護工人投入自己全部時間以保持它們能夠正常運轉，如果機器的臺數增加兩倍或者三倍，那麼依據相同的經濟性原則，就會同樣地占用兩名或者三名技術工人的勞動時間。

當工人的部分勞動屬於純粹的體力勞動時，例如，織布以及其他與此相類似的操作，則製造商很快便會想到，如果由蒸汽機來完成這部分的操作，則一名工人（在織布的實例中）就可以同時看顧兩臺或者更多臺的織布機。而且我們已經假設僱用了一位或者多位機械技師，因此織布機的臺數應該達到使這些機械技師剛好能夠勝任維護蒸汽機與織布機正常運轉的工作水準。

依據相同的原則，製造廠也在逐步擴大，導致夜間照明的支出達到相當高的水準。因爲已經僱用了整夜不睡的工作人員，因此可以隨時看顧這些照明設施，同時又有機械技師維護與檢修任何機器，所以添置供照明所用的煤氣設備，將促使企業進一步擴大規模；與此同時，透過減少照明開支以及發生火災的危險，進一步降低製造成本。

在工廠尚未達到這一規模之前，就需要建立財務部門，並且僱用負責工人工資發放以及出勤考評的職員，而且該部門應該與零件的供應商以及製成品的銷售商的代理機構保持聯繫。

與爲少數工人服務相比，爲大批工人發放工資並查對大筆交易帳目而非小筆交易帳目，並不會占用這些職員和會計更多的時間，也不會造成他們更大的麻煩。即使業務量翻了一倍（當然，也許必須增加會計或者供應商和銷售商代理人的數目），但是其工作量肯定不會成倍數增長；業務量的每一次擴大都將使完成全部業務所需要的勞動量成比例地減少。

一般來說，業務費用的增加並不與業務量的增加成比例。讓我們以熟知的一家大型機構——郵政局——一系列的業務爲例。假設與信件郵遞相關的業務不是集中在倫敦郵政局這家公司去做，而是分散給五、六家相互競爭的公司做，那麼每家公司都必須建立一個幾乎與現在一樣大、足以滿足全社會需要的機構。因爲每家公司都要爲全城各個地區信件的收發做好安排，爲每一條街道甚至每一條小巷派遣郵務士；而且如果要達到與現在一樣的服務品質，那麼每天投遞信件的次數，就要與郵政局所投遞的次數一樣多；每家公司都必須在相互鄰近的各個社區設立收集信件的辦事機構，並且爲從不同辦事機構收集來的信件和重新分發信件做出全面性一系列的安排，爲此，需要僱用大量的高級職員管理和監督下屬員工的工作。這不僅僅意味著工資支出的增加，而且意味著很可能在許多情況下無法僱用到合格的員工，因此根本無法達到工作的預期效果。

在特定情況下，可以透過一項有效的檢驗方法確定自由競爭狀態下的大規模企業所獲得的利益，是否比小規模企業獲取的利得與損失更加值得關注或者更大，即處於同一經營領域中之大的或小的企業，在現有環境中可以透過低價銷售產品導致另一家企業倒閉，使自己在生產上具有更大的優勢。一般來說，持續低價銷售商品的能力源自於勞動效率的提高；而且當透過更加精細的行業分工或者透過勞動技能專業化程度的提高而獲得這種能力時，總是意味著相同的勞動將會生產出較高的產量，而不是僅僅意味著較少的勞動將會生產出相同的產量，這不僅增加了剩餘產品，而且增加了總產量。如果不存在對於所增加的特定物品的需求，那麼結果將使部分勞工失業，且僱用與供養他們的資本也遭到閒置，於是把這些勞動應用於其他地方，也將使國家的總產量有所增加。

然而，需要建立大規模生產工廠的另一個原因是，爲了引進需要昂貴的機器才能予以實現的生產工藝。安裝昂貴的機器需要巨額資本，企業經營者除打算擴大生產規模、發揮機器全部的生產能力，並且將生產出來的所有產品均銷售出去之外，根本不可能安裝這種機器。基於以上兩個原因，在使用昂貴的機器的工廠，將不可避免地採取大規模的生產方式。不過在這種情況下，低價銷售的能力是否對總產量產生有利的影響，並非像前面所說的情況那樣易於驗證。低價銷售的能力不取決於產量增加的絕對數量，而是取決於產量相對於生產支出比例的增加量，正如前面章節所闡述的一樣，[2]這一比例甚至可能隨著年度總產量的減少而相應地加大。由於機器的使用使不斷被消耗並且再生產出來的流動資本轉化爲固定資本，而每年僅需要少量開支就可以維護這種固定資本；同時很少的產量就能夠負擔起這部分開支，並且重置生產者其餘的流動資本。因此機器給予製造商很好的回報，使他們可以對競爭者進行削價競爭；儘管導致國家的總產量很可能並沒有增加而是有所減少。事實上，該種物品的確更加便宜了，而且單獨就這種物品而言，其銷量不是更小而是更大了，因爲整體上社會的損失都落在工人的身上，儘管他們也許是許多製成品的消費者，但卻不是主要的消費者。不過雖然某一特定的製造產業可能自行擴展，但是其將依靠整個社會來補充所減少的流動資本；而且如果該產業的勞工能夠免於失業，那也是因爲失業在整個勞工階層中蔓延開來的結果。如果他們之中的任何人淪落爲非生產性的勞動者，依靠自願的或者法定的慈善救濟爲生，那麼社會的總產量就會持續減少下去，直到正常積累的增長將其補足爲止。不過，如果勞工階層的狀況使他們可以承受工資的暫時減少，而且失業人員被其他行業所吸收，則他們的勞動仍然屬於生產性勞動，社會總產量的減少也會得到彌補，縱然勞工的損失並未獲得補償也是如此。我再次闡述前面已經得出的論斷，是爲了加深人們對於如下事實的認識，即某種生產方式並不會因爲可以使某種特定的商品賣得更爲便宜，就一定會增加整個社會勞動的生產性成果。價格下降通常伴隨著產量的提高，但是並非必然如此。在此，將不再重複前面已經闡述過的理由，也不對後面更爲詳細的說明加以展望，而將這種例外視爲可能出現的情況，而不是事實上經常出現的情況。

用大規模生產方式替代小規模生產方式所節省的大部分勞動，是資本家本人的勞動。如果擁有小額資本的一百位生產者各自開展某種相同的業務，那麼每個人都需要集中全部精力對企業進行管理，這妨礙了他們將自己的時間和精力投入在其他事務上；而一位擁有相當於這些小額生產者全部資本的製造商，僱用十到十二位職員就可以管理企業所有的業務，他同時還有時間打理其他事務。事實上，小資本家通常事無大小、事必躬親，而大資本家卻可以將瑣事留給下屬處理。小農需要親自耕地，小商人需要親自站櫃臺，小織布製造商需要親自織布。不過在大多數情況下，這種職能上的結合都是缺乏經濟性的。在企業中，主要的領導者可能把管理才能耗費在處理日常瑣事上，而缺乏對於企業的指導；或者他本來就只適合處理日常事務，而無法領導企業。毫無疑問，耗費在監督小額資本上的勞動，的確比耗費在監督大額資本上的勞動要來得多。然而我必須強調的是，我並不認爲這種勞動的節省像人們所經常描述的那樣重要。毫無疑問，耗費在監督小額資本上的勞動，的確比耗費在監督大額資本上的勞動要來得多。然而小生產者卻從這種勞動的付出中得到補償，因爲他們感覺到自己是主人，而不是某些雇主的僕從。也可以說，如果他們重視這種獨立性，那麼他們將爲此付出代價，即不得不降低產品價格，以便與大經銷商或者大製造商進行競爭。不過他們不可能長期這樣做而又能夠維持生計，他們在這場毫無希望的戰鬥中，損失了自己僅有的小額資本之後，或將淪落爲僱傭勞動者，或將依靠他人的資助生活。

§二　眾多小額資本相互結合形成大額資本的實踐，或者換言之，聯合股份公司的組建，極大地促進了大規模生產的發展；股份聯合的原則具有很多重要的優勢。

首先，許多工程的建設所需要的資本，遠遠超過最富有的個人或者私人合夥企業的財力。沒有哪個人能夠承攬從倫敦到利物浦的鐵路工程，甚至即便現在工程已經完成，個人是否有能力經營運輸業務也很值得懷疑。誠然，政府在這兩個方面都是可以勝任的，在合作形式發展的早期階段，也只能仰賴政府來完成需要將大量資金相互結合才有可能完成的工程。因爲政府可以透過強行徵稅獲得所需要的資金，而且也很熟悉如何經營這些大型工程項目。然而由於眾所周知的原因（對此將在後面詳加闡述），當然還有其他方式可以採用時，由政府機構經營產業工程項目是最不適宜的。

其次，對於某些經營來說，雖然個人並不是絕對沒有能力進行運作，但是個人運作的規模與連續性，往往無法滿足處於發展進程中之社會的迫切需求。個人的確有能力可以不定期地從倫敦向世界各地發出運載乘客和信件的調度船舶，聽說在爲此項業務所組建的聯合股份公司出現之前，就已經有人在做這件事情了。但是在人口、交易以及支付能力不斷增長的情況下，人們已經不再滿足於偶然才會有的出航的機會，而開始要求船班能定期、有規律地營運，在某些地方需要每天發出一到兩班，在其他地方需要每週發出一班，而在另外一些地方則需要在每月固定的日期發出兩班大型的豪華蒸汽船。顯然，要維持這種成本高昂而且定期的營運業務，需要大量的資本與合格的管理人員，這項業務絕非單個資本家的財力所能負擔。同樣地，雖然有些業務可以利用小額資本或者中等額度的資本來營運，但是對於履行有關公眾的金錢債務的安全保障來說，大筆認購股本的擔保是必要且是適宜的。特別是當業務的性質需要眾人自願將金錢委託給企業運用時，情況更是如此，例如銀行業和保險業所發生的情況那樣。對於兩者來說，聯合股份的原則都得到顯著的體現。由於人類統治者的愚蠢和自私，直到最近一段時期，英國仍然透過法律禁止聯合股份原則應用於銀行和保險這兩方面的業務；此項原則在銀行業務中全面遭到禁止，同時在海上保險業務中也遭到禁止，以便使政府授予特許經營權的機構——英格蘭銀行以及倫敦皇家交易所兩家保險公司——獲得有利的壟斷地位。

聯合股份或者聯合經營的另外一個優點是，與之相伴產生的公開性。它雖然不是聯合股份原則所帶來之不可改變的結果，但卻是該項原則自然產生的結果，而且在一些重要場合，正如實際情況所顯示的，也是帶有某種強制性的結果。在銀行業、保險業以及其他完全依靠信用提供保障的產業中，與大筆認購資本相比，公開性是影響經營成功與否的更爲重要的因素。一家虧損嚴重的私人銀行有可能成功地對事實加以掩蓋，甚至已經嚴重虧損到使銀行瀕臨倒閉的境地，希望挽回損失的銀行家仍然有可能設法繼續經營若干年，直到最終陷於更大的危機。不過對於定期公開帳目的聯合股份公司來說，則很難發生這種情況，帳目即便造假，也仍然具有某種核查作用，一旦股東在例行會議上提出質疑，便會引起公眾的關注。

與私人經營相比，聯合股份經營還具有另外一些優勢。不過如果我們注意到問題的另一方面，就會發現與聯合股份經營相比，私人經營也具有許多獨特的優勢，其中最主要的優勢就是，私人經營者對於企業的成功給予了更為強烈的關注。

聯合股份公司的管理機構，主要是由僱用來的職員所組成的。對於公司的管理負有監督權的股東大會或者董事會的成員，他們雖然掌握著任用和罷免經理的權力，但其除了關注他們個人所持有的股份，對於公司經營的好壞並沒有特別的興趣；他們個人的股份僅是公司資本很小的一部分，一般來說也僅是董事們自己股份的很小的一部分；而且他們投入到公司管理上的時間，往往被相較於他們自身利益同樣重要甚至更為重要的許多其他事情所分攤；公司僱用來的管理人員除外，其他人並不真正關心公司的經營管理。但是經驗已經證明，與那些關乎切身利益的管理者的管理相比，僱用來的管理者的管理不知道要差多少倍；當必須僱用管理者進行管理時，在此以時下流行的俗語奉勸，對於他們的管理，「主人的眼睛」一定要洞察一切。

成功的工業企業的經營管理者需要具備兩種相當不同的素質：忠誠與熱情。企業僱用的管理者的忠誠是有可能得到保證的。當他們的工作受到整套規章制度的嚴格約束時，他們就難以昧著良心做事，為了保住飯碗，他們不得不承擔起該負擔的責任。但是，成功的大企業經營管理需要處理的事務千頭萬緒，事前很難確定這些事務本身，也不可能將其轉化為相互區別的明確責任。首要的是，領導者必須把企業的利益時刻放在心上，制定出各種方案，堅持不懈地為增加企業的利潤、減少企業的支出而努力。不大可能指望受僱於他人且為他人謀取利益的人會對這樣的工作充滿如此強烈的熱情；人類活動的實際經驗證明了這一點。不妨觀察一下整個統治階層以及國家的部會首長們，在所有的職業中，委任給他們的工作是最富有樂趣和激情的；在他們的統治下，國家的興旺與衰敗均和他們的工作密切相關。不容忽視的是，公眾對於他們的讚賞與斥責都是實實在在的，使人們產生強烈的共鳴與廣泛的認同。然而，難以發現有任何一位政治家在此激勵下表現出極大的熱忱，他們很少勞心費神地去考慮有關公共改良的問題，甚至對其漠不關心，除非這種不作爲會爲他們帶來更大的麻煩；或者他們除混日子之外藏匿起所有其他方面的野心，以此來逃避公眾的指責。從小處來看，所有僱用過勞工的人都深有體會，只要不招致解僱，勞工傾向於盡可能地少做事。眾所皆知，如果缺少明確的規矩約束，所有的僕役都不會重視主人的利益，除非主僕長期相處並且相互照顧，否則便不會產生深厚的感情與共同的利益。

聯合股份公司還有一個缺點，那就是疏於精打細算，在某種程度上這也是所有大規模企業的通病。大宗資本與交易的管理者，通常均將小額資金視爲有勝於無，在沒有涉及自身利益時，情況更是如此；他們對於小額資金似乎從來都不認爲値得予以關注，而且這種態度還輕易地爲他們贏得慷慨大方的美名。不過，聚沙成塔，積少成多，這種小額收支終將可能匯聚成巨額的利潤或者虧損。對此，精於計算的大資本家是心知肚明的，他們在企業中建立起相關的規章制度，並且對於實施這些規章制度予以監督管理，以消除大企業習慣性浪費的弊端。但是聯合股份公司的管理者很少竭盡全力開展此項工作，也不會一絲不苟地予以貫徹執行。

依據對於此項特徵的考慮，亞當·史密斯明確地做出論斷，他認爲除了銀行業、保險業，以及在相當程度上必須照章程辦事的某些行業，永遠都不能指望聯合股份公司在沒有壟斷權的條件下能夠自行地維持下去。不過，這屬於常見的亞當·史密斯濫用正確原理所犯下的謬誤之一。在他所處的那個年代，除了他所提及的那些公司，的確很少有聯合股份公司成功地在非壟斷的條件下長期存續的情況。不過自他所處的時代起，已經出現很多這樣的公司，而且毫無疑問，隨著合作精神與合作能力的持續增長，這樣的公司必將如雨後春筍般出現。亞當・史密斯過分強調承擔全部虧損、享有全部利得的企業經營者所具有的優勢，過於關注他們在管理企業的過程中所展現不懈的努力、所煥發出的旺盛精力，但是卻忽略了與此相關的各種負面因素，它們甚至可能抵銷了這些最爲顯著的優勢。

其中最主要的問題與領導者的智力和活力有關。個人利益所產生的刺激是個人努力工作的動力，但是如果個人的智力水準低下，則努力工作也不可能發揮出什麼作用。這種情況在大部分仰賴最關心企業之個人進行管理的企業中必然會出現。當企業的規模較大，可以透過優厚的報酬吸引到智力超群的求職者時，就有可能爲企業的總體管理部門以及各個下屬的專業管理崗位，選拔有學識並且有教養的管理者，這一點完全可以彌補他們對經營結果不夠關心所產生的缺陷；即使只運用部分腦筋，他們所具有的較強的洞察力也能使他們把握住常人竭盡心力也不可能發現的獲利的機會。他們淵博的學識與能夠正確進行判斷的能力使他們既不會盲目行事，也不會像其他人那樣因爲恐懼而不敢冒險。

必須進一步指出的是，聯合股份公司並不一定支付固定薪資給所僱用的高層管理者或者下屬的工作人員，有許多方式可以將企業的利益與雇員的利益或多或少地相互聯繫起來。在自負盈虧與按日、按週或者按年計付報酬之間存在著一系列不同的做法。即使對於普通的非技術性勞動也可以實行按件計酬的方式；眾所周知，這種方法具有很高的效率，因此精明的雇主都會盡力採用這種方法，只要工作易於分解，並且爲防止工作品質低下，易於對工作進行監督即可。對於聯合股份公司的經理或者私人企業的高層管理人員來說，通常將他們的經濟利益與雇主的利益掛鉤的辦法是，以利潤分配的方式向他們支付部分報酬。雖然給予僱用人員的個人利益無法與資本所有者所獲得的利益相提並論，但這對他們足以構成物質上的刺激，他們的工作熱情和認眞態度與他們的聰明才智相互結合，通常會使他們的工作品質遠遠超出大多數私人老闆爲自己工作時所能達到的水準。進一步推廣這種給付報酬的方法具有重大的社會價值與經濟意義，在以下章節中我將對此做出更爲詳盡的論述。

在與小規模企業進行比較時，我曾經對大規模企業做出了一般性的論斷，即在具備自由競爭條件的特定情況下，總是能夠透過削價競爭成功擊垮對方的結果將說明，究竟最適宜組建哪一種形式的企業、個人企業或者聯合股份公司，才能夠在這種具體的場合下獲得最高的效率和最大的經濟利益。

§三　當然，能否以大規模生產體系替代小規模生產體系，首先取決於市場的容量。大規模體系的優勢只有在大型經濟體系中才得以體現，因此，這或者指人口稠密、經濟繁榮的社會，或者指頗具規模的出口市場。同樣地，這種變化與其他生產體系的變化一樣，將受到資本積累的影響。尤其是當一個國家的資本年度增長量很大時，將會有大量的資本尋求新的投資機會；依靠新形成的資本組建新的企業，比從現在處於使用狀態的資本中抽調資本組建新的企業來得方便；當少數人持有大量的資本時，也會使這種生產體系的變化更加便捷。的確可以透過籌集眾多小額資本，匯聚成一定量的大額資本（除這種做法並非同等程度地適用於所有的產業部門之外），不過，這需要社會具有極強的商業信譽與創業精神。所有這些都是產業進步發展到高級階段才會出現的特徵。

在市場容量最大、商業信譽與創業精神最爲普及、資本年度增長額最大、許多人擁有大量資本的國家裡，各個生產部門以大規模企業替代小規模企業的實例日益增多，趨勢日見明顯。在英國，所有這些特徵主要體現於，不僅大規模的製造型企業在不斷增多，而且在購買者匯聚的地區經營零售業務的商店和倉庫也在不斷增多，它們幾乎總是有能力對小型商販進行低價銷售。可以理解，造成這種局面的部分原因是，由於透過勞動分工，在需要技能的場合僱用了富有技能的人員；以及另一部分原因顯然是，由於大型交易節省了勞動，例如，完成一筆大宗購買不會比完成一筆小宗購買耗費更多的時間和精力，但是卻比完成幾筆小宗購買耗費更少的時間和精力。

單純從生產以及勞動的最大效率之角度來看，這種變化是完全有利的。不過在某些情況下，它也帶來了一定的缺陷，這些缺陷與其說是屬於經濟方面的，還不如說是屬於社會方面的，其性質已經顯示出這一點。不過，無論小規模生產體系轉變為大規模生產體系時可能會帶來怎樣的缺陷，大規模生產體系轉變為更大規模的生產體系時卻不會帶來這些缺陷。在任何行業，當各自獨立的小型生產者的體制或者已經不可能存在，或者已經被取代，眾多的工人在一家企業中工作的體制已經徹底形成時，任何生產規模的進一步擴大，一般來說都會帶來絕對有利的後果。例如，顯而易見，如果倫敦的煤氣或者自來水是由一家公司供給而不是像現在這樣由多家公司供給，則一定可以節省大量的勞動。即使只有兩家公司，也意味著必須安裝兩套設備；然而只有一家公司時，只需要將設備略加擴充，就可以營運得同樣好；兩家公司就會有兩套設備和兩套工作，而通常只需要一套設備就可以供給煤氣和自來水。如果兩家公司沒有做好預防，沒有事先商定如何劃分服務區域，那麼還會出現在同一區域內重複安裝兩套管線的浪費。如果只有一家公司，就有可能降低收費標準，從而獲得與當前相同的利潤率。但是，公司眞的會這樣做嗎？即使公司沒有這樣做，從整體來看，社會仍然會從中受益。因為股東也是社會的一部分，就算消費者所支付的費用與當初的相同，股東也能獲得更高的利潤。因此，認為多家公司相互競爭將導致價格下降的觀點是錯誤的。當競爭者的數量非常少時，他們最終將會透過簽署某種協議而終止競爭，或者他們也可能透過一致降價以便擠走想來分一杯羹的同業。不過，一旦新的同業站穩了腳跟，他們就會與新的同業採取統一行動。因此，當一項眞正有益於公眾的事業唯有依靠大規模經營才有利可圖，以至於不可能維持自由競爭的機制時，透過若干套昂貴的設施向社會提供這種服務，就是一種極不經濟的社會資源的分配方式；較好的方式是立即將其視為一項政府的職能來處理；而且，如果政府自行經營本身不能獲利，則應該將其轉交給能夠為公眾提供最佳服務的公司或者聯合企業來經營。例如，在鐵路建設事業中，沒有一個人願意看到在已有鐵路相互連接的兩地之間，重複建造第二條鐵路所帶來的資金和土地的巨大浪費（更不要說由此所引起的各種麻煩）。因為兩條鐵路不會比一條鐵路提供更好的服務，而且也許過不了多久，兩條鐵路就會合併。國家應該只允許建設一條鐵路，同時不應該放棄對於鐵路幹線的控制權，但暫時的轉讓除外，正如在法國所發生的情況那樣。而且，國會允許現有公司獲取之政府授權，像其他不利於公用事業發展的所有權一樣，從道德的角度來看，只有在履行償付責任時才具有有效性。

§四 有關農業方面的大規模生產體系與小規模生產體系之間的問題，即大型農場與小型農場、大面積耕種與小面積耕種之間的問題，在許多方面與大規模工業企業與小規模工業企業之間的問題有所不同，我們將在後面討論兩者在社會方面的差異，及其對於財富分配所造成的影響。不過，即使在生產方面，與大規模工業體系相比，大規模農業體系的優越性也不那麼明顯。

我曾經指出，農業生產很難從勞動分工中受益，即使在大型農場中，也很少進行工作的劃分。一般來說，同樣一批人也許不會既餵養牲畜又銷售產品或者耕種土地，但是除了這種初步和簡單的分工，就不會存在更為精細的分工了。威克菲爾德先生將農業生產中主要的勞動聯合稱為簡單合作，即在相同的時間和地點，人們在相同的工作中相互幫助。不過我承認，對我來說，這位富有才華的學者似乎將這種合作在嚴格意義上的農業生產所發揮的作用高估了，一般的田間作業並不需要這種合作。讓許多人在同一塊田地裡一起犁地或者翻土或者播種，並不會形成什麼優勢，除非時間緊迫，否則即使進行收割，情況也是如此。通常，一家一戶就可以從事田間作業所需要的聯合勞動，至於那些確實需要眾人共同努力予以完成的工作，小型農場也能勝任。

分割土地所造成的生產能力的浪費往往是災難性的，不過，這主要是針對那些土地劃分得過於零碎，以至於耕種者沒有足夠的土地進行耕種的情況。在這一點上，適用於大規模工業生產的原則同樣適用於大規模的農業生產。一般來說，爲了實現最高的生產效率，任何家庭都應該擁有足夠耕種的土地，以便使其牲畜和工具能夠充分地利用（儘管這一論斷的成立也是有條件的）。然而，並非只有大型農場可以做到這些，在英國，很小的農場也可以做到這些。大型農場在圈養牲畜的圍欄建造方面占有一定的優勢，例如，將大量牲畜圈養在同一個大型圍欄中所需要的成本，將低於把它們分開豢養在若干圍欄中所需要的成本；而大型農場在購買生產用具方面也占有一定的優勢。小型農場不可能購置昂貴的農具，不過大部分農具即使做工精良，也都不會十分昂貴。也許小型農場不大可能購置打穀機，因爲他需要加工的穀物數量有限，但是相鄰的農戶可以一起購置這種機器，或者由某人單獨購置，然後再租賃給他人使用；尤其在以蒸汽作爲動力的場合，移動這些機器並不困難。[3]大型農場主能夠節省一定的運輸成本；把少量產品運到市場與把大量產品運到市場所付出的辛苦不相上下，把肥料和日常用品從市場運回家也是如此。進行大批採購時，物品的價格會便宜許多。對於某些情況來說，的確應該考慮到諸如此類的各種不同的優勢，不過不應該對它們過分高估。在英格蘭，缺乏幾代人經營小型農場的經驗；但是在愛爾蘭，這方面的經驗卻非常豐富，不僅有最爲失敗的經驗，也有最爲成功的經驗。我們不妨引用愛爾蘭最高權威人士的話來駁斥在英格蘭廣爲流行的觀點。例如，身爲北愛爾蘭最有經驗的農學家與最成功改良家之一的布萊克先生（Mr. Blacker）認爲，他的經驗主要來自於對精細劃分的農田所進行的精細耕種，佃戶承租的農場土地無須超過五英畝到八英畝或者十英畝，就能使其過著相當舒適的生活，而且付得起任何大型農場主所能夠承受的高地租。他說：[4]「我堅信，小型農場主親自扶犁耕地，只要進行適當的輪作以及豢養牲畜，他就能夠擊垮大型農場主。或者換言之，他就能夠付得起大型農場主付不起的地租。關於這一點，我已經從許多認眞思考過這個問題的實務家那裡得到了證實……在英國，擁有七百英畝到八百英畝土地的農場主被稱爲鄉紳，他必須有馬可騎，有輕便的雙輪馬車可乘，也許還有監工幫忙看管勞工。他當然無法在八百英畝的土地上親自監督勞工的勞動。」在對其他方面做出若干評論之後，他又進一步指出，「除所有這些小型農場很少具有的短處之外，它還有一筆最大的開銷，那就是需要把肥料從住處運送到距離十分遙遠的田裡，同時，還要將農產品從遙遠的田間運回住處。餵養一匹馬所需要消耗的農產品，比養活一位小型農場主、其妻子以及兩名子女所需要的農產品還要多。除此以外，大型農場主經常對勞工說，去做事！而小型農場主在需要僱用工人的情況下則經常說，來工作！我敢說，聰明的讀者一定能夠體會到其中的差別。」

反對小型農場最有說服力的理由之一是，小型農場不會也不能像大型農場那樣，與土地面積成比例地大量飼養牲畜，因此肥料的供給難以得到滿足，這必將導致土地進一步地貧瘠化。然而事實上，人們發現，只有當細分的土地落到非常貧窮、無力餵養與土地面積相匹配牲畜數量的人手中時，才會造成這種局面。小型農場與牲畜養殖業非常糟糕的農場並不是同義詞。爲了進行公平的比較，我們必須假設大型農場主所擁有的資本量與分散在小型農場主中的資本總量相當。當這一條件成立或者接近成立而且實行圈養時（現在人們開始意識到即使對於大型農場來說圈養也是最爲經濟的），經驗證明，小型農場並非一定不適合開展大規模的牲畜養殖業；事實剛好相反，佛蘭德有一家小型農場，其圈養牲畜的數量之多，肥料之豐富，已經成爲佛蘭德農業最具標誌性的特徵，並且無論在英格蘭還是在歐洲大陸都得到業內人士的讚賞。[5]

與資本主義的耕種方式相對比，認定小農耕作或者佃農耕作的主要缺陷，若是有，就是技能和知識水準的低下；不過在一般情況下，這種缺陷也是不存在的。佛蘭德和義大利是實行小農耕作或者佃農耕作之處，而且與英格蘭相比，在數輩人之前就已經頗有成效地實現了農業發展，並且從整體來看，它們的農業仍然位居世界前列。透過我們日常的積累和認眞的觀察，我們發現，農民往往擁有非常豐富的實踐經驗，例如，在盛產優質葡萄酒的國度裡，農民在釀酒方面所擁有的傳統知識就令人嘆爲觀止。毋庸置疑的是，他們缺少科學知識，起碼缺少理論知識，而且從引進新工藝的角度來看，他們在一定程度上還缺少改良精神。當然，他們也缺少進行實驗的資金，只有富有的地主和資本家才能進行這樣的試驗。至於那些在大片土地上同時進行的系統性改良（例如大型排水系統或者澆灌工程的建設），或者那些由於某種原因需要大批工人的聯合勞動才能實施的改良，對於小農來說，甚至對於小地主來說，都是不可行的。儘管他們爲了實現這些目的而相互合作的情況尚無前例，但是可以相信，隨著他們智力水準的發展，他們在這些方面的合作會變得非常普遍。

在土地的租賃權符合所要求的類型時，這些缺陷將被一種強烈的、在其他耕種體系中絕對不會出現的勞動熱情所替代。這一點已經得到權威人士一致的贊同。當小農耕作者需要租賃土地進行耕種，甚至不能按照固定的條件租賃（正如愛爾蘭直到近期仍然發生的情況那樣），而是按照超出其繳付能力的名目地租租賃，因此總是需要繳付隨其繳付能力而變化的最高水準的地租時，就無法對小農耕作制度進行公正的評價。要理解這個問題，就必須研究當耕作者是土地的所有者，或者至少是擁有永久租賃權、享受地租分成的佃農的情況，他們爲提高產量和土地價值所做出的努力，將會全部或者至少部分地爲自己和他們的後代帶來利益。我們將在後面詳細論述另外一個與我們的問題相關且非常重要的土地租賃權的問題，屆時將會引用自耕農忘我勞動的實例。在這裡只需要指出一點，即英國的佃農即使在沒有獲得永久租賃權的情況下，通常也能從他們所分派到的小塊土地上收成巨大的產量，而該產量往往超過大型農場主從相同的地塊上實際獲得或者想要獲得的產量。

並且我們將這一點視爲爲什麼一般來說，大面積耕種對於以獲利爲目的之投資是最爲有利的眞正原因。從某種意義來說，大型農場主所占有的土地並未被充分地耕種，沒有如此之多的勞動耗費在這些土地的耕種上。相對於支出而言，之所以可獲得較高的收益率，並不是因爲聯合勞動所產生的經濟性，而是因爲僱用的勞動較少之緣故。不能指望任何爲他人勞動的雇工會像可以自行收獲勞動果實的自耕農甚至佃農那樣充滿熱情地努力工作。然而，這種勞動也不是非生產性的，它也將使生產總量有所增加。在技能和知識水準相同的條件下，大型農場主從土地中不會獲得近乎於主動努力工作的自耕農或者小型農場主那樣多的產量，不過儘管他的收益較少，但是投入的勞動更少；既然他無論如何都需要爲僱用的勞工支付報酬，那麼很顯然，僱用較多的勞工對他來說是不合適的。

然而，雖然在其他條件相同的情況下，小農耕種體系的總產量是最高的，且雖然一個國家因此能夠在這種體系下供養更多的人口，但是英國的學者們一般都認爲其所謂的淨產量——即滿足耕作者消費之後剩餘的產量——一定較少。因此，該國從事其他方面工作——即從事製造業、商業、航運業、國防、教育、自由業、政府職能單位、文學藝術等——的工作人口數量必然會較少，因爲所有這些人都需要消費這一淨產量才能得以生存。同時，這個國家將因而在國力的主要方面以及社會福利的基本方面，均處於劣勢地位（實際耕作者的狀況暫時忽略不計）。然而，這種觀點未免過於天眞了。毫無疑問，與大規模耕種的情況相比，在小規模耕種中，非農業人口與農業人口的比値一定會小一些。但是，如果就因而斷言非農業人口的數量一定較少，這卻是毫無道理的。如果人口總量即農業人口與非農業人口之和較大，那麼非農業人口本身的數量可能會很大，只是在人口總量中占有較小的比例。如果總產量較大，那麼淨產量也可能較大，但在總產量中卻占有較小的比例。連威克菲爾德先生有時也會混淆這些不同的概念。據統計，法國人口中有三分之二爲農業人口，而英格蘭最多只有三分之一的農業人口，威克菲爾德先生因而斷言，「由於在法國，兩位耕種者的勞動只能養活三個人；而在英格蘭，兩位耕種者的勞動卻能養活六個人。因此說明英格蘭的農業的生產力是法國的兩倍」。這主要受益於透過勞動聯合所形成的大規模耕作體系的高效性。但是，首先，事實本身被誇大了。在英格蘭，兩個人的勞動未必能夠完全養活六個人，因爲英格蘭從外國和愛爾蘭進口了不少的糧食。在法國，兩位耕種者的勞動除養活三個人之外，法國還經常向外國人提供亞麻、大麻，在一定的程度上還提供蠶絲、油料、菸草，近幾年甚至提供了食用糖。在英格蘭，所有這些物品則全都需要仰賴外國進口。法國所使用的木材幾乎都是在本國生長出來的，而英格蘭所使用的木材則幾乎全部都是進口的。在法國，主要的燃料是由具有農民身分的人獲取並帶到市場；在英格蘭，這些人是不被算作農民的。我們沒有將皮革和羊毛計算在內，這些產品對於兩國而言均屬於一般產品；我們也沒有將僅限於在國內消費的葡萄酒和白蘭地計算在內，因爲英格蘭還相應地生產啤酒和烈酒。不過英格蘭沒有大量出口這兩種產品，卻大量進口烈酒，而法國爲全世界提供葡萄酒和烈酒。我們隻字未提水果、雞蛋和一些不大重要的農產品，法國有關這些產品的出口量是頗爲驚人的。不過我們無須過分強調這些枝微末節，我們只需要考察這種說法本身即可。假設在英格蘭兩個人的確能夠生產出可供六個人生存的食物；而在法國爲達到相同的目的，卻需要四個人的勞動。那麼我們據此是否就能斷言，英格蘭一定擁有較多的剩餘產品可以用於供養非農業人口呢？答案是否定的，這僅僅說明英格蘭能夠將總產量的三分之二，而不是三分之一，用於此目的；假設產量翻了一倍，那麼其中的三分之一就會與當初的三分之二同樣多。實際的情況可能是，由於在法國的制度下僱用的勞工數量較多，因此在相同的土地上可以生產出供養十二個人的食物，而在英國的制度下只能生產出供養六個人的食物。如果情況確實如此，那麼根據假設條件，雖然在法國需要八個人才能生產出養活十二個人的食物，而在英格蘭僅需要兩個人就可以生產出養活六個人的食物，但是在兩個國家中，從事其他職業的人口數量卻可能是相同的。我們並不打算說實際情況就是如此，大家知道，從整體來看，法國每英畝土地的平均產量（雖然並非在其農業最發達的地區）大大低於英格蘭的平均產量，同時相對於兩國土地的面積和肥力，英格蘭在我們所說的意義上，擁有更多可供其他方面使用的人口。但是這種不成比例的狀況，肯定不能用威克菲爾德先生簡單的標準加以衡量，否則我們同樣可以說，美國農業生產的效率一定比法國的還要低。因爲根據最近一次的人口普查，在美國，平均每五戶中就有四戶從事農業生產。

法國農業的落後（雖然這樣講有些聳人聽聞，但是從國家整體來看這卻是事實）很可能是由於全國產業技術和能力的平均水準較低所造成的，而不是由於任何其他的特殊原因；即使部分是由於土地分割得過於零碎所產生的不利影響，也不能因而斷定小規模耕作制度就是不利的，只能說明（這是毋庸置疑的事實）法國農場的規模太小；更為糟糕的是，土地被分割成數量多得令人難以置信的小塊，造成相互之間的諸多不便。

如果問題涉及的是淨產量而不是總產量，則大規模耕種與小規模耕種之間的相對優劣，尤其當小型農場主就是土地的所有者時，尚不能予以決斷。這是一個至今仍然存在爭議的問題。在英國，流行的觀點讚賞大型農場，而在歐洲大陸，權威人士似乎更傾向於另一邊。海德堡的勞教授（Prof. Rau）——一部全面而且深入的政治經濟學著作的作者，透過大量的事實和權威人士的觀點論證自己對於這個問題的看法；他的看法與其同胞的看法基本相同，並將其作為一個確定無疑的論斷，即小規模的農場或者中等規模的農場不僅總產量較高，而且淨產量也較高。儘管他同時也指出，某些大型農場主已經成為新技術改良的領路人，[6]但我所接觸到最為公正、也最具有說服力的評論，卻來自於帕西先生（M. Passy）。他（總是樂於討論淨產量）在糧食與飼料的生產方面讚賞大型農場，而在需要大量勞動與細心看顧的農作物生產方面，他則斷言小型農場占據了全部的優勢，這不僅包括葡萄和橄欖，而且還包括根莖植物、豆科植物和作為工業生產原料的其他農作物，對於每一株植物均需付出精心的勞動。根據所有權威人士的意見，數量眾多的小型農場在豐富發展許多非主要農產品的生產方面，具有極為明顯的優勢。[7]

顯然，每位勞工透過土地生產出的糧食多於他本人及其家庭所消耗的部分，都增加了供養非農業人口的能力，即使他本人剩餘的糧食不足以使他有能力購買服裝，但是製作服裝的非農業勞動者卻有可能依靠他所生產的糧食生存下來。因此，生產出供自己所需的必需品的每一個農業家庭，也都增加了農業的淨產量；而且，每一位生長於土地上並將自己的勞動投注於土地上的人正是以這種方式，使他的總產量有所增加，超過了單純供他個人消費的糧食。值得懷疑的是，即使在歐洲，土地分割得最爲精細以及由土地所有者自行耕種的地區，土地上的人口增長是否已經接近或者將近接近這一極限呢？儘管人們公認法國土地分割得過細，但是仍然有確鑿的證據顯示，它還遠沒有達到供養非農業人口之能力開始遞減的那一點。這已經被城鎮人口大幅度增長的數值印證；城鎮人口近期的增長率大大超過了總人口的增長率，[8]這表明（除非城鎮勞動人口的生活條件急劇惡化，否則是沒有理由相信這一點的）即使採用不甚公平合理的比例檢驗方法加以計算，也必然能得出農業的生產能力在不斷提高的結論。同時這也充分說明，在法國農業較爲發達的地區以及直到最近農業仍然較爲落後的地區，農村人口自身消費的農產品數量也在大幅度增加。

有感於某位講求科學的學者可能在政治和社會問題方面所犯下的全部錯誤，不顧事實地誇大其辭與專橫武斷，我堅信必須做出極大的努力才能予以避免。因此，我在本書早期的版本中就要求自己發表觀點時一定要保留充分的餘地。我不知道我的語言在多大程度上不會違背事實，當時我還沒有獲得充分的數據，以展示法國農業進步的實際情況。著名的農業統計學權威人士萊昂斯・德・拉韋涅先生（M. Léonce de Lavergne），在應法蘭西學院道德與政治研究院的要求所進行的調查中指出，自從一七八九年爆發革命以來，法國農業的總產量翻了一倍，利潤和工資也都得到了幾乎相同比率的增長，而地租的增長比率則更高一些。德・拉韋涅先生所具有最突出的優點之一就是剛正不阿，到目前爲止，他揭示了這一令人質疑的問題的眞相；他不僅努力說明法國農業已經取得了多大的成就，而且也指出了法國農業仍然需要做出多大的努力。他說：「我們還需要至少七十年的時間才能開墾出二百萬公頃（五百萬英畝）的荒地，這超過了我們現有荒地的一半，使我們的農產量翻倍，使我們的人口增長百分之三十，使我們的工資增長百分之百，使我們的地租增長百分之一百五十。按照這種速度，我們還需要七十五年以上的時間才有可能達到英格蘭當前已經取得的水準。」[9]

得到這一證實之後，我們現在肯定消除了有關小型自耕農以及小型農場與農業進步互不相容的疑慮。唯一值得疑慮的是有關速度的問題，即在兩種體制下，哪一種體制可能使農業發展得更快一些。那些對於這兩種體制都很瞭解的人，一般認爲，當兩種體制匹配時，農業發展的速度最快。

在本章中，我們僅從生產和勞動效率兩個方面，探討大規模耕種與小規模耕種的問題。我們將在後面的章節中探討這個問題對於產品分配，以及對於耕種者本人的社會福利所產生的影響；在這些方面值得而且需要對其進行具體而深入的考察。

◆註解◆

[1] 第二一四頁及以後各頁。

[2] 參見第六章§二。

[3] 由於以蒸汽為動力的播種機和收割機的發明，有可能需要對後面文章中的一些說法加以修正。然而，這種改進對於大型農場和小型農場的相對優勢所產生的影響，並不取決於農具的效率，而是取決於農具的成本。不過，我認為沒有理由斷定小型農場主或者小型農場主的聯合體就無法獲得這些進步的農具。

[4] 參閱威廉·布萊克（William Blacker），《愛爾蘭地產管理獲獎論文集》（一八三七年），第二十三頁。

[5] 以下內容援引自一篇有關佛蘭德牲畜養殖業詳盡、精闢的論文。這篇論文取材於該文作者親自觀察與收集到最為可靠的資料，由有用知識傳播社會圖書館發表。

一家農場擁有的土地均爲可耕地，農場所飼養的牲畜數量之多，致使那些不知道牲畜飼料從何而來的人們大吃一驚。通常的比例是，每三英畝土地就飼養一頭牲畜；相對於畜牧業非常集中的小塊土地來說，這比例還要更大一些。在對不同地區與環境中圈養母牛的平均產奶量進行比對分析之後，人們發現，該家農場的產奶量大大超過最好的乳牛飼養場的產奶量，而且從一定量的牛奶中煉製出的奶油量也多很多。在面積僅爲十英畝或者十二英畝的

貧瘠可耕地上，飼養四至五頭牛，這顯然是令人深感驚異的。不過，在瓦斯農村中，這種情況隨處可見。（第五十九、六〇頁）

帕西先生在其著作《論耕種體系及其對於社會經濟的影響》中，對這個問題進行精闢的分析，使其著作成為法國有關兩種體系問題的最為公正的論著之一。

毫無疑問，英格蘭在一定面積的土地上所飼養的牲畜數量最多，荷蘭與倫巴底的某些地區可以與之一爭高下。不過，是否這只是不同的耕作方式所造成的結果，而與氣候或者地理位置無關呢？對於這一點來說，我認爲是毋庸置疑的。事實上，無論人們如何評說，在大型農場與小型農場同時存在的地方，儘管後者沒有飼養那麼多的羊，但是從總體來看，卻飼養了數量最多且可以提供肥料的牲畜。

例如，比利時的安特衛普和東佛蘭德兩個省分的農場規模最小，平均每一百公頃（二百五十英畝）耕地飼養七十四頭牛和十四隻羊。而在農場規模最大的兩個省，例如那慕爾和埃諾，平均每一百公頃耕地飼養三十頭牛和四十五隻羊。習慣上認爲，十隻羊相當於一頭牛，於是我們發現，對於前者來說，有七十六頭牛維持土壤的肥力，而對於後者來說，則只有不到三十五頭牛維持土壤的肥力。兩者之間的差別極大（見內務部部長公布的統計數字）。在比利時土地被高度分割的地區，牲畜的數量之多，幾乎與英格蘭不相上下。在英格蘭，根據可耕地面積所計算的牲畜數量，比例爲每一百公頃土地飼養六十五頭牛和二百六十隻羊，即相當於九十一頭牛，僅比前者多出十五頭牛。除此之外，人們還必須記住的是，在比利時，幾乎全年都實行圈養，因此不會損失任何肥料；而在英格蘭，則由於實行放養而損失了很大一部分原本可以得到的肥料。

同樣地，在諾德行政區，規模最小的農場所飼養的牲畜數量最多。在里爾和阿茲布魯克兩個行政區，除飼養很多馬匹之外，還分別飼養了五十二頭牛和四十六頭牛；而在農場規模較大的敦克爾克和阿韋訥，只分別飼養了四十四頭牛和四十頭牛（見商務部部長公布法國的統計數字）。

對法國其他地區所進行的類似調查，也都得到大致相同的結果。毫無疑問，與城鎮直接毗鄰的許多小型農場主，不飼養牲畜也可以毫不費力地買到肥料，不過，基於一般的規律，進行大量消耗土壤肥力的農業生產時，必須不斷地設法恢復土壤的肥力。的確，小型農場無法飼養一大群羊隻，這是極爲不利的，但是小型農場可以比大型農場飼養更多的牛。在任何一個國家，消費者需要它們存在的地方，它們都必須這樣做；但是如果它們不具備這種條件，則它們必然消亡。

以下具體資料的準確性，可以用我所援引的著作可靠性予以保證。旺薩地區（多姆山行政區）的統計數據，後來被商務部部長朱塞勞博士（Dr. Jusseraud）所公布。這些數據充分說明，該地區小農耕作制度的發展對牲畜飼養的數量和種類產生極大的影響，從而使土壤的生產能力得到保證和提高。該地區共有一千六百一十二公頃土地，劃分爲四千六百塊地，由五百九十一位業主所擁有，其中，一千四百六十六公頃土地已被耕種。在一七九〇年，有十七家農場占有三分之二的土地，其餘的土地則由另外的二十家農場所占有。從那時起，土地得到進一步的劃分。現在，土地的分割已經達到了極致狀態，這對牲畜的數量產生了怎樣的影響呢？牲畜數量的增長相當可觀。在一七九〇年，該地區大約有三百頭牛、一千八百至二千隻羊；而現在，則有六百七十六頭牛、五百三十三隻羊。因此，相當於有一千三百隻羊被三百七十六頭公牛和母牛所替代；同時，（考慮到事務的各個方面）肥料的數量則從四百九十增長到了七百二十九，增長了百分之四十八以上。無須贅言，牲畜現在更爲健壯，得到了更好的餵養，對於增加土壤肥力之貢獻也比以前更大了。

上述事實證明了這一論點，即實際上，與大規模的農業生產體系相比，小規模農業生產體系所飼養的牲畜數量並不少；與此相反，在環境相同的條件下，它所飼養的牲畜數量更多。對此只能做出這樣的解釋，即要從土壤中獲取更多的產品，就必須爲保持土壤的生產能力付出更大的代價。不過，只要將所有其他對於小農耕作的指責逐一與事實進行核對，我們就會發現它們都是站不住腳的；人們之所以這樣指責，不過是因爲彼此之間進行比較的國家，在促使農業繁榮的基本原因以及環境方面互不相同而已。（第一一六—一二〇頁）

[6] 參見於根特市的弗雷德·德克默特先生（M. Fred. de Kemmeter）所譯，一八三九年在布魯塞爾出版的法文譯本，第三五二、三五三頁。

[7] 帕西先生指出，「在諾德行政區，一家擁有二十公頃（五十英畝）土地的農場，有時一年能生產出價值一千法郎（四十英鎊）的小牛、乳製品、家禽和蛋，扣除支出後，相當於每公頃土地提供的淨產量為十五至二十法郎。」（參閱其著作《論耕作制度》，第一一四頁。）

[8] 在一八五一年和一八五六年兩次人口普查的這段時期內，僅巴黎人口的增長率就超過全法國人口的增長率，而與此同時，幾乎所有其他大城市的人口也都有所增長。

[9] 參見萊昂斯·德·拉韋涅（法蘭西研究院院士和法國農業總會會員），《一七八九年以來的法國農村經濟》，第二版，第五十九頁。

第十章　關於勞動增長的規律

§一　我們已經相繼考察了每一種生產要素以及生產條件，並且考察了提高這些不同要素功效的方法。爲了結束單純與生產相關的問題的討論，我們還剩下一個非常重要的問題需要加以考慮。

生產不是固定不變，而是不斷增長的。當生產並未遭受到有害的制度與低劣的技術水準阻礙時，勞動的產出量是趨於增長的，它不僅受到生產者想要增加消費能力的種種欲望之激勵，而且還受到消費者人數增長的刺激。在政治經濟學中，沒有比探討生產增長的規律、實現生產增長的條件、生產增長實際上是否存在著任何極限，以及這些限度究竟是什麼等問題更爲重要的了。這些也是在政治經濟學領域中尚未被充分理解的問題，在這些問題上犯下的錯誤，將造成而且確實已經造成了較大的危害。

我們已經看到，基本的生產要素包括三種——勞動、資本和自然要素。資本要素包括由勞動所生產的所有外在的、物質的要素；自然要素則包括非勞動所生產的所有外在的、物質的要素。不過，在自然要素中，我們無須考慮那些數量無限、不能被剝奪而且從來不改變性質的東西；無論生產規模如何，這些東西總是提供生產相同程度上的幫助，就像空氣和陽光一樣。如果現在考慮制約生產的自然要素而不是促進生產的自然要素，則需要側重考慮的不是其他的要素，而是要考慮那些無論是在數量方面還是在生產能力方面都具有不足傾向的自然要素。所有這些均可以用土地一項作爲代表。土地，從狹義來講，作爲農業生產的資源，在這些生產要素中居於最爲重要的地位；而且如果我們將土地要素的含義加以擴展，使之涵蓋礦山和漁場，那麼就涵蓋從土地中所發現的東西，或者水中存在的部分東西，或者在土地表面上所生長的和養殖的東西，甚至包括目前需要關注的所有東西。

因此我們可以在不必做出過多說明的情況下，直接說生產要素是勞動、資本和土地。於是，生產的增長取決於這些要素的性質；生產的增長是這些要素本身增長的結果，或者是它們生產能力提高的結果；生產增長的規律則必然是這些要素的增長規律的結果；生產增長的限度，無論是什麼，一定是由這些規律所決定的。我們將依次考察這三種要素所發揮的這種作用，換言之，首先考察勞動，其次考察資本，最後考察土地在決定生產增長的規律方面所發揮的作用。

§二 勞動的增長就是人類的增長、人口的增長。關於這個問題，馬爾薩斯先生在其論著中已經做出了正確的闡述，雖然他的觀點尚未被普遍接受，但是畢竟眾所周知。因此，利用當前的機會，只需要對其做出簡要的說明即可。

一切有機生命體所固有的繁殖能力都是無限的。如果地球完全任由某種植物或者動物以及供養它們的東西任意生長，那麼在氣候適宜的條件下，任何一種植物或者動物都會在短短幾年內遍布地球上的每一個角落，其生長速度因種類不同而有所不同，但是最終都會迅速地布滿地球。有很多種植物，單獨一棵每年就會生長出成千的胚芽；而如果其中只有兩棵胚芽發育成熟，那麼，十四年以後這兩棵植物將會繁衍成一萬六千多棵。具有中等繁殖能力的動物在一年的時間裡可以生殖四次，如果在半個世紀內維持這種繁殖速度，那麼一萬隻動物在兩個世紀內，也會增加到二百五十多萬隻。動植物增長的能力必然符合某種幾何級數，只是比率有所不同而已。

就有機生物的這種性質而言，人類也不例外。人類的繁衍能力是無限的。如果這種能力可以得到最大限度的運用，那麼人口的實際增長將會異常迅速。不過，這種能力從來都未發揮到極致狀態。到目前爲止，在最適宜人類居住且已有文明社會開發的富饒地區，不包括新移民在內，已經連續幾代在不超過二十年的時間內人口增加了一倍。[1]人類的繁衍能力甚至可以超過此水準，從那些生活在氣候適宜、盛行早婚、未成年人很少夭折、衛生條件良好、生活資源豐富的地區的家庭所擁有的子女數目來看，就可以明顯發現這一點。如果我們假設在衛生條件良好的地區之人口，每一代人僅比上一代人增長一倍，那麼這是對於人類的繁衍能力過低的估計。

二十年或者三十年以前，人們仍然需要對這些結論加以相當的強調和解釋；不過，有關的證據十分充分也無可辯駁。這些證據排除了各種反對意見，現在，人們已經將它們視爲公理。儘管有些人不願意接受這種事實，他們不時地提出一些缺乏生命力的因而很快就會被人遺忘的理論，認爲人口增長的規律將因環境的不同而不同，是人類適應社會要求的天意安排。[2]正確地理解這個問題的障礙並非源自這些理論，而是混淆了在大多數時期和地區，人口的實際增長遠遠地落後於人口增長能力的原因。

§二　然而，這些原因一點也不神祕。是什麼阻止了野兔和家兔的子孫後代遍布整個地球？不是因爲缺乏生殖能力，而是另有原因，即天敵眾多，食物匱乏，吃不飽或者很容易被獵食。對於人類來說，一般不會遭遇到後一種麻煩，但是與之相當的則是戰爭和疾病。如果人類與其他動物一樣，盲目地依靠本能自行繁衍，那麼人類也將受到與其他動物相同形式的限制。生養的子女數目將達到人的肉體所能承受的限度，人口的數量將由死亡加以控制。[3]不過，人類的行爲或多或少地受到了對於後果的預期的影響，同時也受到了超出動物本能的其他方面的激勵。因此，他們不會像野豬那樣繁衍，而是能夠或者謹慎地（儘管程度有所不同）考慮到社會影響進行生育，以免出生的子女遭受不幸或者夭折。在人類逐步擺脫野蠻狀態的過程中，抑制人口增長的因素是對於貧困的恐懼，而不是貧困本身；即使沒有發生饑荒，也會有許多人因爲擔心失去現有的生活水準而抑制生育。迄今爲止，對於大多數人種來說，還沒有發現比這兩種原因更爲強烈的趨於抑制人口增長的動機。在眾多的中產階級和貧困階級人士中，已經形成的慣例是，一旦不再受到外界的控制，就會儘早結婚；而且在大多數國家中，只要在他們能夠維持與其出生時相同之生活條件或其所習慣之生活的狀態下，便會盡可能養育更多子女。在中產階級中，有許多個人可能會爲維持其生活條件，或者改善生活條件而抑制生育；但是在勞動階級中，這種欲望卻很少被發現或者很少發揮作用。如果他們能夠使自己所供養的家庭之生活條件不低於自己原生家庭之條件，那麼即使是最爲審愼的人，往往也會感到相當滿意。經常出現的情況是，他們連這些也不會考慮，而僅僅依靠命運，或者依靠政府和民間慈善機構的施捨度日。

在非常落後的社會裡，例如中世紀的歐洲和目前許多亞洲國家，人口受到爆發的饑荒抑制；饑荒並不發生在正常的年景裡，而是發生在食物匱乏的年分。在這些社會狀態下，災禍發生的頻繁程度與嚴重程度，甚於目前歐洲所熟知的情況。爆發災禍的那年造成食物短缺和疾病，奪走許多人的生命。不過，在隨後的幾年裡人口又會持續增加，直到再度遇到有災禍的年度進而遭受到大規模的毀滅。對於較爲發達的社會來說，即使在最爲貧困的階層中，也幾乎沒有人會承受生活必需品方面的限制。人口受到抑制的原因並非是大量的死亡，而是對於生育的節制。節制生育的方式各式各樣。在一些國家中，節制生育是深思熟慮或者謹愼的結果。勞動者習慣於某種生存狀態，他們知道家庭成員過多會降低其現有的生活水準，或者無法使自己的子女將來也享有這種生活水準，並且他們不願意選擇這樣的後果。眾所周知，長期堅持大規模自願節育的國家包括挪威和瑞典的部分地區。有關這兩個國家這一方面的資訊，非常具有權威性，馬爾薩斯先生認眞地收集整理許多實際資料，在他之後又獲得了許多補充資料。在這兩個國家中，人口的增長非常緩慢，抑制人口增長的原因不是死亡人數的增加，而是出生人數的減少。出生人數與死亡人數相對於人口的比例都非常低；兩國人口的平均壽命在歐洲位居首位；在人口的構成中，兒童所占的比例很小，而成年和壯年人所占的比例很大，據說該項比例比世界上的其他國家都還要高。低生育率促使人民生活水準提高，並且直接導致人口壽命延長，同時，愼重地節制生育無疑消除了疾病的根源，以及產生貧窮的主要原因。値得一提的是，這兩個如此令人尊重的國家，都是以小規模土地所有者爲主的國家。

在另外一些情況中，不是人民自己而是國家爲了人民的利益在這方面精打細算和深謀遠慮。國家規定，在男女雙方尚未奠定維持舒適生活的基礎之前，將不得獲准結婚。據說在這些法律制度下，人民的生活狀況很好，私生子也不像預想的那麼多。對此，我將在後面更爲詳盡地加以說明。也有一些地區，節制生育似乎並不是基於個人的精打細算，而是源於該國所具有的一種普遍或者偶然形成的習慣。上個世紀英格蘭農村人口的增長，實際上是受到住房困難的限制。當時的習俗是，未婚的勞工可以寄宿在雇主家裡，而已婚的勞工則需要住在自己的房子中。英國《濟貧法》規定，教區負責供養失業貧民，這促使地主們無意於鼓勵結婚。大約在世紀末，戰爭和製造業對於人力的巨大需求，使鼓勵生育成爲愛國的表現。大約在同一時期，得益於長期的高物價，農場主想要生活得像富人一樣，希望下等人遠離他們居住的場所，同時濫用透過《濟貧法》獲取經濟利益的動機，於是他們逐步將勞工趕入農舍，並且不再拒絕批准建築農舍了。在某些國家，長期存在的傳統習俗是，女子在沒有爲自己紡織出足夠的嫁妝之前（必須夠她婚後一生使用）是不能結婚的。據說這種習俗極大地抑制了人口的增長。目前在英格蘭，在經濟狀況不佳的年度裡，工業區的結婚人數便會減少，這也被視爲精打細算在抑制人口增長方面所產生的影響。

不過，在任何地方，無論造成人口增長的速度相對較慢的原因是什麼，當抑制人口增長的動機遭到削弱時，都會出現人口快速增長的情形。因此，生活狀況的改善只能爲勞工階層帶來暫時的利益，這種利益很快就會被人口的增長所抵銷。通常他們會利用生活狀況改善的機會而多生子女，從而使後代無法獲得任何利益。除非提高他們的文化、道德水準，或者至少提高他們所習慣之感覺舒適的生活水準，否則就不可能使他們更好地利用改善的生活條件，也不可能爲他們實施任何長期的改善。最令人憧憬的規劃，到頭來也只能使人口更多，而不能使人民更幸福。我這裡所指的勞工階層所習慣的生活水準（當其存在時）是這樣的一種標準，即只要不低於這一標準，他們就會生育。他們在教育、文化和社會改良方面所取得的任何進步，都趨使提高他們的這種標準。毫無疑問，在西歐已開發國家，這一標準正在逐步提高，儘管非常緩慢。英格蘭的糧食產量和就業水準，從未像最近的四十年間那樣快速地增長。不過自一八二一年以來，每一次人口普查都顯示，英國人口的增長率比前一個時期的增長率要低一些。同時，雖然法國農業和工業的總產量都以遞增的速率在增長，但是每五年進行一次的人口普查都顯示人口的出生率在遞減。

我們將在其他章節裡研究人口與勞工階層狀況的關係問題。現在，我們僅僅將人口視為生產要素之一，而且就其特性而言，我們不得不指出人口自然增長的能力是無限的。然而在絕大多數情況下，出於各種原因，這種無限的能力實際上只有少部分被運用。因此，在對此做出簡要的說明之後，我們將轉而研究其他要素。

◆註解◆

[1] 人們對此頗有爭議。不過，據我所知，凱里先生（Mr. Carey）針對美國人口，不包括新移民及其後裔，所做的最高估計是，增加一倍所需要的時間不會超過三十年。

[2] 也許值得對其中由杜布勒戴先生（Mr. Doubleday）提出的理論略加說明，因為其近來獲得了一些追隨者，且基於這個理論是以有機生命基本相近的特徵為幌子。該理論認為，人類以及所有其他生命體的繁殖能力，均與營養水準成反比，即處於食不果腹的狀態下，人口會迅速繁衍。而所有生活在舒適環境中的人，基於生理規律，都是少產的，以至於不得不從貧困階層中尋求補充以維持其人口的數量。毫無疑問，對於動物和植物來說，養分過剩肯定是不利於繁衍的，現在儘管無法證實這一點，不過很可能只有當養分的供給受到一定的限制時，生育能力才有可能達到最高的水準。然而，任何傾向於接受這種理論或者接受與馬爾薩斯先生理論不同的其他理論的人，都不妨翻閱一下貴族的名錄，或者想像一下英國的牧師以及中產階級的家庭，就不難發現這些家族究竟有多麼龐大。

若不論凱里先生所堅持的理論與杜布勒戴先生的理論相互一致以及他們所做出的詳細論述，美國的人口增長，不包括移民在內，應該算是有史以來最為緩慢的了。

凱里先生自行創建的理論，同樣以生理方面的事實為依據，即有機體所吸收的全部營養成分將以最大的比例自行輸送到有機體系統中最經常被使用的部分。據此他推斷，人類繁衍能力的下降並非源於營養過剩，而是由於先進文明的出現導致人類用腦過多所造成的。這種推斷似乎很有道理，而且日後透過經驗也可能證實這一點。不過，根據該理論所假設的人類性格所發生的這種變化，如果真的已經實現，那麼只能將肉體上更加易於進行自我控制作為造成預期後果的原因，而不能將對於它所需要的必需品進行配給作為造成預期後果的原因，因為擁有最高的生殖能力與很少運用這種生殖能力是完全不相矛盾的。

【3】凱里先生對於以下假說的荒謬性進行詳細的披露。該假說認為，有機體的最高形態（人類）比有機體的較低形態（人類的食物）增長得更快。也就是說，人類的繁衍比蕪菁和甘藍生長還來得快。根據馬爾薩斯先生的理論，人口增長的極限並非取決於蕪菁和甘藍的生長能力，而是取決於生長它們的土地的數量。實際上，只要土地的數量是無限的，正如美國的情況那樣，則食物就能夠依據自然規律以最高的速率增長，同時，人類也將毫無困難地獲得這些食物，從而以其最高的速率增長。只有當凱里先生能夠證明不是蕪菁和甘藍，而是土地本身或者土地中所包含的營養元素能夠自然地增長，並且增長的速度超過人類可能具有的最高繁衍速度時，他才真正說到了問題點，在他沒有做到這一點之前，他所做的這一部分爭論，即便有，也相當於無。

第十一章　關於資本增長的規律

§一　從上一章中可以看出，勞動作爲生產要素——勞動、資本和土地——中的第一個，並未對生產的增長產生阻礙作用；無論在增長的限度方面還是速度方面，都不會成爲生產增長的障礙。人口具有按照幾何級數的方式和速度增長的能力。如果只有勞動作爲生產的基本條件，那麼產量就可能自然而然地按照相同的比率增長，並且將不會受到任何限制，直到人類因空間的限制而終止增長爲止。

不過，生產還有其他要素，其中之一的資本，就是我們下面將要研究的內容。在任何國家或者在全世界，人口的數量都不可能超過由過去的勞動生產出來的產品所能供養的數量，直到現有的勞動生產出產品爲止；生產性勞工的數量都不可能超過由過去的勞動生產出來的產品，用於供養他們的那部分所能供養的數量，這部分勞動產品是由其所有者爲了進行再生產而從享用中節省出來的，此被稱之爲資本。因而，我們下面將考察資本增長的條件、決定資本快速增長的原因，以及資本增長必然受到的限制。

因爲所有的資本都是節省的產物，都是爲了將來的利益而節制當前消費的產物，所以資本的增長必然取決於兩個方面，即能夠予以節省的資金的數量，以及進行節省的意向的強度。

能夠予以節省的資金的數量，是勞動的產品在向所有與生產有關的人員提供生活必需品之後所剩餘的部分（包括用於重置原物料和用於維護固定資本的部分）。在任何情況下，能夠予以節省的額度都不會超過此剩餘量。雖然節省從未達到這一額度，但是不管怎樣，總有可能節省至這一額度。這一剩餘源自可供生產者享樂的那部分資金，有別於向生產者提供必需品的那一部分資金；它是用於供養所有並不親自參與生產活動的人員的資金，也是用於資本全部增量的資金；它是國家眞正的淨產量。從較爲狹義的角度來看，淨產量一詞，通常僅代表資本家的利潤和地主的地租，基於這種觀點，資本的淨產量僅僅包括資本的所有者重置他們的資本扣除支出之後所得到的報酬，而不包括任何其他的東西。不過這種概念過於偏狹，讓人難以接受。雇主的資本構成勞動者的收入，而且如果這一收入超過生活必需品的開支，那麼勞動者將產生剩餘，勞動者同樣可以將剩餘的部分用於享樂，或者予以節省。無論出於什麼目的都可以說，產業的淨產量應該把這一剩餘包括進去，只有包括這一剩餘之後，國家的淨產量才能成爲衡量一個國家有效實力的標準，才能衡量一個國家可以用於公益事業或者私人用於揮霍的能力。這是國家可以隨意處置的一部分產品，可以用於實現任何目的，用於滿足政府或者個人的任何願望，也可以用於增加它的滿意程度，或者爲了將來的利益而予以節省。

這一資金的額度，或者這一淨產量，或者這一超出生產者物質必需品需求量的產品的剩餘，是決定節省額度的因素之一。供養勞動者之後的勞動產品越多，能夠予以節省的額度也就越大，也部分地決定了實際上將被節省的額度。進行節省的一部分動機，來自於從節省中獲得收入的期望。事實上，用於生產的資本不僅能夠實現自身的再生產，而且能夠使產量增長。透過資本獲取的利潤越高，進行資本積累的動機就越強。誠然，對於節省產生激勵的並不是可以用於節省的全部資金，但它也不是一國的土地、資本和勞動的全部淨產量，而只是它的一部分，它是構成資本家的報酬的那一部分，並且被稱之爲股本的利潤。然而，即使在進行後面的說明之前，人們也能夠充分理解當勞動和資本的基本的生產能力很高時，資本家的收益也很可能會很高，並且兩者的收益之間通常會形成一定的比例，儘管這一比例並不是一成不變的。

§二　不過，節省的意向並不完全取決於激勵節省的外部誘因，即不完全取決於透過節省所獲取的利潤額。在相同的金錢誘因作用下，不同的個人和不同的社會對於節省的傾向性是非常不同的。有效的積累欲望所具有的不同的強度，不僅取決於個人不同的性格，也取決於社會與文明的基本狀況。與所有其他的道德品質一樣，節省的意向也是人種之間所展示的巨大差異性之一，它將因人種所處的環境以及所處的發展階段的不同而有所不同。

如果我們針對這個問題進行全面的研究，則勢必超出本書的研究範圍，好在這部分已經有了十分令人滿意的著作，對這些問題做了非常詳盡的論述。馬爾薩斯先生的傑出專著，已經對人口問題做出了寶貴的貢獻；關於我們現在所要討論的問題，我同樣可以自信地推薦另外一部著作，即雷博士（Dr. Rae）的《新政治經濟學原理》，[1]儘管這部書的名氣稍弱了點。據我所知，還沒有任何一部著作像它那樣，從原理和歷史兩個方面透徹地論述決定資本積累的原因。

所有的積累都涉及爲將來的利益而需要當前做出犧牲的問題。不過，做出這種犧牲的方式會隨著環境狀況的不同而發生變化，並且做出這種犧牲的意願，將會發生更大的變化。

在決定未來與現在的關係方面，未來所有事務的不確定性是首要的影響因素。同時，這種不確定性的嚴重程度也是極不相同的。因此，「所有能夠提高供我們在未來實現自己或者他人享受的可能性的因素，都趨於」公平而且合理地「增加有效的積累欲望的強度。因此，適宜的氣候或者職業，由於提高生命延續的可能性，從而強化這種欲望。人們從事安全的職業，生活在氣候宜人的國度，與從事有害健康的職業、生活在惡劣的氣候條件下相比，一定更加願意實行節省。水手和士兵大多是揮霍者。生活在西印度群島、紐奧良、東印度群島的居民都不是吝嗇的人。同樣的人種，如果移居到歐洲氣候宜人之處，並且尚未沾染奢侈惡習，那麼就一定會節儉度日。戰爭與瘟疫過後，往往盛行浪費與奢侈之風。基於同樣的理由，凡是賦予社會活動安全性的事物，都有助於強化這種規律性。從這一方面來看，法律和秩序的普遍建立，對於持久性和平與安定的預期，都具有相當大的影響」。[2]安全保障程度越高，有效的積累欲望就越強烈。當財產受到威脅，或者命運的變動過於頻繁與嚴峻時，根本不會有人再去厲行節約，而仍然實行節省的人，則必須得到更高的資本利潤率的激勵才行，以促使他們寧願放棄眼前的享樂而選擇吉凶難料的未來。

上述這些考慮，從理性的角度影響著人們在以犧牲當前的利益爲代價，去追求未來的利益時所做出的權衡。但是，做出這種犧牲的傾向性，並不僅僅取決於做出犧牲的意願，實行節省的意願有時常常毫無理由，而在另外一些時候卻又過於理性。

積累欲望不夠強烈可能是基於人們缺乏深謀遠慮，或者基於對他人利益的漠不關心。缺乏深謀遠慮既有智力方面的原因，也有道德方面的原因。智力水準低下的個人或者社會總是缺乏遠見卓識，似乎有必要透過一定的方式提高人們的智力水準，使尚不存在的事物，特別是未來的事物，能夠對人的想像力和意志力產生影響。只要想像一下我們目前進行的節省有多少不是爲了我們自己的利益，而是爲了他人的利益，例如，子女的教育、他們生活的改善、其他親屬未來的利益、爲提升他人能力所奉獻的金錢或者時間、追求有益於公眾或者有益於私人的目標等，我們就不難意識到對他人利益的漠不關心，在減少積累方面將造成多大的影響。如果人類普遍處於據某些研究所披露之羅馬帝國衰落時期的那種思想狀態下，對於他們的子女、朋友、公眾或者有關他們生存的任何目標均漠不關心，那麼除了爲自己晚年的生活有所儲蓄，他們根本不會爲了節省而約束自己放縱的生活，爲晚年所進行的儲蓄也將採取終身年金的形式或者其他形式，這些都將隨著他們自己的壽終正寢而消失。

§三 這些不同的原因，比如智力的、道德的，在不同人種中有效的積累欲望的強度方面所造成的巨大差異，比人們通常認定的還要大。整體文明落後的狀態往往更多的是缺乏積累的欲望，而不是人們廣爲關注的其他原因所造成的。例如，處於狩獵部落的環境中，「可以說人們必然缺乏遠見卓識且漠視未來，因爲在這種狀態下，未來即代表虛無，既不可預見也無法控制……除了缺乏利用現有的能力爲未來的需要提供準備的動機，還缺乏感知與行動的習慣，以便在頭腦中相距遙遠的這些點之間建立起穩定的聯繫，並且透過一系列的事件使其結成整體。因此，即使喚起這種動機，能夠做出必要的努力去影響這種聯繫，但仍然需要對大腦加以訓練，以便進行思考並採取行動，直至建立起這種聯繫」。又例如：

在聖羅倫斯河沿岸有幾個印第安村莊，整體上，它們被大片的土地所環繞，土地上的樹木似乎很早以前就被砍伐殆盡；不僅如此，這些土地還與茂密的森林相毗鄰。我大致可以斷言，這些清理過的土地幾乎從來都沒有被耕種過，周邊的森林也不曾因人們拓荒種地而遭到砍伐。然而，這裡的土壤卻相當肥沃，即使不夠肥沃，房屋四周也有成堆的肥料，只要每個家庭開墾半英畝土地，種植馬鈴薯和玉米，就足以為他們提供一年半的糧食。不過他們卻經常食不果腹，加上偶爾的放縱所造成的食物短缺，導致他們的人口數量急劇下降。這種我們非常難以理解對於耕種不感興趣的舉動，在很大程度上都不是因為對勞動深惡痛絕；與此相反的是，他們對於任何能夠馬上得到回報的工作都很賣力。因此，他們除了從事狩獵和捕魚等獨特的職業，還經常被僱用從事聖羅倫斯河上的航運工作，可以看到他們在用於運輸的大船上搖櫓或者撐篙，在引導木筏通過湍急的河道時做出最大的努力。問題並不在於他們厭惡農業勞動，毫無疑問，這是對他們的一種偏見，而單純的偏見永遠都不會形成行為的準則。當農業勞動的回報迅速且巨大時，他們也可以成為農業生產者。例如，與聖瑞吉斯印第安村莊相距不遠的聖法蘭西斯湖上有一些不大的島嶼，非常適宜種植玉米，而且一本萬利，即使尚未成熟的玉米也能做出美味佳餚。因此，每年他們都會在這些小島最好的土地上進行耕種。由於不會遭到牲畜的破壞，所以無須修築籬笆。我懷疑，若是需要這筆開銷，他們是否還會注意到這些土地，而不像村莊附近的那些土地那樣遭到漠視。顯然，村莊附近的這些土地也曾經被耕種和生長過莊稼，不過附近村民的牲畜毀壞了沒有籬笆防護的莊稼，同時這項額外的必要支出也阻止了他們繼續耕種這些土地。於是這些土地被納入了回報較慢的生產要素之列，這個小型社會積累欲望的強度，尚未達到促使人們耕種這些土地的程度。

在此值得注意的是，他們耕種的這些小塊玉米地都被精心地除過草和翻過土，因為絲毫的懈怠都將使玉米的產量顯著減少。以往的經驗使他們非常清醒地注意到這一點，並對此採取恰當的措施。顯然，妨礙他們擴大耕種面積的並不是所需要的大量勞動，而是這種勞動的回報過於緩慢。的確，我可以肯定，在一些地處偏遠的部落裡，人們用於耕作方面的勞動一定遠遠超過白人。同樣的土地，在不進行休耕和施肥的情況下耕種，如果再不將地塊用手和鋤頭翻土，則恐怕不會獲得任何回報。在這種情況下，白人可能會重新開墾一塊土地，第一年，土地幾乎不會提供任何回報，開墾者只能在隨後的幾年中獲得回報。不過，對於印第安人來說，幾年的時間過於遙遠，實難預料，儘管他們會為了數月之後即可獲取的勞動的回報比白人更加努力地耕作。[3]

耶穌會的成員在努力提高巴拉圭印第安人文明程度的過程中所獲得的實際經驗也證實這一點。他們得到這些尚未開化的人們的充分信任，在改變這些印第安人的生活方式上發揮巨大的作用，得到這些人的徹底服從，並且建立起和諧的社會環境。會士們向印第安人傳授歐洲的農業耕作方法和許多其他較難的手工藝技術。據沙勒沃伊（Charlevoix）說：「鍍金工、油漆工、雕刻工、金匠、鐘錶匠、木匠、細木匠、染匠」隨處可見，他們的工作坊並非工匠為了個人的利益而自行經營，產品完全由傳教士負責支配，人們則自願服從他們的管理。因此，由於厭惡勞動所產生的障礙被徹底消除，真正的困難是，人們缺乏遠見卓識，沒有能力去思考未來，並且需要指導者毫不鬆懈地、嚴密地進行監督。「於是，一開始如果讓他們看顧著耕牛，那麼他們的懶惰和粗心大意很可能會讓牛在夜間仍然套著犁。比這更糟糕的是，他們很可能宰殺耕牛當晚餐。在他們受到斥責時，他們會理直氣壯地爭辯說他們餓了……。據尤羅阿（Ulloa）說，這些神父必須走訪印第安人的家庭，以便瞭解他們的實際需要。因為若是他們沒有精心地安排，那麼印第安人往往會對所有的事情都心不在焉。同樣地，屠宰牲畜時神父也必須到場，不僅是爲了實現公平分配，而且也爲了避免造成任何的浪費。」據沙勒沃伊說：「儘管爲預防生活必需品匱乏做到了精心照管與嚴密監督，但是傳教士們有時仍然被搞得非常爲難。在他們（印第安人）身上經常發生糧食甚至種子儲備不足的情況。從他們其他方面的供給來看，若是稍不留意，他們就有可能失去生活的必要手段。」[4]

作爲處於中等程度之積累欲望強度的實例，即處於前述情況與現代歐洲情況之間的中國人的實例，是頗爲值得關注的。根據他們個人不同的習慣以及社會的狀況可以推斷，他們在節儉和自我控制方面雖然優於其他亞洲人，但是卻低於歐洲各個民族，以下事實就可以證明這一點。

耐用性是實際積累欲望強度的一項主要標誌。旅行者們證實，中國人製造的工具遠不如歐洲人製造的同樣工具那樣耐用。我們聽說較高級的住宅除外，房屋一般都是用未經燒製的磚塊、泥土或者塗上泥巴的竹片建築而成，屋頂大多用茅草和樹皮搭蓋。我們幾乎想像不出還有比這更不結實、更具有臨時暫住性質的房屋。隔牆是用紙糊的，每年都需要重新糊一次。他們的農業用具和其他工具也是如此。這些工具幾乎大多用木頭製成，很少使用金屬，因此這些工具磨損得很快，需要經常更新。較強的有效積累欲望，將促使他們製造出更爲耐用的工具，當然也需要他們付出更大的當前的支出。同樣的道理，他們讓許多土地閒置，若是在其他國家將會得到充分的耕種。所有的旅行者都注意到有大片的土地，主要是沼澤地，仍然處於原始狀態。開墾沼澤地並將其變成可耕地的過程，需要若干年的時間才能完成。首先必須排除沼澤地中的積水，然後曝曬地面，並進行多項工作，最後才能種植農作物。雖然就投入的勞動而言，很可能會得到相當可觀的回報，但是必須等到數年之後才能獲取這種回報。耕種這樣的土地意味著，人們所具有的實際的積累欲望一定要比中國人現有的積累欲望更強才行。

正如我們所指出的那樣，收成的農產品總是可以作爲達到這種或那種目的之一種工具，可以滿足未來的需要，並且受到爲獲得類似結果所採用的其他手段所遵循的相同規律的制約。中國主要出產稻米，一年收成兩次，一次在六月，另一次在十月。每一年他們都要爲從十月到來年六月之間的八個月時間儲備糧食。因此，今天對於八個月後的今天所做出的不同估計，決定了他們現在不得不進行的自我節制，以防將來可能出現的食物短缺。不過，這種自我節制的努力似乎非常有限。的確，巴多明（Parennin）神父（身爲耶穌會最富有才智的成員之一，他花費大量的時間走訪各個階層的中國人）宣稱，正是由於他們極端地缺乏遠見並且不夠節儉，才造成食物匱乏和饑荒頻仍。

是缺乏遠見，而不是不夠辛苦，在制約著中國的生產，這種情況與半農業化的印第安人相比，顯得更爲突出。「哪裡能夠很快地得到回報，哪裡就會製造出相應的工具，不過製造工具所花費的時間將會很少。」眾所周知，「適合一國自然條件和居民需要的生產技術面的巨大進步」，將促使人們更加努力和更高效率地工作。「溫和的氣候、肥沃的土地、居民所具備的農業技能，以及農業優良品種的發現與推廣等，使他們幾乎可以從每一塊土地上迅速得到回報，人們認定這種回報比進行耕種和收成所付出的勞動還要大。他們通常收成兩次，有時甚至收成三次。當他們種植像水稻這種高產量作物時，多次收成保證他們的技能能夠從幾乎每一塊可以立即耕種的土地上得到非常豐厚的回報。於是，他們將凡是能夠立即耕種的土地都栽種水稻。在丘陵地帶，甚至在山坡上，都修築梯田。水資源，該國重要的生產要素，透過排灌系統流遍各個地方，或者由該國人民早期使用的精巧而簡單的水力機械輸送到高處。他們很容易對土層很厚，甚至覆蓋著很厚的腐殖質的土地進行灌溉。在需要利用更爲複雜的原物料製作工具，以及工具一旦製成就能夠提供相應的條件之場合，他們都將努力去做，其中非常典型的是，人們經常看到他們在湖泊和河流上利用類似秘魯水上花園的覆蓋著土壤的木筏種植蔬菜，透過這種方式，人們從勞動發揮作用的原物料中迅速得到回報。沒有比溫暖的陽光、肥沃的土壤和充足的水分更能使植物茂密生長了。然而，正如我們所看到的那樣，如果回報（儘管非常豐厚）需要在遙遠的未來才能獲得，則情況就完全不同了。當歐洲旅行者看到沼澤地上浮動著的小塊農田時，他們感到十分困惑，因為只要排除這些沼澤地裡的積水，就可以正常地耕種。歐洲旅行者無法理解為什麼他們寧願將勞動耗費在建造這些幾年之內就將腐朽、毀壞的東西上，而不願將勞動用於改良堅實的土地進而使勞動成果更為經久耐用。這樣的民族屬於考慮未來不如考慮現實那樣多的民族，這一民族的實際積累欲望的強度與歐洲人民的非常不同。歐洲人著眼於遙遠的未來，我們感到奇怪，中國人為什麼如此缺乏遠見，對未來漠不關心，長期忍受在歐洲人看來完全無法忍受的不幸中。中國人目光短淺，滿足於一成不變的日常生活，並且已經學會了甚至將艱辛的生活都歸結為命運的安排。」[5]

當一國利用現有的知識水準將生產進行到生產的回報與實際積累欲望的平均強度相一致之限度時，就達到所謂的靜止狀態。在這種狀態下，資本將不會再進一步地增長，除非生產技術得到改進，或者積累欲望得到增強。雖然在靜止狀態下資本整體上不再增長，但是卻有可能出現某些人變得更為富有而某些人變得更為貧困的狀況。那些節儉程度低於一般水準的人會變得更加貧困，他們失去資本，使積累欲望的強度超過平均水準的人獲得進一步節省的空間。這些人自然而然地成為那些不夠節儉的同胞所擁有的土地、工廠或者其他生產工具的購買者。

我們下面將要確切說明的是，導致一國資本的收益率高於另一國的原因是什麼，以及在一定的情況下，不降低資本的收益率就無法使增加的資本找到投資機會的原因是什麼。假設中國已經進入所謂的靜止狀態，當作為資本收益率標竿的法定利率仍然高達百分之十二，而（據說）實際的資本收益率仍然在百分之十八與百分之三十六之間波動時，積累就終止了。因此可以認定，超出該國現有額度的資本將無法找到可以提供如此之高的利潤率的投資機會，而低於這一利潤率的投資機會又不足以誘導中國人放棄當前的享樂；荷蘭的情況剛好與此相反。在荷蘭的歷史上最為繁榮的時期，政府往往能夠以百分之二的利率借款，即使個人（在擔保可靠的情況下）也能夠以百分之三的利率獲得貸款。因為中國與緬甸、印度土著各不相同，因此在那些地方雖然利率也很高，但那不過是對於國家以及幾乎所有私人借款者極差的信用或者極端的貧窮所帶來的風險而做出的必要的補償。從事實來看，如果資本確實是在收益率很高的時候就停止增長，則意味著實際積累欲望的強度較低，換言之，與大部分歐洲國家相比，中國人所估計的相對於現在的未來價值要低得多。

§四　到目前為止，我們提及了一些積累欲望平均強度不高的國家。在社會較為安定的條件下，透過理智和冷靜的思考，這些國家的這種狀況會得到改善。現在，我們必須談到積累欲望的強度明顯超過一般水準的國家。在歐洲某些較為繁榮的國家中，可以發現許多揮霍者，而在另外一些國家中（其中尤以英國為最），依靠體力勞動謀生的人，節約、勤儉的一般程度都不算高。不過，社會中還有很大一部分人，例如專職人員、製造商和商人階層，他們兼有比其他階層更強的厲行節約的能力和動機，因此積累的欲望十分強烈，他們的財富迅速增長的事例屢見不鮮；而且一旦條件允許，他們可以透過某一特殊途徑（例如鐵路建設或者海外投資）注入大量資本時，則尋求投資機會的資本額度將大到令人瞠目結舌。

在英國，有許多情況對積累傾向產生特定的推動力。國家未曾遭受戰爭的蹂躪，長期以來財產也未曾遭受軍事暴力的侵犯和掠奪，致使人們持有財富的安全感世代相傳，即使將財產委託給他人管理也不會產生恐懼心理。而在其他國家，則這種局面只是在近期才開始形成，並且仍然不是很穩定。大不列顛王國的地理條件成為有利於產業發展的自然資源，並未成為戰爭、權力和重要戰略地位的自然資源。大部分富有進取心且精力旺盛的人轉向製造業和商業，並透過生產和節省，而不是透過占有已經生產和節省出來的物品，來滿足自己的欲望和進取心。這在很大程度上得益於良好的政治機構為個人之發展提供極大的活動空間，並對個人的主動性和自立精神進行激勵，同時也得益於它賦予人們之結社和聯合的自由，促進大規模工業企業的發展。相同的這些機構在另一方面則對於人們追求財富的欲望給予了最直接和有效的激勵。封建制度較早地衰落，消除或者極大地削弱存在於商人階層及一向蔑視商人的其他階層人士之間的厭惡感，而且形成一種以財富作為產生政治影響力的真正源泉之意識形態；財富，除了固有的效用，還被賦予某種人為的價值；財富已經成為權力的同義詞，且因為權力是由人類的社會群體所賦予的，因此財富必然成為個人需要考慮的主要問題，以及衡量個人成功的尺度與標誌。從社會中的某一層次進入與之毗鄰的更高的層次，是英國中產階級生活的主要目標，獲取財富是實現這個目標的基本手段。而且迄今為止，由於那些無須辛勤勞作就可以致富的人，總是在社會地位上比辛勤勞作而致富的人略高一籌，所以人們均以節省作為追求的目標，不僅要在工作過程中獲得大量的收入，而且要在退休後也能夠過上富裕的生活。在英國，沒有能力沉溺於個人享樂的人極大地強化了這些因素所產生的影響，這種狀況已經成為清教徒匯聚的國家之主要特徵。不過，如果一方面恬淡寡欲可以使積累變得相對容易，那麼另一方面熱衷於揮霍浪費則必將使其變得更為困難。個人的地位與彰顯財富的標誌之間的聯繫是如此緊密，以至於大多數英國人都愚蠢地想要裝出揮霍的樣子，儘管他們從中得到的快樂可能比世界上任何其他國家的人都還要少。正是由於這一緣故，英國實際積累欲望的強度從來都沒有達到當初荷蘭那樣高的水準；在荷蘭，任何富裕階層的人士都不曾遊手好閒，成為揮霍浪費的榜樣，對於社會擁有實際影響力的商人階層，都確立了自己的生活尺度與行為準則，並保持了崇尚節儉、樸素的美德。

長期以來，在英國和荷蘭，以及現在，在許多歐洲國家（它們正在以相同的速度迅速地追趕英國），積累的欲望無須像亞洲那樣必須具有豐厚的回報才能發揮實際作用，即使利潤率很低，仍然可以激發人們進行資本積累；資本積累的速度非但沒有放緩，反而似乎比任何時期都有所加快；增加生產所需要的第二個因素——資本的增長，並未顯示出任何趨於不足的跡象。僅就該要素而言，生產的增長並未受到任何限制。

毫無疑問，如果資本的回報比當前的水準進一步下降，那麼積累的進程一定會遭受到巨大的阻礙。不過，為什麼資本任何可能的增長都將會帶來這樣的後果呢？這個問題促使我們去考察三個生產要素中的最後一個。如果其他兩個生產要素——勞動和資本，在增長方面並未受到任何必然的限制，從而不會對生產的增長產生限制，那麼就有必要轉而考察另一個要素所固有的性質，以及它自身在數量方面所受到的限制。生產的增長一定取決於土地的性質。

◆註解◆

【1】這部專著提供了一種常見的實例，說明一本書受歡迎的程度更多地取決於某些偶然的因素，而不是取決於書的品質。只要書本出現在恰當的時機和恰當的地點，就會獲得極大的成功。這部書的作者是定居於美國的蘇格蘭人，其知識淵博，思維獨特，具有極強的哲學思辨能力，能夠揭示並且陳述各種觀點所具有的價值，儘管有時誇大其辭。我認為，這種氣質也對他本人的精神和思想產生影響。這部書的主要缺陷是，對於那些對老問題有新見解的人採取了敵對的態度，他將自己置於亞當・史密斯的對立面。我把這一點稱之為錯誤（儘管我認為許多批評是公正的，其中有一些還富有遠見），因為雷博士的指責實質上與亞當・史密斯的觀點並無真正的分歧，而且因為他發現他的偉大的先行者的不足之處——主要是在其前提中「過於注重人的因素」，因而他在確立其結論時，既不需要也未實際運用這部分前提。

【2】同上，第一二三頁。

【3】同上，第一三六頁。

【4】同上，第一四〇頁。

【5】同上，第一五一—一五五頁。

第十二章　關於土地生產增長的規律

§一　土地不同於其他生產要素——勞動與資本，土地不能無限地增長。土地的面積是有限的，生產能力較高的土地的面積則更是有限。任何一塊土地的產量顯然也不是無限的。有限的土地的數量以及有限的土地的生產能力，是對生產增長的眞正的限制。

關於它們受到最終的限制這一點，人們早就已經清晰地認知到。不過由於這種最終的限制點從未眞正到達過，因爲還沒有任何一個國家已經將能夠生產糧食的土地全部耕作，因而無法從土地中獲得更多的糧食（縱然沒有考慮農業知識的新的進展）；同時，也因爲地球上還有大片的土地尚未進行耕種，所以人們通常認爲，並且首先自然而然地設想，在現階段，這項資源對於生產或者人口的限制還無限遙遠，還需要經過幾代人的努力才有必要實際考慮這一限制規律。

我認爲這不僅是一個錯誤，而且是政治經濟學中最爲嚴重的一個錯誤。與其他問題相比，這是一個更爲重要的問題，也是一個更爲根本的問題。它涵蓋了在一個富裕勤勞的社會中，與產生貧困的原因有關的全部問題。除非澈底理解這個問題，否則進行更爲深入的研究就是毫無意義的。

§二　土地的性質對於生產的限制並非像固定在特定位置且不可移動的牆那樣，除使運動的物體完全停止之外沒有任何其他的阻礙作用。我們不妨將其比擬爲彈性很大、伸縮自如的橡皮筋，它從未被拉得過緊，以至於達到無法被進一步拉長的地步；不過在其遠未達到最後極限的情況下，我們就可以察覺到它所承受的張力，並且越接近極限，它承受的張力就越大。

當農業發展到一定的階段而且並非是非常高級的階段時，土地生產的規律是，在農業的技能和知識水準一定的條件下，透過增加勞動所增加的產量，與勞動的增加量不成比例；雙倍的勞動不能獲得雙倍的產量，或者，換一種說法，即每一次產量的增長都需要對土地投入更高比例的勞動。

農業生產的這一基本規律是政治經濟學最爲重要的命題。如果規律不是如此，那麼幾乎所有與財富的生產與分配有關的現象，都將與現在的不一樣。對於我們的問題，人們普遍所犯的最根本的錯誤是，過於關注接近表面的因素，而對作用於這些因素之下的規律缺乏認識，錯誤地將這些因素視爲產生影響的終極原因。實際上，只有決定事物本質的規律才能影響這些方式和形態。

顯然，在爲了提高產量而不得不耕種劣等土地的情況下，產量不會與勞動按相同比例增長。所謂的劣等土地，指的就是投入相同的勞動，卻只能獲得較低產量的土地。劣等土地可能指的是肥力偏低或者地理位置較差的土地。在前一種情況下，需要投入大量的生產性勞動使農作物生長；在後一種情況下，則需要大量的生產性勞動將農產品運往市場。在工資、肥料等支出於一定的條件下，如果土地A能夠生產出二百五十噸小麥，那麼爲了再生產出二百五十噸小麥，必須耕種肥力較差或者距離市場較遠的土地B，如此一來，消耗在這五百噸小麥上的成本必將超過當初生產二百五十噸小麥成本的兩倍，農業產量增加的比率將小於爲生產它時所使用的勞動增加的比率。

當然，人們也可以不耕種土地B，而是對土地A進行精耕細作從而使產量增加。可以對土地翻耕或者耙地兩次而不是一次，或者是三次而不是兩次；也可以對土地進行深翻而不是淺犁；或者爲使土壤鬆軟可以在犁地之後使用鋤頭而不是耙子來整地；或者可以更經常地清除雜草；或者使用加工精良的農具；或者施用較多、較好的肥料並盡力使之均勻地摻進土壤中。這些是使同一塊土地能生產出更多產品的不同方法，而且爲了獲得更大的產量，通常必須採用其中的一些方法，才能達到增產之目的。但是，需要耕種劣等土地的事實表明，這些方法的使用將導致支出以更大的比例增長。劣等土地或者遠離市場的土地，當然提供的回報較少，它們不可能在不增加成本——不增加價格——的條件下持續供給產品，以滿足增長的需求。與最初生產時相比，如果優質土地的所有者或者農場主在不必提高成本的條件下，透過增加勞動和資本的投入，就可以持續地供應市場進而滿足不斷增長的需求，那麼他們就可以對其他生產者進行削價競爭並占據整個市場。誠然，肥力不佳或者距離市場較遠的土地所有者爲了生活或者自立會耕種這些土地，但是絕不會有人爲了獲取利潤而耕種它們。這些土地所提供的利潤足以吸引資本對其進行投資這一事實表明，對於那些較好的土地所進行的耕種已達到某一點，超過這一點，持續增加勞動和資本的投入所獲得的收益，在最好的情況下，都不會比以相同的成本從肥力較低和地理位置較差的土地上所獲得的收益更高。

英格蘭、蘇格蘭已經在充分開墾的地區實施精耕細作，這是爲了提高土地產量，開始在較爲不利的條件下進行耕種的徵兆和結果。與在更好的土地上進行耕種相比，如此精耕細作消耗了更高的生產成本，並且需要提高產品價格才有可能獲取利潤；而且如果能夠獲得肥力相同但尚未開墾過的土地以進行耕種，那麼人們就不會採用這種耕種方式了。當人們有機會獲得與已經耕種的土地肥力相同之未經耕種的土地來滿足社會不斷增長的需求時，就無須採用歐洲這些最精細的耕種方式進行耕種進而從土地中獲取更多的產量。土地的使用以這樣一點爲限，在該點剛好可以獲得相對於勞動投入而言的最高收益，但是不能超過它，一旦超過它，額外的勞動將被投放到其他的地方去。一位富有才智的旅行者在美國發現，[1]「需要很長一段時間，英國人才有可能接受這種收成不多但是卻似乎漫不經心的耕作方式（正如我們所說的那樣）。人們忘記這裡的土地是如此充裕，勞動是如此昂貴，以至於必須尋求與人口眾多的國家完全不同的耕作方式。但即使如此，在完成需要使用勞動的工作時人們仍不會那麼滿意和完善。」似乎對於我來說，在提到的這兩個原因中，是充裕的土地，而不是昂貴的勞動，更正確地解釋了這種現象。因爲不論勞動有多麼昂貴，當糧食匱乏之時，人們總是會優先將勞動用於糧食生產。不過，爲了生產出更多的糧食，將勞動投入新開墾的土地上，能夠比將勞動用於原有土地的精耕細作上，發揮出更大的效力。只有當沒有任何可供開墾的土地，或者由於距離市場太遠，或者由於土地肥力太低，必須提高產品價格才有利可圖時，歐洲精耕細作的生產方法才有可能在美國的土地上顯現出優勢。也許城鎮的近郊除外，在那裡，運輸費用的節省可以抵補土地本身較低的收益。正如美國的耕作方式不同於英國的耕作方式，而英國普通的耕作方式不同於佛蘭德的托斯卡納或者拉夫羅島的耕作方式一樣，在那些地方，透過大量的勞動投入便會獲得更多的產量。不過，這種耕作方式不會爲僅僅關注利潤的投機商人帶來任何好處，除非他們有可能大幅度地提高農產品的價格。

毫無疑問，對於現在所闡述的原理，我們必須給予一定的解釋和限制。即使在土地已經被精耕細作、單純增加勞動投入或者增加普通肥料的施用量之無法獲得與支出成比例回報的情況下，人們仍然有可能透過大量額外的勞動和資本的投入，對土地本身進行改良，建設排灌系統或者施用長效肥料，獲得與已經投入的任何一部分的勞動和資本所獲得的回報同樣豐厚的回報，甚至獲得更爲豐厚的回報。不過，如果資本總是在尋求最爲有利的使用方式，並且總是能夠找到這種使用方式，那麼這種事情就不可能發生；但是，如果這種最爲有利的投資方式，需要相當長的時間才能獲得回報，那麼人們是可能做出這種選擇的；不過，只有當產業發展進入更高階段時才行，並且即使在產業發展的高級階段，與土地資產和土地租賃有關的法律和習俗，也經常會對一國的可支配資本投入農業改良產生阻礙作用。因此，有時一些國家仍然需要透過精耕細作，以較高的成本增加糧食的供給，以便滿足人口增長所增加的糧食需求，並且即便在知道可以採用無須提高成本的耕種方式時，情況也可能如此。毫無疑問，如果來年的可支配資本充足，可以在現行價格下對聯合王國土地進行眾所周知且共同認可的土地改良，使產量增加的比率與支出增加的比率一樣大或者更大，那麼結果是（尤其當我們把愛爾蘭也包括在假設之中時，情況更是如此）將不再需要耕種劣等土地，可能也不再需要耕種現在已經耕種的大部分低產土地或者位置不佳的土地；或者（如果所說的改良不適用於優質土地，而更適用於劣等土地並可以將其改造成良田的話）耕作方式的改變整體上可能主要體現在減少肥料施用量或者加大粗放耕作的土地面積等方面，那麼這在一定程度上就會倒退到與美國的耕作方式的特點更爲接近的狀況；如此一來，只有將不易改良的劣等土地完全放棄才行。而且，全部耕種土地的總產量相對於所耗費的勞動的比例將比以前有所提高，同時，土地收益遞減的一般規律在此範圍內暫時不再適用。然而即使在這種情況下，也沒有人敢斷言僅僅耕種最優質的土地以及雖非優質但位置最佳的土地，就可以提供國家所需要的全部糧食產量。毋庸置疑，很大一部分產量將會繼續在較爲不利的條件下被生產出來，所獲得的回報率也將比土地肥力最優與位置最佳的土地上所獲得的回報率還要低一些。隨著人口的進一步增長，人們所需要的供給量不斷增加，收益遞減的基本規律必將重新發揮作用，屆時只能以更高比率的勞動和資本的投入才能獲得所需要之增大的產量。

§三 在其他條件不變的情況下，土地的產量隨著所僱用勞動的增加而以遞減的比率增長這一事實，經常受到忽視而不是否定。然而，這一規律受到美國著名政治經濟學家H·C·凱里先生的直接抨擊。他堅持認爲，農業生產的實際規律與此剛好相反，即與勞動的增加相比，產量增加的比率更大。換言之，農業生產對勞動提供一種不斷遞增的收益。爲了證實這種論斷，他辯駁道，耕種並不是從較爲肥沃的土地上開始，然後隨著需求的增加擴展到劣質土地上，而是從劣質土地上開始，經過很長的時間才擴展到較爲肥沃的土地上。在任何一個新開墾的國家中，定居者都是從處於較高位置的貧瘠土地上開始耕種，人們不會首先耕種河邊肥沃而且溫潤的土地，因爲它們是滋生病菌的溫床，爲了排掉它們的積水，需要投入大量且長期的勞動。隨著人口和財富的增長，耕種才像實際情況那樣逐漸移至山腳，因而地勢較低的肥沃的土地通常是（他甚至說普遍是）最後才進行耕種的。這些論斷以及凱里先生從中得出的許多推論，在他最新、最縝密的專著《社會科學原理》中有非常詳盡的論述；他認爲這些論斷推翻了他所謂的英國政治經濟學的基礎，以及與此相聯繫的所有的實際結論，尤其是關於自由貿易的理論。

從相關的輿論來看，凱里先生的確舉出了一個很好的實例，對於若干政治經濟學界的最高權威人士，他並沒有明確指出他們所提出的規律並不適用於新開墾的國家首先耕種的土地。在人口稀少、資本匱乏的國度，需要大筆費用予以開墾的土地一定不會首先被耕種；儘管當時機成熟之後，這些土地的產量高於較早耕種土地的產量，並且不僅絕對產量高，相對於所使用的勞動產量也比較高，即使我們將最初投資開墾的土地也包括在內，情況也是如此。不過，並未有人聲稱，收益遞減規律從社會建立之初就會發生作用，雖然有些政治經濟學家可能認為該項規律發揮作用的時間早於它實際發揮作用的時間，但是它的確很早就發揮作用了，這足以支持他們根據此項規律所得出的相關結論。凱里先生將很難武斷地認定在任何古老的國家，例如英國和法國，在現在或者若干世紀以來，那些閒置的土地從自然條件來看，會比那些已經耕種的土地更為肥沃。即使根據他自己的標準——土地所處的位置——加以判斷（我無須指出哪種標準究竟有多麼不完善），但在英國和法國現在尚未耕種的土地是否位於平原地帶或者河谷呢？而已經耕種的土地是否位於丘陵地帶呢？盡人皆知，情況剛好與此相反，處於閒置狀態的土地都是地勢較高、貧瘠的土地，而且隨著人口的增長，人們的耕種將從平原地區向丘陵地區擴展，以滿足擴大耕種面積的需要。也許一個世紀會有一次需要將貝德福德蓄洪區的水抽乾，或者將哈勒姆湖的湖水排盡，但是這些均屬於事物發展進程中微不足道的短暫例外，而且在所有文明的國度裡，這種情況均已經不復存在了。[2]

凱里先生本人無意間有力地證明了他意欲反對之規律的正確性，因為他所極力堅持的論斷之一是，在一個發達的社會中，土地初級產品的價格具有穩步上升的趨勢。現在，政治經濟學最基本的原理證明，這種情況根本不可能發生，除非這些產品的生產成本（以勞動衡量）趨於上升。作為一般的規律，如果對土地所增加的勞動可以使收益以更大的比例相應增加，則隨著社會的進步，產品的價格不但不會上升，反而必然會下降，除非黃金和白銀的生產成本以更大的比例下降。不過這種情況很少發生，歷史上只在兩個時期出現過這種情況：一次發生在墨西哥和秘魯的金礦開發之後，另一次則發生在我們生活的這個時期。這兩個時期除外，在所有其他時期，貴金屬的生產成本不是基本穩定就是不斷上升。因此，如果農產品的貨幣價格隨著人口和財富的增長而趨於上漲，那麼無須其他證據便可以證明，當需求的數量較大時，為增加土地的產量所需要的勞動也會趨於增加。

我不會走得像凱里先生那樣遠，我不會斷言農產品的生產成本和價格將隨著人口的增長總是且必然上漲。趨勢雖然確實如此，但是這一趨勢很可能會在很長的一段時期內受到抑制。實際的結果並非取決於一個規律，而是取決於兩個相互對立的規律。還有另外一種力量慣於對土地收益遞減規律產生抑制作用，我們現在需要對此加以討論。它並不是什麼其他規律，而是文明的進步。我之所以使用這種基本而又籠統的表述，是因為它所包括的內容實在太多，根本無法運用明確限定意義的語言將之全部予以涵蓋。

其中最為突出的就是農業方面所實現的知識、技能水準的提高與發明的增多。農業改良分為兩類：一些改良可以提高土地的絕對產量，但是無須增加投入的勞動；另外一些改良不能提高產量，但是可以減少獲得相應產量所需要的勞動和開支。推行輪作制度、廢除休耕制度便屬於前者；推行輪作制度有利於農業新品種的引進。上個世紀末，透過引進蕪菁新品種使英國的農業所發生的變化，被稱為一場革命。首先，這些改良不僅使土地每年都可以收成一次，替代原先為使土地恢復生產力而每隔兩到三年就必須休耕一次的制度，而且還提高土地的生產能力，因為飼料的增加使牲畜數目大大增加，從而提供豐富的肥料，使土地變得更為肥沃。其次，還陸續引進營養豐富的農作物，例如馬鈴薯，或者產量更高的農業品種，例如瑞典蕪菁。在這一類改良中，還必須加上對於肥料性質的進一步瞭解，以及對於最有效的施肥方法的掌握；使用新的、更為有效的肥料，例如鳥糞，以及將過去的廢物轉化為肥料；深層翻耕方法或者修築地下暗渠的發明；在繁育或者餵養牲畜方面的改進；將人類消費過程中或者在轉化為人類食物的過程中遭到浪費的物品轉化為動物的飼料等。另一類減少勞動的改良並不提高土地的生產能力，包括改進農具的結構；引進新的節省人力的工具，例如揚穀機和打穀機；採用更為巧妙、省力的耕作方式，例如英國正在緩慢推廣的蘇格蘭之耕作方式——用一個人驅趕兩匹馬的耕作方式，替代兩個人驅趕三匹馬的耕作方式。這些改良並沒有提高土地的生產能力，而是與前一類改良一樣，趨於抵銷因人口和需求的增長而上漲的農產品的生產成本。

交通運輸能力的提高所發揮的作用，與第二種類型的農業改良所發揮的作用相同。好的道路相當於好的工具。不用說，不論是在農產品的生產過程中，還是在將農產品運送到消費地點的運輸過程中，勞動都得以節省。我們也無須額外重申，只要運送肥料的成本有所下降，或者農場內部的運輸更為便捷，都將使耕種本身的勞動有所減少。鐵路和運河實際上減少了將產品運送到市場上販賣的生產成本——理論上減少了利用這些所有設備和輔助材料的生產成本。透過這些運輸，在農產品的價格無法提高的情況下，使耕作者未能獲得回報的土地也得到了耕種。航運事業的發展，在從海外輸入食品或者原物料方面，發揮了與此相同的作用。

基於同樣的考量，許多純粹機械方面的改進雖然從表面上看起來與農業生產的關係不大，但是都將使糧食生產所耗費的勞動有所減少。冶煉技術的巨大進步將使農業生產工具的價格有所下降，將使鐵路、車輛、船隻或者房屋，以及許多其他因為鐵價昂貴目前尚未用鐵製造之物品的成本有所減少，從而將使糧食生產的成本有所減少。糧食原物料加工工藝的改進也發揮相同的作用。剛開始利用風力或者水力磨麵粉，使麵包價格大幅度下降所具有的重要性，不亞於農業的重大發現，而麵粉機結構的任何重大改進，也具有與此相同的影響。運輸成本下降所產生的影響，我們已經予以考察。還有一些工程方面的發明，為在地球表面進行的所有大規模的建設提供了便利條件。平面測量技術的進步對於排除部分土地的積水發揮重要的作用，更不用說在鐵路建設和河運開鑿方面所具有的重要性。人們利用風動或者氣動水泵，對荷蘭的沼澤地以及英國的部分土地進行排水作業。在利用河運、蓄水池或者堤壩實施灌溉的地方，機械方面的技能是促使產品價格降低的重要因素。

那些未能在糧食實際生產的任何階段提供工具方面的便利的製造技術的改進，雖然無助於阻止土地收益與勞動成比例地遞減，然而它卻具有另外一種與此相近的作用。儘管這些改進的確不能阻止收益遞減的情況，但是卻在某種程度上可以對遞減的收益給予補償。

製造業的全部原物料均來自於土地，其中有許多來自於農業，尤其農業為服裝業提供各種所需要的原物料。因此土地生產的基本規律——即收益遞減規律——最終一定也會像適用於農業那樣適用於製造業。隨著人口的增長，土地提高產量的能力越來越低，為獲得更多的原物料，必然與為獲得更多的糧食一樣，需要耗費更大比例的勞動才行。不過，原物料的成本通常僅占整個生產成本的一小部分。因此在工業品的生產中所包含的農業勞動也僅占商品生產的全部勞動的一小部分。隨著產量的提高，其餘的勞動將不斷且顯著地有所減少。與農業相比，製造業更易於受到機械改良的影響，並實現對於勞動的節省。人們已經看到，勞動分工以及勞動的技能與經濟方面的分配，在很大程度上取決於市場的範圍以及進行大規模的生產的可能性。於是在製造業中，趨於提高行業生產能力的眾多因素，對趨於降低生產能力的一個因素產生抑制作用；而且由社會進步所帶動之生產的增長，並未導致成本成比例地增加，而是不斷地降低成本的比例。兩個世紀以來，幾乎所有工業品的價格和價值迅速下降，這些都充分證明了此一事實。在最近的七十、八十年間所湧現的機械方面的發明，使這種下降加速，而且可以預見，這種下降將會延續下去，並突破可以確切具體加以說明的任何界限。

現在，不難予以想像的是，一般來說，農業勞動的效率將隨著產量的增加而逐漸下降，結果將使糧食的價格迅速上漲，爲滿足全部人口的需求而從事糧食生產的人口所占的比例將會不斷加大。然而與此同時，所有其他產業部門的勞動的生產能力將會迅速提高，致使大量的勞動可以從製造業中分離出來；同時，不管怎樣都可以生產出更大的產量，並且與以前相比，可以從整體上使社會的需求得到更好的滿足。相關的利益甚至可以惠及最貧困的階層；服裝與住房價格的不斷下降，可以抵補他們因食品價格上揚所造成的開支。

因此，任何一種生產技術的改進都將透過某種方式對農業勞動的收益遞減規律產生相反的作用，並非僅有產業部門的改良具有這種作用；政府部門的改進以及幾乎所有道德方面或者社會方面的進步也都會以相同的方式發揮作用。試想一個處於法國大革命前的社會狀況之下的國家，國家的稅收幾乎全部來自於產業階層，這個原則無異於對生產活動予以懲罰，人民個人的生命和財產遭受貴族和宮廷的損害卻得不到賠償。一場革命風暴摧毀了這種制度，即使僅從提高勞動生產能力的角度來看，難道不能認爲這與許多產業發明所發揮的作用相當嗎？減輕農業的財政負擔，例如廢除什一稅，其所產生的作用如同將生產目前的產量所需要的勞動突然減少了十分之一。廢除《穀物法》，或者廢除任何其他使商品無法在生產成本最低的地方生產的禁令，均無異於生產的巨大進步。當允許原先爲滿足狩獵或者其他娛樂目的的肥沃土地用於農業生產時，農業總體的生產能力將會提高。眾所周知，在英國，《濟貧法》的實施，由於管理不善造成極大的負面影響。在愛爾蘭，有害的租賃制度所造成的嚴重後果一直使農業的勞動處於無效率的狀態。沒有比與土地租賃權和所有權相關的法律方面的改進，更能直接地對勞動的生產能力產生影響。廢除對於地產繼承權的限制，降低土地轉讓的費用，以及推行任何其他促進土地自由買賣的制度，都將有助於使土地從不善於經營的所有者手中，轉移到具有經營能力的所有者手中；用自願的長期租賃制度，以及任何尚可的租賃制度替代愛爾蘭的小佃農制度。總而言之，使土地的耕作者能夠獲得土地所提供的長期利益。所有這一切，正如生產領域中紡紗機或者蒸汽機的發明一樣，都是實實在在甚至是同等重大的進步。

可以說，教育方面的改進也將發揮同樣的作用。就勞動的生產能力而言，工人的智力水準是最爲重要的影響因素。在某些文明程度很高的國家中，工人的智力水準卻是如此低下，以至於國家或者企業努力尋求的任何其他可以無限提高勞動生產能力水準的改良，都不如讓僅會動手的工人學會如何動腦更好。勞工的細心、節儉和相互信賴，與其智力水準同樣重要；勞工與雇主之間的友善關係，以及利益與感情的和諧一致也極爲重要，或許我應該說更爲重要。因爲據我所知，這種朋友之間的合作關係尚不存在。甚至並非僅僅是勞工階層的智力和性格的改進會對產業的發展產生有益的影響，富人階層和有閒階級較高的智力水準、扎實的教育、強烈的道德觀念、公眾意識或者博愛情懷，都將促使他們在國家經濟資源的配置、各項制度的建設以及社會習俗的形成方面發起且促進實現最有價值的改進。我們不妨關注一下一種最爲醒目的現象，法國農業在某些方面落後的部分原因是，富有的土地所有者對於城鎮利益與舒適的貪戀，而農業的發展原本期望從這個有教養的階層那裡獲得良好的影響。有關人類的任何進步，都將直接地或者間接地有利於產業生產能力的提高。誠然，在許多情況下，腦力活動的進一步解放與昇華，均將降低生產性行業所需要的體力勞動的強度，但實際上投入這些行業的勞動卻幾乎總是會變得更加具有效率。

在依據決定農業生產能力的兩種相互對立之力量的本質做出基本論斷前，我們必須認識到，只要略加調整，對於我們有關農業來說正確的論述，就會適用於所有其他從地球上獲取原物料的產業。例如，採礦業爲增加產量，通常必須以更大的比例增加成本；更爲糟糕的是，即使爲獲得相同的年產量，採礦業也需要投入越來越多的勞動和資本，因爲礦藏不會重新生產出已經被開採的煤炭和礦石，所以不僅所有的礦藏最終都將被開採一空，而且即使現在仍未枯竭，但是開採所需要的成本也必然越來越高，坑道必須加深，隧道必然加長，需要更大馬力的泵浦才能將水排盡，需要從更深或者更遠的地方將產品運送到地面。因此，收益遞減規律無條件地適用於採礦業。當然，生產改進這一制約因素也將發揮出巨大的作用。採礦業比農業更易於受到機械方面所實現之技術進步的影響；正是在採礦業方面，蒸汽機實現了首次偉大的應用，提煉金屬的化學工藝顯示出了無限改進的可能性。還有另外一種可能經常出現的情況有助於延緩處於開發狀態的礦山日漸枯竭的進程，那就是與之相當或者更為豐饒的新礦藏的發現。

總體而言，所有數量有限的自然要素，不僅最終的生產能力是有限的，而且在它們的這種能力遠未達到極限狀態之前，它們爲滿足日益增長的需求所提供的收益就將迅速減少。不過人類支配自然能力的任何程度的提高，特別是人類知識的任何方面的擴展，以及由此對於自然要素之性質和力量的進一步掌握，均將使這一規律受到抑制或者暫時的控制。

◆註解◆

【1】參閱約翰·羅伯特·戈德利（John Robert Godley），《美國書簡》，第一卷，第四十二頁；同時參見萊爾（Lyell），《美國之旅》，第二卷，第八十三頁。

【2】愛爾蘭的情況可以說是一個例外，整個國家的大部分土地由於沼澤地的水沒有排除而一直無法耕種。雖然愛爾蘭是一個古老的國家，但是不良的社會環境與政治環境使它一直處於貧困與落後的狀態。如果能夠排除積水進行耕種，那麼愛爾蘭的沼澤地極有可能成為凱里先生所說的位於河谷地帶的肥沃的土地，不過也很有可能仍然屬於較為貧瘠的土地。

第十三章　有關前面所述規律的結論

§一

從前面的論斷中可以看出，生產的增長受到兩方面的限制：一、資本的短缺；二、土地不足所造成的限制。生產的中斷或者是因為實際積累之欲望的不足，無法促進資本進一步地增長，或者是因為雖然擁有多餘收入的人可以節省一部分收入，但是社會可支配的土地的有限性，無法使增加投入的資本獲得與他們的節省相匹配的回報。

某些國家的積累觀念，像亞洲許多國家的積累觀念一樣淡薄。在這些國家中，人民既不儲蓄，也不為獲取儲蓄的手段而工作，除非受到巨大利潤的誘惑。不過如果等待獲利所需要的時間較長，那他們也不會進行儲蓄。在這些地方，不是生產非常落後，就是仍然依靠人力勞動；究其原因，或者是資本匱乏，或者是缺少引進以自然力量替代人力的發明創造之遠見卓識。從經濟的角度來看，這些國家急需解決的問題是提高產業發展水準，並且強化實際積累的欲望。可以採取的措施包括：首先，建立良好的政府；對於財產提供更為全面的安全保障；減輕稅收負擔，杜絕以稅收的名義隨意橫徵暴斂的行為；實行更為長期、更為先進的土地租賃制度，在可能的限度內，保證耕種者從其貢獻的勞動、技能和節省中獲得不可分割的相關利益。其次，提高公眾的智力水準；抵制一切不利於勞動積極性有效發揮的習俗或者迷信行為；提高人們的思維能力，使人們積極追尋新的理想和目標。再次，引進能夠提高追加資本的收益率且與較低的積累欲望相適應的外國技術；輸入外國資本，以便使生產的增長不再完全依靠國民節儉的習慣以及深謀遠慮的能力；在為國民提供可資效法之榜樣的同時，使國民獲得新的觀念，打破傳統的禁錮，即使不能改進國民的實際狀況，往往也能使他們產生新的欲望，擁有更大的抱負，並且更加關注未來。這些考慮或多或少地適用於所有的亞洲居民，以及文明程度和工業化程度不高的部分歐洲國家，例如俄羅斯、土耳其、西班牙和愛爾蘭。

§二一 不過，也有另外一些國家（英國位居首位），其所具有的無論是努力奮鬥的精神，還是實際積累的欲望，都不再需要透過任何激勵予以增強。在這些國度中，人民爲了微薄的酬勞而勤奮工作，爲了蠅頭小利而大量儲蓄。此處儘管從整體來看，勞工階層節儉的程度尚不盡如人意，但是社會上較爲富有的階層所具有之積累精神，則需要有所收斂，而不是繼續加強。如果在這些國家中資本的增長不曾因爲資本的收益大幅度地減少而遭到抑制或者停頓，則這些國家的資本永遠都不會發生短缺。正是收益加速遞減的趨勢在發揮作用，導致這種趨勢產生的增長常常與生產者狀況的惡化相伴，而這種趨勢將及時地使生產的增長整體上停頓下來。這是由土地生產的條件所決定的一種必然的、固有的結果。

在所有已經跨越農業早期發展階段的國家中，由於人口增長所造成之糧食需求的每一次加大，在公平分配的條件下，將總會使每個人分得的份額有所減少，除非生產同時得到發展。如果已經沒有尚未耕種的肥沃的土地，或者沒有促使產品價格降低的新的方法的改進，那麼不以更大的比例增加勞動的投入，就根本無法實現生產的進一步增長。人們必須更加努力地工作，或者減少糧食的消費，或者透過部分犧牲其他的日常享受，換取他們通常所消費的食品。在很多情況下，儘管人口有所增長，但是這種必然趨勢並未充分顯現，這是因爲有利於生產持續發展的改進不斷發生，因爲人類的發明創造使人類的勞動變得更爲有效，可以使人類與大自然不斷地進行勢均力敵的對抗；一旦人類的大量需求將原有的資源消耗殆盡，那麼人類就很難從大自然難以駕馭的力量中再攫取新的資源。

由此可以得出一項重要的推斷，即並非像許多人所認定的那樣，只有在財產的狀況非常不均衡的條件下才有限制人口數量的必要。在任何一定的文明程度下，較多的人口總體上無法像較少的人口那樣得到良好的日常供給。人口過剩所導致的懲罰並非來自於社會的不公平，而是來自於大自然的吝嗇。財富分配的不公平甚至並未加劇這種不幸，只是促使某些人較早感受到這種不幸。人口的增長在增加嘴的數量的同時也增加了雙手數量的這種說法是過於輕率的。新的嘴與老的嘴一樣，需要消耗同樣多的食物，然而，新的雙手卻生產不出與老的雙手所生產的同樣多的糧食。如果所有的生產工具都作爲共同的財產，爲全體人民所擁有，同時，產品在人民中間以絕對平均的方式加以分配，那麼一個能夠以這種方式構成的社會的生產就能夠充滿活力，產品充裕富足，與當前的情況一樣，這裡所有的人口都會生活得非常舒適。不過毋庸置疑的是，基於人民現有的習慣，受到這種優越的生活條件刺激，在略微多於二十年的時間內，人口就會翻倍，屆時，他們的生活條件將會怎樣呢？除非生產技術在同一期間內得到前所未有的改進，否則人民必須耕種劣質的土地，並且在優質的土地上爲獲取微薄的回報投入得更多，才能滿足如此之多的人口對於糧食的需求；由此所產生之不可避免的後果是，社會中的每個人都將變得比以前更爲貧困。如果人口繼續以相同的速度增長，那麼每個人只擁有生活必需品的時代將會迅速到來；而之後不久，沒有人擁有充足的生活必需品的時代也將到來，並且人口的進一步增長還將因人口的死亡而終止。

無論是現在還是任何其他時期，相對於所使用的勞動的產量是增加還是減少，人民的平均生活狀況是改善還是惡化，均取決於人口增長的速度是快於還是慢於技術進步的速度。當人口的密度達到某種程度並足以使人們獲得勞動聯合所帶來的主要利益之後，每次人口的增長都將使人們的平均生活狀況遭到損害。不過技術進步具有相反的作用，可以對基於人口增長所造成的生活狀況的惡化產生抑制作用，甚至可以使生活水準不斷有所提高。在此，我們必須從廣義上理解技術進步的含義，它不僅包括產業領域的新的發明創造，或者原有的發明創造的推廣和應用，還包含機構、教育、輿論以及所有一般性的人類事務方面的進步，只要它們趨於對生產提供新的激勵和便利即可，這與所有的技術進步具有的作用相同。如果一國生產能力的提高能夠與人口增長所要求的產量的增長同步，那麼就不再需要爲了獲得增加的產量，去耕種比已經耕種的最爲貧瘠的土地還要差的土地，或者在收益已經遞減的原有的土地上投入更多的勞動，或者至少這種能力的削弱可以由技術進步所帶來的、投入到製造業中的勞動效率的提高而得到補償。透過這種或者那種方式，增長的人口可以獲得供養並且保持不變的生活狀況。但是，如果人類控制自然的能力出現停頓或者遭到削弱，而人口增長的勢頭卻不減，如果僅處於現有的控制自然要素的能力之下，卻要求這些要素提供更多的產量，那麼就不會有更多的產量提供給增長的人口，除非在平均的水準上要求每個人付出更大的努力，或者減小從總產量中所獲得的平均份額。

事實上，在某些時期，人口的增長在兩者之中位於前列，而在其他時期，技術進步位於前列。在法國大革命之前的很長一段時期內，英國人口的增長十分緩慢，不過技術進步——至少農業方面的改良——似乎更爲緩慢。因爲雖然並未出現促使貴金屬價值下降的情況，但是穀物的價格卻大幅度上漲，致使英國從穀物的出口國轉變爲穀物的進口國。但是，這一證據尚不足以令人信服，因爲在該世紀前半葉，豐收年景雖然很多，但是豐收卻沒有延續，結果造成該世紀後半葉的糧食價格上漲，儘管社會的發展十分正常。在此期間，製造業的改進或者進口商品成本的下降，是否能夠對於土地勞動的遞減的生產能力給予補償，這尚難以確定。不過，自從瓦特（Watt）、阿克萊特和他們同時代的人進行偉大的機械發明以來，勞動的收益的增長很可能與人口的增長並駕齊驅；而且如果收益的增長沒有引起人類固有的繁衍能力增強，則收益的增長很可能已經超過人口的增長。在過去的二十、三十年間，農業生產進展神速，甚至相對於所僱用的勞動來說，土地提供更多的產量；即使在廢除《穀物法》、極大地緩解當時的人口對於生產所造成的壓力之前，糧食的平均價格也出現明顯的下滑。然而，雖然技術進步在一定的時期內可以保持與人口的實際增長同步，甚至超過人口的實際增長，但是毋庸置疑的是，改進永遠也不可能達到人口增長所能夠達到的最大的速度。實際上，如果人口不能獲得控制，那麼就沒有任何辦法控制住人類生活狀況惡化的勢頭。如果人口能夠得到更爲嚴格的控制，並且實現與已經進行的改進相同的改進，則國家或者全體人民必將獲得比現在還要更高的收入。透過技術進步從自然界獲取的新成果，將不會全部單純地用於供養更多的人口，儘管總產量不會如此之大，但是人均產量一定較高。

§三　如果一個國家人口增長的速度超過技術改進的速度，那麼該國除非以越來越不利的條件耕種原有的土地，否則就必須擴大劣質土地的耕種以滿足人們日益增大的食物需求，從而使人們獲取生活必需品的難度不斷加大。不過即使人民沒有改變與人口增長速度有關的習慣，也可以採取以下兩種措施使這種令人難堪的狀況得到緩解：一、從國外進口糧食；二、進行移民。

從外國輸入較爲便宜的糧食所產生的影響，與可以使國內糧食生產成本降低的農業發明創造所產生的影響相同，它同樣提高勞動的生產能力。從前的利益所在是，用一定數量的糧食供養從事糧食生產的一定數量的勞動力；現在的利益所在則是，可以用較多數量的糧食供養從事棉花、工藝品或者某些其他用於交換糧食的商品在生產上的相同數量的勞動力。這種改進與另一種改進相類似，在一定的程度上抑制勞動生產能力下降的勢頭。不過在這種情況下，與另一種情況相類似，勞動生產能力下降的頹勢很快就會恢復原樣，恰如退去的潮水又上漲。的確，人們很可能會認爲，當某個國家從整個地球上如此廣闊的區域面積中獲取糧食時，而占據地球一小角落的某國，其人口的增長對於這一廣闊區域所產生的影響是微不足道的，即使該國的人口已經增長兩倍或者三倍，也不會有人感覺到生產的發條已經被上緊，或者全球的糧食價格已經開始上漲。不過，這種考慮忽略了以下幾個方面的問題。

首先，並非整個地球上的所有地區，而僅僅是海運或者河運便利的地區，有可能提供所需要的進口糧食。大多數國家的沿海地區，往往都是人口定居最早因而也是人口最爲稠密的地區，很少有剩餘的糧食。因此，糧食的主要供給來源是可以通航的狹長的大河流域，例如尼羅河、維斯杜拉河或者密西西比河沿岸，而且在世界上土地肥沃的這些地區中，人口尚未增長過快，因而無須爲隨時滿足不斷增長的糧食需求而加倍生產，並使土地的生產能力遭到削弱。在當前的交通條件下，有些國家根本無法從內陸獲取充足的糧食供給，透過改善道路狀況，最終透過開鑿運河並且修築鐵路，不是不能克服這一障礙，但是這是一個緩慢的過程；現在除美國之外，所有糧食出口國在這一方面的進展都非常緩慢，而且美國在這一方面的進展也將無法跟上人口增長的速度，除非其人口增長得到有效的控制。

其次，即使糧食的供給來自於糧食出口國的全部地區，而非一小部分地區，但糧食的總量也是有限的，並且不可能在不增加相應成本的情況下收成它們。可以將糧食出口國分爲兩類：一類是實際積累欲望很強的國家，另一類則是實際積累欲望較弱的國家。澳洲和美國的實際積累欲望較強，它們的資本增長迅速，糧食產量有可能提高得非常迅速。但是在這些國家中，人口的增長也異常迅速，它們的農業生產既要滿足本國不斷增長的人口的需要，也要滿足糧食進口國的增長人口的需要。因此從發展的趨勢來看，它們必然很快就不得不耕種貧瘠的土地，或者耕種與現有土地相當但較遠、交通相對不夠便利的土地，或者採用類似於古老國家所採用之對勞動與花費來說生產能力低下的耕種方式進行耕種，這樣才有可能獲得更多的糧食。

不過，糧食價格很低同時工業也很繁榮的國家非常少，只有將文明的生活方式全部傳播到富饒但是尚未開墾的土地上的國家才具備這樣的特點。那些出口糧食的古老的國家之所以出口糧食，僅僅是因爲它們的工業還處於非常落後的狀態，因爲其資本的增長和人口的增長尚未達到足以促使糧食價格大幅上漲的地步。俄國、波蘭以及多瑙河平原上的各個國家就是如此。在這些地區，實際積累的欲望非常弱，生產技術極不完善，資本短缺，資本的增長——特別是源於國內資源的資本的增長——非常緩慢。當其他國家對於糧食的需求加大時，它們只能非常緩慢地增加糧食產量以滿足出口糧食的需要。爲此，它們所需要的資本不可能從其他行業中獲得，因爲這樣的行業根本就不存在。俄國人和波蘭人目前不生產英國用於與他們交換糧食的棉布和金屬器具，他們沒有這些行業。由於生產者可能因市場對其產品開放而受到激勵並努力工作，因此可以預期，從他們那裡及時得到所需要的糧食有時也是可能的；不過在由農奴或者剛剛擺脫奴役狀態的農民所構成的國家中，人民所具有的習慣往往不利於提升這種努力工作的精神，即使在大變革時代，他們這些習性的轉變也很緩慢。如果需要大幅度增加資本的支出才能提高糧食產量，那麼只有透過在新的商品以及更爲廣泛的通商刺激之下所發生的緩慢的節省過程（在這種情況下，人口很可能快速增長），或者透過外國資本的輸出，才能獲得所需要的這些資本。如果英國想要迅速增加從俄國和波蘭進口的糧食的規模，那麼英國的資本就必須輸出到這兩個國家以便生產這些糧食。然而，這樣做將會遭遇諸多困難，這無異於使英國處於巨大的劣勢之中。這種劣勢源於語言方面和習俗方面所存在的差異，以及制度與社會關係所造成的無數障礙；而且最終不可避免的是，這些資本將大大地刺激當地人口的增長，並且很可能將使幾乎所有利用這些資本所生產出來的糧食在尚未出口之前即被消費一空。因此，如果不是採用幾乎唯一應該採用的方式，即透過引進外國的技術和思想，對這些國家落後的文明給予刺激，則依靠這些國家增加出口，滿足其他國家迅速、無限增長的糧食需求，是不現實的。但是提高一個國家的文明程度需要經歷一個漫長的過程，在這段期間，無論是糧食出口國的人口還是糧食進口國的人口，都會大幅度地增長。因此與某一較小的具體國家的情況相比，對於歐洲整體而言，這種輸出資本的方式對於糧食價格因需求的增長而上漲所產生的抑制作用並不明顯。

因此無論何時，只要人口增長的速度超過技術改進的速度，那麼勞動收益遞減的規律就不僅僅適用於糧食自給的國家，而且實際上也同樣適用於願意從糧食最爲便宜的地區進口糧食的國家。誠然，糧食價格的突然下跌，無論是以何種方式形成，都會像突然實現的技術改進一樣，會使事物發展的自然趨勢推遲

一、兩個階段，不過這並不會改變事物發展的過程。與糧食自由貿易的反對派和狂熱派所設想的情況相比，伴隨著自由進口所發生的某個偶然性事件，可能會產生更大的暫時性的影響。玉米或者印度的糧食，在數量上足以供養整個英國，如果不考慮營養成分方面的差別，它們甚至比馬鈴薯還要便宜。如果用玉米代替小麥作爲窮人的主要食物，則用於糧食生產的勞動的生產能力必將大幅度提高，並使供養家庭的開銷大幅度減少，即使英國的人口開始像美國的人口那樣快速增長，但大概也需要幾代人的時間，才能超越透過進口所獲得的糧食的供給。

§四　除進口糧食之外，還有另外一種方法可以使一個國家的人口增長對於土地而非資本的生產能力所造成的壓力予以緩解，這就是移民，尤其是以殖民方式所進行的移民。從現有的情況來看，這種方法的成效是眞實的，因爲它尋求所有尚未開墾的肥沃的土地，如果某國國內就有這樣的土地，那麼透過移民就有可能使增長的人口對於糧食的需求得到滿足，卻又不會使勞動的生產能力有所下降。因此，當殖民地近在咫尺，而且人民的習性與志向適宜遷移時，這種方法將完全有效。從美利堅合眾國較爲古老的地區向新開拓的疆土進行移民，就其全部計畫與目標而言，實際上均屬於殖民，使人口得以不受限制地在全國範圍內移動，這既未降低勞動的收益，也未增加謀生的困難。如果澳洲或者加拿大內陸與大不列顚的距離，就像威斯康辛州和愛荷華州到紐約州的距離一樣近，如果過剩的人口無須漂洋過海就可以抵達，而且他們像自己新英格蘭親屬那樣具有冒險、不眷戀故土的性格，那麼這些無人居住的大陸就會對聯合王國提供與美國新州對舊州所提供的相同服務。事物的發展具有一定規則，儘管組織性的移民是迅速緩解人口壓力的唯一方法，並且儘管在愛爾蘭遭受馬鈴薯歉收、廢除《濟貧法》以及在全國廢除基本租賃制度三重作用的特殊情況下，危機時期所發生的自發性移民的規模，均比任何國家計畫所實現的移民規模都還要大，但是仍然有待實踐經驗證明的是，能否長期採用移民措施，像美國那樣，化解每年（以最快的速度進行增長時）增長的人口中，超出在同一較短期間內所實現的技術水準的進步，所導致的社會所有中等家庭的生活趨於窘困的人口。除非可以做到這一點，否則即使從經濟的角度來看，移民也並非一定能夠阻止人口的增長。在此，我們不對這個問題進行更爲深入的討論。與殖民有關的實際問題、對於歷史久遠的國家來說具有的重要意義，以及進行殖民所應遵循的基本原則等，均將在本書後面的章節中進行較爲詳細的論述。

第二編　分配

第一章　關於所有制

§一

本書第一編所闡述的原理，在某些方面，與我們現在將要開始探討的問題存在著顯著的差別。財富生產的規律和條件，帶有自然科學的眞理所具備的性質。在這些規律和條件中，並不存在選擇的或者人爲的因素。無論人類生產什麼，都必須以一定的方式且在一定的條件下進行生產，而這種方式和條件，則是由外在事物的構成以及人類自身的肉體與精神的結構所具有的內在性質所決定的。無論人類的主觀意願如何，他們的生產都將受到前期積累的限制，而在積累水準一定的條件下，產量則與他們的力量、技能、機器設備的完善程度以及利用聯合勞動的優勢的精細程度成比例。無論人類的主觀意願如何，在同一塊土地上使用雙倍的勞動將不能生產出雙倍的糧食產量，除非耕種技術有所改進。無論人類的主觀意願如何，在其他情況相同的條件下，個人的非生產性支出將使社會趨於貧困，而只有他們的生產性支出才會使社會變得富裕。對於這些不同問題所持有的觀點或者意願，並不能支配這些問題的本身。事實上，我們無法預見將來由於人類進一步掌握自然規律，發明目前我們還毫無所知的新的生產工藝，將會在多大程度上改變現有的生產方式，或者將得以提高多大幅度的勞動的生產能力。不過無論我們在物質構成所設定的限度內可能爲自己開拓出多大的空間，我們都知道，這種空間一定是有限的。我們無法改變物質或者精神固有的性質，我們只能在一定的程度上成功地利用這些性質，使之產生令我們滿意的結果。

財富的分配卻並非如此，它純粹是與人類制度有關的問題。只要物品存在，人類就可以根據自己的意願，個人地或集體地處置它們。他們可以將物品交由他們所喜歡的任何人，並基於任何條件予以支配。而且，完全的獨居形態除外，在每一種社會形態中，物品的任何處置方式都需要獲得社會的認同，或者不如說，都需要獲得對於社會有控制能力之人士的認同。即使個人在沒有接受任何人幫助的情況下，透過他本人的辛勤勞動生產出來的產品，個人也無權擁有，除非得到社會的准許，否則不僅社會可以將這些產品從他的手中拿走；而且如果社會採取默許的態度，或者不進行干預，或者不僱用他人加以保護，以達到使他對這些產品的占有不受干擾之目的，那麼其他人也可以並且將會把這些產品從他的手中拿走。因此，財富的分配取決於社會的法律與習俗。占據社會統治地位的那一部分人的觀點和情感，決定了這些規則；同時，在不同的時代和不同的國家，這些規則是極不相同的；而且若是人類願意，那麼這種差別還可能會更大一些。

毫無疑問，人類的觀點和情感不是偶然產生的，它們是人類本性所遵循的基本法則，與知識、經驗、社會制度的現實狀況，以及智力和道德文化相互結合的產物。不過，人類的觀點如何形成法則的問題，已經超出我們當前的研究範圍，它屬於有關人類進步的基本理論之一部分，與之相關的研究所涉及的問題，遠比政治經濟學的內容更爲廣泛也更爲困難。在此，我們將要考察的並不是財富分配所依據之法則產生的原因，而是造成的後果。至少，這些法則不是偶然形成的，而是與生產法則一樣，具有許多自然法則的性質。人們可以控制自己的行爲，但是無法控制自己的行爲對其本人和他人所造成的後果。社會可以依據其所認爲的最好的法則對財富進行分配，但是必須像其他自然科學或者精神科學那樣，透過觀察和推理去揭示這些法則的實施所造成的實際後果。

然後，我們將考察那些在實際中已經採用或者在理論上可能得到認同的土地和勞動的產品分配的不同方式。在這些方式中，我們首先關注那種重要且基本的制度，少數特殊情況除外；這種制度一直是社會的經濟活動得以開展的基礎，儘管其次要特性有所不同，而且難免有所不同。當然，我們所指的是財產私有制度。

§二　財產私有作爲一種制度，並非源於有關效用的任何考慮，這些考慮是在這種制度建立之後爲維護這種制度所做出的辯解。透過對於歷史以及我們同時代中類似之社會形態的研究所獲得有關蠻荒時代的知識充分說明，法庭（總是先於法律而出現）建立之初的目的，並不是爲了確定權利，而是爲了鎮壓暴行和制止紛爭。以這種考慮爲基本出發點，他們自然會賦予最早占有財產的人法律的效力，而將最先行使暴力奪取或者企圖奪取他人財產的人視爲進犯者。這樣做，實現了維護和平之目的，這也是公民政府所追求的初始目標；與此同時，透過確認，對於已經占有財產的人，即使他們所占有的財產並非是他們本人的勞動成果，但也附帶地向他們和其他人提供保障。

將財產所有制作爲社會哲學中的一個問題加以考慮時，我們只能忽略這種制度在歐洲現存的任何國家中的眞正起源。我們不妨假設，在一個未受任何先期占有者阻礙的社會中，一群殖民者最先占據一片無人居住的土地，除共同擁有的物品之外，他們沒有攜帶任何其他物品，同時，他們還擁有足夠的空間制定他們認爲最爲有利的制度和政體。因此，他們必須在私有制或者某種公有制以及集體所有制之間做出選擇，以便將其作爲開展生產活動的基礎。

如果人們選擇私有制，那麼我們就必須假設這種制度並未與妨礙私有制原則在古代社會中發揮有益作用的最初的不平等和不公正同時出現。我們必須假設，每一位成年男子或者女子都能夠保證不受約束地運用且發揮他的或者她的體力和腦力，生產手段、土地和工具將在他們之間公平分配。因此，就外部用具而言，他們擁有相同的條件，並且站在同一條起跑線上。我們也可以設想，在最初的分配中對於自然災害所造成的損失做出補償，並且對身體較弱的社會成員給予一定的優惠，足以使他們保持與其他成員同等的地位，進而維護社會的平等。但是，這種分配一旦實施，就不再遭受干擾，個人將需要依靠自己的努力與一般的機遇，對於所分配的物品充分地加以利用；反之，如果人們排除私有制，那麼就必須採用將土地和所有生產手段都作爲社會共同財產的方案，並且依據共同的利益開展生產活動。我們不妨假設，社會的勞動將由投票選舉產生的一位或者數位文職官員指揮，並同時假設，社會成員均將自願地服從他們的指揮。產品的分配將採取相同的方式並成爲一種公共行爲。產品可能依據完全平等的原則進行分配，或者依據按照個人的需求及貢獻進行分配的原則進行分配。但無論以什麼方式進行分配，都需要符合社會普遍接受的公平的觀念或者政策的意向。

實際產生之規模不大的這種類型的團體，由各種禁慾主義者、摩拉維亞教派、拉普門徒以及其他人士所組成，並依據他們所倡導的從財富不均等的苦難和邪惡中解脫出來的理念，按照大規模貫徹相同思想的方案，使之成爲積極探索社會首要原則的主流方式。處於目前這樣的時代，當人們普遍認爲有必要重新審視所有的首要原則的時候，當社會的苦難階層比歷史上任何時期都具有發言權的時候，具有這種性質的思想必然會被廣泛地傳播。歐洲近期的革命已經大規模地引發人們對於具有這種性質思想的思考，並且以這種思想爲基礎所形成的各種不同的思維模式，也得到人們格外的關注。因此，這種關注很可能不會減弱反而會不斷增強。

抨擊私有制原則的人大致分爲兩類：一類是主張必須對生活和享樂的物質手段採取絕對平均分配的原則進行分配的人；另一類是雖然接受不平均的分配原則，但是主張必須依據某種現有或者設想的分配原則進行分配的人，這種分配原則必須是公平的或者是普遍適用的，而不是像當前社會中所存在的許多不平等的現象那樣，完全是由偶然的因素所決定。第一類的代表人物，當屬當代人中最早提出這一思想的歐文先生（Mr. Owen）和他的追隨者。路易．布朗先生（M. Louis Blanc）和卡貝先生（M. Cabet）近來已經成爲相同教義的著名倡導者（雖然前者堅持只能把平均分配作爲一種向更高層次的公平進行過渡的手段，但是他們都主張各盡所能、各取所需的分配原則）。這種經濟制度的特有名稱是共產主義，這一詞彙源於歐洲大陸，最近才傳入英國。而由英國的共產主義者所創造用以界定他們學說的社會主義一詞，目前在歐洲大陸應用時，具有更爲廣泛的含義：它並不一定代表共產主義或者完全摒棄私有制，而是代表任何制度，即只要土地和生產工具不爲私人所有，而是爲社區、團體或者政府所有即可。在這一體系中，最具有權威性的代表當屬聖西門主義和傅立葉主義，它們均以實際的或者公認的創始人的名字命名。作爲一種體系，前者已經消亡，但是經過幾年的公開傳播，其在法國非常廣泛地播下幾乎所有能夠滋生社會主義思潮的種子；而後者則在其信奉者的人數、才華和熱情等方面，仍然呈現出一派興旺的景象。

§三　無論這些不同的方案可能具有什麼樣的優點或者缺點，都可以斷言，它們在實際上都是可行的。所有理性的人都相信，一個由數千居民組成的鄉村社區，耕種著由地位相同的全部人共同擁有的土地，這些土地目前可以供養全鄉村社區的人口；同時，透過聯合勞動和最爲先進的製造技術生產他們所需要的製成品，是可以使產量提高到足以保證他們過著舒適的生活；而且爲了達到這個目標，他們會想辦法從每一位具有勞動能力的鄉村社區成員那裡獲得所需要的勞動，當然，如果必要，他們也可能採取強制性手段。

對財產公有和產品平均分配制度持反對意見的人通常認爲，這種制度將促使每個人傾向於逃避其所應該承擔的工作。毫無疑問，這一點道出一個實際上的確存在的問題，不過，反覆強調這一點的人似乎忘記了，在現行的社會中，十分之九都存在這個問題。持有反對意見的人則認爲，最爲誠實和有效的勞動只能體現在那些爲個人而工作進而能夠獲得自己的勞動成果的人身上。但是在英國，從報酬最低的工作到報酬最高的工作，由爲自己的利益而工作的人所完成的部分實在少之又少。從愛爾蘭的莊稼收割工或者水泥搬運工，到高等法院的大法官或者政府的部會首長，幾乎所有的工作都是按照日工資或者固定薪資計算報酬的。工廠的操作工與其工作之間的利害關係，比共產主義團體的成員與其工作之間的利害關係更爲薄弱，因爲他們不像團體成員那樣爲了自己即作爲成員之一的合夥企業而工作。可以肯定地講，雖然在大多數情況下，勞工與其工作之間並不存在個人的利害關係，但是他們卻受到與其工作存在個人利害關係的人的監督和指揮，他們的勞動經人安排，他們的頭腦接受調遣。然而，即使這一點也遠非普遍存在的事實。在所有的公有企業和許多最大型也最爲成功的私人企業中，不僅僅具體的勞動，就連控制和監督工作也都是由領取薪資的員工所完成的。雖然「主人的眼睛」具有眾所周知的價值，但只有在主人是警惕並且足夠聰明時才是如此。不過，不應該忘記的是，在社會主義的農場或者工廠中，每位勞工不是在一位主人的監督下，而是在整個社會的監督下工作的。在個別情況下，對於固執地拒絕完成分內工作的人，團體可以採用與現代社會所採用的相同的方法，強迫他們遵守團體提出的要求。解僱，作爲現在解決問題的唯一方法，在任何其他可以僱用的勞工並不能比原來的勞工更好地完成該項工作的情況下，是一種無效的方法；解僱的權利只能使雇主從他的工人那裡獲得慣常的勞動量，但慣常的勞動卻很可能是程度不同的低效率的勞動。由於懶惰和粗心大意而丟掉工作的勞工所遭受的懲罰，即使在最爲糟糕的情況下，也不會比救濟院給予的管教更嚴。如果在一種制度下，避免遭受這種懲罰的願望可以成爲人們努力工作的動力，那麼在另外一種制度下，它也同樣會發揮作用。我並不打算低估若是勞工可以獲得全部或者大部分額外努力勞動的成果對勞工所產生的激勵作用，但是在現行的產業制度中，這種激勵在很多情況下往往是不存在的。共產主義的勞動者也許不具備自耕農或者私人業主那麼高的工作積極性，但是比起那些與工作沒有直接利害關係的僱傭勞動者來說，他們很可能具有更大的活力。在當前的社會狀況下，不曾接受教育的勞工階層對於本職工作缺乏責任心的問題是普遍存在的。今天，讓所有人都接受教育已經成爲共產主義規劃的一項承諾，如果真的能實現這一點，那麼毋庸置疑，所有的團體中的成員都會像領取薪資的中高層職員那樣認真地履行自己的職責；不應該設想這些中高層職員將會辜負這種信任，因爲只要不被解僱，他們無論以何種寬鬆的方式完成自己的工作，都會領到相同的薪資。毫無疑問，作為一般的規律，固定不變的薪資不會使任何類型的基層員工，激發出最大的工作熱情，這也是反對共產主義勞動方式最站得住腳的理由。

即使這種缺點的確存在，但也絕對不會達到那些拒絕認眞思考自己不熟悉的事情的人所想像的嚴重程度。以前人們可能具有的公共意識，比當代人慣於設想的還要強。歷史證明，可以成功地培育出大多數人的主人翁意識，最適宜滋生這種情感的土壤莫過於共產主義團體。因為所有在今天致力於追求相互分離的個人利益的抱負和身心活動，都找到了另外一個得以施展的空間，並且人們將會自然而然地發現，其都在追求團體的整體利益。基於相同的理由，可以說明天主教的牧師或者修士對於教會的獻身精神，因為對他們而言，除教會的利益之外並無個人利益。在共產主義制度下，居民將依附於團體，它與公共意志無關，團體的每一位成員都將遵從最為一致的、也是最為強烈的個人意志，即公眾輿論。這種意志在阻止由團體明確指責的任何行為或者疏忽方面所具有的力量，無人能夠予以否認。不過，為了得到他人的認同和讚許而盡最大的努力開展競爭所具有的力量，也被各種情況下（哪怕是出於瑣碎的或者大家都沒有好處的原因）人類公開互相競爭的經歷所證實。社會主義者並不排斥人們為了共同的利益彼此盡自己最大的努力工作所產生之這種類型的競爭，因此，必須把在共產主義制度下勞動的活力將會衰減到何種程度，或者長期發展下去是否將會完全消失等，視為當前尚未解決的問題。

反對共產主義的另外一種觀點與此相類似，往往被用來抨擊《濟貧法》。如果將願意工作作為唯一的條件，進而保證團體的每一位成員都能夠解決自身和任何數目的子女之生存問題，那麼出於深謀遠慮進而對人類的繁衍所做出的限制將宣告結束。於是人口開始以一定的速率增長，團體的生活水準則不斷下降，最終將導致眞正的饑荒爆發。如果共產主義沒有限制人口的動機，相當於取消了對於人口增長的約束，那麼它確實為這種觀點提供了依據。但是，人們完全可以預期，共產主義所倡導的輿論一定會強烈地反對這種自私的放縱。人口的任何增長都會降低生活水準或者促使整體條件的惡化，導致所有的團體成員立即感受到明顯的不便（現在尚未如此），而且不能將這一切再歸罪於雇主的貪婪或者富人所享有的不正當的特權。在這種變化的環境中，輿論將指責這種或者任何其他類型的以犧牲團體利益爲代價的自我放縱行爲；如果這種指責的力度不夠，則可以訴諸某種懲罰。共產主義的規劃特別提出如何消除人口過剩之弊端的問題，並未留給以人口過剩的威脅爲理由而反對共產主義的人辯駁的餘地。

另外一個更爲現實的問題是，難以在團體成員之間公平地分配勞動。工作的種類很多，應該以什麼標準對工作進行衡量呢？又由誰來確定紡織了多少棉布，或者從倉庫中發送出多少貨物，或者砌了多少磚瓦，或者清掃了多少煙囪，或者耕種了多少土地呢？共產主義的作家們清醒地意識到對於性質不同的各種勞動做出上述判斷是極爲困難的，於是他們認爲有必要讓所有人輪流從事各種類型的有用的勞動。但這種安排由於中斷了勞動分工，因此必將失去勞動協作所具有的優勢，並且大幅度地降低勞動的生產能力。除此之外，即使是同一種勞動，其在名義上是平等的，但也很可能包含著實際上極大的不平等。迫使人們從事各種勞動，會遭受到人們追求公正之意識的強烈反對，因爲並非所有人都同樣地適合從事所有的勞動；對於在體力的強弱、意志的堅定程度、動作的快慢以及聰明才智的水準等方面不同的人來說，相同數量的勞動將成爲不相同的負擔。

不過，雖然這些困難是實實在在的，但卻不是無法克服的。就人類的智慧而言，在追求公正之意識的引導下，根據個人的身體狀況和工作能力分派工作，並將在各種情況下減輕人們的勞動強度作爲一項基本的準則，這並不是一個不可解決的問題；而且在一種以實現公平爲目標的制度中，即使對於人們的工作做出最不合理、最不公平的安排，但與今天工作安排的不合理和不公平程度（更不要說工作的報酬了）相比，也是不值一提的。我們還需要記住的是，共產主義作爲一種社會制度，還僅僅存在於人們的頭腦中，在現階段，人們對於它可能帶來之困難的理解，遠遠超過了對於它具有之能動性的理解；而且，人類的智慧不過剛剛開始致力於有關共產主義制度團體結構的細節方面上的規劃工作，以便克服它可能帶來的問題，並且最大限度地發揮它所具有的優勢。

因此，如果在可能發生所有情況的共產主義與如今呈現多種苦難且極不公平的社會之間做出選擇；如果私有制所導致的必然結果就是我們現在所看到的情況，使產品的分配幾乎與勞動成反比，即根本不勞動的人所獲得的份額最大，只參加幾乎屬於象徵性勞動的人所獲得的份額次之，並且以這種方式發展下去，勞動的報酬隨著工作強度和令人不愉快程度的增加而降低，直到最爲艱苦、最使人精疲力竭的體力勞動所獲得的報酬，甚至不能滿足最基本的生活需求。如果需要我們在這種社會與共產主義社會兩者之間做出選擇，則共產主義所帶來的所有困難，無論大小，都是微不足道的。不過，爲了使對比分析更爲合理，我們必須將共產主義的最佳形態與私有制可能達到的最佳狀況相互對比，而不是與私有制目前的狀況相互對比。從未有任何國家對於私有制原則進行過公正的試驗，英國的情況很可能更是如此。現代歐洲的社會秩序源自對於私有財產所有者的征服與掠奪，並非公平分配和按勞計酬所形成的結果；而且，儘管數個世紀以來大規模的商業活動一直在試圖改變這種由暴力所決定的局面，但是在這種體制仍然深深地殘留著眾多原有的烙印。有關財產的法律從未與證明私有財產是正當的這個制度之原則相協調，它們將所有權賦予根本不具備所有權的人，而且是將絕對所有權賦予僅具備有限所有權的人。它們並非對所有人一視同仁，而是對某些人設置重重的障礙，而對另外一些人則給予特別的優惠。它們有意地製造不公平，妨礙所有人站在同一起跑線上進行競爭。誠然，作爲競爭的基礎，亦即使所有人均具有完全相同之條件的想法，是與任何私有財產的法律都不相一致的，但如果不是像財產私有原則所造成的那樣，使自然法則所決定的機會不均等的狀況進一步惡化，而是在不破壞財產私有原則的前提下，盡可能地緩和這種機會不均等的狀況；

即如果法律的趨勢更利於財富的分散，而不是財富的集中（鼓勵分割大宗財富，而不是盡力將其聚攏），那麼在財產私有原則與自然的和社會的弊害之間就不存在必然的聯繫，儘管幾乎所有的社會主義作家都認爲它們之間是不可分割的。

人們對於財產私有制度所做的每一項辯護，都強調財產私有制度對於個人透過自己的勞動和節省所獲得之成果提供的保護。對於將其他人透過勞動和節省所獲得的成果，向沒有做出任何貢獻或者努力的人們進行轉移，並非屬於這種制度的本質，而僅僅是伴隨著這種制度所產生的某種結果，當這種結果發展到一定程度時，它將不再對私有制的合法化產生相互促進的作用，而是將產生與之相互牴觸的作用。爲了對財產所有制度的終極目標做出評價，我們必須假定所有錯誤均已修正，從而使這種制度所應遵循的公平原則——即報酬與付出的努力成比例的原則——已經成爲對於這種制度所做的每一項辯解的基礎。我們還必須假定以下兩個條件都已經得到滿足，否則無論是共產主義還是任何其他的法律或者制度，都無法阻止人類主體狀況的沉淪與惡化。其中一個條件是普及教育，另一個條件是限制社會人口。如果實現這兩個條件，那麼即使在現有的社會制度下，也不會出現貧窮；而且社會主義所假定的問題，也不再像社會主義者通常所指出的那樣，是唯一有望解決造成當前人性泯滅的弊端的問題，而僅僅是未來需要取捨的比較優勢的問題。不論對於私有制度的最佳形態，還是對於社會主義的最佳形態，我們所具備的知識都非常欠缺，因此還無法做出抉擇究竟應該將哪一種社會形態作爲人類社會的最終形態。

如果可以進行大膽推斷，那麼這一抉擇很可能主要地取決於對某個問題的思考，即究竟這兩種制度中的哪一種制度更適合於最大多數人類的自由與自主的發展。在基本的生活得到保障之後，人類所產生的另一個更強烈的個人需要就是自由，且與伴隨著文明的發展而變得更爲穩健及更加易於控制的物質需要不同，伴隨著人類的智力和道德素質的提高，它的強度將加大而不是減小。完善的社會制度和實際道德的標準將確保人們所要求之完全的獨立性和行動的自由，在不損害他人利益的前提下不會受到限制，而且它將教導或者要求人們爲了換取某種舒適或者財富而對自己的行爲加以控制；或者，爲了實現平等而放棄自由的教育或者社會制度，會剝奪人們應該擁有的人類的最高貴的品性之一。至於共產主義的社會結構究竟在多大程度上適宜於保護人類的這種品性，尚有待於進一步考察。毫無疑問，與所有其他反對社會主義的觀點一樣，它也被過度誇大了。團體的成員無須比現在更爲緊密地生活在一起，如果他們只生產的確值得生產的物品，那麼他們也無須在支配他們個人的產品份額以及在支配他們可能擁有的大量閒暇時間時受到更爲嚴格的控制。個人無須被某種職業所束縛或者被某一特定的工作地點所羈絆，與大多數人類種族的現實狀況相比，共產主義的束縛將與自由相當。英國和大部分其他國家的勞工的主體，根本沒有選擇職業或者自由變換工作地點的機會，實際上處於受制於固定的法規以及其他人的意志的地位，與眞正的奴隸制度下的處境相差無幾，更不用說只有歐文主義以及幾乎所有其他形式的社會主義，才將平等的權利賦予半數人類——在所有方面與迄今爲止占據統治地位的性別。不過，透過對比當前社會的陰暗面，並不能對共產主義的主張做出評價，也不足以據此承諾共產主義將給予人們更大的人身自由和精神自由，因爲人們現在尚未享有這兩方面之名義上的自由。問題在於，個性的庇護所是否仍然存在；公眾輿論是否不會成爲暴政的枷鎖；每個人絕對服從整體，而且整體監視每個人，是否不會泯滅人們在思想、情感和行爲上的個性從而形成某種沉悶的一致性。這些問題已經成爲當前的社會形態所具有的突出的弊端，儘管在共產主義體制下，存在著更多不同的教育和追求，而且個人絕對依賴於整體的程度也會小得多。對於不同尋常的行爲橫加斥責的社會是不健全的。仍然有待探討的是，共產主義體制是否適合人類本質的多種形式的發展，是否適合多種形式之差異性的存在，即人類品位與才華方面的差異性，以及思想觀點方面之差異性的存在；這些差異性不僅構成人類生活所包含的大部分樂趣，而且透過富有挑戰性之智慧的碰撞，透過任何個人都難以想像的無數種觀念的展示，已經成為思想提高與道德進步的主要動力。

§四 到目前為止，我們已經對社會主義的極限形態——共產主義學說——進行了考察；根據這個學說，不僅生產的工具、土地和資本是屬於社會的共有財產，而且還要盡可能平均地進行產品的分配以及勞動的安排。社會主義易於遭受到的反對意見無論是否站得住腳，均以最為猛烈的火力抨擊社會主義這種形態。其他各種社會主義學說與共產主義學說的主要區別在於，並非單純以路易・布朗先生的勤勞光榮之觀點為基礎，而是或多或少地保留了個人之金錢利益對於勞動所產生的激勵。因此，這已經是對共產主義按勞動分配的嚴格理論所進行的某種修正。在法國，產業工人聯合會為了工人自身的利益，已經以社會主義進行了多種具有實踐性的嘗試，這些嘗試幾乎都是採不計個人勞動多寡但是平均分享報酬的做法來進行。不過幾乎在所有的情況下，這種做法都在短期實施之後立即被放棄，並且不得不恢復計件工資的制度。初始的原則追求某種較高的公平的標準，它適合於反映人類本性的較高的道德水準。只有在工作量完成的多少屬於一種選擇問題的限度內，按勞動分配才是眞正公平的；當工作量完成的多少取決於人們體力或者能力上自然形成的差異時，這種計酬的原則本身就是不公平的。它將使富有者更加富有；它對於已經得到大自然恩賜的人們所給予的是最多的。然而，考慮到對於由當前的道德標準所形成的、由現存的社會制度所孕育的人類自私自利類型的性格所做出的一種妥協，它的確是一項難得的權宜之計；在教育得到澈底的改革之前，與以更高的理念為基礎所做的嘗試相比，它更為立竿見影。

眾所周知，聖西門主義和傅立葉主義屬於兩種更為精細的非共產主義的社會主義意識形態，對於它們而言，反對共產主義的種種學說都是完全不適用的。而且儘管它們對於其他學說持有的觀點敞開了大門，但是由於它們在許多方面所具有的巨大的智慧的力量，並且由於它們對於社會以及道德的基本問題所進行的大量富有哲理性的探討，因此，可以公正地將它們視為歷史上及當代中最為傑出的思想成果。

聖西門的方案並未試圖對產品進行平均分配，而是進行不平均分配；它也並不主張所有人都從事同樣的工作，而是主張人們依據專業和能力從事不同的工作；由負責指揮的權威人士做出選擇，像軍隊中劃分官階那樣，分派每個人所承擔的職能；同時，依據權威人士所認定的職能本身的重要性，以及當事人完成職能的妥善程度，以薪資的形式成比例地提供人們酬報。統治者可以採用各種不同的方式建立統治機構，但是必須與整個制度的本質協調一致；它也可以透過公眾投票予以任命。根據最初之學者的想法，統治者應該是具有才華和美德的人，他們憑藉超群智力上的優勢而獲得其他人心甘情願的擁戴。在某些特定的社會狀況下，這種方案很可能具有相當的優勢。的確，我曾經提及耶穌會在巴拉圭的成功的試驗，就與這種方案極其類似。據我所知，一些比任何其他人類種族都厭惡對長遠目標做出持續努力的野蠻民族，最終都接受透過某種商品團體制度自行聯合起來的文明和富有教養的人士所給予的精神上的統治。這些野蠻人虔誠地服從他們的絕對權威，並且在他們的引導下，學習文明生活的技藝，爲團體進行實踐勞動，但是並未形成爲個人勞動的動機。由於受到外交活動以及外國勢力的影響，這個社會形態在持續很短的一段時間以後過早地消亡了。這種社會形態之所以能夠得以實施，很可能是由於在少數統治者與大量的被統治者之間，存在著知識和智力上的巨大差距；同時，不論是在社會方面還是在文化方面，兩者之間都不存在任何中間階層，否則在任何其他情況下，它都很可能歸於失敗。它需要團體的領導者進行絕對的獨裁統治；如果獨裁統治的受託人（與這項制度創建者的意見相左）基於公眾投票的不同結果而被隨時撤換，則將難以對這種社會形態產生積極的推動作用。但是，我們不妨設想無論透過什麼機制，由下屬機構選舉產生出的一位或者幾位領導者，能夠做到根據每個人的能力分派工作，並且根據每個人的貢獻分配報酬，因而對於每一位團體成員來說，他們已經成爲事實上的實行公平分配的執法人；或者他們以任何方式行使他們的權力都將獲得廣泛的贊同；或者他們無須動用武力即可獲得人們的普遍的服從。然而，這只是不值一駁之過於理想化的假設。一項固定的原則，例如平均分配的原則，可能會得到默認，人們會以爲是命運或者是外在的要求使然。不過，將會公正地衡量每個人並且根據自己的意向和判斷分給某些人多一些、分給其他一些人少一些的少數幾個人還沒有出世，除非人們相信他們是超人，並且對他們懷有超出本能的恐懼心理才行。

眾所周知，在所有的社會主義意識形態中，傅立葉主義是最爲精細的，同時也是最富有遠見卓識的。這個思想體系並未試圖廢除私有制，甚至並未廢除繼承權；與此相反，它公開地把資本與勞動一起作爲產品分配的要素加以考慮。它建議由大約兩千人組成的團體由成員自行選舉產生的領導者帶領，在面積約爲四千四百英畝的區域內開展產業活動。在分配上，保證給予團體中的每位成員——無論是否具備勞動能力——最低限度的生活必需品，剩餘的產品則按照預先確定的比例在勞動、資本和才能三種要素之間進行分配。團體的資本可以分爲不均等的股份，由不同的成員持有，在這種情況下，他們將按比例領取紅利，與聯合股份公司的情況相同。每個人憑藉才能分得的產品份額，是由他或她所屬的勞動小組之級別或者地位所決定的。在所有的情況下，這些級別都是由他或她的同事透過選擇而商定的。人們無須共同花費或者享用所分得的報酬。對於所有願意獨立居住的家庭，提供分開的居住場所，否則所有的團體成員都生活在同一棟大型建築物中，不再精心安排其他居住條件，以便在建築方面以及在所有家庭花費方面節省勞動與開支。爲此，團體的全部購買與銷售業務均由唯一的代理人負責運作，曾經被經銷商取走的——即產業所提供的大部分產品——利潤，現在可能減少到最低的水準。

這種制度與共產主義不同，至少在理論上並未消除當前的社會形態中所存在之任何努力工作的動機；與此相反，如果這種方案能夠按照初創者的意圖加以實施，則它甚至能夠激發這種動機。因爲與當前的社會安排相比，人們更有把握獲得個人體力和腦力的技能與投入所帶來的成果，而不是像現在這樣，只有處於最為有利的地位或者具有非凡運氣的人們才能獲得這種成果。而且傅立葉主義者還具有其他方面的能動性，他們相信，他們已經解決了一個重要而且基本的問題，即如何使勞動富有吸引力的問題。他們以強有力的爭辯成功地說明，做到這一點是完全可行的。尤其在一個問題上，他們與歐文主義者持有相同的觀點，即人們為了生計所進行的任何勞動，無論多麼急切，都難以超過那些生活必需品方面已經得到保障的人們為了樂趣準備甚至急於從事勞動的迫切程度。這確實是一個意義重大的事實，而且學習社會哲學的人們可以從中獲得重要的啓示。不過，以此為依據而進行的爭論極易被擴展得漫無邊際。如果使人厭煩且又疲憊的工作被眾人當作樂趣自由地予以追求，那麼誰又能夠斷定這些工作正是由於可以被人們自由地予以追求而且可以被人們隨意地予以終止，所以它們才成為樂趣呢？是否擁有辭去一項工作的自由，往往就成為區分該項工作令人痛苦還是令人愉悅的全部標準？許多人一年到頭生活在同一座城市的同一條街道的同一幢房屋中，從來沒有產生過搬家的念頭。但是，如果是市政當局命令他們必須在此居住，那麼他們將會感到，這種監禁絕對是難以承受的。

根據傅立葉主義者的觀點，任何類型的有用的勞動，很少自然地或者必然地成為令人生厭的勞動，除非它被視為可恥的勞動，或者過度的勞動，或者難以激發人們的同情心和上進心的勞動。他們認為，任何人都無須從事過於艱苦的勞動，社會中也不存在賦閒的階層，而且不會像現在的社會那樣，將大量的勞動浪費於毫無意義的工作之中，同時在提高生產效率和節省消費方面，可以充分發揮團體的所有優勢。他們認為，使勞動具有吸引力的另外一項條件是，由社會團體組織人們進行所有的勞動，每個人都可以同時選擇參加任何數量的社會團體；他們在每個團體中的級別，由他們的夥伴按照他們有能力提供之服務的水準，透過投票予以確定。基於不同的興趣與才能，團體的每位成員均將參加多個群組從事多種類型的工作，一些是體力工作，另外一些是腦力工作，並且有可能在一種或者多種工作中擁有較高的級別。因此，某種眞正的平等或者比當初設想的水準更高的平等，實際上得以形成；每個人所具有的多種天生的才華並未受到限制，反而在最大的限度內得以發揮。

即使從如此簡單的概括中也能看出，這個制度顯然沒有違背任何影響人類行爲的基本法規，甚至在今天道德和知識文明很不健全的狀況下也是如此；斷言它將不會成功，或者斷言它的擁戴者的大部分希望將會落空，都是極其輕率的。這種制度以及其他各種社會主義制度所具有之令人嚮往的藍圖，都有正當的理由要求獲得試驗的機會。可以在較小的規模上對它們進行試驗，除試驗者之外，不會爲人身或者金錢帶來任何風險。透過試驗以便確定任何一種或者多種財產公有制度，究竟在何種程度上經過多長時間可以替代現在以土地和資本私人占有爲基礎的「產業組織」；與此同時，在沒有試圖限制人類本性所決定之終極能力的前提下，我們可以斷定，在未來相當長的一段時期內，政治經濟學家們將以私有制和個人競爭爲基礎，去關注與一個社會的生存與發展之條件相關的問題；並且，當前人類的發展狀況決定了我們所追求的主要的目標並不是廢除私有制度，而是改進私有制度，並且使每一位社會成員都能夠享受到它帶來的利益。

第二章　繼續探討同一問題

§一　下面需要考慮的問題是，私有財產這個概念的內涵是什麼，以及在應用此項原則時將受到哪些限制。

財產私有制度，當只考慮它的基本要素時，對於每個人來說，是對他或對她對於透過他們自己的勞動所生產的產品，或者透過接受饋贈，或者透過公平協議，在未實施暴力和欺詐的情況下，從生產者那裡獲得的產品並對其享有單獨處置權利的確認。整體上，它是以生產者對於由他們自行生產之產品所擁有的權利為依據，由此，人們可能對現行的制度提出異議，即認為它也確認了個人對於並非由他們所生產的物品的所有權。例如（有人可能會說），工廠的工人依靠他們的勞動和技能創造全部的產品，然而產品卻並不屬於他們，法律給予他們的只是規定的工錢，卻將產品轉移給僅僅提供資金的某個人，他們對於工作本身可能毫無貢獻，甚至連監督工作都沒有做。我們對此所做的回答是，工廠的工人的勞動只是商品生產必須具備的條件之一，在沒有原物料和機器設備的情況下，或者在生產產品的期間若沒有墊付一筆提供生活必需的資金以供養勞工的情況下，勞動都將無法進行。所有這些勞動過程中的必需品，都是以前的勞動的成果；如果勞工擁有它們，他們就無須把產品分給任何人；可是，如果他們不曾擁有它們，那麼他們就必須給予擁有它們的人等價的產品，以換取其中所包含的前期的勞動以及因為前期的勞動所進行的節省。資本也許不是——在大多數情況下也的確不是——由當前的所有者透過勞動和節省所創造的，但它是某位前人透過勞動和節省創造的成果，這個人很可能的確被不公正地剝奪了對於資本的所有權。不過在全世界當今的年代裡，更可能發生的情況是，這個人透過饋贈或者自願簽訂契約將資本轉移給了現在的這位資本家，因此起碼對於每位後續的所有者，直到當前的這位所有者來說，都必須繼續進行節省。如果有人說繼承其他人的積蓄的人，與沒有從先人那裡繼承到任何積蓄而不得不辛勤勞作的人相比，享有了不該享有的優勢，那麼這種說法很可能是正確的。我不僅贊同而且極力主張，應該將透過繼承前人積蓄而不勞而獲的這種優勢降低到與公平原則相一致的限度。不過實際的情況是，與擁有前人積蓄的人相比，沒有繼承前人積蓄的勞動者處於不利地位；也可以說，與沒有前人積蓄的人相比，繼承前人積蓄的勞動者的處境要好很多，他們身為繼承者與其他繼承者分享了（儘管以某種並不平等的方式）這種優勢。以現在的勞動成果、過去的勞動成果以及節省的成果相互合作的條件，經由勞資雙方協商後予以確定，每一方都是對方不可或缺的條件；沒有勞工，資本家將一事無成；沒有資本，勞工也將一事無成。如果勞工為獲得工作而相互競爭，那麼資本家也在一國全部流動資本的範圍內為獲得勞工而相互競爭。人們經常將競爭說成是造成勞工階層窮困潦倒的必然原因，似乎高工資不像低工資那樣也是競爭的產物。美國的情況與愛爾蘭的情況相同，勞動的報酬都是競爭的規律所形成的結果，而且比英格蘭的情況更為典型。

因此，財產的所有權包括透過契約獲取財產的自由。每個人對於自己所生產的產品擁有的所有權，意味著每個人也都有權擁有經過他人許可所獲得之他人生產的產品。因為生產者一定是出於好意進行饋贈，或者基於他們的估計進行等價交換，所以如果妨礙他們這樣做，就會侵犯他們對於他們自己生產的產品所擁有的財產所有權。

§二　在考察財產私有原則所不涵蓋的事項之前，我們必須對它確實涵蓋的一個事項特別加以說明，即一定的時間期限過後，由於長期使用或者占有所獲得的所有權的問題。誠然，根據所有權的基本概念，凡是透過暴力或者欺詐手段獲得他人的產品，或者無意中侵占他人已經擁有所有權的產品，都是不應該賦予所有權的。然而，如果經過一段時間之後，相關的證人已經消失或者無從查找，交易的眞實情況已經難以澄清，那麼就不應該再將他們的行為視為非法獲取，並且有必要向他們提供合法所有者所應有的保障。因此所有國家的法律都規定，在若干年內未遭他人依法提出質疑的所有權，應被視爲完整的所有權。一般來說，即使對於非法獲取的財產，在經過一代人之後，也很可能由眞正的所有者提出訴訟，並重新行使對於他們已經失去多年的所有權之權利。這種情況與置當初的錯誤於不顧，不進行任何補救相比，也將帶來更大的不公平，並且無論於私於公，都會造成更大的弊害。僅僅由於時間的流逝，就宣告當初合法的所有權爲無效，這樣做可能看起來有些讓人難以接受。不過，一段時間過後（即使只關注個別情況，不考慮對於所有者之安全產生的整體影響），衡量這種艱難的天平總有往相反方向傾斜的一天。人類的不公正，與地震以及自然災害一樣，失修的時間越長，補救的難度就越大，因爲需要將再生的一切揭去或者穿透。在人類的交易中，即使在最爲簡單明瞭的交易中，也不存在這種情況——即因爲六十年前它是適合的，所以斷言今天它也是適合的。當然，幾乎無須人們評述的是，不去糾正舊日不公正行爲的理由，並不適用於不公正的體系或者制度。因爲一項不公正的法律或者慣例，並不等同於在遙遠的過去所發生的一次不公正的行爲，而等同於不斷重複發生的一系列的不公正的行爲，只要這種不公正的法律或者慣例依然存在，情況就總是如此。

這就是私有制的本質。現在我們需要考察的是，在不同的社會形態下，私有制所呈現的各種形式，或者依然存在的形式，是否是私有制原則產生的必然結果，或者是否與私有制合法存在的理由相吻合。

§三

並未對任何物品加以限制的所有權，確認了每個人對於他（或者她）自己的才能並利用自己的才能所生產的物品、對於利用這些物品從公平的市場上換取其他的任何物品所擁有的權利，以及在其自願的情況下，他將這一切贈與任何其他人的權利，同時其他人接受並且享用這一切的權利。

據此可以推斷，雖然遺贈或者死後贈與的權利屬於私有制觀念的一部分，但是繼承的權利卻有別於遺贈的權利。將一個人生前未經分配的財產首先傳給其子女，如果沒有子女，就傳給其血緣關係最近的親屬，這種安排也許合理或者也許不合理，不過不管怎樣，它都不是私有制原則產生的結果。雖然需要從許多方面，包括從政治經濟學方面加以考慮，才能對這個問題做出裁斷，但是我們仍然認爲思想家對此所做的判斷以及他們的眞知灼見，並非與本書無關。

基於它們的古代形態，我們並不能得出有利於這個問題現行觀念的論斷。在古老的年代裡，離世者的財產傳給其子女和血緣關係最近的親屬是一種非常自然的、毋庸置疑的安排，甚至沒有人會去考慮可能替代它的任何其他方案。首先，這些人通常會在現場（即使他們沒有其他的權利）擁有先占權。在早期社會，這種權利是非常重要的。其次，從某種意義來說，他們就是離世者生前所擁有的這些財產的共同所有者。如果財產是土地，那麼一般來說，它是國家贈給某個家族，而不是贈給某個人的財產；如果它包括牲畜或者動產，則它很可能是由達到工作和戰鬥年齡的家庭成員共同努力所獲得的，而且也一定是由他們共同努力予以保護的。現代意義上之獨占的私有財產的概念，幾乎難以進入當時的人們的頭腦之中；而且當前一任家族的族長去世後，他遺留下來的別無他物，只有他分配得到的物品，並且將這些物品直接傳給繼承他的權利的家族成員。以其他方式支配這些財產，將使這個由共同的觀念、利益和習慣聯合起來的小小的利益共同體解體，並使他們漂泊無依於世界。這些看法雖然過於感性而缺乏理性，但是卻對人類的思想產生極大的影響，使人們建立起子女擁有繼承祖先遺產的權利的觀念。這是子女不可剝奪的一種權利。在古代的社會形態中，遺贈的方式難以得到認可，這明確地表明了一點，當時人們頭腦中所有權的觀念與現代的所有權的觀念是完全不同的。[1]

不過，族長制度最後的歷史形式——封建家族——早已消亡，社會的單位不再是由一位祖先的後代共同組成的家族或者氏族，而是個人或者頂多是一對夫婦加上其未成年的子女；現在是由個人而不是由家族繼承財產，子女長大成人後也不再繼承父母的職業和財富；如果子女可以分享父母的金錢財產，則需要得到父親或者母親的同意，而不是他們在擁有和控制父母的全部財產方面具有發言權。不過，通常他們也只能獨自享有父母財產的一部分，至少在英國（除限定繼承權或者轉讓權等方面的障礙之外），父母甚至有權取消子女的繼承權，並且將他們的財產留給外人。一般來說，家庭與血緣關係較遠的親屬完全分離，家庭的利益也與他們沒有任何關係。他們對於較爲富有的親屬可能提出的唯一要求是，在其他條件相同的情況下，優先得到一個好職業，並且在實際需要時得到一定的幫助。

社會結構發生如此巨大的變化，必然使可以透過繼承並支配財產的理由產生相當大的差異。現代學者對於將未留有遺囑的離世者之財產分配給其子女或者近親的解釋通常是，首先，法律上認定，如果財產的所有者可能有所行動，與任何其他方式相比，這種支配財產的方式更符合財產所有者將會採取的方式；其次，對於與父母一起生活且分享父母財富的子女來說，剝奪他們享有父母財產的權利從而使其陷入貧窮與困苦，是非常殘酷的。

上述兩種解釋具有一定的說服力。毫無疑問，法律在處理有關未留有遺囑的離世者之子女或者扶養對象的問題上，應該行使除離世者本人之外人盡皆知的父母或者監護人將會行使的職責。然而，由於法律不能決定個人的要求，所以它必須按照一般的規則行事，然後再考慮這些規則應該如何制定。

首先，我們可以認定，對於旁系親屬來說，任何人都沒有義務將金錢分給他們，除非基於個別的私人之間的特殊關係。現在，人們不再預期會發生這種現象；當然地，沒有直接繼承人的偶然情況除外。於是，在處理未留有遺囑的問題時，人們也不再預期法律會制定由旁系親屬繼承遺產的條款。因此，我認爲旁系親屬的繼承權沒有存在的理由。邊沁先生（Mr. Bentham）很早以前就提出，如果財產的所有者既沒有直系的晚輩也沒有直系的長輩可以繼承其財產，那麼在他未留有遺囑的情況下，財產應該劃歸國家所有。其他權威人士也同意這種觀點。血緣關係極遠的旁系親屬很可能不會對此加以爭論。沒有人會堅持認爲，一位無兒無女的守財奴應該在其死後（這是時常發生的）將自己的積蓄送給從未謀面的遠房親戚，這位遠房親戚甚至在得到遺產之前根本就不知道他們之間的親屬關係，因此，這位遠房親戚未必比純粹的外人擁有更大的道義上的權利可向他提出任何要求。不過在這種情況下得以成立的理由，對於血緣關係較近的所有旁系親屬來說，也是適用的。旁系親屬沒有眞正的要求權，即使有，也與非親屬所擁有的權利相同；而且在這兩種情況下，如果存在正當的要求權，那麼將財產交與他們的適當方式也應該是遺贈。

子女的要求權具有不同的性質，它們是眞實的、不能廢除的。不過即便如此，我仍然斗膽地認爲，人們通常對此做出的衡量是錯誤的。在我看來，似乎在對待虧欠子女的問題上，某些方面被人們低估，而在另一些方面則又被人們誇大。在所有的義務當中，最具有約束力的是，除非父母能夠供養子女，使其過著舒適的童年生活，並且培養子女具備成年後謀生的能力，否則他們不應該將子女帶入人世。然而，不論是在實踐中還是在理論上，這一點都被人們以某種玷汙人類智慧的方式所忽略。在另一方面，當父母擁有財產，人們在看待子女對於這些財產所具有的要求權時，在我看來這犯有相反的錯誤。無論某位父親或母親可能繼承了多少財產，或者可能獲得了更多的財產，我都不認爲，僅僅因爲這些子女是其子女，其父親或母親就對他們有所虧欠，而應該使他們無須付出任何必要的努力就變得富有。即使這樣做——父親或母親離世時總是會這麼做——一定會爲子女本人帶來利益，我也不能對此表示贊同。不過，這一點具有極大的不確定性，它取決於個人的特性。如果不考慮極端的情況，則我可以肯定地講，在大多數實例中，遺贈給子女適量的而不是大筆的財富，不僅對於社會，而且對於個人來說，都是更爲有利的。從古至今的道德家對此所達成的共識也得到許多明智的父母的認可，而且當他們不去過度考慮旁人的說三道四而是考慮子女的實際利益時，他們都會更爲經常地採取這種方式行事。

父母對於子女所承擔的責任與保證人類生存的事實密不可分。對於社會來說，父母有責任盡全力將子女培養成善良而有用的社會成員；對於子女來說，父母有責任在子女未成年時爲他們提供良好的教育、生活條件和手段，以便使他們獲得公平的機會，透過自我奮鬥開始成功的人生之旅。每一位子女對此都擁有要求權；然而我認爲，作爲子女卻不能提出更高的要求。在某種情況下，父母的這種責任可以得到清晰的自我展示，而不會遭受到任何外部因素的混淆和蒙蔽，即非婚生子女的情況。一般認爲，對於非婚生子女來說，父母有責任給他們一定的生活費用，使他們可以過著各個方面都感到滿意的生活。我認爲，僅就這一方面而言，父母對於任何子女所承擔的責任都不應該比對於非婚生子女所承擔的責任更多；如果在父母已經做到這一點的情況下，然後父母將其餘的財產捐贈給公共事業，或是遺贈給他們認爲更爲合適的任何個人，除非由於事先產生了期望，則任何子女都應該毫無怨言。

爲了給子女某種公平的機會，使其過著有權享有的理想生活，通常不能讓他們在孩提時代起就養成他們以後的生活所難以達到的奢侈的生活習慣。同樣地，這一職責也經常被收入有限的所有者——他們留下來的財產很少——公然地違背。生活在富裕家庭的子女，自然會養成與父母相同的大手大腳的生活習慣，他們的父母通常會爲他們提供超出子女成長所需要之更多的物質條件。我之所以說是通常，是因爲還有另外一個方面的問題（這是一個易於得到肯定的論斷），即爲了培養擺脫窮困境況的強烈本能，使子女較早地瞭解並經歷富裕的生活，對於子女性格的形成和今後生活的幸福都是極爲有利的。不過這將爲子女產生不滿的正當的理由，他們在優越的生活環境中長大成人，而在以後的生活中卻難以得到同樣的條件，從而使他們對於父母財產的要求權，與他們成長的方式發生某種關係。同樣地，這也是一項非常易於超出其合理範圍的要求權。貴族與擁有土地的豪紳之長子之外的子女的境況即是如此，因爲大部分財產將留給長子，而其他的兒子，通常人數眾多，與財產的法定繼承人一樣，在相同的環境下長大，卻只能得到作爲次子的那部分財產。一般的情況顯示，這部分財產足夠他們本人，但是不能包括他們的妻子和子女，保持已經習慣的生活方式。實際上，這也不值得他們對任何人提出抱怨，他們必須透過個人的努力去維持自己的婚姻和家庭。

因此，在任何缺乏公正的情況下分給子女的財產，例如在非婚生子女的情況下以及在長子以外的其他子女的情況下分給子女的財產，我認爲，不論是從實際的個人利益角度考慮，還是從社會利益的角度考慮，就是父母虧欠於其子女的全部財產。因此，這也就是國家應該分給未留下遺囑的離世者的子女的全部財產；如果還有剩餘，那我堅持應該將其用於社會公共事業。不過我並不打算建議父母永遠不要留給子女超過僅僅作爲子女在道德上有權利要求的更多的財產。在某些情況下，這樣做是必要的；在很多情況下，這樣做是值得讚賞的；在所有的情況下，這樣做都是應該得到允許的。然而，可以透過自由遺贈的方式達到這個目的。是否這樣做，並不取決於子女，而是取決於父母，他們有權利依據他們自己的喜好以及他們自己的恰當的判斷，透過遺贈他們的財產來表示他們的慈愛，來回報他們從子女那裡得到的服務以及子女爲他們付出的犧牲。

§四　遺贈權本身是否也應該受到限制，這是一個非常重要的更深層次的問題。與無遺囑繼承不同，遺贈權屬於所有權的一部分；如果某一物品的所有者沒有權利按照自己的意願在生前或者死後將該物品贈送給他人，那麼這種所有權就是不完整的。所有維護私有制存在的理由都認爲所有權的範圍應該延伸至此。不過，所有權只是達到某種目的的手段，它絕對不是目的的本身。像所有的其他所有權一樣，甚至比大多數的更甚，遺贈權的實施，與人類的長遠利益相互衝突。當立下遺囑者並不滿意於將遺產贈與A，而是進一步說明要A死後將遺產傳給其長子，然後再傳給其長子的長子，並且世代如此相傳時，情況即是如此。毫無疑問，爲了獲取一份永久性的家業，人們是有可能自發地努力奮鬥的。但是這種永久性財產對於社會所造成的危害，遠遠超過對於奮鬥所產生的激勵作用的價值，而且在一定的情況下，對於那些有機會獲取巨大財富的人們來說，沒有這種激勵也會具有很高的進取精神。當一個人善意地將財產捐贈給公共事業，卻試圖進一步說明這些財產永久性的使用方式時，也會出現類似濫用遺贈權的情況。例如，當他規定接受捐贈的教育機構必須永遠傳授某些課程時，情況即是如此。因爲任何人都無法知道他去世若干世紀之後，究竟哪些課程更適合於被傳授；法律不應該支持這種處置財產的方式，除非規定（一段時間過後）可以對相關條款不斷修訂，使之適合權威當局的要求。

這些是屬於非常明顯的限制。不過，即使對於最簡單的遺贈權的行使，在決定立下遺囑者去世後應該將其財產直接轉交給誰的問題上，人們也總是認爲有必要根據利害關係加以限制或者變更。迄今爲止，這些限制幾乎都是僅對子女有利。在英國，原則上沒有對這一權利加以限制，它受到阻礙的唯一情況幾乎是，由於原先的所有者對於財產轉讓提出的條件，造成現在的財產的持有者實際上無權遺贈他的財產，不過，這只是因爲他沒有財產可以遺贈，他對於他的財產只有終身的使用權。《羅馬法》作爲歐洲大陸民法的基礎，最初根本不允許進行遺贈，而且即使後來引進相應的權利，但卻仍然規定必須爲每一位子女保留法定的份額，某些大陸國家至今還一直沿用這項法律條款。大革命之後的法國律法規定，父母能夠隨意處置的財產僅與一位子女能夠得到的份額相當，而且每位子女均應得到相同的份額。這種規定可以被稱爲應繼分的財產，它要求將父母財產的絕大部分交由子女共同支配。在我看來，這種方式與有利於一位子女的應繼分的財產的方式一樣，在原則上是不合乎情理的，儘管它並沒有與有關公正的理念直接發生衝突。我不能接受強制父母將財產留給子女的規定，儘管我曾經提到，從道義來看，子女對於父母的一部分財產擁有要求權，但是子女可能由於不成器或者特別不孝順而失去這種要求權；他們可能擁有其他的資源或者希望，例如，只要父母能夠使子女接受教育並養育他們長大成人，就可能完全滿足道義上子女對於財產的要求權；或者其他人也可能擁有超過子女的更大的要求權。

在法國的律法中，作爲一項民主策略，對遺贈權實施了極爲嚴格的限制，以便廢除傳統的長子繼承權，防止所繼承的財產大量集中的趨勢。對於這些非常可取的做法我深表贊同，但是卻認爲對此所採用的手段並不是最爲明智的。如果可以不顧及現實的輿論和情感而制定對我來說最爲合理的法律條款，則我更傾向於對於接受遺贈或者繼承財產的人所能夠獲得的物品加以限制，而不是對於遺贈人能夠遺贈的物品加以限制。每個人都有權利按照自己的意願處置他的或者她的全部財產，但是卻不能使這種權利被濫用，致使某人從中獲取的財富遠遠超過保證他能夠自立地過著舒適生活的限度。財產上的不平等源自人們在勤勞、節儉、意志、才智以及機遇等各方面所存在的差異，並且是與私有制原則不可分割的，如果我們接受私有制原則，就必須承受它所帶來的後果。不過我認爲，對於任何人單純透過他人的恩賜而未經本人做出的任何努力所獲取的物品加以限制，是無可厚非的，並且要求想要獲得更多財富的人透過自己的勞動去獲得。[2]我並不認爲對於遺贈權施加這種程度的限制會使任何設立遺囑的人感到無法承受，他會估計大宗財產的實際價值，以及所能交換到的快樂與利益；並且所有人都非常清楚，即使這種估計十分荒謬，但擁有適當財產的所有者與擁有該適當財產之五倍財產的所有者所能獲得的享樂水準卻是相差無幾的，而其餘五分之四的財產所帶來的永久性利益，則是由支配這些財產的其他人所分享。的確，只要實際流行的觀念依然認定爲摯愛的親朋所能做的最好事情，就是送給他們大量毫無內在價值但又很值錢的東西，那麼即使這樣的法律得以通過，但也沒有多大的實用價值。因爲如果人們具有這種思想傾向，就總會設法規避法律的約束。除非得到公眾情感上強烈的支持，否則這種法律是無效的。不過基於法國的公眾輿論對於強制分割財產法案的堅決支持，我們不難做出判斷，在某些社會和政府的體制下，此項法案是很可能會被實施的。然而在英國，目前的情況剛好與此相反。如果這種限制能夠發揮實際的效力，那麼它所帶來的利益是巨大的。不能再將財富用於使少數富人變得更加富有，而應將其投入於公共事業上，或者讓爲數更多的個人分享。除愛慕虛榮以及獲取不正當的財產權利之外，沒有人出於個人之目的眞正需要巨額的財富，因而擁有巨額財富的人數將逐漸減少；而如果人們生活舒適、安逸，則眞正享有財富所帶來的快樂（虛榮除外）的人數將大爲增多。所謂的有閒階級對於一個國家所提供的服務，透過他們直接的貢獻，或者透過他們的輿論對於公眾的情感和品位所產生的影響，將以比目前更爲有利的方式發揮作用。或者透過對於國家的直接遺贈，或者透過相關機構的捐贈；大部分也屬於人們勤奮勞作所形成的積累將被用於公益事業。這種方式已經在美國得到廣泛採用；美國人民有關繼承問題的觀念與實踐，看起來非常合理並且也十分有益。[3]

§五 下一個需要考慮的問題是，所有權制度所依據的理由是否適用於得到目前的單獨占有權認可的所有物品；而且若不適用，那麼基於什麼其他理由能夠使它們得到認可。

所有權制的基本原則是，確保所有人擁有透過自身勞動所生產的物品，以及透過自身的節省所積累的物品。這個原則不能適用於並非勞動所生產的物品，例如土地所提供的原物料。如果土地的生產能力完全來自大自然，而且根本與勞動無關，或者如果有辦法從每一種來源中區分所獲得的物品，那麼個人占有自然恩賜的物品不僅是沒有必要的，而且也是極不公正的。的確，當前農業生產中對於土地的使用具排他性，收成的人一定與犁地和播種的人是同一個人；不過，土地卻可以像古代日耳曼人所使用的那樣只被占用一季，或者隨著人口的增長而定期地重新進行分配，或者國家成爲統一的土地所有者，同時，農業勞動者向國家租賃土地耕種或者隨意耕種。

不過，雖然土地不是勞動的產物，但它具有的大部分有價值的品質卻來自於勞動。勞動不僅是使用工具的要素，也幾乎同樣地是加工工具的要素。人們在開墾土地時往往需要大量的勞動，以便平整土地，使之易於耕種。在很多情況下，甚至在土地已經平整的情況下，土地的生產能力也完全取決於勞動和生產技能。在人工排澇之前，貝德福德平原的產出極少甚至沒有。同樣地，在人工排澇之前，愛爾蘭的沼澤地除沼氣之外什麼也不能生產。作爲舉世聞名的不毛之地，由古德溫細沙構成的佛蘭德的維厄斯海灣已經透過勞動改造成富庶的土地，並且躋身成爲歐洲產出能力最強的土地之一。耕作還需要房屋和柵欄，這些完全是勞動的產物，不過這種勞動的成果並不能在短期內收獲。勞動和費用是需要立即付出的，而收益卻要等許多年，甚至可能是持久性的等待。如果改由外人而不是由土地的占有者自己獲取收益，那麼土地的占有者是不會付出這種勞動和費用的。如果他進行這種類型的改良，那他必須等足夠的時間才能獲得改良所帶來的收益，但他卻沒有辦法確信，自己總會擁有像永久性租約那樣相當長的時間。[4]

§六

這些就是以經濟的觀點所形成有關土地私有的合理性的理由；看起來只有當土地的所有者身兼土地的改良者時，它才有效。一般來說，在任何一個國度中，只要土地的所有者不再是土地的改良者時，那麼政治經濟學對於像這裡所建立的土地私有的觀點就無從辯解。沒有任何一個有關私有制的理論，會認爲土地的所有者應該僅僅是依靠土地而坐享其成的人。

在大不列顛，土地的所有者並非不經常是土地的改良者，但也很難說他基本是土地的改良者。在大部分情況下，他以禁止任何其他人改良土地爲條件給予其他人耕種土地的自由。在本島的南部地區，人們通常不簽訂租約，因此租地耕種的人除依靠地主的資本之外，很難對土地進行永久性的改良。與英格蘭北部和蘇格蘭低窪地區相比，本島南部地區在農業改良方面仍然極爲落後。實際的情況是，地主對於土地實施任何非常基本的改良，都難以與有關長子繼承權的法律或者習俗相協調。當土地整體地傳給繼承人時，土地一般也爲他帶來嚴重的資金問題，使他難以對土地進行改良，個人資產爲撫養後代消耗殆盡，土地本身經常也爲同一目的而承受沉重的負擔。因此只有少數地主有能力進行耗資巨大的土地改良；大部分地主除非舉債或者增加土地抵押貸款，否則其將難以做到。而通常的情況是，在他們繼承土地時，土地的負擔已經非常沉重。不過，背負著沉重的抵押債務之土地所有者的地位是很不穩固的；很難讓那些追求表面奢華、實際上阮囊羞澀的人們厲行節約；而且僅僅接近其邊際收益的地租和價格的變動，對於難以指望得到更多收入的人來說是非常可怕的。所以，很少有地主肯爲將來的利益於現在做出犧牲也就不足爲奇了。凡是懷有改良的願望並且曾經單槍匹馬地進行改良的人，都是對科學農業做過認眞研究的人，而大多數地主則很少認眞研究任何東西。其實，他們至少可以誘使農民們去做他們自己不願意做或者做不來的事情，但是在英國，即使簽訂租約，農民們也經常抱怨，地主會根據已被廢棄或者破除的農業習慣，透過契約把承租人束縛起來；與此同時，大多數地主根本就拒絕簽訂租約，只允許農民獲取一季的收成，致使土地改良的境遇與我們祖先所處的蠻荒時代的情況大致相當：

無主的土地無邊無際，
野果與穀物鋪天蓋地，
耕作一年就休養生息。

因此，從經濟的角度加以判斷，英國的土地所有制根本不符合其現有的條件。不過如果在英格蘭這些條件尚未完全實現，那麼在愛爾蘭，這些條件則根本就不具備。個別情況除外（他們之中的某些人是非常值得尊敬的），愛爾蘭的土地所有者只知道榨取土地的產出。在有關「特別負擔」的討論中所出現頗具諷刺意味的陳述——即「土地最大的負擔就是地主」——對於他們來說是再適合不過了。除了留給當地的居民一點點剛好使他們不致餓死的馬鈴薯，他們消耗掉土地所有的產品，但卻對土地沒有任何回報；而且當他們產生實施改良的意向時，在準備階段，他們甚至連這點馬鈴薯都不會留下，而讓人民靠乞討爲生。[5]當土地的所有制建立在這種基礎之上時，人們就對它無從辯解了，這說明以某種新制度取代這種舊制度的時代已經到來了。

在提及「所有權的神聖含義」時，應該時刻牢記的是，土地的所有權並不具備同等程度上的神聖性。土地並非人類所創造，它是所有物種的原始遺產。土地的占用完全屬於某種涉及普遍利益的問題。當土地由私人占有不再有利時，土地私有制度就是不正當的。廢除任何對於其他人生產的產品的占有權，並不是殘酷之舉。農民並非必須爲地主生產他們所需要的物品；如果農民們不再分享根本不存在的物品，那也並非會使地主遭受任何損失。不過，土地私有制度對於降生到這個世界上之後，卻發現大自然所饋贈的所有土地都已經被他人占有，而自己竟無立足之地的新來者而言，倒是有些殘酷。爲了使人民對此表示認同——當他們的頭腦中建立起有關道德權利的意識之後，道德權利作爲人類的權益當然也屬於他們——就有必要設法使他們信服土地私有制度是有利於全人類的制度，他們本人也包括在內。可是，如果地主和農民之間的關係都與愛爾蘭一樣，那麼任何理智的人都不會再被說服。

即使那些最爲堅決地支持土地私有制的人士，也承認土地私有與其他物品私有不同；而且在絕大多數社會成員被剝奪繼承他們的土地份額的權利以及土地被極少數人獨占的地方，人們一般都會透過賦予土地私有制某些責任，同時讓它承擔道德或者法律方面的職能等方式，努力對其予以認同，至少從理論上，使其符合人們有關公正的觀念。不過，如果國家可以像對待公職人員那樣自主地處置土地所有者，只要更進一步地予以公布，國家就可以自主地解僱他們，那麼土地所有者對於土地所擁有的權利，就必須服從於國家的基本政策。所有制的原則賦予土地所有者的不是對於土地的權利，而是對於國家的基本政策可能對於他們的利益所造成之與其土地相關的那部分損失要求獲得補償的權利。對於這種權利，國家是不能予以廢除的。無論對於土地的所有者，還是對於國家所承認的任何其他財產的所有者，都不應該在沒有給予與其財產的金錢價值相當的補償，或者給予與其財產所產生的年收入相當的補償的情況下，剝奪他們的所有權。這是所有權所依據的基本原則。如果土地是土地所有者與其祖先透過他們的勞動和節省所獲得的成果，那麼他們應該得到以此爲基礎的補償；而即使是透過其他方式獲得的土地，也應該基於上述方法得到補償。不能爲達到可以使社會整體獲益的某項目標而使社會的特定部分成爲祭品。當所有權附帶某種與所有者相關的特殊的情感時，則給予所有者的補償應該超過與其金錢價值相當的水準。不過只要遵循這個原則，國家就可以根據社會整體利益可能提出的要求，自主地處置與土地所有權相關的問題，甚至在相關法律得到通過的情況下適當加以擴展，在考慮到社會的局部利益而不是整體利益時也進行類似的處置，正如修築一條鐵路或者鋪設一條新街道時所做的那樣。社會將如何妥善地耕種土地以及決定土地占有的附帶條件等問題留給所謂的地主階級去解決；當他們已經表現出不值得信任時，這樣做實在是很危險的。如果可行，那麼立法機構不妨將地主整體上轉變爲公債持有人或者養老金領取人，將愛爾蘭地主的平均收入強行改爲固定地租，將佃農提升爲業主；如果地主願意接受提出的條件，則應該堅持按照土地的市場價值對他們給予補償。

有關土地所有制與租賃制的不同形式及其優缺點的討論，我們將在其他章節中闡述。在本章，我們主要考察土地所有權本身，實證其合理性的依據，以及（由此得出的必然結果）應該對其加以限制的條件。在我看來，對於土地所有權的解釋務必嚴謹，在出現疑問的情況下絕不能偏袒土地的所有者，這幾乎可以作爲一項準則。不過，對於動產和勞動所生產的物品的所有權，情況則剛好相反：所有者對於它們的使用權和獨占權都是絕對的，除非這種絕對的使用權和獨占權會對其他人造成顯著的危害。但是就土地而言，則不應該將獨占權賦予任何個人，這樣做不可能產生實際的積極作用。對於大家共同繼承的土地的一部分，某些人被賦予絕對的獨占權，而其他人則沒有得到任何部分，這已經構成一種特權。一個人透過勞動獲得的動產無論多少，都不應妨礙其他人以相同的方式獲得同樣多的動產，但是土地所有權的本質卻決定了只要有人占有土地，其他人就會失去擁有的機會。只有當特權或者壟斷屬於某種無須阻止的問題時，人們才有可能為其做出辯解；而當它發展到某種程度且不能帶來補償性的利益時，它就失去了存在的理由。

例如，以耕種土地為目的的獨占權並不意味著對於土地的獨占權，而且也不應該確認這樣的權利，除非事物發展到必須進行防護的地步，否則土地的產品將蒙受損失，或者所有者的隱私將遭到侵犯。兩位公爵自作主張地將部分蘇格蘭高地封鎖起來，禁止他人進入方圓數平方英里的山區，以免該區域的野生動物的活動受到干擾，這就是對於獨占權的一種濫用，它超出法律對於土地所有權的權限所界定的範圍。一般來說，當人們無意將土地用於耕種時，根本就不存在將土地作為私有財產的理由；而且如果任何人可以將某塊土地作為他個人的財產，則他應該知道這是基於他得到社會的默許，並且必須滿足一項潛在的條件，即因為他的所有權不可能為其他人帶來任何利益，因此它至少不應該剝奪其他人在這塊土地未被占有的情況下能夠從中獲取的任何利益；即使在將土地用於耕種的情況下，儘管法律認定幾百萬人口中的一員可以將幾千英畝的土地作為他自己的財產，但他也無權認為這些土地都是供他個人使用的甚至濫用的。他可以隨意處置從土地中獲取的地租和利潤，但是就土地而言，他所做的與土地有關的每一件事，以及他禁止做的與土地有關的任何一件事，都受到道義上的約束；而且無論何時，這些行為都受到法律的制約，他的利益和願望都要與公眾的利益相符合。人類整體對其所居住的星球上的土地仍然保有原始的要求權，所放棄的權利不能與仍然保留的權利相衝突。

§七 除了有關勞動的產品的所有權以及土地的所有權，還有其他東西可以作為或者曾經作為占有的對象，但是有關它們的所有權根本就不應該存在。不過文明世界對與此相關的絕大部分問題都已經有所認識，因此我們無須在這裡進行更多的論述。其中的首要問題就是有關人的所有權。幾乎不加說明我們就能夠察覺到，這種制度在任何社會中，尤其在自稱建立於公正的和人類合作的基礎之上的社會中，都是沒有立足之地的。不過國家曾經邪惡地公開立法，在持續幾代人的歷史時期內，批准對於人身的買賣和繼承，因此如果在廢除這種所有權時，不曾對受害者給予充分的賠償，則國家將犯下另一個錯誤。一八三三年所採取的一項極其公正的措施，使這一錯誤得以避免，這是國家所採取的一次最爲公正且實際上也是最爲有益的集體行動。其他不應確立所有權的實例涉及與公共信託權相關的問題，例如法國舊體制下的法官擁有的特權，以及在沒有完全廢除封建制度的國家中連同土地一起繼承的管轄權。在我們的國家中，與此相類似的實例還包括軍階委任權、神職授予權或者神職人員薪俸等級的確定權等。有時所有權也被確立爲向公眾徵稅的一種權利，例如實行壟斷的權利或者其他獨占的權利。這些權利的濫用經常發生在半蠻夷的國家中，不過在最爲文明的國度裡也時有發生。法國的一些重要的行業和職業，包括公證人、律師、經紀人、鑑定人、印刷工以及（直到最近的）麵包師傅和屠夫，其從業人員的數目受到法律的限制。因此，法定數目中的人員的名譽和特權往往具有很高的市場價值。在這種情況下，廢除這種特權而不給予補償是有失公允的。這一點，在其他一些情況中則可能不甚明朗。問題在於，在這些特殊的情況下，是什麼足以構成這種要求權，以及法律是否承認足以構成有關要求權的某種權利的濫用，是由某項制度，而不是僅僅由偶然簽訂的某項合約所造成的。要求對年年變動的稅率所造成的損失給予補償是不近情理的，或者要求對類似於都鐸王朝授予個人的壟斷權所造成的損失給予補償是荒唐的，這種極易形成獨裁的壟斷權隨時有可能被撤銷。

對於所有制制度的討論到此爲止，這是政治經濟學必須加以探討的問題，但是我們不能僅限於對它進行經濟方面的思考。現在，我們需要研究處在這種制度所確立的社會不同成員間的關係之下，土地的產品與勞動的產品進行分配的原則和結果是如何確定的。

◆註解◆

[1] 參見梅因先生（Mr. Maine）博大精深的著作《論古代法律及其與現代觀念的關係》，他在書中對這一觀點以及許多其他與此相類似的觀點進行精闢的論述。

[2] 在資本所有者自行支配資本並進行任何產業經營的情況下，賦予他將實際上投放到一家企業中的全部資本遺贈給某個人的權利，更具有合理性。最好他能夠將企業移交給他所認為最適合對企業進行實際並且有效地管理的繼承人，以免生產企業或者商業機構在其主人去世之後發生解體（在法國的法律制度下，這種情況經常發生，而且造成很大的麻煩）。同樣地，也應該允許財產的所有者有權將先人遺留的宅邸、庭院、園林以及足夠維護它們的財產，遺贈給一位繼承人，使之承擔道義上的細心照看的責任。

[3] 無論是慈善性還是教育性的公益事業的慷慨遺贈和捐贈，形成美國近代史的顯著特點，尤其是新英格蘭。不僅富有的資本家普遍在遺囑中自願地將一部分財產遺贈給國家的慈善機構，而且個人在生前也出於相同之目的捐贈大筆的金錢。在那裡，既沒有像法國強行規定財產必須在子女之間平均分割的法律；而且也沒有像英國對於繼承的財產或者長子繼承加以限定的習俗。因此，富人們覺得可以隨意地讓他們的財富在親人與公眾之間進行分享；不可能有哪一個家庭與哪一對夫婦在生前如此長的時間裡總是高興地看到，他們所有的子女都得到妥善的撫養或者可以完全獨立地生活。我曾經見到一份麻薩諸塞州近三十年間人們對於宗教、慈善和文化機構的遺贈和捐贈的名單，總金額不下六百萬美元，即超過一百萬英鎊。（參見萊爾，《美國之旅》，第一卷，第二六三頁。）

在英國，無論何人，在還有活著的親屬的情況下，只要對公眾或者慈善事業捐贈超過微不足道的數額，就會有在死後被陪審團判定為精神病患者的風險，或者法庭將會以浪費財產為名對他的行為提出起訴，並廢除他的遺願。

[4] 「是什麼賦予人類進行勞動的智慧和毅力，是什麼使人類以造福自己的同類為目標而全力拚搏—是永久占有的意識。肥沃的土地往往都是水流匯聚之處，而且經常遭受洪水氾濫的威脅和沼澤的侵蝕。在永久占有土地之保證下，人們會透過長期而且艱苦的勞動挖掘排洪渠道，建造防洪堤壩，引用以前使土地顆粒無收的水力資源灌溉同一塊土地。在同樣的保證下，人們不再滿足於每年從土地上獲取收成，人們從野生的植物中區分出對他們有用的多年生作物、灌木和樹木，並進行培植加以改良，幾乎可以說是人們改變了它們的本質，並且大量種植。某些品種的水果經過數世紀的培育才具有今天如此完美的口感；還有一些水果則引自遙遠的地方。人類透過深翻更新土質，透過混合各種成分並且接觸空氣使土地更加肥沃；他們固定山坡上易於流失的土層，用茂盛的植被覆蓋田野，使每一處土地都造福人類。他們勞動的某些成果，只有在十年或者二十年之後才能收獲，還有一些勞動成果可供後代子孫享用若干世紀。在大自然

生產能力的增長方面所發生的一切，都為人類帶來無限富裕的回報。在這些回報中，有很大一部分是被那些沒有土地所有權的人消費掉的。乍看之下，這些人似乎由於土地被他人據為己有而被剝奪了土地的占有權；但是沒有土地的瓜分，這些人也就不會獲得生存的條件。」（參見西斯蒙第，《政治經濟學研究》，論文三：〈論土地的財富〉。）

[5] 我必須懇求讀者注意，這一段文字乃是十八年前寫下的。令人慶幸的是，我們的時代在道德與經濟兩個方面都發生驚人的變化，以至於只有對該段文字不斷地加以修改，才有可能跟上時代前進的步伐。

第三章　關於參與產品分配的各個階級

§一　假設私有制已是既成的事實，則下一步我們需要區分由社會成員所構成的不同的階級。對於生產來說，這些階級之間的合作或者起碼取得它們的認同，是不可或缺的，而且，它們也因此能夠按照規定獲取一部分產品。我們需要研究產品在這些階級之間自行分配的規律，是如何由我們所關注的這些階級自發地追逐利益的行爲所決定，然後進一步探討法律、制度以及政府的政策，在控制或者調整這種自發分配方面所發揮的或者可能發揮的作用。

我們已經多次提及的是，勞動、資本和土地是生產的三個要素。不難理解的是，資本是指工具和器械，它們是前期勞動積累的成果；而土地則是指大自然供給的原物料和工具，它們或者存在於地球的內部，或者形成於地球的表面。由於這些生產要素中的每一種都可以被分別占有，因此我們不妨將產業社會劃分爲地主、資本家和生產性勞工三個階級，每個階級因此各自得到一份產品；如果它們不出讓產品，則其他階級或者其他人就什麼也得不到。事實上，其餘的社會成員會向這些階級提供非生產性服務，並以這些階級所支付的費用作爲相應服務的對等物以維持生活。因此，政治經濟學認爲，整個社會是由這三個階級所構成的。

§二　不過，雖然這三個階級有時分別存在，並且同時參與產品的分配，但是它們並非一定或者總是以這種方式存在。事實上，它們往往不是以這種方式存在，只有在一、兩個社會中，這些階級才基本上處於完全分離的狀態。在世界範圍內，幾乎只有英格蘭、蘇格蘭、比利時以及荷蘭的部分地區，其農業生產中所使用的土地、資本和勞動，一般來說，才分別屬於不同的所有者。通常的情況是，同一個人可能擁有兩種要素，或者擁有所有這三種要素。

同一個人擁有所有三種要素的情況，就勞工階層的獨立性和尊嚴而言，呈現於現存社會的兩種極端形態中。首先的情況是，勞工本人就是業主。這種情況，在美利堅合眾國的北部各州、法國、瑞士、斯堪地那維亞半島上的三個國家，以及德國的部分地區，都是最爲常見的，[1]同時，在義大利的部分地區和比利時也存在這樣的情況。毫無疑問，在這些國家中，也有大規模的土地所有者以及數量眾多的規模不是很大的土地所有者，需要偶然地或者經常地僱用勞工。然而很多自耕農擁有的土地的面積實在太小，以至於除他本人的勞動或者他家人的勞動之外，並不需要再僱用其他勞工，甚至全家人的勞動也可能過剩。他們所使用的資本並非總是屬於自耕農自己所有，許多小型自耕農透過抵押貸款獲得耕種所需的資金。不過投資的風險是由農民自己承擔，雖然他爲此支付了利息，但是不會遭受到任何人的干擾，除非他無力償付利息，否則他不會失去土地的所有權。

土地、勞動和資本屬於同一個人的另外一種情況，發生在實行奴隸制的國家中。在這些國家，勞動者本人也是地主的財產。在奴隸制度廢除之前的我國西印度殖民地，以及尚未採取類似正義行動的各國產糖殖民地，均有使用農業與製造業勞工的大型機構的實例（蔗糖與蘭姆酒屬於聯合生產的兩種產品），在這些機構中，土地、工廠（如果可以這樣稱呼的話）、機器以及淪落的勞工都是資本家的財產。在這種情況以及與之完全對立的另外一種情況下，即自耕農生產的情況下，人們並不需要對產品進行分割。

§三

當同一個人並不同時擁有三種要素時，經常會發生同一個人擁有兩種要素的情況。有時，同一個人擁有資本和土地，但是不擁有勞動。地主直接與勞工簽訂合約，並提供耕種所需要的全部或者部分資金。歐洲大陸這些國家通常採用這種體制，在這種體制下，勞工一方面既不是農奴，另一方面也不是業主。大革命之前的法國也普遍採用這種體制；今天，在法國的某些地區，當土地不屬於耕種者所有時，仍然採用這種體制。義大利的平原地區，除托斯卡納的馬雷瑪以及羅馬的坎帕尼亞等畜牧區之外，通常也盛行這種體制。在這種體制下，產品是在地主與勞工兩個階級之間進行分配的。

在其他情況下，勞工並不擁有土地，但是擁有可供使用的少量資金；習慣上，地主並不提供任何的資金。愛爾蘭基本採用這種體制，印度以及大多數東方國家也幾乎普遍採用這種體制，不論土地是歸政府所有的情況，還是絕對或者有條件地歸個人所有的情況，均是如此。然而，在耕種者的條件不具備時，土地的所有者向耕種者提供墊付資金的方面，印度的情況比愛爾蘭還要好。對於這些墊款，地方上的土地所有者通常要求支付很高的利息，但是作爲主要的土地所有者——政府，卻發放無息貸款，直到收成之後才將貸款連同地租一起收回。在這裡，與上述情況一樣，產品也是在地主與勞工兩個階級之間進行分配的。

這是參與農業勞動產品分配之主要的不同形式。在工業生產中，參與產品分配的只有勞工與資本家兩個階級。在所有的國家中，最初的手工業工人不是奴隸就是家庭婦女。在古代的製造業中，不論其規模大小，勞工通常也是資本家所擁有的財產。一般認爲，只有從事農業生產的體力勞動者才適合擁有自由人的身分。與此相反的體制，即勞工擁有資本的體制，是與擁有自由人身分的勞工同時出現的，在這種體制下，製造業實現了第一次偉大的進步。手工業者擁有供自己使用的紡織機或者少量的工具爲自己勞動，或者至少最後是爲自己勞動，因爲他在成爲師傅之前，往往需要先當學徒，滿師後再成爲員工爲別人勞動若干年。不過，在中世紀的行業或者行會中，學徒滿師後一直是員工且永遠處於僱傭勞工地位的情況並不存在。農村的木匠或者鐵匠不能依靠其經營收入養活或者維持受僱的勞工，即使是現在，他就是自己的工人，得自己工作；與此相同，有些商店的老闆或者老闆娘也身兼店員。不過，在任何地方，只要市場的規模大到一定程度，資本家階級或者勞工的雇主，與勞工階層之間的差別就會澈底形成；資本家除了指導與監督，一般不從事其他勞動。

◆ 註解 ◆

【1】可以透過駐外大使和領事獲得幾乎每個歐美國家資料的濟貧法調查委員會委員指出，「根據挪威回傳的有關一八二五年人口普查的資料，在總人口一百零五萬一千三百一十八人中，有五萬九千四百六十四人自由保有地產。這麼多的自由保有地產者意味著有五萬九千四百六十四位戶主或者大約三十萬人自由保有土地，超過人口總數的四分之一。麥格雷戈先生（Mr. Macgregor）指出，在丹麥（可能包括西蘭島及其相鄰的島嶼）總人口九十二萬六千一百一十人，土地所有者與農場主約為四十一萬五千一百一十人，或者說大約占一半的人口。在什列斯威─霍爾斯坦總人口大約六十萬四千零八十五人，土地所有者與農場主約為十九萬六千零一十七人，大約占總人口的三分之一。瑞典的土地所有者與農場主在總人口中所占的比例尚不清楚，不過，斯德哥爾摩的統計數字顯示，每個勞動者家庭平均擁有一至五英畝土地；儘管哥德堡提供的這一統計數字較低，但是它又指出農民擁有的土地很多。在哥德堡，我們聽說三分之二以上的勞動人口自己擁有住宅，而且幾乎所有人起碼擁有零點七五至一點五英畝的田地。」在這些報告中，有一些報告並沒有將土地所有者與農場主的情況劃分開來，不過，「所有的調查結果都顯示，按日計酬的零工的人數很少」。（「國際通訊」之序言，第三十八頁。）勞動人口基本上屬於僱傭工人的情況，幾乎為大不列顛所獨有。

第四章　關於競爭與習俗

§一　在財產私有原則的支配下，產品分配是由兩個方面的因素所決定的：競爭與習俗。釐清每種因素對於產品分配所造成的影響的大小，以及其中一種因素引起另一種因素發生變化的方式，是非常重要的。

政治經濟學家一般都習慣於幾乎僅關注這些因素中的第一種因素，英國的政治經濟學家們更是如此。他們誇大競爭的作用，忽視另一種因素的作用以及彼此之間相互制約的關係。他們自己更傾向於認爲，在一切情況下實際上都是競爭在發揮作用，而不論是否可以證實這一點。如果我們考慮到只有競爭原則才使政治經濟學具備某種科學的特徵，則這樣做在一定程度上是合乎情理的。只要地租、利潤、工資、價格都是由競爭所決定，那麼就可以爲它們制定各種相關的法則。假定競爭是它們的唯一的制約因素，那麼就可以依據它們所受到的制約，制定出具有廣泛的代表性以及科學的精確性的各項原則。政治經濟學家們合乎情理地認定這剛好屬於他們的職責範圍之內；而且政治經濟學作爲一門抽象或者建立在假說之上的科學，人們不應該要求它做得更多，事實上，它也不可能做得更多。不過如果人們認爲競爭實際上具有這種無限的支配力，那就是對於人類發展的實際進程認識上的一種極大的誤解。在此，我們並不討論有關壟斷的問題，不論是自然的壟斷還是人爲的壟斷，也不討論權威機構對於生產或者交換之自由所進行的干預。對於這些干擾因素，政治經濟學家們一直都有所考慮。我們所討論的是，競爭並沒有受到任何限制的情況：競爭既未遭遇自然的障礙，也未受到人爲的干擾，然而其結果卻仍然不取決於競爭而取決於習俗或者慣例的情況；或者競爭根本沒有發生，或者是以一種與通常所假設的自然採取的方式完全不同的方式而發揮作用的情況。

§二　事實上，只是在相當近代的時期，競爭才在較大的程度上成爲契約的支配原則。當我們回顧歷史時不難看到，距離我們的時代越遠，所有的交易與約定受到固有的習俗的影響就越大。理由是顯而易見的，即習俗是弱者抵禦強者侵害最強有力的武器，在沒有法律或者政府提供保護的情況下，習俗更是弱者唯一的保護傘。習俗形成一道屏障，即使對人民壓迫最甚的專制政府，也不得不對它有所顧忌。在一個遭受軍事動亂的社會裡，對於勤勞的民眾來說，競爭的自由是毫無意義的，他們所處的環境永遠都不會爲他們提供參與競爭的條件，社會的獨裁者總是在動用武力進行勒索，並且迫使人民接受他們所強加的各項條件。不過，雖然法律是由最強者所制定的，但是將法律手段強制執行到最大限度，也不符合最強者的利益，而且通常他們也不會這樣做。於是法律的每一次放寬都趨於形成某種慣例，而每種慣例又都將形成某種權利。在殘暴的社會形態下，是如此形成的權利，而不是任何形式的競爭，決定著生產者分享產品的份額。最爲近代的社會形態除外，在所有的社會形態中，地主與農民之間的關係，以及農民對於地主所進行的支付，都是由當地的慣例所決定的。直到近代，土地的占有條件（作爲一項基本原則）都與競爭毫無關係。人們普遍地認爲，暫時的土地占用者只要符合慣例的要求，就有權保有他占用的土地，從而在某種意義上成爲土地的共同所有者。而事實上，即使占用者並未獲得確定的永久占有權，但占用的條件也往往是固定並且是不得改變的。

例如，在印度以及其他結構相同的亞洲社會裡，農民或者自耕農，他們並不是地主可以隨意解約的佃農，甚至不是憑藉租約進行耕種的佃農。在大多數村莊中確實有一些農民處於這種不穩定的地位，他們或者他們的子孫是在人們所知曉的較近的時期定居當地，但是所有被視爲原始居民的後代或者代表的人，甚至許多古代佃農的子孫或者代表，只要按照慣例支付地租，就會被認爲有權保有他們的土地。誠然，在大多數情況下，這種按照慣例支付的地租究竟是多少或者應該是多少，已經無法清晰地回答，因爲侵占、專制和異族入侵在很大程度上抹掉了它們的痕跡。但是，當古老而純正的印度公國受到英國政府的統治或者接受它的官員的治理之時，並且當其稅收制度的細節接受審查之時，人們通常會發現，雖然大土地所有者、國家的需求實際上已經因橫徵暴斂而膨脹到無以復加的地步，但是政府仍然認爲有必要在每一次徵收苛捐雜稅時挖空心思地擬定特殊的名目作爲額外徵稅的藉口，因此，除名目地租之外，這種需求有時需要三十、四十種不同名目的收入才能得到滿足。如果地主擁有公認的增加地租的權利，則根本不會採用這種迂迴的增加農民支付的方式。這種迂迴方式的採用，說明一種有效的限制——眞正地按照慣例支付的地租——的確曾經存在，而且只要農民能夠按照慣例繳納地租，就擁有在某一時期占用土地之公認的權利，或者其他高於名義上的權利。[1]統治印度的英國政府總是透過把各種估計的數額加以簡化進而簡化土地租賃的條件，從而使地租在名義上和實際上都可以隨意調整，或者至少可以依據具體的協議加以確定。不過它十分尊重農民對於土地的權利，儘管直到實施當代的改革爲止（即使今天這種改革也僅有部分被實施），它留給農民的糧食也很少超過維持其生活所必需的水準。

在當代的歐洲，耕作者已經逐漸擺脫個人奴隸的地位。西羅馬帝國野蠻的征服者發現，治理他們所征服之土地的最簡單的辦法就是，讓墾殖土地的人們繼續占用他們的土地，並且以向主人提供糧食和勞動爲條件，允許奴隸享有一定程度上自主行動的權利，以節省自己乏味地監督奴隸的大量勞動。他們常用的方法是，劃給奴隸一塊他們認爲足以維持奴隸生計的土地，同時要求凡是需要時奴隸就要在主人的其他土地上勞動。逐漸地，這些不確定的義務演變成確定的義務，即向主人提供固定數量的糧食或者固定數量的勞動，同時隨著時間的推移，主人們寧願將他們的收入用於購買奢侈品而不再用於供養僕從。於是實物地租就轉化爲貨幣地租。每次的讓步最初都是自願的，並且是可以隨意取消的，但是後來卻逐步獲得慣例所具有的效力，並且最終被法庭予以承認和強制執行。透過這種方式，奴隸逐步地上升爲自由的佃農，他們按照固定的條件永久地占用他們的土地。不過這種條件有時也是非常苛刻的，因此人民的生活極其悲慘。他們的這種義務是由當地的慣例或者法律所決定，而不是由競爭決定。

在耕作者從未受過嚴格意義上的人身束縛或者不再受到人身束縛的地方，貧窮落後的社會迫切需要另一種新制度的誕生，直到今天，在歐洲的某些地區，甚至在高度開發的地區，這種制度仍然繼續得到十分有利的貫徹執行。在這裡，我指的是分益佃農制度。在這種制度下，土地在各個農民家庭中間被劃分為小型農場，地主通常提供當地的農業體制所認定的必需的資金，並且按照固定的比例收取部分產品以代替地租和利潤。這一部分產品基本上以實物支付，通常為全部產品的一半。然而，在有些地方，例如拿坡里省的土地肥沃的火山地區，地主拿走的地租占了三分之二，而農民依靠高超的農業技藝卻仍然可以努力生活下去。不過，這一比例不論是占三分之二還是二分之一，都是固定的，對於各個農場或者各個佃農來說，都是不得改變的。當地的慣例演變成普遍的準則，沒有人想要提高或者降低地租，或者以不同於慣例的條件租賃土地，作為地租調節的因素——競爭——並不存在。

§三　在沒有壟斷的情況下，與地租相比，價格更易於受到競爭的影響，並且更為普遍地受到競爭的制約。不過即使在今天的商業競爭活動中，這種影響也不會像人們有時所想像的那樣絕對。在政治經濟學領域，我們最經常接觸到的論斷就是，在同一個市場上同一種產品不可能存在兩種價格。毫無疑問，這是在競爭沒有遭受阻礙的情況下所產生的必然結果。然而每個人都知道，在同一個市場上的同一種產品幾乎總是存在著兩種不同的價格。不僅在每個大城市中，而且幾乎在每個行業中，都有著廉價的商店和名貴的商店，而且同一家商店也經常按不同的價格把相同的商品賣給不同的顧客；並且作為一項基本法則，每位零售商都按照他們對客群分類的估計而採用不同等級的價格。對於批發行業來說，大宗商品的交易的確處於競爭的控制之下，在這裡，買家與賣家是經銷商與製造商，他們所進行的交易既不易受到世俗偏見的影響，也不會受到貪圖個人便利的這種無足輕重之動機的影響，而純粹是一種專業性的交易。因此對於批發市場而言，這一基本論斷是正確的，即相同的物品在同一時刻的確不會有兩種價格，在每一時刻、每一地點，都只有一個市場價格，這種價格由時價表報出。但是，零售價格，即由實際的消費者支付的價格，受到競爭的影響似乎極爲緩慢也極不完全，而且在競爭確實存在的情況下，競爭往往不是降低價格，而是使更多的商人可以分享到高價格所帶來的利得。因此在消費者所支付的價款中，有相當大的一部分轉化成零售商的利潤；而且任何人在深入調查其購買的各種物品的生產者所得的那部分利潤之後，往往都會因數額少得可憐而大爲驚訝。如果大城市的市場的確具有充分的誘惑力並且能夠吸引大資本家參與零售業務，則人們通常會發現，更好的競爭方式是透過廉價的銷售來占有更大的市場占有率，而不是僅僅與別人劃分經營領域。在大城市主要的零售業務中，這種競爭的影響日益顯現，而且速度快捷、價格低廉的交通設施使消費者更少地依賴於附近的商人，從而促使整個國家日漸轉化爲一座大型城市。不過迄今爲止，只有在那些大的商業中心，零售交易才主要地或者在很大程度上受制於競爭；在其他場合，當競爭的確發揮作用時，競爭也只是作爲一種帶有偶然性的干擾因素而產生影響；習俗才是通常發揮調節作用的因素，而且它還不時地根據買方與賣方對於公平或者公正的看法進行調整。

在很多行業中，進行經營的條件是行業之間正式商定的，利用這些條件的人們總是處於某種優勢的地位，使違背行業固定習慣的人遭遇不便或者麻煩。眾所周知，直到最近，圖書銷售業還是如此；而且雖然行業中相互抗衡的情緒相當激烈，但是在打破行業的規矩方面，競爭並未發揮出它應有的作用。所有職業的報酬都由習俗進行調節，例如，內科醫生、外科醫生、法律顧問和律師的收費幾乎都不會發生變化，這並不是由於在這些職業中缺乏足夠的競爭，而是因爲競爭只不過減少了每位從業人員受到聘用的機會，但卻並未降低酬金的水準。

由於已經形成的習俗在相當大的程度上對競爭產生抑制作用（即使在競爭者人數眾多，而且普遍全力追求利得，從而競爭最爲激烈的場合，情形也是如此），因而我們可以肯定，在人們滿足於較小的利得，並相對於他們的閒暇或者舒適而言，較爲輕視他們的金錢利益的場合，情形也更是如此。我們相信，在歐洲大陸經常可以看到某一地方的某些或者全部的產品價格和收費標準，均高於與其相距並不遙遠的其他地方的產品價格和收費標準，究其原因並非其他，而僅僅在於這種狀況一直如此，顧客們對此也已經習慣並且予以默認。一位資本雄厚、具有企業家精神的競爭者，可以透過壓低收費趁機獲取巨大的財富。不過，現在還缺少富有企業家精神的競爭者；擁有資本的人寧可一成不變地運用他們的資本，或者以更爲穩妥的方式運用他們的資本，滿足於獲取較少的利得。

以上所述的內容凡是與本書後面章節所包含的結論相關的，不論我們是否明確指出，都應當視爲是對那些結論做出的某種基本的修正。一般來說，我們的推理過程必須假定，在所有未曾遭受顯著競爭障礙的場合，競爭實際上發揮了眾所周知的自然的作用。在可以自由進行競爭但是卻並不存在競爭的場合，或者在競爭雖然存在但是其自然後果卻遭受到任何其他力量支配的場合，這些相關結論的適用性就會或多或少地有所減弱。在將政治經濟學的結論應用於生活中的實際情況時，爲了避免出現錯誤，我們不應該僅僅考慮競爭達到最大限度時將會產生什麼樣的後果，還應該考慮競爭沒能達到最大限度時其後果將會受到多大的影響。

我們行將討論且鑑別的經濟關係的各種形態，按照先後的順序分別是，並不存在競爭的經濟關係和交易，以及是由蠻力或者是由已經形成的慣例所決定的經濟關係。這些將是以下四章的主要內容。

◆註解◆

[1] 印度人的古代法典有時將產品的六分之一或者四分之一稱為適當的地租，但是並沒有證據顯示這些法典所制定的規則曾經在任何歷史時期確實被貫徹執行。

第五章　關於奴隸制度

§一　正如我們已經評述的那樣，在基於所有制的影響所形成的各種社會形態中，有兩種社會形態儘管在其他方面截然不同，但在某一點上卻是極爲相近的，那就是土地、勞動和資本都是由同一個人占有的。其中的一種社會形態爲奴隸制度，另外一種社會形態爲自耕農制度。在奴隸制度下，地主占有勞工；而在自耕農制度下，勞工則占有土地。我們首先討論前者。

在奴隸制度下，所有的產品都歸地主所有。他們的勞工所消耗的糧食和其他生活必需品，也屬於他們的一部分支出。除地主認爲應當給予勞工的物品之外，勞工一無所有，而且地主也可以在認爲應當予以收回的時候隨時將這些物品收回；並且勞工勞動的繁重程度，由地主決定，或者在地主的強迫下，由他們所能夠承受的限度決定。能夠對勞工的悲慘命運產生緩解作用的，只是地主的仁慈或者地主對於金錢利益的考慮。在當前的情況下，我們先不對第一點進行討論。至於第二點，在如此可憎的社會制度下奴隸主究竟如何考慮，則取決於輸入新奴隸的難易程度。如果身強力壯的成年奴隸能夠大量地被生產出來並且較爲廉價地輸入，那麼自私自利的奴隸主將強迫奴隸勞動至死，然後再輸入新奴隸予以補充，而不採取讓奴隸生兒育女這種速度較慢、花錢較多的補充辦法。一般來說，奴隸主早就知道這種辦法。眾所周知，在奴隸可以合法買賣的年代裡，由英國實行奴隸制度的殖民地情況就是如此；據說，在古巴，現在的情況還依然如此。

在古代，當只有俘虜可以供給奴隸市場時，他們或者來自於戰爭，或者來自於誘拐偏遠地區的與世隔絕的人煙稀少的部落人口，透過奴隸生兒育女來維持奴隸的人數。一般來說，這樣更爲有利可圖，爲此，必須給予奴隸較好的待遇才行。基於這個原因，加上其他某些原因，古代社會奴隸的境況，儘管有時也極爲惡劣，但是很可能還沒有現代各國殖民地的奴隸的境況那麼差。人們通常將古代斯巴達的農奴作爲最駭人聽聞的個人奴隸制度的典型，但是事實並非如此嚴酷，他們起碼得到正式的武裝（儘管沒有披掛古代希臘士兵的盔甲），並且成爲國家軍事力量的組成部分。毫無疑問，他們的地位是卑賤而且低下的，但在各種奴隸制度當中，斯巴達的奴隸制度似乎是最爲寬鬆的一種。在羅馬貴族對新征討的世界大肆掠奪的年代，羅馬的奴隸制度似乎是更加地殘暴。羅馬人是殘忍的民族，卑劣的貴族視無數奴隸的生命如草芥，就像揮霍其他不義之財一樣，對奴隸任意驅使，供他們縱情享樂。迄今爲止，作爲一種最爲惡劣的社會形態——奴隸制度——已經大快人心地得以廢除，奴隸解放的浪潮勢若摧枯、席捲大地，被解放的奴隸立即獲得作爲公民的全部權益；而且在許多情況下，他們不僅獲得財富，甚至後期還獲得榮譽。在皇權的統治之下，隨著法規的逐漸放寬，奴隸得到更多法律上的保護，他們開始擁有財產，並且從整體來看，奴隸制度的弊害大爲減輕。不過在奴隸制度轉變爲較爲溫和的農奴制度之前，奴隸的處境是很難使人口或者生產迅速增長的；在農奴制度下，奴隸不僅擁有財產以及法律上的各種權利，而且他們的義務也或多或少地受到習俗的限定，他們可以部分地爲自己的利益而勞動。

§二 只要奴隸制國家的人口與他們的可耕地面積相比爲數較少，則奴隸在尚可忍受的監督之下所進行的勞動，就能夠生產出超過他們本身生存所必需的物品。尤其因爲對奴隸的勞動進行了大量必不可少的監督，因而使人口的流動受到抑制，保住了聯合勞動的某些優勢。因此在土地肥沃、氣候適宜的情況下，能夠理智地考慮自己的利益且擁有眾多奴隸的奴隸主，都具備了發家致富的條件。然而，這種社會形態對於生產所造成的影響是人所共知的。毋庸置疑，因爲擔心受到懲罰，奴隸被迫進行的勞動是低效率、無效益的。誠然，在某些情況下，的確可以用皮鞭驅使奴隸去努力從事甚至完成某些工作，但對於奴隸來說，無論能夠得到奴隸主給予的多大的報酬，都不會願意從事這些工作。而且一些需要大量勞動協同進行的生產活動，例如美洲殖民地有關蔗糖的生產活動，如果不存在可將大量的勞動予以整合的奴隸制度，則不可能迅速地發展起來。也有一些野蠻部落很不樂於從事日常性的生產活動，如果他們不曾被征服從而淪落爲奴隸，或者征服他人從而使他人淪落爲奴隸，那麼這些生產性活動就無從開展。然而即使對於這些方面的考慮做出充分的評價，但仍然可以肯定，奴隸制度與先進的技術水準、較高的勞動效率是互不相容的。實行奴隸制度的國家往往依靠外國人供給所有技術含量較高的產品。令人絕望的奴隸制度極大地壓抑了人們的心智，雖然古代的世界各國與東方各國的奴隸主習慣於鼓勵奴隸發揮聰明才智，但是在近代較爲發達的社會中，奴隸的聰明才智卻是對主人造成嚴重威脅並使主人極其畏懼的因素。因此，美國的某些州曾經將教導奴隸識字視爲必須予以嚴厲懲處的罪過。所有依靠奴隸的勞動進行的生產活動所採用的生產方式，都是最爲原始和最爲落後的。在這方面，即使就奴隸的體力，平均而言，他們也沒有發揮出其應該發揮的一半的水準。歐姆斯德先生（Mr. Olmsted）在其重要的著作中，對於蓄奴各州產業體系的低效益與巨大的浪費現象，做了富有啓示的說明。農奴所處的狀況，在奴隸制度中，當然屬於最爲溫和的一種。農奴依附於土地，靠分得的土地養活自己，且每週爲他的主人工作一定天數。目前只有一種觀點認爲農奴勞動的效率極低。下面一段文字引自瓊斯教授（Prof. Jones）《論財富的分配與賦稅的來源》（不如說論地租的分配），[1]這部著作收集、整理了不同的國家與土地占有權有關的很多寶貴的事例。

> 俄國人，或者毋寧說曾經對俄國的習俗進行考察的德國學者們，就此提出了一些頗有說服力的論據。他們指出，密德薩斯郡的兩個農民一天割的草，相當於俄羅斯六個農奴一天割的草。儘管英國的糧食價格昂貴而俄國的便宜，但是收割重量相同乾草的費用，英國一個農民只需要半個戈比，而俄國一位地主卻需要三個戈比或者四個戈比。[2]普魯士國務卿雅各（Jacob）曾經證明，雖然在俄國，所有的物品都很

便宜，但是一個農奴的勞動的價格，卻是英國勞工勞動價格的兩倍。舒馬茨先生（M. Schmalz）根據他的瞭解和觀察，對於普魯士農奴勞動的低效益做出了令人吃驚的描述。[3]他明確地指出，在奧地利，一個農奴的勞動僅相當於具有自由身分的雇工的勞動的三分之一。這是在一部精心編寫的有關農業生產的著作（我曾經引用其部分資料並從中受益）中所做的計算，實際上曾經被用於確定耕種一定規模的莊園所需要的勞工的人數。的確，勞役地租對於農業人口的進取精神所造成的負面影響是非常顯著的，因此在一般的改革方案都不易推行的奧地利，各式各樣的取代勞役地租的方案和計畫受到人們歡迎的程度，並不亞於活躍的德國北部各省。[4]

任何高明的指導與監督，都無法彌補勞動者本身素質上所具有的缺陷。同一位學者[5]評論說，土地的所有者「以其所具有的爲自己進行耕作的特點，必然成爲農業人口進取精神的唯一的領路人和指揮家」，因爲當勞工屬於地主所擁有的財產時，具有資本主義性質的農場主這個中間階層就不可能存在。任何地方的大地主都屬於怠惰階層中的一員，或者說，如果他們想做點什麼，則他們僅熱衷於從事最具誘惑力的工作，從而使自己獲得最大份額的勞動成果。正如瓊斯先生所指出的那樣，「尊貴的土地所有者爲了以特權和高位保護自己，或者出於地位與習慣的需要，會設法擔任軍事、政治等方面的職務，不過期望他們整體上會成爲誠心誠意的耕作者，則是非常不現實的，也是十分荒謬的」。即使在英國，如果每塊土地的耕作均取決於土地的所有者，那麼任何人都能夠對以這種方式進行耕作的成果做出判斷。土地的所有者廣泛利用科學、努力進行勞作的實例時而有之，某些人也的確獲得了一定的成就，不過農業的整體狀況卻是令人擔憂的。

§二 奴隸主本身是否會因其奴隸獲得解放而遭受損失這個問題，與比較自由民的勞動與奴隸的勞動相對於社會而言哪一種勞動更有效率的問題，是兩個完全不同的問題。人們曾經將它們作爲某種抽象的命題進行過許多討論，似乎認爲有可能據此得出一般性的解答。對於雇主來說，究竟採用哪一種生產方式，例如奴隸制或者自由勞工僱傭制，主要取決於自由勞工的工資水準。同樣地，這種工資水準又取決於勞動人口相對於資本和土地的比例。一般來說，與奴隸勞動相比，僱傭勞動制的效率會比較高，因此雇主即使支付比他以前供養奴隸的成本還要高的工資，仍然可以從變革中獲得利益，不過他不能無限制地這樣做。毫無疑問，在主人的金錢利益方面，由於人口的增長所引起的變化，加速了歐洲農奴制度的衰落以及西方各國農奴制度的消亡。由於人口對於土地的壓力加大，在沒有實現任何農業改良的情況下，將必然造成供養農奴的成本提高，並且導致農奴勞動的價值下降。如果工資率像愛爾蘭或者英格蘭的工資水準那樣低（在英格蘭，如果考慮到工資相對於勞動效率的比例，則可以看出，其勞動與愛爾蘭的勞動是同樣便宜的），那麼任何人都將毫不猶豫地斷定，奴隸制是無利可圖的。如果愛爾蘭的農民是奴隸，則他們的主人一定會像現在的地主所做的那樣，願意支付大筆的款項，目的僅僅在於能夠儘快地擺脫自己的奴隸。不過在土地肥沃、人煙稀少的西印度群島，人們同樣將會毫不猶豫地做出相反的判斷，衡量自由勞動與奴隸勞動的天平將極大地向奴隸制一端傾斜；而且爲了廢除奴隸制而對奴隸主做出的賠償，也絕不會高於甚至可能會低於奴隸主所遭受的損失。

在這裡，對於有關奴隸制度的問題如何做出清晰的判斷與正確的決策，已經無須更多的評述。奴隸制度的功過是非也不再是一個需要爭論的問題，儘管對於美國今天所發生的鬥爭，大不列顛上層社會中的大部分人所流露出來的思想情感，顯示出當前這一代英國人對於這個問題的看法嚴重地落後於他們的上一代人所實際採取的行動。認爲西印度黑奴解放者的子孫應該洋洋自得且躊躇滿志地看到一個偉大、強悍的軍事聯邦的建立，因此依據這個國家所信奉的原則，並且受到強烈的利益關係的驅動，發誓要以武力將奴隸制度推廣到它的勢力所能夠滲透到的世界上的每一個角落的觀點，展示了我們中高階層的領導群體令人深感痛惜的意識形態，並且必將在英國的歷史上留下一個無法洗去的汙點。所幸的是，儘管他們對於這一罪惡事業不以曾經期盼它的成功而感到恥辱，但除給予聲援之外很快就停止了實際的行動；並且現在很可能是以美國各州爭取自由的寶貴的鮮血爲代價，同時也以其精神和道德的價值無可限量地得到提高爲條件，如此一來，奴隸制度所引發的災難才在偉大的美利堅合衆國銷聲匿跡，而僅在巴西和古巴找到最後暫時的棲息地。西班牙除外，沒有任何歐洲國家參與了這一罪惡行徑。甚至農奴制度目前在歐洲也失去了合法的地位，丹麥作爲最先效仿英國解放其殖民地奴隸的歐洲大陸國家而獲得了讚譽；而且，英勇但是遭到誹謗的法國臨時政府所採取的最早的行動之一就是廢除奴隸制度；荷蘭政府也不甘心長期落後，我相信，今天，在它的殖民地和附屬國，已經不存在實際意義上的奴隸制度了；雖然在爪哇強迫人們爲當局進行勞動仍然是一項公認的制度，但我們可以預期，這種制度很快就會被完全的人身自由制度所取代。

◆註解◆

【1】理查德．瓊斯（Rev. Richard Jones），《論財富的分配與賦稅的來源》，第五〇頁。

【2】舒馬茨，《政治經濟學》，法譯本，第一卷，第六十六頁。

【3】同上，第二卷，第一〇七頁。

【4】匈牙利革命政府在其短暫的執政期間，給予這個國家所能接受二項最大的利益就是廢除了勞役地租，使農民擺脫了農奴制度的束縛，並且規定由國家而不是由獲得解放的農民，負責對地主做出賠償，即使取代革命政府的專制政府也不敢將這一規定予以取消。

【5】理查德．瓊斯，《論財富的分配與賦稅的來源》，第五十三—五十四頁。

第六章　關於自耕農

§一　在自耕農制度之下，與在奴隸制度之下一樣，全部產品都歸於單一的所有者，而且不存在如何區分地租、利潤和工資的問題。不過在所有其他方面，這兩種社會形態卻是彼此完全對立的。在一種制度下，勞工階層遭受到最深重的壓迫與歧視；而在另一種制度下，勞工階層則成為最不受約束的自己命運的支配者。

然而，在政治經濟學領域，小規模土地所有制的利弊得失是爭論最為激烈的問題之一。在歐洲大陸，雖然有人對於流行的觀點持有不同的意見，但是在大多數人的心目中，人口構成中擁有大量自耕農的社會具有優越性這種論斷，卻是以公理形式存在。然而，英國的權威人士，或者不知道歐洲大陸之農業專家的觀點，或者對其置之不理，聲稱這些人在瞭解大規模土地所有制的優勢方面毫無經驗，只有在擁有大型農場的國度才有可能感受到大規模土地所有制的優勢；由於進行大規模土地的耕作所需要的資本積累的規模，大於歐洲大陸各國通常所具有的資本積累的規模，因此歐洲大陸的大塊土地除用作牧場之外，絕大部分都是劃分成小塊土地，再將它們出租耕種。這種說法似乎有些道理，但是並非完全站得住腳。因為如果歐洲大陸由於經驗不足對於需要使用大量資本的大規模的耕作制度瞭解得較少，那麼一般來說，英國的學者實際上對於與自耕農有關的問題也知之甚少，並且對於他們的社會地位以及生活方式的認知往往也是錯誤百出。迄今為止，甚至英國古老的傳統觀念，也是與歐洲大陸的基本觀點相互一致的。英國的自耕農在其存世之時，曾經被吹噓為英國的榮耀，而在其消失之後也一直受到「深切的緬懷」，他們不是小型自耕農就是小型農場主，如果他們大部分都屬於後者，那麼他們所具有的那種倔強的自立精神，就更加受人尊敬。今天，在英國的某些地區，自耕農仍然比比皆是，但令人遺憾的是，這樣的地區太少，例如坎伯蘭與威斯摩蘭的「國務活動家」，雖然他們一般按照固定的慣例繳納稅捐，但是我認爲，這種固定的稅捐並不會比土地稅對他們的自耕農的身分產生更大的影響。在那些熟悉農村情況的人士當中，只有一個人對這兩個郡中的土地租賃制度表示讚許，那就是華茲華斯先生（Mr. Wordsworth），他筆下的自耕農原型，肯定就是英格蘭這兩個郡的自耕農。[1]

然而，由於英國一般的耕作制度使英國人無從瞭解自耕農制度的本質和運作方式，也由於英國人對於其他國家的農業經濟往往處於極端無知的狀態，所以英國人對於自耕農這個概念還十分陌生且難以接受，甚至在語言上也存在一定的障礙，他們通常稱呼土地的所有者爲「地主」，與其相互關聯的詞是「佃戶」。在爆發大饑荒的年代裡，有人曾經在國會和報紙上進行討論的過程中提出建議，希望透過建立自耕農制度改革愛爾蘭的農業。當時，一些自命不凡的學者全然不瞭解「自耕農」一詞的含義，竟然把愛爾蘭的佃農租賃制度誤認爲自耕農制度。由於人們對於自耕農制度瞭解得太少，所以我認爲，在討論相關問題以前，首先說明自耕農制度的眞實情況是至關重要的，我將列舉某些證詞，以便盡可能詳盡地說明一些國家或者地區的農耕方式，以及耕作者舒適而且幸福的生活，在那裡，既沒有地主也沒有農場主，只有勞工在耕種土地。

§二 我並不想重點介紹北美洲的情況，眾所周知，在那裡，已經從奴隸制度的罪惡中解放出來的任何地方，一般來說，耕種者幾乎就是土地的所有者。能夠將美洲天然的肥田沃土與現代歐洲的知識、技術相互結合的國家，只要人民的財產安全得到保障，政府民主而且開明，那麼它就具備得天獨厚的有利條件，就幾乎沒有任何事情能夠對勤勞上進的各個階層的繁榮發展形成實際的障礙。也許我應該像西斯蒙第先生那樣，著重討論古代義大利的情況，特別是拉吉歐的情況，當時這片平原人煙稠密，之後卻在完全相反的制度之下，同時也因爲瘧疾肆虐而變得人煙稀少。不過，我傾向引用西斯蒙第先生基於自己的親身經歷所提供的證詞。

西斯蒙第先生說：「為判斷自耕農是否幸福，特別有必要對瑞士的情況進行深入的考察與研究。在瑞士，我瞭解到，可以由享有自己勞動果實的人從事農業生產，這使大多數人的生活變得相當舒適；獨特的地理位置塑造出這裡的人們偉大、獨立的人格，全體居民富裕的生活也帶來商業的一片繁榮，儘管這個國家的氣候惡劣，土地不甚肥沃，晚霜和易變的氣候經常使耕作者的希望化為泡影。但看到連最窮的農民也擁有非常寬敞、牢固、精心刻有圖案的木屋，不由得使我讚嘆不已。在木屋的內部，寬敞的走廊把人口眾多的大家庭的各個居室分隔開來；每間居室內只放一張床，配有幔帳、被褥和潔白的床單；床的周圍考究地擺放著家具；衣櫃裡裝滿服裝；乳品間寬大、通風而且非常乾淨；每家每戶都儲存有大量的穀物、鹹肉、乾酪和木柴；牛圈內飼養著在歐洲品種最為優良、照顧得最無微不至的牲畜；花園裡繁花似錦；男男女女的穿著既乾淨又暖和；婦女們炫耀地佩戴著古代的服飾；所有人都顯得那麼健康和強壯。讓其他國家去炫耀它們自己的財富好了，但瑞士卻可以總是因為擁有這樣的農民而深感自豪。」[2]

這就是這位傑出的學者本人對於自耕農制度的基本看法。

不論在哪裡，只要我見到了自耕農，我就找到了舒適、安全、對於未來滿懷信心與自強不息的精神，這一切立即向我展示出一幅洋溢著幸福與道德的畫面。農民與其子女們從事祖先留下來的那小塊土地上的全部勞作，但既無須向任何人繳納地租，也無須為任何人發放工資。他們依據自身的消費來調節生產，吃自己種植的糧食，喝自己釀造的酒，穿自己用自家收成的苧麻或者羊毛縫製的服裝，很少關心市場的價格；由於他們很少進行買賣，所以絕不會因為行情的突然變化而破產。對於未來，他們並無恐懼之心，而是看到希望的光彩。他們終日勞作並非為了滿足當年的需要，而是要為其子女與後代帶來某種利益。哪怕在幾分鐘的時間裡，他們也會種植下樹種，希望百年後大樹成蔭。他們也會挖掘溝渠，企盼引來清澈的甘泉。他們充分利用所有的時間精心改良他們周圍的動植物品種。他們所繼承的少量祖業就是他們的儲蓄銀行，隨時準備接受他們的所有微薄的收益，並且利用他們的全部閒暇的時間。自然界永恆的動力爲他們帶來百倍的回報。作爲土地所有者，他們強烈地感受到由衷的喜悅。於是他們總是急於購買土地，不大顧及土地的價格。他們爲土地支付的價格可能高於土地的價值，甚至高於土地可能爲他們帶來的收益。但是，他們在這種對於他們的勞動來說總是極其有利的投資所帶來的利益方面做出很高的估計，以避免在勞動市場上爲自己的勞動壓價競爭，從而使自己總是能有麵包吃，無須花高價去購買麵包，這難道有什麼不對嗎？

在所有類型的耕作者中，自耕農從土地上獲取的產品最多，因爲他們對未來考慮得最多，他們也最富有經驗。他們最善於調動人的力量，使其發揮到極致，因爲他們需要將他們的工作分派給家庭中的每一位成員，以保證一年三百六十五天每天大家都有工作，沒有一個人閒閒無事。在所有類型的耕作者中，他們也是最幸福的。與此同時，以這種方式占用的土地，養活如此多的身爲土地所有者的人口，而土地的肥力卻未見枯竭。最後，在所有類型的耕作者中，自耕農對於商業與製造業所產生的促進作用也最大，因爲他們最爲富有。[3]

這是一幅描繪自耕農辛勤勞作以及對於土地的深情厚誼的圖畫。英國的觀察家對於瑞士文明程度較高的各地所做的觀察，也確實證實了這種情況。英格利斯先生（Mr. Inglis）寫道：「漫步在蘇黎世近郊，隨意看看四周，總會看到當地居民在辛勤地勞作。如果此地的自耕農能獲得百分之十的回報，那我將很樂於說『這是應該的』。我現在談論的是農村的勞動，我相信各行各業的蘇黎世人都非常勤勞，但我可以肯定地講，勤勞在自耕農耕種土地時表現得最爲突出。每當我習慣性地在凌晨四、五點打開窗戶眺望湖面和遠方的阿爾卑斯山時，我總會看到在田間勞作的人；每當我傍晚散步歸來，太陽早已落山，時間已過八點半，但我總會遇到還在割草或者搭葡萄架的人……放眼望去，每塊田地、每片果園、每處籬笆、每棵樹、每朵花、每株植物，無不展示出人們傾注於土地耕耘上的巨大心血。例如，如果小路橫穿或者緊靠田地，那麼他們絕對不會讓穀穗像英國那樣伸到路面上任憑路人採折和踐踏，而是到處都圍上籬笆，籬笆的木樁間隔大約一碼的距離，樁間插滿高約兩、三英尺的樹枝，沿途而立。傍晚，如果你留意花椰菜菜園或者甘藍菜園，你就會發現每棵菜都已經澆了水。蘇黎世周圍遍布著大型菜園，園內的每棵菜都得到最精心的照管；蔬菜的栽種體現出數學的精確性，人們看不到一株雜草、一塊石子。他們不像我們那樣將蔬菜的種子埋在土裡就算大功告成，而是將菜種在小坑內，每個坑內施加一點糞肥，每天澆水。播過種子的土地的上層土壤都經過精心平整；所有的灌木和花都捆紮在木樁上；靠牆栽種的果樹枝椏，也都綁紮在靠牆搭起的架子上。在那裡，每一件事情都被照顧得妥妥貼貼。」[4]

這位學者是這樣描述高聳的阿爾卑斯山的一個偏僻的峽谷：[5]

在整個恩加丁地區，土地歸農民所有，與其他地區一樣，這些農民所擁有的產業在數量上相差懸殊……一般來說，恩加丁的農民完全依靠土地的產品過活，只有家庭所需要的少數幾種物品，例如咖啡、糖和酒等，是產於其他地方。每家每戶都自己種植、梳理、紡織並且縫製亞麻衣物。他們還利用自家收獲的羊毛，不必麻煩漂染工匠和裁縫，就可以自行製作成藍上衣。可供耕種的土地面積已經不可能再有所擴展了，勤勞又善於精打細算的農民已經做了所能做的一切。在恩加丁，沒有一寸土地被閒置，儘管這裡最低的地方也並不比斯諾登山的峰頂低多少。凡是野草能夠生長的地方都種上莊稼；任何一塊能長草的岩石都呈現著一片綠色；凡是黑麥能夠生長之處無不種上黑麥；大麥和燕麥也都找到自己的恰當的位置；凡是能夠收成一撮小麥的地方，耕作者都不會放過。恩加丁的窮人比歐洲任何農村的窮人都還要少。在大約有六百名居民的蘇斯村，所有人都過得既富裕又舒適，沒有一個人欠別人哪怕是一口糧食。

儘管瑞士的農民整體上都很富足，但是還不能說（幾乎可以說）在全國範圍內貧窮落後已經絕跡；最大也是最富有的伯恩州就是該國的一個典型。因爲，雖然在當地自耕農居住的地區與其他的地區一樣，自耕農非常勤勞，生活也很富足，但是由於整個歐洲對於濟貧法案的實施和貫徹工作落實得非常差（《新濟貧法》實施以前的英國除外），致使該國的該州存在著大量的貧困人口。[6]在某些其他方面，瑞士也不能作爲展示自耕農制度全部優勢的實例。瑞士各州都有關於當地土地和人口狀況的統計資料，這些資料大多編製得認眞、科學、詳盡而且及時。從這些資料中可以看出，土地往往被分割得過於零碎，幾乎達到無以復加的地步。在富庶的蘇黎世州，自耕農所負擔的債務之多，正如這位學者所指出的那樣，「幾乎達到令人難以置信的地步」，以至於「只有透過極端的勤勞、節儉、禁慾以及完全的商業自由，才有可能使他們眞正挺起胸膛」。[7]到目前爲止，從這些著作中所能得出的一般結論是，自本世紀之初以來，由於將貴族或者州政府所擁有的大量地產不斷分給農民，致使幾乎農業的每一個部門以及自耕農在衣食住行的各個方面，都得到顯著而且迅速的改善。這位對圖爾高州進行考察的學者甚至說，自從將封建地主的領地分給農民之後，非常普遍的情況顯示，現在三分之一或者四分之一的土地所生產的穀物以及所負擔的餵養牲畜的數量，就與以前全部土地所生產的穀物以及所負擔的餵養牲畜的數量一樣多了。[8]

§三

擁有自耕農的歷史最爲悠久以及自耕農在總人口中所占的比例最大的國家之一是挪威。萊恩先生（Mr. Laing）對於該國的社會經濟狀況做出了令人頗感興趣的描述，表明他非常贊同小規模土地所有制。以下引用其中的若干段落。

「如果這裡的小型自耕農還算不上是優秀農民，那麼也不是出於與蘇格蘭相同的原因——即懶惰與缺乏上進精神——所造成的。在這些溝壑中所興建的灌溉工程的規模，展示出一種奮進與協作精神」（提醒讀者特別注意這一點），「而蘇格蘭在這一方面則顯得異常落後。乾草是牲畜冬季的主要飼料，但乾草和穀物，還有馬鈴薯，很容易因爲土層淺以及岩石對陽光的反射十分強烈而枯萎，爲此，人們竭盡全力將水從峽谷的源頭引進每家每戶的田間。人們用木槽（將剖開的樹幹挖空製成）從山丘間常年有水的溪流引水，一路穿過密林，跨越深谷，沿著陡峭的山崖前行，之後在主槽上連接支槽將水引到每戶的地頭，最後再用活動的木槽將水分配於每塊土地上；而且在這個季節，每套裝置都透過類似於漂染布匹工匠所使用的戽斗以及安置於兩套裝置之間的木槽成功地進行灌溉。若非親眼所見，誰都不會相信這種人工的噴灑裝置所覆蓋的土地面積是如此之大，主槽竟四通八達。我在一個峽谷中步行了十英里，發現兩側的山崖上竟然都安裝著木槽，在其中的一側，木槽沿著主要的山谷蜿蜒而下，竟然長達四十英里。[9]這些工程恰好是由那些也許是拙劣的農民所爲，不過他們絕對不是懶惰的，也絕對不是對於協作的原則一無所知的，他們是爲了共同的利益維護著這種設施。毫無疑問，在這些方面，他們比我們蘇格蘭高地峽谷中的佃農鄉村社區還要先進。他們覺得自己是業主，可以收獲自己努力勞動的成果。在那裡，處於良好狀態的道路和橋梁同樣表明，擁有共同利益的當地居民使它們得到悉心的維護；當地並不徵收過路費」。[10]

談到自耕農制度總體上對於歐洲大陸所產生的影響時，這位學者將自己的觀點表述如下：[11]

如果我們聽信大型農場主、農學家和（英國）政治經濟學家的觀點，就會認同理想的農業耕作將會隨著大型農場的解體而消失的說法；他們堅持，在這種情況下，理想的農業耕作能夠存在下去是荒唐可笑的，除非運用巨額資本經營大型農場才能做到這一點。排水、施肥、經濟合理地安排農活、除草、實行輪作、使用高級的農耕機具，所有這一切，只有動用巨額資本、僱用大量勞工的大型農場才能做到。這些話聽起來非常正確，但是如果我們放下他們的書本而去考察一下那裡的田地，把大規模耕作最好的地區與小規模耕作最好的地區冷靜地加以比較，那麼我們就會發現這樣一個不容否認的事實，即在佛蘭德、東弗里斯蘭、霍爾斯坦，簡而言之，在歐洲大陸從松德海峽到加萊海峽一線的全部可耕地的收成，與地處相同緯度而且和這一線隔海相望的英國沿海一線，即與從福斯灣到多佛爾同樣肥沃的土地的收成相比，還要更好一些。在土壤和氣候條件相同的情況下，如果像佛蘭德、荷蘭、弗里斯蘭與霍爾斯坦的迪特馬爾申郡那樣將小塊土地劃歸農民所有，則土地的產量必將會因爲人們的精耕細作而顯著提高。連我們的農學家們也無法否認，即使伯立克郡、羅克斯堡郡或者洛錫安的大型農場主們，也不可能像佛蘭德的小型自耕農那樣對土地進行近乎花園式的耕作，像他們那樣認眞地施肥、排水和除草，並且使貧瘠的小塊土地生產出那麼多的糧食。在蘇格蘭或者英格蘭耕作得最好的教區內，土地浪費的現象很嚴重，例如，大型農場在土地的邊角與田間道路兩側都浪費大量的土地，田間道路由於品質太差所以寬得毫無必要，且道路過寬又造成道路品質低下，有許多被人遺忘的公用地、荒地以及雜樹叢生的閒置林帶。如果將這些不提供產出的土地整合起來進行耕種，則可以養活教區內的全部貧民尚且有結餘。毋庸置疑，大型農場只對條件最好的良田沃土才會投入大量的資本，對需要花費較多的時間和勞動加以改良因而不可能迅速收回投資成本的土地則不屑一顧。不過雖然僱用別人的時間和勞動進行這種耕作是無利可圖的，但是自耕農利用自己的時間和勞動進行這種耕作卻可能是有利可圖的。他們最初並未考慮更高的要求，只是爲了糊口而耕種土地，然而，幾代人過後，土地變得肥沃了，價值增加了，於是他們的生活有了改善，甚至有能力採用非常先進的耕作方法進行耕作。佛蘭德、倫巴底和瑞士的小型農户，都普遍採用利用畦溝排水、夏季廄養牲畜、施用液態肥料等耕作方法，而我們最先進地區的大型農場也只不過剛剛開始採用這些方法。透過眾多小型農户的合作，可以提供牛乳製品，甚至生產出最大量的乳酪；[12]為了使財產免於遭受火災、雹災而提供保險；開展當代最爲先進也最爲昂貴的農業生產活動；利用甜菜根製糖；透過對小型耕作方式的精心管理，成功地向歐洲市場供應亞麻和大麻；使國外處於最低階層的家庭的餐桌上，也擺滿蔬菜、水果和雞鴨魚肉。而在我國，即使中產階級家庭的餐桌也不會如此豐盛。這些多樣化、豐富的供給尤其與小型農業耕作制度相關。所有這一切都屬於實行小型自耕農制度的國家的特點，這使考察者在聽到我國土地專家的宏論之後，有必要認眞思忖一番，是否眞的只有依靠雇工的勞動並投入大量資本的大型農場才能最高限度地提高土地的生產能力，才能爲國家的居民提供最大量的生活必需品和奢侈品。

§四　在德國實行自耕農制度的許多欣欣向榮的地區中，我選擇普法爾茨進行介紹，因爲我所引用的有關該地區的農業與人口的資料，來自於一位英國人近期所做的調查。學者霍維特先生（Mr. Howitt）習慣於從光明的一面來觀察英國的社會，而且他在論述萊茵地區的農業時，也曾經毫不客氣地說，當地的農民使用的工具粗糙，耕作的方法落後。不過他仍然指出，農民受到自己擁有土地後所煥發出來的喜悅心情的激勵，透過提高勞動的強度彌補了生產工具方面所存在的不足。「農民們非常認眞地翻地與除草，幾乎達到了盡善盡美的地步，他們獲得的收成也將是相當可觀的。」[13]「農民是農村生活中的原住民，他們在這個國家中具有非常重要的地位，因爲他們本身就是土地的所有者。事實上，這個國家的大部分土地都掌握在農民的手裡。土地被分割成小塊之後，在農民之間加以分配……這與我國農民的情況截然不同。在我國的大部分地區，土地的耕作者與土地的所有權是完全分離的，耕作是完全依靠由別人所提供的勞動進行的，而在這裡，農民本身就是土地的所有者。可能正是出於這個原因，他們成爲了也許是世界上最勤勞的農民。他們整日忙碌、起早貪黑，因爲他們知道自己是在爲自己勞動……德國的農民雖進行艱辛的勞動，但實際上並不窮困，他們每個人都擁有自己的住宅、果園和路邊種植的果樹；這些果樹通常都是結實纍纍，他們必須想辦法支撐並加以保護，否則果實就會墜落到地上而摔裂。他們擁有自己的麥田、飼料甜菜地和苧麻地等，他們就是自己的主人，他們與他們家庭的每一位成員都具有極其高漲的勞動熱情。你可以看到超越世界其他地方的堅持不懈的勤勞與厲行節約在這裡所產生的實際後果。誠然，德國人並不像英國人那樣機敏，你從來都看不到他們腳步匆匆，或者打算在很短的時間內做很多工作……。與此相反，他們總是慢吞吞的，不過他們也一直都在工作著。他們日復一日、年復一年地埋頭苦幹，富有耐心，孜孜不倦，具有堅韌不拔的精神。英國的農民已經毫無購置地產的觀念，他們習慣於認爲，自己擁有土地是大地主的法規所不能容許的，他們因而灰心喪氣、意志消沉……。與此完全不同的是，德國的農民則把國家當作他們的夥伴，認爲國家是爲他們而存在的；他們擁有作爲個人的感覺；他們與其左鄰右居的利益，都與國家的利益密切相關；只要他們積極勤奮、厲行節約，任何人都不能對他們進行威脅，將他們放逐或者送入貧民習藝所。因此，他們能挺起胸膛走路，他們以自由人的神情面對你，完全是充滿自尊的自由人士。」【14】

談到他們的勤勞，這位學者進一步描述說：「他們無時無刻都不會使自己閒下來。在嚴酷的冬季，只要有辦法進行戶外活動，他們就總能找到自己可以做的事。當大地還冰封時，他們就向地裡施肥；大地一解凍，他們就忙著清理溝渠，修剪老朽的或者不結果的樹枝。那些缺柴燒的窮人們，則不辭辛勞地進到深山老林裡砍柴。英國普通的民眾如果看到德國人如此賣力地砍柴，一定會感到驚訝。在大雪封山的日子裡，如果你能夠到山坡上和樹林裡看一看，你就會看到他們在劈樹幹、砍樹枝，並且想方設法（只要林業管理人員允許）將木柴收集起來運回家裡。他們吃苦耐勞、兢兢業業的敬業精神簡直令人難以置信。」【15】

在對德國農民爲栽培葡萄所進行的認眞、辛苦的勞動加以描述之後，他接著說：[16]「英國有大片的草場和農田，牧草收割、糧食入倉以後，農村就會呈現出一派悠閒、寧靜的景象。但是在德國，隨時隨地都可以看到辛勤勞作的人們，他們不知疲倦地鋤地、栽種、修剪、除草或者採摘。他們像一位園藝師，不斷地向市場提供各種農產品。他們自己種植胡蘿蔔、罌粟科植物、大麻、亞麻、紅豆草、苜蓿、油菜、蕓薹、甘藍、蕪菁甘藍、黑蕪菁、瑞典蕪菁和白蕪菁、起絨草、洋薊、飼料甜菜、歐防風、菜豆、蠶豆、豌豆、巢菜、玉米、蕎麥、茜草、馬鈴薯以及產量很高的菸草和小米。上述這一切或者絕大部分都種在自家的土地上，由自家人照管。爲此，他們首先需要栽種，其中有許多農作物還需要移植，然後需要鋤地、除草、除蟲、剪枝，並且對各種農作物相繼進行收割或者採摘。他們擁有自己的需要澆灌的草場，幾乎他們所有的草場都需要適時澆灌，接著收割牧草以及澆灌；他們需要不斷地疏通舊水渠以及開挖新水渠；他們需要儘早地將蔬菜和水果運往市場；他們需要飼養他們的牛、羊、馬（其中大多實行圈養），還有家禽；他們還需要在夏天的烈日下修剪葡萄樹過於繁茂的枝杈。可以想見，這是一幅多麼繁忙的勞動景象。」

這種引人入勝的描述是眞實的，任何一位觀察力敏銳的遊客，只要到過這個耕作發達、人口稠密的地區，都能證明之。旅居當地著名的勞教授在其論述普法爾茨的農業的著作[17]中對此所做的更加詳細的描述，也完全證實這一點。勞博士不但證實當地的農民非常勤勞，而且還證實他們具有較高的技能和智慧；他們的施肥方法十分合理，輪作制度也很科學；過去的幾代人使他們的農業有了長足的發展，今天，他們仍然精神飽滿地在爲農業的進步而努力。「這些鄉下人堅韌不拔的性格與他們積極上進的精神並駕齊驅，他們成年累月地忙忙碌碌，從不停歇；由於他們非常善於安排工作，所以把適合工作的分分秒秒都能夠合理地加以利用，他們願意抓住每一次機會，努力掌握有用的新機會和尋找有利的新方法，這種工作熱情是很值得稱讚的。他們對於工作精於長遠打算，人們對此往往印象深刻。他們很喜歡爲自己的工作計畫尋找理由，儘管這些理由並非總是站得住腳；他們很像一位閱歷豐富的觀察員，不必依靠計算而僅憑感覺就可以進行謀劃；他們善於捕捉預示他們可能獲益或者受損的種種跡象。」[18]

德國所有其他地方的情況也是如此。凱先生（Mr. Kay）指出，「眾所周知，自從薩克森的農民成爲自耕農以來，他們的居住條件、衣著打扮、生活方式，尤其是土地耕作，在最近的三十年間都迅速實現了持續的發展。我曾經以考察風土人情爲目的，在一位德國導遊的陪伴下，先後兩次遊歷薩克森的薩克森瑞士地區，爲此，我可以信心十足地力排眾議，斷言歐洲任何其他地方的農業耕作，與薩克森的耕作相比，都要稍遜一籌。那裡的農場與伯恩州、沃州、蘇黎世州以及萊茵河流域各個省分的農場一樣，呈現出一片興旺景象。它們處於良好狀態，被精心地裝扮著與管理著。田地就像一座大花園，容光煥發，既沒有遍地的樹叢或者灌木蔓延，也幾乎看不到一根多餘的燈心草、薊草或者其他雜草。每年春天，人們都利用從大田裡排出的積水連同液態肥料一起，對草場進行澆灌。一根雜草皆無的薩克森的草場使我留下了深刻的印象，我在英國見到的任何一塊草場都難以與之相媲美。農民在產品的數量和品質、在平整土地以及他們所注重的基本耕作的各個方面相互競爭。所有的小型自耕農都在急切地尋找獲得最大產量的途徑，他們迫切希望跟上農業改進的步伐；他們將自己的子女送到農業學校讀書，以便將來能夠在工作中幫助他們的前輩；同時，他們會迅速地效仿左鄰右舍所採用的每一項新的改進措施。」[19]如果這些描述沒有言過其實，那麼他們的智力水準就不僅僅超過了英國勞工的智力水準，而且也勝過了英國農場主的智力水準。

一八五〇年出版的凱先生的這部著作，包含有其在歐洲許多不同地方進行考察與研究所獲取的大量的實際資料，以及許多著名學者的相關證詞，他們都斷言自耕農制度具有顯著的優勢。我從凱先生所引用之有關自耕農制度對於農業的影響的資料中摘選以下內容。

身為普魯士居民的萊興施佩格（Reichensperger），他所居住的地方的土地就被分割得很細，為了說明自由保有土地的重大作用，他出版了一部篇幅很長、內容也很豐富的著作。他毫不含糊地評價道，就面積相同的土地而言，由大量擁有土地的小型農戶或者自耕農耕作，與土地為少數大地主所擁有而由佃農耕作相比，不僅土地的總產量更高，而且扣除全部耕作成本之後的淨產量也更高……。他列舉了一個事實，似乎證明，在小型土地所有制占主導地位的農村，土地的肥力一定會迅速得到提高。他說，在普魯士萊茵河流域的各個省分，小型土地所有者擁有的土地的價格，比大型地產的價格還要高，並且地價上漲的速度也比較快。他與勞教授都指出，如果小型地產的生產能力沒有至少以相同的比例與地價同時提高，那麼價格以這種方式上漲的小型地產，必將使最後的買主破產。然而，儘管小型自耕農在購買土地時，所支付的地產價格在不斷上漲，但是他們卻變得越來越富有，這種情況可以說明，小型地產的毛利和淨利都相應地提高，而且當土地由小型自耕農耕種時，與由大型農場主耕種相比，每英畝土地的淨利也更高一些。他的這種看法顯然是正確的。他還說，小型地產價格的上漲不可能僅僅是競爭的結果，因為若是如此，那麼小型自耕農的利潤和富裕程度就一定會有所下降，可是這樣的結果並未因地價的上漲而顯現。

阿爾布雷希特・特爾（Albrecht Thaer，另外一位研究不同的農業制度的德國的著名學者）在其最新的著作之一《合理農業的原理》中表示，他堅決相信，由小型自耕農耕種的土地的淨產量，與由大地主或者他的佃農耕種的土地的淨產量相比，一定要更高一些……。特爾先生的這種觀點格外值得關注，因為他在年輕的時候，曾經極力支持英國的大地主和大型農場制度。

基於個人的觀察，凱先生補充道：「普魯士、薩克森、荷蘭和瑞士的自耕農制度，在我曾經目睹的任何國家的耕作方式中，是最為完善也是最為經濟的一種耕作制度。」[20]

§五

不過，比利時的情況，可以成為痛斥英國反對自耕農耕作制度偏見的最具說服力的實例。當初，比利時的土地是歐洲最為貧瘠的土地之一。麥克庫洛赫先生說：[21]「西佛蘭德、東佛蘭德和埃諾各省的大片平原，物產十分豐富，這完全是農民嘔心瀝血、努力耕耘所結出的碩果。因為當地天然的土壤幾乎完全是寸草不生的沙地，而現在的土地卻十分肥沃，這完全得益於無比精心的管理，以及各種肥料的及時施用。」在有益知識普及協會出版的農民系列叢書中，有一部編寫精采、內容豐富的專著——《佛蘭德的農業》，其作者是這樣描述的：[22]佛蘭德的農民「似乎只要擁有一塊可供耕種的土地，那就什麼都不缺了，不論土壤具備什麼樣的性質和特點，他們總會讓它不失時機地生長出某種農作物。肯彭地區的沙地堪與海濱的沙地相提並論，很可能當初就是這樣的沙地。一步一步地認眞回顧人們對於這種土地的改良過程是頗為引人入勝的。在這裡你可以看到，一座座農舍和簡陋的牛棚在這片毫無希望的土地上被建立起來；鬆散的白沙被風梳理成高低不平的沙丘，只能憑藉石楠屬的灌木叢的根鬚才能稍稍加固，但卻有很小的一片土地經過平整並且在四周挖有溝渠，這片土地的一部分還覆蓋著新生的金雀花，另一部分則種下了馬鈴薯，也許還能夠看到一小片矮小的三葉草」。不過各種肥料不論是固態的還是液態的，都被精心收集起來了，「而這一點正是關鍵之所在，過不了幾年，一座小型農場就會開始初具規模……。如果沒有可用的肥料，則只能在純粹的沙地上先種植金雀花，這種植物即使在最為貧瘠的土地上也能生長，三年後即可收割，成捆地賣給麵包店和磚瓦工廠當柴燒，以獲取若干收益。它的落葉可以稍微提高土壤的肥力，它的根鬚則增強土壤的黏性。現在，這塊土地已經可以進行耕種了，而且無須施肥就可以種植蕎麥甚至種植黑麥。到了收成蕎麥或者黑麥的時候，人們很可能已經積攢了足夠的肥料，並可以開始正常地耕種了。一旦種植的三葉草和馬鈴薯使農民可以飼養乳牛並且積攢肥料，則土地改良的速度就會加快，不用幾年，土壤就會發生根本性的改變。它會變得鬆軟、溼潤，並且由於獲得三葉草和其他作物根塊分解出來的植物質而肥沃起來……。在對土地進行逐步改良以及正常耕種之後，就會使原先的好地與透過艱苦勞動加以改良的土地之間的差別基本上消失了。至少兩者的收成，與其他各國土質不同的土地收成相比，彼此更為接近。這一點，是對於佛蘭德的耕作制度的優越性最具有說服力的證明。因為它證明，這裡的土地得到持續不斷的改良，而且土地的缺陷可以透過精耕細作與合理施肥——特別是後者——予以彌補」。

在這裡從事如此繁重的勞動的農民，因為他們是在為自己勞動，因此數個世紀以來，一直採用農作物輪作與合理施肥的耕種方式；而在英國，則將這一切均視為近代的新發現。因此，即使在今天，權威人士也認為他們的農業，從總體來看，優於英國的農業。這位學者最後評論道：[23]「佛蘭德最貧瘠或者中等肥力的土地的收成，一般來說，優於英國現代化農場具有相同品質的土地的收成。在資本的投入、各種農機具的應用、牛羊的選育和飼養方面，我們都遠遠地超過了佛蘭德的農民。」儘管這位學者認為，[24]他們「在乳牛的飼養方面大大地領先我們」，「而且，英國農民的教育水準，一般也比佛蘭德農民的還要高一些。但是，在改良土壤方面，在處置並施用各種肥料方面，在精心實行作物輪作方面，尤其是在節省土地使其任何部分隨時都處於生產狀態方面，我們仍然需要向佛蘭德的農民學習」，並且不是學習各處有教養、有事業心的那些佛蘭德農民的獨特的做法，而是學習佛蘭德農民的基本實踐。

這個國家的大部分農業發達地區均實行自耕農制度，並且土地由所有者自行經營，但全部或者部分土地一直是依靠自耕農揮動鐵鍬進行人工耕種。[25]「當土地完全依靠鐵鍬耕種時，則無須養馬，而是按照每三英畝土地一頭牛的比例飼養乳牛，飼料完全取自於人工種植的牧草和作物的根莖。瓦斯地區的地產規模都很小，即主要採用這種耕作方式，所有的勞動都由各位家庭成員承擔」；子女很快就開始「按照他們的年齡和體力，協助從事各種比較輕鬆的勞動，例如除草、翻土、餵牛。如果他們能夠生產出足夠的黑麥和小麥，滿足自己烤製麵包的需求，並且能夠生產出足夠的馬鈴薯、蕪菁、胡蘿蔔和三葉草，滿足餵養乳牛的需求，那麼他們的生活就可以過得很好。同時，他們出售自行生產的油菜籽、亞麻、大麻、奶油的所得，在扣除購買肥料的支出之後（這筆支出的金額一般都相當大），還可以爲他們帶來相當不錯的利潤。假設土地的全部面積爲六英畝，則對於農戶占用的土地面積而言，這種情況極爲常見，而且對於一名男子來說，管理起來也是力所能及的」。於是（這位作者對耕作的情況加以介紹之後指出），「如果一名男子與其妻子和三個年輕的孩子加在一起，與三個半成年男子基本相當，那麼這個家庭每年將需要三十九英斗的糧食、四十九英斗的馬鈴薯、一頭肥豬以及一頭乳牛所生產的奶油和牛奶。而一點五英畝的土地，可以用於生產他們所需要的糧食和馬鈴薯，還可以將其中的一部分玉米使這隻豬增肥，並且還可以用製造奶油的殘料餵豬；另外，還需要一英畝的土地用於種植三葉草、胡蘿蔔、馬鈴薯，並與蕪菁輪作，在滿足乳牛飼養的需求之外尚且有結餘。於是，二點五英畝的土地就足以供養整個家庭，可以將另外的三點五英畝的土地的產品出售，並將其所得用來支付地租或者支付購買土地的借款的利息，也可以用於重置已經磨損的農機具，或者購買肥料和全家人的衣物。不過對於這三點五英畝的土地來說，如果將它用於種植大麻、亞麻和蕓薹等植物，則最爲有利可圖；或者也可以將其中的一英畝土地用於種植三葉草和塊根植物，然後再增加餵養一頭乳牛，並將其產品出售。於是，對於一個家庭如何依靠六英畝中等土地謀生並且致富的問題，我們就已經得到了某種答案」。透過計算說明一個家庭無須僱用任何勞工，就能夠以最爲完善的方式對這一面積的土地進行耕種之後，這位學者接著說：「在一個完全依靠鐵鍬耕種且擁有十英畝土地的農場中，只要這一家庭再增加男、女各一名成員，就可以更爲便捷地完成所有的工作；如果再增加一匹馬和一輛馬車，用於運送肥料和產品，偶爾地驅馬耙地，那麼這一個家庭就可以勝任十五英畝土地的耕作……。」於是，可以理解（這是幾頁細緻的分析與計算的結果[26]），「一名僅僅擁有一小筆資本和十五英畝上等鬆軟土地的勤勞的男子，依靠鐵鍬進行耕作，不僅可以維持自己的生計，養活一家人，繳納可觀的地租，而且還可以在其一生中積存一大筆錢」。但是他爲做到這一些所付出的辛苦勞動，有很大一部分並不是消耗於純粹的耕作上，而是消耗在爲了獲取遙遠的未來的回報，而對土地本身所做的改良上。難道這種辛勞與不繳納地租沒有任何關係嗎？如果沒有事先的約定，並且至少可以獲得土地實際上的永久占有權，那麼這種辛勞有可能存在嗎？

至於他們的生活方式，「佛蘭德的農民與勞工，則比英國這一階層的人們節儉得多，除了星期日和收成季節，他們很少吃肉，酪乳、馬鈴薯和黑麵包是他們的日常的食物」。那些前往歐洲的旅行者們習慣於走馬看花，往往以此爲依據，斷言歐洲大陸任何國家的農民都過著貧困、悲慘的生活，它們的農業制度和社會制度都是失敗的，只有英國的制度才能使勞動者得到幸福。實際的情況是，不論英國的制度是否眞能使勞動者幸福，這倒是唯一的一個永遠不思進取的制度。一位勞動者不花光他所賺得的全部收入這件事，對於英國的勞動者來說實在難以理解，因而他們習慣於錯誤地認爲厲行節約乃是貧窮的表現。爲此，我們不妨瞭解一下對於這種現象的正確解釋。

於是，他們慢慢地積存起資本，並且他們最大的抱負就是自己擁有土地。他們急切地抓住每一次機會購進小型農場，同時土地的價格由於競爭而大幅度提高。因此，土地僅能爲購買土地的款項帶來幾乎不超過百分之二的利息。大型地產逐步消失，土地被分割成小塊，並以令人咋舌的價格出售。但是國民財富和產業卻在不斷增長，它們分散於民眾之中，而不是積聚在幾個人的手中。

這樣的事實是眾所周知的，也是很容易理解的。但是令人大惑不解的是，有些人非但不以佛蘭德的實例爲依據從而對自耕農制度加以讚賞，相反地，卻以它爲由，對自耕農制度發出警告，其理由不過是一種臆斷的人口過剩，這種臆見是從一八四六年至一八四七年發生饑荒年間，布拉邦和東佛蘭德的農民陷入困境這一事實所推斷出來的。我所引用的一位瞭解這方面情況的學者的證詞，雖然未以任何經濟理論作爲依據，但是卻表明這種貧困無論它可能嚴重到什麼程度，都不是因爲這些小型自耕農在任何正常的情況下，無法充分滿足他們所需要的生活必需品所造成的，而是由這些人耕種自己所擁有的土地以及生產自己所需要的糧食這一基本事實所決定的。也就是說，不管收成是好是壞，他們都必須自行承擔一切後果，而不能像大型農場主那樣可以將部分災難轉嫁到消費者的身上。不妨讓我們回憶一下一八四六年的收成，各種糧食部分歉收，馬鈴薯幾乎全部歉收；在這樣一次少有的災難中，六英畝土地的產出（其中還有一半的土地用於種植大麻、亞麻或者油菜）不足以維持全家人一年的生活就不足爲怪了。不過，我們不應該將佛蘭德不幸的農民與耕種幾百英畝土地的英國的資本家相互比較。如果這位農民是一個英國人，那他也不是那位資本家，而是在資本家手下按日計酬的零工。而且在鬧饑荒的年月裡，按日計酬的零工中就沒有遭遇不幸的人嗎？難道沒有人瞭解在所有擁有小型自耕農與農場主的國度裡當年所發生的情況嗎？我認爲，沒有理由可以相信，在災荒的嚴重程度相同的情況下，比利時所遭受的不幸，一定會比其他國家更爲深重。【27】

§六 有關海峽群島自耕農制度在耕作方面所具有的優越性的證詞是如此典型，以至於使我無法克制自己的衝動，在已經進行大量引用的情況下，再增加引用有關這些島嶼經濟狀況的描述，這些描述是由一位學者透過個人的考察並對他人提供的資料進行深入研究的基礎上所做出的。威廉·桑頓先生（Mr. William Thornton）的著作《爲自耕農制度仗義執言》一書，在選材與寫作方面頗具特色，我們應當將其視爲有關這個問題的標誌性著作，他就根西島的情況做出如下說明：「從這樣狹小的地域運送如此之多的產品到市場上去，即使在英國也不多見。這件事情本身就可以證明，這些耕作者一定在很大的程度上已經擺脫了貧困，因爲作爲他們自己生產的產品的絕對所有者，他們當然僅出售自己不需要的那一部分產品。不過就每一位觀察者來說，當地人對於自己的生活條件相當滿意這一點，是顯而易見的。希爾先生（Mr. Hill）說：『我發現在我過去所到過的地方中，在根西島上生活是最幸福的。』喬治・海德爵士（Sir George Head）說：『無論旅行者走到什麼地方，都可以感受到那裡的愉快舒暢。』英國的遊客第一次徒步或者驅車越過聖彼得港的邊界時，都會對迎面而來的住宅林立的小島風光感到驚訝，其中有許多住宅與他們自己國家中的中產階級的住宅相同，不過他們實在猜不出居住在其他那些住宅中的究竟是些什麼樣的人，雖然這些住宅一般對於農場主來說不夠寬大，但是對於按日計酬的零工來說，則無論從哪個方面來看都過於完美……。事實上，少數漁民的小屋除外，島上所有的住宅都不像英國農場的勞工的普通住宅那樣簡陋……。卸任不久的根西島執行官德・賴爾・布羅克先生（Mr. De L'Isle Brock）說：『打量一下英國農民的茅舍，並將它們與我們這裡的農民的房舍相互比較。』……乞丐完全找不到了……貧民，至少他們的身體是健康的，也幾乎與乞丐一樣難以找到。儲蓄銀行的帳目也證明，根西島勞動階層人民的生活一般都很富足。一八四一年，在英國本土大約一千五百萬的人口中，擁有存款的人數不到七十萬人，即平均每二十人中只有一人有存款，而平均存款額僅爲三十鎊；在同一年，根西島總人口二點六萬人中，擁有存款的人數爲一千九百二十人，而且平均存款額爲四十鎊。」[28]有關澤西島與奧爾德尼島的證詞所說明的情況也基本相同。

桑頓先生就海峽群島小型自耕農經濟的效率和生產能力提出大量的證詞，他將有關情況概括如下：「由此可知，在海峽群島的兩個主要島嶼上，農業人口的密度與不列顛的農業人口的密度相比，一個是其兩倍，另一個則是其三倍。在不列顛，平均每一位耕作者耕種二十二英畝的可耕地；在澤西島，平均每一位耕作者僅耕種十一英畝的可耕地；在根西島，平均每一位耕作者的可耕地就更少了，只有七英畝。目前，這些島嶼的農業除了供養耕作者，還要分別供養其密度相當於不列顛四倍和五倍的非農業人口。

這種差別並不是由於海峽群島的土壤肥沃或者氣候良好所造成的，因爲與英國的南部相比，澤西島的自然條件更爲惡劣，根西島的自然條件也並不優良。這種差別完全是農場主們精心管理以及大量施用肥料的結果。」[29]他在另一處又說：[30]「在一八三七年，英格蘭大型農場小麥的平均產量僅爲二十一英斗，而且任何一郡的最高平均產量也不超過二十六英斗。從那時起，全英格蘭的最高平均產量爲三十英斗。在澤西島，島上農場土地的平均面積只有十六英畝，依據英格利斯的記述，一八三四年每英畝小麥的平均產量爲三十六英斗，但是官方提出的數字顯示，在一八二九年至一八三三年五年期間，其平均產量爲四十英斗。在根西島，島上農場土地的平均面積更小，根據英格利斯的說法可以認爲，平均產量達到每英畝四夸脫（三十二英斗）就可以算是好年景，不過，這種年景是很常見的。在英格蘭，人們認爲對於中等土地來說，每英畝繳納三十先令的地租是相當公平的，[31]而在海峽群島，非常貧瘠的土地除外，每英畝的地租起碼是四英鎊。」

§七

對於自耕農制度不利的印象往往來自於法國；人們通常認爲，正是在法國，在這項制度已經有可能出現最爲惡劣的農業條件下取得了成果，但是由於土地的分割，法國正在迅速喪失這些成果。如果不是已經喪失這些成果並使農民處於忍飢挨餓的邊緣，那麼爲什麼會廣泛存在著如此悖於事實的印象？這實在難以說明。在大革命之前，法國的農業極其凋敝，法國的農民異常貧困。當時，他們並不像現在這樣普遍地擁有土地。然而，法國的確有不少地方，即使在當時，其大部分土地也均爲農民的財產，這對於法國慘澹的農業和農民普遍的貧困來說，已經成爲極其引人注目的例外。亞瑟．楊格（Arthur Young），有關這個問題的無可爭議的權威人士、小型農場制度的堅決反對者、現代英國農業學派的領軍人物，曾經在一七八七年、一七八八年和一七八九年三年的時間裡，走遍幾乎整個法蘭西。當他看到非常突出的耕作業績時，毫不猶豫地將其歸結爲自耕農制度的產物。他說：[32]「離開索沃，我驚訝地看到一大片土地，地裡除巨大的岩石之外，似乎什麼都沒有，然而其中的一大部分土地卻已經被圈起來並種上農作物，且對之辛勤地照顧。每個人都種下一些橄欖樹、桑樹、杏樹或者桃樹，並且在這些樹之間栽種葡萄，因此不難想像出整個地面被零零散散地混雜在一起的植物與凸出的岩石所覆蓋的場景。這個村莊居民的勤勞應該得到獎賞，如果我是法國的部會首長，那麼我就會嘉獎他們。他們很快就會把自己周圍的荒山野嶺改造成果園。這些勤勞的農民之所以能夠化山石爲沃土，我認爲是因爲他們覺得這些東西是屬於他們自己的。如果他們受到另外一種萬能法則的激勵，那麼他們也會化腐朽爲神奇。」他還說：[33]「在羅森代爾（位於敦克爾克附近），勒・布倫先生（M. le Brun）很有禮貌地帶我參觀了經他改良的沙丘。在當地與市鎮之間，整齊排列著許多小巧的房屋，每座房屋都有果園和一、兩塊用籬笆圍起來的田地，這些地方當初都被白色的沙土所覆蓋，今天則在人們勤勞的雙手下改變了面貌。私有制的魔力眞的可以點土成金。」他又說：[34]「走出岡熱，我驚訝地看到人們在灌溉方面所做出的巨大努力，這帶給我迄今爲止在法國所獲得最爲深刻的印象。之後，我又翻越遍布層層精心耕種的梯田的陡峭的群山。在聖羅倫斯，有很多土地得到了灌溉。這種景象令農民神怡心醉。從岡熱乘車奔赴崎嶇不平的山區，成爲我在法國最爲賞心悅目的一段旅程，到處進行著充滿活力的勞動，呈現著欣欣向榮的景象。這裡充滿著一種活力，它具有無比的威力，它衝破前進道路上的一切艱難險阻，爲岩石披上了綠裝。如果有人詢問其原因何在，則對於稍有常識的人來說都是顏面盡失的，因爲答案顯而易見——由於人們自己享有所有權。將一片光禿禿的荒岩明確地劃歸爲一個人所有，他就會使荒岩變成一片果園；將一片果園以九年爲期限租賃給他經營，他就會使果園變成一片沙漠。

在有關對西庇里牛斯山山麓地區所做的描述中，他不再談他所想到的，而只談他所見到的。「啓程前往莫南，[35]不久就看到了一片我在法國從未見過的景象，我簡直不敢相信自己的眼睛。這裡矗立著一排排以石塊砌成、磚瓦覆蓋的農家小屋，堅固而且舒適，家家戶戶都有一小片果園，被修剪齊整的荊棘籬笆所圍繞，園中種有許多桃樹和別的果樹，籬笆中間隔著三三兩兩地長著漂亮的小櫟樹，它們都得到了非常精心的照顧。顯然地，只有果園的主人才有可能這樣認眞地去做。每家都有一片以草皮環繞的精心耕作的農田，籬笆與農田之間有門可通。在英國也有一些地方（在那裡還有自耕農），與貝亞恩這裡的農村十分相像，但是難以與我從波市乘車前往莫南十二英里的路途中所見到的景象相媲美。一切都歸小型自耕農所有，沒有如此小型的農場就無法使居民擺脫貧困和悲慘的生活。這裡四處都充滿著整潔、溫暖與舒適的氛圍。這種氛圍從他們新建的房屋與馬廄裡，從他們精心照顧的果園裡，從他們的籬笆中，從他們屋前的空地上，甚至從他們的雞籠和豬圈裡散發出來。如果一位農民的幸福生活受到一份以九年爲期限的租約的限制，那麼他是不會想到要讓他的豬也過得舒服一些的。現在我們來到貝亞恩，它距離亨利四世（Henry IV）的出生地只有幾英里遠。當地的農民是否繼續享有這位明君所賜予的幸福呢？看來他溫和高尙的氣質仍然支配著這片土地，每位農民都很安寧、快樂。」他一再強調法國佛蘭德的農業所具有的優勢。在那裡，農場「都很小，但是大多均歸小型自耕農所有」。[36]在科地區的農村也實行小型自耕農制度，但是那裡的農業卻很糟糕。他對比兩個地區的兩種情況以後所做出的解釋是，「它是一個以工業生產爲主的地區，對於遍布全地區的棉紡織業來說，農業耕作不過是一種副業。」[37]今天，這個地區仍然以製造業爲主，農村中的小型自耕農依舊很多，不論是從莊稼的生長表現來看，還是從官方的統計數據來看，這個地區都是法國農業生產最爲發達的地區之一。「在佛蘭德、阿爾薩斯和阿圖瓦的部分地區以及加龍河沿岸，法國的農業與我們的農業相比，都毫不遜色。」[38]在這些地方，以及凱爾西的大部分地區，「土地被整頓得像花園而不像大田。也許從地塊零散這一點來看，它們更像花園了」。[39]在這些地方，普遍實行有效的輪作制度，這種制度在義大利早已實行，不過當初並未引起法國人的注意。「實行快速的連續不斷的輪作，一種農作物收成之後馬上播種另一種農作物」（所有的考察人員在萊茵河河谷都可以看到與此相同的情況），「很難做到完美無缺的地步，而且很可能這一點對於所有想要實現科學耕作的農業生產來說，都是至關重要的。正如同我們在這些省分所看到的農作物普遍地被合理分布一樣，在種植將會造成耕地汙染、肥力下降的農作物之前，需要先行種植可以淨化耕地、提高肥力的農作物」。

然而，一定不要認為亞瑟·楊格在自耕農問題上的證詞始終都是對自耕農制度予以肯定的。在洛林、香檳和其他地區，他發現農業生產的狀況很差，小型自耕農的生活很貧困，於是他認定這是土地分割過細所造成的。他的觀點可以概括如下：[40]「在這次旅行之前，我曾經認為，人們在自己所擁有的小型農場的耕作是很容易的，他們無須支付地租，這足以使他們有條件進行土地改良，並且積極努力地從事勞動。但是我在法國看到的情況，卻大大地改變了我當初對於自耕農制度所持有的美好設想。在佛蘭德，我看到三十英畝至一百英畝的土地耕作得很好，卻幾乎看不到那種在其他地方十分普遍的小型地塊。在阿爾薩斯與加龍河沿岸，土壤肥沃，幾乎無須投入更多的人力，某些小型地塊就能耕作得很好。在貝亞恩，我穿過一個擁有較多小型地塊的地區，那裡所展示的整潔、安寧與舒適的景象，使我留下深刻的印象——只有小型地塊才能夠實現所有這一切。不過，這裡的小型地塊絕對沒有小到無足輕重的地步；根據我的判斷，從房屋之間的距離來看，這些土地的面積應該為四十英畝至八十英畝。這種情況以及其他個別情況除外，我實在看不出小型地塊除了使其所有者堅持不懈地辛勤勞作，還有其他什麼地方是值得稱道的。的確，有必要對讀者強調的是，雖然我見到許多小型自耕農的耕作糟糕到令人難以想像的地步，但是土地所有者的辛勤勞作都是極其顯著的，也是值得讚賞的，對此，無論怎樣予以獎賞都不過分。這足以證明，在所有的其他因素中，土地所有權是激勵人們堅持不懈地從事艱苦勞動的最強大的動力。這一真理的威力之巨大，適用性之十分廣泛，以至於我不知道欲誘勸附近的居民到山上開荒種地，除承諾他們可以獲得那裡土地的所有權之外，還能有什麼其他的辦法。事實上，在隆格多克山區以及其他地方，我都看到了村民背著竹簍馱運泥土、對自然生成的不毛之地加以改造的情況。」

因此，我們不妨將這位著名的農學家以及大規模土地耕作制度的鼓吹者的經驗理解為，如果由自耕農耕種的小型地塊面積不是非常小，即達到無法使每一個家庭擁有的時間和精力都獲得充分利用的地步，則自耕農制度就會產生良好的效果。因為他經常強調的理由是，儘管農民們懷有很大的熱情去運用他們的知識與智慧所能確定的一切辦法改良那塊家傳的小型地塊，但是如果這塊土地的面積太小，那麼他們的時間一定會有所浪費。為此，他建議制定法律，規定土地細分的限度。在某些農村，土地的分割已經超出當地資本的狀況與主要農作物的性質所允許的限度，但卻仍然在繼續分割。對於這些農村而言，他的這種主張是合乎情理的。如果分給每位農民的土地，即使他擁有完全的所有權，但小到使他無法維持舒適生活的地步，那麼這種制度將具有小型自耕農制度的全部弊端，但卻不具有其任何優點。因為在這種情況下，農民或者必須依靠自己土地的產品過非常貧困的生活，或者像沒有土地時經常所做的那樣，依靠受僱的工資收入過活。不過，如果附近所有農場的土地面積相差無幾，則他找到工作的希望便十分渺茫。由此可見，自耕農制度的優越性得以體現的條件是，土地的分割不是過細；即需要這些土地供養的人數，相對於由這些人耕種這些土地所生產的產品的比例不是很大。這個問題與大多數有關勞工階層生活狀況的問題一樣，也歸結為人口問題之一。如此一來，小型自耕農制度對於人口的過度增長是產生刺激作用，還是產生抑制作用呢？

◆註解◆

[1] 華茲華斯先生在其介紹英國北部湖泊地區風光的一篇短文中做了如下描述：在溪谷的上游一帶，幾百年來有「一個由牧羊人和農夫建立的理想的國家，這些牧羊人和農夫大多是其所占有並耕種的土地的主人。每個人的耕作僅夠養活自

己一家人，或者偶爾地招待一下左鄰右舍。各家各戶都飼養兩、三頭乳牛以獲取牛奶和乳酪。教堂是唯一一座高聳於農宅之上的建築，宛如這個純樸國家的最高首府；這個位於一個強大帝國中央的國家的成員，建立起一個理想的社會或者組織健全的團體，環繞四周壁立如屏的群山，成為這個國家的制度的設計者與監管人。這裡既沒有身世顯赫的貴族、騎士，也沒有地主、鄉紳，不過這些為數眾多、地位低下的子民們卻清醒地意識到一點，他們走過並且耕種的這片土地，五百多年來一直歸於他們具有相同姓氏、相同血緣的人們所有……在這些溪谷中種植的穀物不多不少，剛好可以滿足每個家庭對於麵包的需求。多雨而潮溼的天氣促使他們在山坡上用石塊搭建起一間間小屋作為羊群的庇護所，在颳風下雨的日子裡，他們便在這些小屋中餵養羊群。每家每戶都用自家的羊毛紡織布料和縫製衣服，到處都有紡織工，他們在其他方面的需求也由自己紡織出的產品予以滿足，他們依靠肩扛、手提或者更經常地透過馬馱，把布料運送到市場販賣，每週都有一個小小的商隊來到山谷底，或者翻山越嶺前往最近的市鎮」。（參見《英國北部湖泊地區風光隨筆》，第三版，第五〇—五十三頁，以及第六十三—六十五頁。）

[2] 《政治經濟學研究》，論文三。

[3] 在另一部著作中（《新政治經濟學原理》，第三編，第三章），西斯蒙第先生寫道：「當我橫穿幾乎整個瑞士以及法國、義大利和德國的幾個省分時，我從不需要詢問某一塊土地是屬於自耕農的還是地主的。只要土地得到精心耕種，農民工作愉快，田園妝點一新，便可以斷定，這是自耕農的土地。然而，暴虐的政府是有可能摧殘人們因為擁有土地而享有的安樂生活與煥發出來的聰明才智；稅收有可能奪走土地最好的產品；蠻橫的政府官吏有可能擾亂農家的寧靜；由於無力對抗有權有勢的鄰居，有可能在人們的心中埋下沮喪的種子。因此，在重歸薩丁尼亞王統治的那個美麗的地方，自耕農與按日計酬的零工一樣衣衫襤褸。」西斯蒙第先生在這裡所提到的是薩伏依地區，那裡的農民基本上都是自耕農，然而，根據可靠的報導，他們的處境都極為艱難困苦。不過，正如西斯蒙第先生接下來所指出的那樣，「僅僅信奉政治經濟學的一種原理是徒勞無益的，單靠它並不足以帶來利益，但是它至少可以減少弊端」。

[4] 參閱H．D．英格利斯，《一八三〇年的瑞士、法國南部與庇里牛斯山區》，第一卷，第二章。

[5] 同上，第一卷，第八、十章。

[6] 自從我在本書中寫下這段文字以來，伯恩州在制定和實施《濟貧法》方面已經發生了很大的變化。不過，我對於這些變化的性質與細節尚不甚瞭解，故而不便在此對其多加評論。

[7] 參見格羅爾德．邁爾．馮．克諾瑞（Gerold Meyer Von Knonau），《瑞士歷史地理統計圖表》，「第一部：蘇黎世州」，一八三四年，第八〇—八十一頁。他還說，在蘇黎世的某些村莊，所有的土地均被抵押出去了。然而，不能因為債務總額很大，就斷定每一位自耕農都身陷債務的泥沼。例如，在沙夫豪森州，據說幾乎全部土地都被抵押出

去，但是抵押金額很少超過這些土地登記價值的一半（愛德華．愛默生（Edward Im-Thurn），《瑞士歷史地理統計圖表》，「第十二部：沙夫豪森州」，一八四〇年，第五十二頁），而且抵押貸款通常都是用於土地的改良與開拓（普皮科弗（J. A. Pupikofer），《瑞士歷史地理統計圖表》，「第十七部：圖爾高州」，一八三七年，第二〇九頁）。

【8】「圖爾高州」，第七十二頁。

【9】凱先生在其著作（《英國和歐洲人民的社會狀況與教育》，第一卷，第一二六頁）中援引了萊興施佩格（《土地問題》）所發表的觀點：「在歐洲，以最完善的方式興建面積最為廣泛、耗資最為巨大的草場以及田地灌溉設施的地方，乃是那些經過細緻劃分土地且土地掌握在小型自耕農手中的地方。他列舉了環繞瓦倫西亞的平原、法國南部的部分地區——特別是沃克呂茲與羅納河口、倫巴底、托斯卡納、西恩納地區、盧卡、貝加莫、皮埃蒙特以及德國的很多地方作為例證，說明在歐洲的這些地方，土地都是在小型自耕農中間經過細緻的劃分。在所有這些地方，都由小型自耕農自行興建並且維護著規模宏大、耗資巨大的基本農田水利灌溉系統與設施：這表明，透過聯合，他們有能力完成需要巨額投資才能完成的工程。」

【10】萊恩，《挪威生活記事》，第三十六—三十七頁。

【11】《一位旅行家的筆記》，第二九九頁及以後各頁。

【12】瑞士農民共同出資合作生產乳酪的方式，值得人們關注。「瑞士的每個教區通常都從佛萊堡的格呂耶爾地區僱人進行放牧並且製作乳酪。平均每四十頭乳牛需要僱用一位乳酪師傅、一位擠奶工和一位牧羊人。每頭乳牛的主人每天記下牛奶的產量。乳酪師傅及其助手負責擠牛奶、收集牛奶並且製作乳酪。每一季度末，每頭乳牛的主人將得到他那一份乳酪，重量與其乳牛的產奶量成比例。這種合作生產的方式取代了小規模自給自足的生產方式，當初每個人只能加工三、四頭乳牛產出的牛奶，現在他們則能夠得到重量相同而品質卻較好的乳酪，因為這些乳酪是由專業人員製作的。人們按照每頭乳牛一定量的錢數或者乳酪數對乳酪師傅及其助手進行支付，有時候他們也可以承租乳牛，付給牛主錢或者乳酪。」（參見《一位旅行家的筆記》，第三五一頁。）在法國的汝拉，人們採用一種與此相同的生產方式。詳見拉韋涅，《法國農村經濟》，第二版，第一三九頁及以後各頁。在這種趣味盎然的聯合勞動的實例中，最令人關注的一點是對於雇工的整體上的信任，而這種信任又必須得到實踐的證明。

【13】《德國的農村和家庭生活》，第二十七頁。

【14】同上，第四〇頁。

【15】同上，第四十四頁。

【16】同上，第五〇頁。

【17】凱爾・海因里希・勞（Karl Heinrich Rau），《論普法爾茨特別是海德堡地區的農業》，海德堡，一八三〇年。

【18】《德國的農村和家庭生活》，第十五—十六頁。

【19】參看約瑟夫・凱（Joseph Kay，其為文學碩士、高等法庭法律顧問以及劍橋大學的遊學學士），《英國和歐洲人民的社會狀況與教育：顯示外國的小學教育與地產分割的成果》，第一卷，第一三八—一四〇頁。

【20】同上，第一卷，第一一六—一一八頁。

【21】參閱《地理學詞典》的「比利時」詞條。

【22】《佛蘭德的農業》，第十一—十四頁。

【23】同上，第三頁。

【24】同上，第十三頁。

【25】同上，第七十三頁及以後各頁。

【26】同上，第八十一頁。

【27】人們後期所議論的有關比利時的貧困，不論這種貧困是否具有永久性，似乎都僅僅侷限於從事工業生產或者從事與農業生產相關的工業生產的那一部分人口，並且是由對於比利時工業品之需求的減少所造成的。

除了前面我們已經引用的有關德國、瑞士和比利時的證詞，還可以援引尼布爾（Niebuhr）有關羅馬坎帕尼亞的證詞。他在一封從蒂沃利寄出的信函中這樣寫道：「凡是擁有世襲的農場主或者小型自耕農的地方，都煥發出一派勤勞上進、恪守誠信的精神風貌。我相信，如果有人願意將其所擁有的大塊的地產，用於建立小型的自由保有土地的制度，那麼山區的搶劫行為就一定會銷聲匿跡。」（參見《有關尼布爾的生活與信件》，第二卷，第一四九頁。）

【28】參閱威廉・托馬斯・桑頓（William Thomas Thornton），《為自耕農制度仗義執言》，第九十九—一〇四頁。

【29】同上，第三十八頁。

【30】同上，第九頁。

【31】同上，第三十二頁。

【32】參閱亞瑟・楊格，《法國遊記》，第一卷，第五〇頁。

【33】同上，第一卷，第八十八頁。

【34】同上，第一卷，第五十一頁。

【35】同上，第一卷，第五十六頁。

【36】同上，第一卷，第三二二—三二四頁。

【37】同上，第一卷，第三二五頁。

【38】同上，第一卷，第三五七頁。

【39】同上，第一卷，第三六四頁。

【40】同上，第一卷，第四一二頁。

第七章 繼續討論同一問題

§一

在考察自耕農制度對勞工階層基於人口增長所決定之最終的經濟利益的影響之前，讓我們首先關注一下這種土地制度在道德和社會影響方面所產生的作用，可以說，透過上一章所援引的實際情況的分析或者相關事實以及權威人士的觀點，這個問題已經得到解決。

初次接觸這個問題的讀者，一定會對我們所提及的各位證人的證詞產生強烈的印象，一位瑞士統計學家稱自耕農擁有「幾乎超出常人的勤勞」。[1]至少在這一點上，權威人士的意見是一致的。僅僅造訪過擁有小型自耕農的某個農村的人，總會認為當地居民是世界上最勤勞的人民。觀察家都同意，這種非凡的勤勞與自耕農身分的特徵相關。這是「私有制的魔力」，用亞瑟・楊格的話來說，它可以「點土成金」。不過，財產制的概念並非必然意味著不必繳納地租，更不必然意味著不必繳納稅賦；它僅僅意味著地租繳納的數額固定，不能由於土地的改良或者地主的意願的改變而提高，從而損害土地占用者的利益。對於所有的承租人以及承租方式來說，免予繳納地租的承租人實際上就是土地所有者，登記保有地產者與自由保有地產者都是如此，所需要的只是按照固定不變的條件永久地占有。「將一片光禿禿的荒岩明確地劃歸一個人所有，他會使荒岩變成一片果園；將一片果園以九年為期限租賃給他經營，他會使果園變成一片沙漠。」

我們已經引用並且還將進一步摘錄上述相關權威人士有關自耕農制度下自耕農所表現出來的習慣性的勤勞，以及千方百計地努力應用普通的和特殊的生產工具，以便提高土地未來的產量和價值的詳細資料；這些資料可以說明上一章中已經談到的一點，[2]那就是，小型農場——至少當土地的耕作者就是土地的所有者時，在對土地肥力相同的土地應用相同的農業知識的情況下——所提供的總產量將大得多。《佛蘭德的農業》這部著作，著重介紹人們如何透過辛勤勞作去克服資源匱乏、工具落後以及科學知識欠缺等問題。在土壤的肥力相同的條件下，與蘇格蘭和英格蘭農業耕種最成功的地區相比，佛蘭德和義大利的小型自耕農的耕作所獲得的收成要大得多。毫無疑問，對於生產這些農作物所耗費的勞動，如果需要由雇主支付工資，那他很可能會感到得不償失；但是對於自耕農來說，他卻無須爲這些勞動付出任何成本，他不過是將自己可以用來休息的時間改成從事他所喜愛的（也許我們應該說他所熱衷的）某種生產活動而已。[3]

我們還看到，這種非凡的勤勞，不僅使佛蘭德的耕作者成功地獲得豐碩的成果，而且還使他們較早地掌握許多農業知識；而在單純依靠雇工進行耕作的地區，人們掌握這些知識則晚了許多。德・拉韋涅先生就法國眞正適合實行小規模土地耕作制度的地區之小型自耕農的農業技術水準，提供了同樣很有說服力的證詞。[4]「在佛蘭德肥沃的平原，在萊茵河、加龍河、夏朗德河、羅納河流域，即使最小型的農場的耕作者也掌握了改良土壤與提高勞動生產能力的各種方法，並且不惜血本加以實施和應用。不管耕作的體力活動如何繁重，他們仍然花了許多力氣大量積攢成本較高的各種肥料，用以恢復和不斷提高土地的肥力。這裡的牲畜肥壯體大，莊稼生長的表現令人歡喜。有些地方盛產菸草、亞麻、油菜籽、茜草、甜菜根，其他一些地方則盛產葡萄、橄欖、李子、桑葚，大地只對勤奮勞作的人們慷慨奉獻。難道我們有幸享用的大部分蔬菜和水果，不也都是巴黎近郊的小農們終日辛勤勞動的成果嗎？」

§二 還應當對於自耕農制度加以考慮的另一個方面是，可以把這個制度作爲向大眾推廣農業知識和技術教育的重要手段。書本和學校對人們的教育來說是絕對必要的，然而卻是遠遠不夠的。人們的智力運用得越多，開發得也就越快。任何利益都不容忽視，只有意志頑強、才智過人的人們才有可能獲得它們。還有什麼能比涉及切身利益的事情更能夠使人們的智力得到更加充分的開發和應用呢？有些歧視小型土地規模的人過於強調困擾萊茵河流域或者佛蘭德地區自耕農的煩惱與焦慮。然而，正是這些煩惱與焦慮才使自耕農勝過了英國按日計酬的零工。可以肯定，說零工過的是無憂無慮的日子是言過其實的。不難設想，在有可能失業的情況下，零工一定會焦慮不安，除非他們有機會得到教會慷慨的施捨，並且不會因爲接受施捨而感到羞愧與窘迫。在當前的社會與人口的狀況下，使零工心灰意冷的事情很多，但使零工精神振奮的事情卻一件也沒有。佛蘭德的自耕農的狀況卻與此剛好相反。令人精神沮喪、意志消沉的那種焦慮——由於吃一頓挨一頓而產生的焦慮——人們已經很少體驗，只有當馬鈴薯減產與其他農作物普遍減產有可能同時發生的時候，他們才會感受到這種焦慮；他們牽掛的是正常的收成會多一些還是少一些；他們關注的是從其一生的事業中獲取對他們來說公平的回報；他們是自由人，但並非永遠都是長不大的孩子；依據當今流行的博愛主義觀點，他們似乎被准許擁有適當的地位，他們已不再處於中產階級之外，他們與這些人擁有相同的事業與目標，而且將他們的聰明才智絕大部分都奉獻給了他們所接受的這種教育。如果在智力教育中有所謂的首要原則，那麼這個有益於智力開發的原則應當是，設法使智力處於主動的狀態，而不是處於被動的狀態。開發人們心智的祕訣是讓人們多做某些事情，而且設法使他們想做這些事情。這絲毫也不會削弱其他類型的智力教育的重要性和必要性。農民擁有土地並不能防止他們變得粗魯、自私自利而且心胸狹窄，需要透過其他方面的影響和教育才有可能做到這一點。而且，這種對於智力活動產生巨大激勵作用的方法，絕不會與任何其他智力開發的方法相互牴觸；與此相反，養成將獲得的點滴知識都努力加以實踐的習慣，可以使在校學習更加富有成效。如果缺乏這種輔助性的影響，則在很多情況下，純粹地在校學習無異於以冰致蠅、緣木求魚。

§三　自耕農制度並非只在強心益智方面產生積極的影響，它在提高謹慎、節欲和自制等道德修養方面也大有裨益。在勞工階層主要由零工構成的場合，他們通常是不注意節省的。他們習慣今朝有酒今朝醉，明日愁來明日愁，這是眾所周知的事實。因此，許多關注勞工階層福利的人士便產生一種固定的看法，即除非在增加勞工工資的同時能夠設法改變他們的嗜好與習慣，否則增加工資的意義幾乎微乎其微。自耕農以及想要成爲自耕農的人，則處於另外一種極端狀態，他們對於明天考慮得過多。他們經常因爲吝嗇而不是因爲揮霍而受到指責。他們摒棄了許多並不過分的嗜好，爲了存錢而節衣縮食。在瑞士，幾乎每個有儲蓄能力的人都進行儲蓄。有關佛蘭德農民的情況，我們在前面已經做了介紹。儘管人們認爲法國人耽於享樂、自我放縱，但是法國的農村人口卻具有一種克勤克儉的精神，其節儉的程度，就整體而言，是適當的；但就個人而言，則往往有些過分而非不足。有些人住的是茅舍，吃的是草和樹根，旅行者往往錯誤地將這種情況作爲當地普遍貧困的證據與實例。實際上，在這些人當中，有許多人在他們的皮革錢袋中，儲藏著大量的五法郎硬幣，他們有可能將這些硬幣保存一輩子，除非將它們拿出來用於實現自己的願望——購買土地。如果說農民擁有土地的這種社會狀況對於人們的道德風貌有所損害，那麼也只是說它有可能造成這樣的損害，即農民因而對自己的金錢利益斤斤計較並且變得狡詐，進而不懷好意地去算計別人。法國農民既不是頭腦簡單的鄉巴佬，也不是粗魯莽撞的「多瑙河畔的農民[5]」，在生活中以及在文藝作品裡他們都是「狡黠的莊稼漢」。然而，這是人類爲實現智力的開發與自身的解放所必須經歷的一個階段。雖然在這一方向上發展得有點過頭，但是與勞工階層的漫不經心與揮霍浪費相比，其危害程度較小，而且是暫時的。這是以非常有限的代價去換取自立這一最爲寶貴的品德，使之成爲一個民族所具有的基本素質：自立這一美德是人類具備良好品質的首要條件，它是砧木，其他各種美德如果不能與之相互嫁接，就幾乎難以生根發芽。對於勞工階層來說，即使只想過著中等舒適水準的生活，但也必須擁有這種品質；正是由於擁有這種品質，才使法國的農民與歐洲大多數國家的自耕農相比更勝一籌。

§四　一項在很多方面對節儉和自制產生促進作用的經濟關係，是否可能在人口增長這個根本問題上產生負面的影響呢？大部分就此問題發表過自己觀點的英國政治經濟學家都認爲，這的確會刺激人口的增長。麥克庫洛赫先生的意見是眾所周知的，瓊斯先生則斷定，[6]「農村人口，從其土地中提高自己的收入，再將收入以實物的形式消費掉，現在處於一種非常活躍的狀態；對於這樣一種狀況，農村人口的內在的控制力，或者促使他們傾向於抑制人口增長的動機所產生的抑制作用是很微弱的，結果是，除非完全不以他們意志爲轉移的某些外部因素發揮作用，進而迫使農村人口增長率趨緩，否則在土地有限的情況下，他們將非常迅速地陷於物質匱乏與貧困的境地，並且將無法獲得生活必需品。」他在另外一處又說，[7]這種農民「完全處於按照動物的本能進行繁殖的狀態，很少受到對上層社會或者文明人類產生制約的那種促使人口均衡增長的動機和願望的影響」。瓊斯先生答應在下一部著作中披露農民具有「這種特殊性的原因」，不過這部著作一直沒有問世。我全然無法揣度他是依據有關人類本性的何種理論，以及影響人類行爲的什麼動機，來推斷出這種原因。亞瑟・楊格則假定這種「特殊性」是一種既成的事實。不過，雖然他並不非常習慣於使自己的意見顯得比較平和，但是他也不想像瓊斯先生那樣把自己的學說推向極端，而是像我們在前面所看到的那樣，依據有關瓊斯先生所說的農村人口的實例自行做出判斷。他認爲，農村人口既不會陷於「物質匱乏與貧困的境地」，也不可能遭遇到「無法獲得生活必需品」的危險。

人們很容易基於不同的經歷對這個問題產生不同的看法。迄今爲止，不論勞動者是依靠土地生活，還是依靠工資收入生活，其人口的數量將總是增長到他們慣常的生活水準所限定的標準上。當這一生活水準非常低時，資產的規模以及工資率也會縮減到僅夠人們糊口的限度。在自耕農制度下，人們從觀念上完全可以接受極其低下的生活水準，而且如果人們一直過著貧困的生活且對於低生活水準已經習以爲常，那麼人口就會膨脹，土地也會被進一步地細分。不過，這是另外一個問題。眞正的問題是，假定農民所擁有的土地不是不足以，而是足以使他們過著舒適生活的時候，與假定他們是過著相同舒適生活的僱傭勞工的時候相比，由於毫無節制地生育而降低他們生活水準的可能性，是更大一些還是更小一些呢？基於各種先驗的考慮，這種可能性較小。所謂工資取決於人口的說法，是一個需要分析與討論的問題。所謂人口大量增加將引起工資下降的說法往往是眞正値得懷疑的，要理智地認識這個問題，是需要認眞動一番腦筋的。不過，每個農民都能夠使自己非常滿意地做出判斷，即他們現在所擁有的土地，已能使他們的家庭生活過得很舒適，但是否也能使其他一些家庭過著同樣舒適的生活呢？很少有人願意讓他們的子女過得比自己差。他們可以將自己擁有的土地留給子女，而作爲父母，他們完全有能力斷定他們的子女能否依靠這些土地生活下去。但是依靠工資收入生活的人則沒有理由不認爲，他們的子女爲什麼不能以與他們相同的方式讓自己生活下去，相應地依靠命運的安排。萊因先生說：[8]「即使在最有市場並且最需要技藝的製造行業中，對於勞工的需求也是不易察覺的、難以把握的、極不穩定的且無法估計的」，但是，在實行小型土地所有制的「農業社會中，情況卻並非如此。農民在對自己的生計進行盤算的時候，對於他將要付出多少勞動，以及這些勞動可以從他那塊土地上生產出多少生活必需品，都可以預見並且心中有數。他那塊土地能否供養一個家庭，他能否結婚，這些都是每一個農民可以不假思索、毫不含糊地回答的問題。在面對一切都難以確定並判斷的場合，只能將這些問題交給命運安排，這是在英國下等階層以及上等階層中出現許多過於輕率、不計後果的婚姻的原因，並在我們之間造成人口過剩的弊端。在一切都無法確定的情況下，我們所有人在進行測算時都會把機遇考慮進去，這是因爲，基於英國的財富分配制度，確實能夠維持生活的人只占一小部分，而不是占到三分之二以上的一大部分」。

西斯蒙第比任何其他學者都更加敏銳地觀察到人口過剩爲勞動階級帶來的災難，這也是他急切地倡導自耕農制度的原因之一。他擁有大量的機會在多個國家而不是一個國家，研究自耕農制度對於人口產生的影響。讓我們看看他的證詞，「在繼續實行小型自耕農耕作制度的國家中，人口有規律而又迅速地增長，直至達到人口自然限定的水準。也就是說，透過勞動的增加，遺產持續不斷地在子孫後代之間加以分割，以便使每個家庭都能從一小塊土地上得到相同的收入。擁有一大片天然牧場的父親把該天然牧場分給兒子們；他的兒子們把這片天然牧場變成農田和牧場；他的兒子們再將土地分給他們的兒子，並取消了休耕——農業知識水準的每一次提高，都為財產的進一步分割提供條件。但是不必擔心財產的所有者有可能使其子女淪為乞丐，他們確切地知道他們究竟能夠留給子女多少遺產，他們知道法律會將這些遺產在他們的子女之間平均分配。他們知道這一限度，若超越它，將使他們的子女從他們本人所躋身的階層中被排擠出去，而且一般對於農民以及貴族來說，出於某種正當的家庭自尊的觀念，他們將主動地停止將自己不能妥善供養的子女召喚到人世間來。即使子女過多，起碼他們也可以不結婚，或者在若干弟兄之間僅推舉一位接續家族的香火。在瑞士各州，均不曾發現農民的地產分割得過細致使他們的子女得不到溫飽的現象，儘管依據當地的習俗，農民的子女可以到外國提供服務，從而得到更多的出人意料的就業機會。不過，這種習俗有時也會對人口過剩產生影響。」[9]

對於挪威的情況，也有類似的證詞。雖然在那裡並不存在有關長子繼承權的法律或者習俗，也不存在可以吸收過剩人口的製造業，但是地產的分割並未達到有害的程度。萊因先生指出，[10]「將土地分割留給子女的制度，已經實行了千百年，從未出現過由於地產縮小到最低限度以至於使人們的生活難以維持的現象。我發現各個農場都飼養二十五至四十頭牛，而在農村，一個農民在一年中至少有七個月要為牲畜準備飼料和畜禽飼養場。顯然由於這種或者那種的原因導致土地的趨於集中，部分地抵銷了將地產分給子女所產生的土地分割進一步細化的作用。根據我長期的揣摩，處於這種社會制度下，最實際的原因只能是，在不實行像愛爾蘭那樣單純的土地租賃制度，而是由人們擁有完整的土地所有權的國家，由於共同繼承人的死亡以及女性繼承人在地主群體中的婚姻所造成的土地的集中，足以與由於子女的平等繼承所引起的土地的分割相互平衡。我認為，處於這種社會狀況下，在這一時期或者那一時期，全部土地都是由同樣多的年收入一千、一百以及十鎊的土地所構成的。」這種局面的形成以全社會對於人口實行廣泛、有效、愼重的控制爲前提條件，將這種愼重的人口控制部分地歸結爲自耕農制度是一種特別適合促進人口控制的制度，是合乎情理的。

凱先生說：[11]「在瑞士的某些地區，例如在阿爾高州，一個農民在二十五歲以前是絕不會結婚的，他們通常結婚的年齡都會比此還要大；在這個州裡，婦女在三十歲之前出嫁的也很少……。土地的分割與廉價轉讓不僅促進農村地區勞動者的節儉，而且對於小城鎮的勞動者也產生相同的作用，儘管在程度上也許稍遜一籌。在較小的州級市鎮，勞工習慣上在近郊擁有一小塊土地，他將這塊地作爲自己的菜園並在晚間進行耕種。他在田地裡種植全家冬天所需要的蔬菜、水果。每天日間的工作結束後，他就和家人到菜園裡工作一段時間，按照季節進行栽種、播種、除草或者做播種前的準備以及收成。想要擁有這樣一塊菜園的願望，對於人們養成精打細算的生活習慣並且抑制人們過早地草率完婚產生深刻的影響。阿爾高州的一些製造商告訴我，鎭上的人均以購置一塊菜園或者一處帶有庭院的房屋作爲追求的目標，而且城鎭的勞工通常都會把婚事推遲幾年，以便存下足夠的積蓄來購置這些奢侈品中的一件或者兩件。」

該學者所展示的統計資料還證明，[12]在普魯士，人們的平均結婚年齡不僅比英國人的平均結婚年齡還要大，而且「逐漸變得比以前更晚」，與此同時，「在普魯士，私生子的數量比任何其他歐洲國家的都還要少」。凱先生還說：[13]「不論在德國北部或者瑞士旅行到什麼地方，我的所見所聞都使我確信，每一位農民內心深處想要得到一塊土地的欲望，可能已經對人口的過度增長產生最爲強有力的約束。」[14]

基於英國駐奧斯坦德領事福徹先生（Mr. Fauche）的觀點，[15]在佛蘭德，「農場主的兒子們以及有條件成爲農場主的人，都會把婚事推遲到他們自己擁有一座農場以後再辦」。他們成爲農場主之後，下一個目標就是成爲地主。駐哥本哈根領事布朗先生（Mr. Browne）說：[16]「丹麥人有了積蓄之後要做的第一件事情就是買一塊地，然後買一匹馬和一頭牛，並把它們出租出去，藉此獲得可觀的利息收入。他們的志向是成爲小地主。在丹麥，這一階層人士的境況比其他任何階層的人士的境況都還要好。的確，我瞭解到，雖然這種人在生活中眞正需要的東西比勞工所需要的還要多，但是在任何國家，都沒有人能夠比他們更爲容易地獲得這些東西。」

不過，法國的情況對認定自耕農制度趨於造成人口過剩的觀點給予了有力的駁斥。法國的情況是在非常不利的條件下發生的，即大部分土地的規模都過小。雖然沒有能夠精準統計法國土地所有者的數目，但是無論怎樣估計，它都不會少於五百萬。基於對家庭人口數目的最保守的估計（而且，對於法國來說，這也的確是最保守的估計），擁有土地或者有權繼承土地的人數遠遠超過了人口的一半。大部分土地都小得無法維持土地所有者的生計。根據某些計算的結果，在土地所有者當中有三百萬人不得不去充當僱傭工人，或者基本上成爲分益佃農，租賃耕種更多的土地以彌補生活上的不足。如果擁有的土地數目不足以使土地所有者可以不依靠工資過活，那麼自耕農的狀況將失去許多能夠有效抑制人口過剩的特性；而且如果英國人慣常做出的預言，說法國將變成一個「貧民窟」的這種狀況眞的實現了，那麼法國的情況就根本不能證明相同的這種農業經濟制度在其他條件下具有抑制人口增長的作用。不過，事實究竟如何呢？法國人口的增長率在歐洲是最低的，但大革命卻使人民一下子擺脫了絕望的悲慘生活從而開始過著富裕的日子。在此期間，法國人口有了很大的增長。不過，出生於優裕的環境且並未體驗過悲慘生活的一新世代長大後，崇尚節儉的精神在他們的身上得到最爲突出的體現，致使法國人口的增長並未超過國民財富的增長的水準。勞教授在其所編製的數據表中，[17]列舉關於許多國家人口年增長率的數據，就法國而言，自一八一七年至一八二七年間，人口年增長率爲百分之零點六三，而同一時期的英國爲百分之一點六，美國的接近百分之三。基於列戈伊特先生（M. Legoyt）所做的官方分析報告，[18]有關人口的增長，一八〇一年至一八〇六年間的年增長率爲百分之一點二八；一八〇六年至一八三一年間的平均僅爲百分之零點四七；一八三一年至一八三六年間的平均爲百分之零點六；一八三六年至一八四一年間爲百分之零點四一；而一八四一年至一八四六年間爲百分之零點六八。[19]一八五一年人口普查的數據顯示，五年的人口增長率僅爲百分之一點零八，或者年增長率爲百分之零點二一；同時，一八五六年人口普查的數據顯示，五年的人口增長率僅爲百分之零點七一，或者年增長率爲百分之零點一四。因此，用德·拉韋涅先生的話來說，「法國的人口幾乎停止增長」。[20]一方面，這樣緩慢的人口增長完全地伴隨著死亡人數的減少，致使人口絕對數根本沒有增加；另一方面，出生人數占人口總數的比例也在不斷地下降。[21]這表明，資本迅速增長的同時，人口數量的增長是緩慢的，這使勞工階層的狀況發生明顯的改善。這一階級中同時也是土地所有者的成員之生活狀況難以精準地確定，當然變動也是很大的。不過，在大革命時期沒有從土地制度的變革中獲得直接利益的純粹的勞工的生活狀況，從那一時期起，也毫無疑問地獲得很大的改善。[22]勞博士證實，在土地可能分割得更細的另一個農村——普法爾茨，其實際情況也與此相類似。[23]

我沒有找到哪怕一個確鑿的實例，可用於支持自耕農制度促使人口迅速增長的推斷。然而，卻可以列舉出自耕農制度未能防止人口迅速增長的實例，比如，比利時的情況就可以作爲主要的實例之一。目前來看，在人口方面，比利時的前景究竟如何，顯然還難以斷定。在歐洲大陸，比利時人口的增長速度最快，而且當國家的狀況要求正如他們所必須迅速採取的行動那樣，對人口的增長速度加以限制，那麼他們就必須克服現存的強大的習慣勢力所形成的障礙。其中的不利因素之一是，天主教的教士對於人們的思想所擁有的控制能力極強，而他們在任何場合都強烈地反對對人口採取限制措施。不過，還應該記住的是，到目前爲止，該國人民透過不懈的辛勤勞動並運用自己所掌握的先進的農業技術，使該國人口的迅速增長並未造成實際的損害；大量尚未分割的大規模土地，透過逐步分割可以成爲增加國民所必需的總產量的資源；而且除此之外，還有許多大型的工業化城市，以及礦藏開發地區和煤炭開採地區，它們吸收並且僱用了年度人口增長中的相當大的一部分人口。

§五　不過，即使在實行自耕農制度的地方同時存在著人口過剩的問題，這種弊害也並非一定就會造成經濟上的另外一種缺陷，即土地分割得過細。我們並不能因爲土地分割得過細，就必然得出農場規模很小的結論。正如大規模的地產完全有可能與小規模的農場並存一樣，小規模的農場也完全有可能與土地規模相當大的農場並存；同時，即使自耕農生育過多，也並非必然導致所有權的分割過細。正如人們預料的那樣，佛蘭德的農民對於與自己前途命運相關的事情所擁有的出眾見解，使他們早已瞭解到這一點。勞博士指出，[24]「不分割土地的習俗以及認爲這是一種有價值的習俗的觀念，在佛蘭德廣爲流傳，因此即使到現在，當一位農民去世以後留下多個子女時，儘管他的遺產既沒有限定繼承人，也沒有提請託管，但他的子女們也會不考慮分割他的土地；他們寧願把土地完整地出售，然後分享所得到的價款。因爲他們認爲，土地與寶石一樣，一經分割就會失去價值。」甚至在法國，這種觀念也廣爲流行，這可以從土地交易異常頻繁這一事實中得到證明。在法國，十年間土地交易的總量已經達到全國土地總量的四分之一。帕西先生在其論文《論一八〇〇年以來厄爾省農業狀況的變化》[25]中描述的其他事實也證實這一結論。他指出，「這個省的實例表明，在土地的分割與耕作的分配之間，並不像某些學者曾經設想的那樣，存在著某種使兩者趨於相同的某種關係。土地所有權的交易不會對土地占用的規模產生顯著的影響。在實行小規模耕作制度的地區，多戶佃農耕種的土地可能屬於同一位土地所有者所有，而在主要實行大規模耕作制度的地區，同一位農場主同時租種幾位地主的土地的情況也並不少見。尤其在韋克桑平原，很多能力強並且富有的耕作者並不滿足於僅擁有一家農場；其他人也在自己占用的大塊土地之外另行租用周邊能夠租用的一切土地，從而透過這種方式，在某些情況下，使占用土地的總面積達到或者超過二百公頃（五百英畝）。」他還說：「土地分割得越細，這種類型的活動就變得越頻繁，並且因爲它對於當事人各方都有利，所以很可能會得到肯定。」

德・拉韋涅先生說：[26]「在某些地區，例如巴黎近郊，實行大規模耕作的優越性非常明顯，因此農場的規模有擴大的趨勢，若干家農場可能合併成爲一家農場，某些農場主則透過向不同的土地所有者分塊租賃土地來擴大他們的農場的規模；在其他某些地區，規模過大的農場和土地卻存在被進一步分割的趨勢。農業耕作總是自然地趨向於採用最適合的配置形式。」這位著名的學者還披露，[27]諾爾、索姆、加萊海峽、下塞納、埃納、瓦茲等省分向稅務官員申報的小型獨立帳戶的數目最大；這些省分都躋身於法國最爲繁榮、耕作成效最佳的省分之列，其中尤以率先提及的諾爾最爲富饒。

毋庸置疑，在實行自耕農制度的某些國家，特別是在德國和法國的部分地區，土地分割得過細，從而土地的占用規模過小，已經成爲一種普遍存在的弊端。巴伐利亞政府和拿索政府都認爲有必要在法律上對土地的分割加以限制。普魯士政府也曾經打算對萊茵河流域各省的土地採取相同的措施，但並未獲得成功。不過，我並不認爲在任何地方小規模的耕作都是在小農制度下實行的，而大規模的耕作則都是在大地主制度下實行的；與此相反，我認爲，在小規模土地分別由眾多地主占有的地方，大規模土地也是分割成許多小塊租賃給眾多的農場主耕種的，而且產生這兩種情況的原因是相同的，即資本、技術與農業經營處於落後的狀態。有理由相信，法國土地分割得過細的問題也完全可以用這個原因予以說明；同時，問題的嚴重性正處於遞減而不是遞增的狀態；而且認爲某些地區的土地分割日趨嚴重並因而使人們感到恐懼，不論是眞的恐懼還是表面上的恐懼，都是毫無根據的。[28]

如果自耕農制度可以對習慣於大規模土地耕作的國家，實現其超出農業土地面積細分所產生的任何促進作用，則其原因一定是這個制度所具有的有益的影響之一，即這個制度可以對那些尚未成爲自耕農但卻渴望成爲自耕農的人們的厲行節約給予極大的鼓勵。在英國，農業勞工即使有儲蓄，但除了存入儲蓄銀行，也沒有其他的投資機會；而且無論他們爲提高自己的地位如何努力並進行節省，頂多也不過成爲常常要面對破產風險的小店主而已。因此，在英國按日計酬的零工的身上絲毫也體現不出旨在使自己上升爲土地所有者所應有的強烈的節儉精神。幾乎所有的權威人士都認爲，促使土地實現細分的眞正原因是，與其把土地整塊地賣給富有的、只想仰仗收取地租過活而不想改良土地的買主，倒不如把土地加以分割賣給想以自己有限的積累對土地進行投資而不是將其存入銀行的農民，這樣做，可以使農民從土地的銷售中獲取較高的價格。對於沒有土地的農民，對這種投資能力的渴望已經成爲某種巨大的誘惑，誘使他們勤勞、節儉與自制，以便成功地實現他們在這一方面所擁有的抱負。

透過對於自耕農制度所產生的直接作用和間接影響所進行的研究，我認爲可以得出以下結論，即在這種形式的土地所有制與生產技術的落後狀態之間不存在什麼必然的聯繫；它對於最爲有效地利用土地的生產能力所產生的有利與不利的影響大致相當；與現存的其他農業經濟狀況相比，它對於國民的勤勞、才智、節儉與審愼所產生的積極作用更大，並且它對於國民輕率地增加人口所產生的阻止作用也更大。因此，從總體來看，沒有任何其他現存的制度比它更有利於提高國民的精神與物質兩方面的福利水準。與英國利用雇工進行耕作的制度相比，我們不能不認爲自耕農制度對於勞工階層更爲有利。[29]目前，我們尚無必要將這個制度與勞工團體的土地共有制度加以比較。

◆註解◆

【1】「沙夫豪森州」（前面已引用），第五十三頁。

【2】參見前文第一編第九章§四。

【3】有關自耕農對於自己的土地所擁有的感情，歷史學家米什萊（J. Michelet）做出以下描述：

> 如果我們想瞭解法國農民內心深處的思想情感，那是很容易做到的，請在星期日到鄉下去，跟著農民四處走走。遠遠地跟在他的後面。觀察走在我們前面的他。現在是兩點鐘，他的妻子正在做祈禱，而他則穿著星期日的服裝。我猜想他是去看他的情婦。
>
> 什麼情婦？他的土地。
>
> 我並沒有說他逕自到那裡去了。不，他今天休息，可去可不去。難道一週來他不是每天都去過了嗎？於是，他轉了個彎，踏上了另一條路，他在別處有事。然而，他還是去了。
>
> 誠然，他是路過自己的地頭，他是有機會進去看一看的。他凝望著土地，不過，看樣子不會走進去。爲什麼要進去呢？然而，他還是進去了。
>
> 至少很可能他不會工作，他穿的可是星期日的服裝，潔淨的襯衫和束腰的外衫。不過，把這株野草拔掉，把那塊石頭扔出去，當無大礙。路邊還立著一根樹樁，但是他沒有帶工具，他決定明天再把它除掉。於是，他交叉著雙臂，認眞、仔細地端詳著自己的土地。他端詳了很長很長的一段時間，似乎有些出神。後來，他察覺到有人在看他，或者看到有人走過，他就慢慢地走開了，然而，他走了三十步又停下來了，轉過身，向自己的土地深沉而多情地又看了一眼。對於能夠看到這一幕的人來說，這一眼包含著依戀、愛慕與忠貞之情。（參見米什萊，《人民》，第一部，第一章。）

【4】《英格蘭、蘇格蘭與愛爾蘭鄉村經濟論文集》，第三版，第一一七頁。

【5】見拉封丹（Le Fontaine）的著名寓言。

【6】《財富分配論文集》，第一四六頁。

【7】同上，第六十八頁。

【8】《一位旅行者的筆記》，第四十六頁。

【9】參閱《新政治經濟學原理》，第三編，第八章。

【10】參閱《在挪威居住》，第十八頁。

【11】第一卷，第六十七—六十九頁。

【12】第一卷，第七十五—七十九頁。

【13】第一卷，第九〇頁。

【14】根據我需要轉引的凱先生著作（《普魯士人民的狀況》）的介紹，普魯士統計部部長首先透過統計數字證明，人均糧

食和服裝的消費水準正在不斷地大幅度提高，並且據此合理地推斷農業的生產能力也在相應地增長。「自一八三一年以來，土地的分割在全國範圍內全面展開。現在，獨立的小型土地所有者遠比過去更多，而且雖然在不能自立的勞動者之間經常可以聽到有許多人在訴苦，但是我卻從未聽過人們抱怨自耕農的貧困狀況正在日益加重的情況。」（參見凱，第一卷，第二六二—二六六頁。）

[15] 參見濟貧法調查委員會委員書信集：「國際通訊」（首份報告之附錄F），第六四〇頁。

[16] 同上，第二六八頁。

[17] 數據表如下（參見勞先生巨著的比利時譯本，第一六八頁）：

美國	1820-1830年	2.92%
匈牙利	〔據羅雷爾（Rohrer）所說〕	2.04%
英國	1811-1821年	1.78%
英國	1821-1831年	1.60%
奧地利	（羅雷爾）	1.30%
普魯士	1816-1827年	1.54%
普魯士	1820-1830年	1.37%
普魯士	1821-1831年	1.27%
荷蘭	1821-1828年	1.28%
蘇格蘭	1821-1831年	1.30%
薩克森	1815-1830年	1.15%
巴登	1820-1830年〔海尼施（Heunisch）〕	1.13%
巴伐利亞	1814-1828年	1.08%
拿坡里	1814-1824年	0.83%
法國	1817-1827年〔馬修（Mathieu）〕	0.63%
較近期的	〔莫羅・德・瓊埃斯（Moreau de Jonnès）〕	0.55%

但是勞先生補充指出，莫羅．德．瓊埃斯所提供的數據並不完全可信。

下表由凱特勒先生（M. Quetelet）提供（《論人類及其素質的開發》，第一卷，第七章），並且獲得勞的授權收錄補充資訊：其中的某些項目與前述有所差異，這可能是由於資料作者採用不同年分的數值平均值所致：

	普查結果	出生人數超過死亡人數
瑞典	0.83%	1.14%
挪威	1.36%	1.30%
丹麥		0.95%
俄國		0.61%
奧地利	0.85%	0.90%
普魯士	1.84%	1.18%
薩克森	1.45%	0.90%
漢諾威		0.85%
巴伐利亞		0.71%
符騰堡	0.01%	1.00%
荷蘭	0.90%	1.03%
比利時		0.76%
薩丁尼亞	1.08%	
大不列顛（不包括愛爾蘭）	1.95%	1.00%
法國	0.68%	0.50%
美國	3.27%	

《經濟學家》雜誌一八四七年五月刊登了列戈伊特先生精心編寫的一份報告，其中所展示的下表披露一八四六年人口普查中有關法國的情況。

愛爾蘭	2.45%
匈牙利	2.40%
西班牙	1.66%
英國	1.65%
萊茵河普魯士	1.33%
奧地利	1.30%
巴伐利亞	1.08%
荷蘭	0.94%
拿坡里	0.83%
法國	0.63%
瑞典	0.58%
倫巴底	0.45%

[18] 參閱《經濟學家》雜誌，一八四七年三月刊和五月刊。

[19] 列戈伊特先生認為，一八四一年的人口總數被低估了，因而從一八四一年至一八四六年間，人口的增長率被高估了；同時，整個時期的實際增長率應當處於最後兩個平均值之間，或者說應該略高於百分之零點五。

[20] 參閱《經濟學家》雜誌，一八四七年二月刊。在《經濟學家》雜誌一八六五年一月刊中，列戈伊特先生稍加改動了其中的幾項數據，我認為是修正過去的數據。這些百分比依次為百分之一點二八、百分之零點三一、百分之零點六九、百分之零點六、百分之零點四一、百分之零點六八、百分之零點三一、百分之零點二一。在最後一次人口普查中（一八六一年），計算出與新要求的各省的數據無關的百分比為百分之零點三二，略有回升。

[21] 列戈伊特先生所列舉的資料如下表：

	年出生人口數	占全國人口總數的比例
1824-1828年	981,914人	1/32.30
1829-1833年	965,444人	1/34.00
1834-1838年	972,993人	1/34.39
1839-1843年	970,617人	1/35.27
1844-1845年	983,573人	1/35.58

基於列戈伊特先生的觀點，最後兩年的出生人口數增多，是由於受到入境的大批移民之影響。他認為，「在人口數量與結婚人數都在持續增加的同時，儘管增加的速度不是很快，但出生人數卻在減少，這只能歸結為一些家庭厲行節約的強度以及深謀遠慮的能力在不斷提高。這是可以從我們國家和社會的制度之角度來預見的一種結果。動產和不動產的分割日益深化，激發我國人民守舊並且追求舒適生活的本能」。在諾曼第的四個省，其中有兩個省最為繁榮，死亡人數甚至超過出生人數。一八五六年人口普查的結果顯示出一個頗為值得關注的事實，即在八十六個縣中有五十四個縣的人口絕對數減少。這是對所謂的貧民窟論調的有力反擊。參見德．拉韋涅對於相關數據所做的分析。

[22] 「在我國的人口中僅享有工資收入因而最容易陷於貧困的階級，現在（一八四六年）在衣食住行等生活的待遇方面，與本世紀初的情況相比，都有了很大的改善。凡是記得本世紀初的情況以便能夠將其與現在的情況做出比較的人，都可以證實這一點。在任何地方如果對此問題產生懷疑，都可以像我曾經做過的那樣，向當地的老農民和老工人進行諮詢，而且從來都不會遇到任何持相反意見和觀點之人的反對；我們也可以信賴精心的觀察家維樂美先生（M. Villermé）在其著作《關於工人階級的道德與物質生活狀況的描述》第二編第一章中所列舉的事實。」（參見A．克萊門特（A. Clément），《對於產生貧困的原因的反思》，第八十四－八十五頁。）同一位作者還指出（第一一八頁），「自一七八九年以來，在農業領域，按日計酬的零工之工資也增加了不少」，並且指出，甚至城鎮居民中通常處於最悲慘

的生活狀況的那一部分人的生活水準也有所提高。他列舉的證據如下：「在最近的十五年或者二十年間，我國工業城鎮的工人的生活習慣發生很大的變化，工人階層中的一些人，例如里昂的絲綢工，他們現在花費在衣著與裝飾品方面的花費比以前還要多……。」（依據所有的相關描述都可以看出，他們與其地位極其相似的我國的手織機紡織工一樣，在工匠階層中，得到的工資最低。）「他們不再像以前那樣衣衫襤褸了。」（第二六四頁）。

在本書早期版本中記載的上述資料，就當時我所能夠接觸到的資料而言是最好的，但是，今天在德．拉韋涅先生的重要著作《一七八九年以來的法國農村經濟》中可以找到更新、更詳細而且更為準確的資料。依據這位勤奮刻苦、見多識廣並且剛正不阿的研究者的觀點，大革命爆發以來，法國勞工的平均日工資提高的比率達到百分之六十三點三三，而且由於就業狀況更加穩定，因此勞工總收入增長的比率更大，起碼翻了一倍。對此，德．拉韋涅先生提出如下陳述（第二版，第五十七頁）：

亞瑟．楊格估計平均日工資為十九蘇（合九點五便士），這一金額現在相當於一法郎五十生丁（合一先令三便士），但是工資的這種增長僅僅反映勞工生活改善的部分情況。雖然農村人口的數量基本沒有發生變化，但是自一七八九年以來人口的增長大多集中在城鎮，因此實際工作的日數增加了。首先，因為人們的壽命延長了，體格健壯的人增多了；其次，勞動組織得更好了，部分是由於取消了某些節日，部分是由於比較活躍的需求所產生的促進作用。當我們將農村工人的工作日數增加了這一因素考慮進去時，就相當於他們的年收入增倍。工資的增加至少使勞工的生活狀況得到相同水準的提高，這是因為主要生活必需品的價格雖然有所改變，但是變動極小；而工業品，例如紡織品，其價格卻極大地有所下降。勞工的居住條件至少在大部分省分中也都得到了改善。

德．拉韋涅先生所估計的平均日工資額，是依據這種或者其他的各種經濟觀點，就法國所有省分的不同情況進行詳細的對比分析之後才得出來的。

[23] 參閱上文曾經引用過的勞教授的有關普法爾茨農業的小冊子。他說，戰爭最後幾年的日工資特別高，並且一直持續到一八一七年，其後，貨幣工資額有所減少，但是很多商品價格下降的幅度更大，因而民眾的生活狀況有了明顯的改善。雇主給予農場勞工的食物在數量和品質兩個方面也都有所提高。「與大約四十年前的情況相比，現在貧困階層的生活狀況要好得多，當時，人們只能得到很少的一點肉食和布丁，根本得不到乳酪、奶油之類的食品。」（第二〇頁）這位教授補充道：「工資的增加，不應當以貨幣加以估算，而應當以勞工能夠得到的生活必需品與便利品的數量加以估算。依據公認的觀點，這表明資本總量一定增大了。」不僅如此，這還表示勞動人口並沒有以相同的比率增長。因此，這一實例與法國的實例一樣，均顯示即使土地分割得過細，但也不會影響人們審慎地對人口的增長加以控制。

[24] 參閱布魯塞爾譯本，第三三四頁。勞博士引經據典，基於施威茨（Schwerz）的《農業論文集》第一卷，第一八五頁的觀點，對此做出說明。

[25] 這是《經濟學家》雜誌所刊載的諸多重要文章之一。該刊由法國主流政治經濟學家主辦，這為他們的知識和才能帶來了日漸高漲的巨大的聲譽。帕西先生的論文曾經單獨以小冊子的形式另行印刷。

[26] 參閱《法國農業經濟》，第四五五頁。

[27] 參閱第一一七頁。在同一部重要著作的第一四一、一五〇頁等處，作者也記述了具有相同性質的各種事實。不過另一方面，該著作也列舉大量實例，證實由於土地分割過細或者土壤及其產品的性質與之不相適應所造成的有害後果。

[28] 萊因先生最近出版的著作《對於一八四八年及一八四九年歐洲人民的社會與政治狀況所做的考察》對英國充滿溢美之詞，而對於其他任何地方的所有事情他都大加詆毀，原本這些事情是其他人甚至作者本人在過去的著作中都認為是應該加以肯定的。作者在這部著作中爭論說，在地主去世的時候，「雖然土地本身並沒有被分割或者被進一步分割，但土地的價值卻是被分割了，並且對社會的進步產生不利的影響。被分割的每一份價值對於土地來說都是一種債務或者負擔」。因此，農業人口的狀況有所惡化。「儘管土地分割的狀況一如既往，土地的耕作也毫無退步，但是農民的生活卻一代不如一代。」他想以此說明法國的小規模土地所有者負債累累的原因（第九十七—九十九頁）。如果這些論斷是正確的，那麼萊因先生在其他著作中曾經明確提出的而在本著作中又加以重申的，即所謂土地的占有對於防止人口過剩具有特殊效用的觀點，將失去立足之地。不過，從事實本身來看，他完全錯了。他並未聲稱在他所提及的具有實際經歷的唯一國家——挪威——中，自耕農的生活狀況在不斷地惡化。他所引用的各種事實均表明，即使對於比利時、德國和瑞士這三個國家來說，他的論斷也同樣是與事實不符的；而且關於法國人口增長緩慢的事實也表明，如果法國農民的生活狀況正在惡化，那也不是萊因先生設想的原因所造成的。我認為，實際的情況是，在主要實行自耕農制度的所有國家中，民眾的生活狀況都有所改善，土地的產量甚至土地的肥力都有所提高，而且在供養農業人口之後還有大量剩餘，致使城鎮居民的人口數量有所增加和生活水準有所提高。

[29] 法國的歷史無可爭辯地證實了這些結論。歷史上有三次農民成為土地的購買者，之後則立即形成法國農業繁榮的三個主要時期。歷史學家米什萊指出（《人民》，第一部，第一章）：

> 在最爲不利的時期，即普遍貧困的時期，即使是富人也窮得不得不依靠變賣物品維生。這時，衣衫襤褸的窮人帶著金幣出現了，並且獲得了一小塊土地。在這些農民能夠以低價買進土地的災難時期過後，總會突然出現人們意想不到的繁榮。例如，十五世紀末，法國被路易十一（Louis XI）搞得極其衰敗，似乎會在對義戰爭中澈底覆滅，挑起戰爭的貴族們不得不出讓土地，而土地易手以後，經濟卻突然開始興盛起來，人們開始勞動和建設。這一幸

運時期被宮廷歷史學家稱之爲開明的路易十二（Louis XII）時代。

不幸的是，這一時期並未持續多久。土地剛剛能夠重新加以利用時，稅收官員就來騷擾了。宗教戰爭隨即爆發，幾乎將一切夷爲平地。還有令人畏懼的災難，可怕的饑荒，饑荒中母親以子爲食。誰還會相信這個國家有可能恢復元氣？但是戰爭剛一結束，農民窖藏的財物就從荒蕪的田園和燒焦的村舍中湧現出來。農民開始購置土地，十年之後，法國的面貌就煥然一新；又過了二十年或者三十年，農民所有的財產的價值都翻了兩倍或者三倍。同樣地，這一時期又被人們諂媚地稱之爲開明的亨利四世（Henry IV）以及偉大的黎希留（Richelieu）時代。

無須贅言，第三個時期就是大革命時代。

任何人想要研究與上述情況相反的史實，都不妨將這些歷史時期所具有的分割大規模土地而建立小規模土地的特徵，與十六世紀的英國所發生的重大的經濟事件加以對比：在這一時期，英國爆發了全國性的災難，為了幫大型牧場的發展鋪平道路，小型自耕農遭到「剷除」，並且勞工階層的狀況也長久地趨於惡化。

第八章　關於分益佃農

§一

在探討了土地和勞動的產品並未被分割，而是共同歸屬於勞動者的情況的基礎上，我們進而探討這種產品被加以分割，不過僅在勞工與地主兩個階級之間進行分配的情況；在這種情況下，資本家的角色可以由這一階級或者那一階級充當。誠然，也可以設想，只有兩個階級的成員分享產品，資本家階級可以作爲其中之一；勞工與地主的特徵相互結合，可以作爲其中的另外一個。這種情況可能以兩種方式出現：第一種方式是，勞工儘管擁有土地，但是可以把土地租賃給某位承租人，然後再被他僱用。不過這種體制即使可能出現，但也非常罕見，而且它與勞工、資本家與地主共同構成的三重的制度並不存在本質上的差別，因此我們無須進行專門的討論。另外一種方式是，自耕農擁有並且耕種土地，但是他們所需要的小額資本來自對於土地抵押貸款的這種情況並不罕見，不過它也不具有重大的特殊性。這時只有一種人，即農民本身，才有權對經營進行干預。農民向資本家支付固定的年金作爲利息，正如同他們向政府支付固定數額的稅金一樣。我們不準備對這些情況詳加論述，而只關注具有顯著特徵的性質。

當分享產品的雙方是勞工與地主時，則由哪一方提供資本或者像有時所發生的情況那樣由雙方按照確定的比例共同提供資本，都不會對有關問題產生重要的影響。主要的差別並不存在於這一點上，而是存在於產品在雙方之間的分配是由習俗還是由競爭予以調節的這一點上。我們首先討論前一種情況，其中最具有代表性的是，例如，分益佃農制度，幾乎只有歐洲實行這種制度。

分益佃農制度的基本原則是，勞工或者農民與地主直接簽訂租約，他們並不支付固定的貨幣地租或者實物地租，而是支付一定比例的產品，或者更爲確切地講，從產品中扣除掉維持資本所必需的部分之後，按照剩餘產品的一定比例支付地租。這一比例，正如其名，通常爲二分之一，不過在義大利的某些地區，這一比例爲三分之二。關於資本的供給，各地的習俗頗爲不同，在某些地方，由地主提供全部資本；而在其他的一些地方，則由地主提供一半的資本；還有一些地方，由地主提供部分特定的資本，例如耕畜和種子，而由勞工提供農具。[1] 西斯蒙第在談到托斯卡納地區時明確指出，[2]「這些方面的問題通常由租約予以限定，以便要求分益佃農提供一定的勞務，並且主動地支付一定的偶然發生的費用。不過，這份租約與那份租約在對於這些義務的限定方面所存在的差別是極其微小的，慣例很可能支配著所有這些租約，同時也對租約中不夠明確的條款予以補充；而且如果地主想要違背慣例，比其鄰居獲得更多的地租，而不是對半分成，那麼他將招致他人的憎恨，這樣他就一定找不到忠厚老實的佃農了。因此，我們可以將所有分益佃農的租約均視爲是完全相同的，至少在同一個省分中的情況是如此；這種租約也從未激化尋找職業的農民之間的競爭，或者向土地的耕作者提供比其他租約更爲優厚的條件。」查特奧維（Châteauvieux）在談到皮埃蒙特的分益佃農時也提出與此相同的觀點。[3]「他們把它（農場）視爲世襲的財產，從未想到要更新租約，只是一代一代地按照相同的條件執行下去，沒有書面的約定或者登記。」[4]

§二

如果是基於固定的習慣，而不是基於變動不居的租約進行產品分配，則不存在可供政治經濟學加以研究的分配法則。對於自耕農制度而言，只需要關注它所產生的影響即可。首先，關注它在農民的精神與物質方面所產生的影響；其次，關注它對於勞動的效率所產生的影響。從這兩個方面來看，分益佃農制度具備自耕農制度所擁有的特定的優越性，不過其優越的程度較低。與自耕農相比，分益佃農努力勞動的動機較弱，因爲只有一半而非全部的勞動成果歸他自己所有。不過，與按日計酬的零工相比，分益佃農努力勞動的動機則要強得多，因爲勞動的成果對於按日計酬的零工之全部意義僅在於如何使自己不被解僱。如果分益佃農不違約就不會被終止租賃，那麼與不享有租賃權的任何其他類型的佃農相比，分益佃農努力勞動的動機較強。分益佃農起碼是地主的合夥人，而且可以享有他們共同收益的一半。同樣地，在分益佃農的永佃權得到習俗保護的地方，他們就會對土地產生強烈的依戀之情，這種情感在很大程度上與土地所有者的情感相同。在這裡，我們實際上只假定一半的產品足以使他們過著舒適的生活，實際上他們是否眞能如此（在農業狀況一定的條件下），還必須視土地細分的程度而定，而土地細分的程度則取決於人口法則所發揮的作用。人口的數量超出土地能夠充分供養的數量的情況，或者超出工業能夠予以吸收的數量的情況，即使對於自耕農人口來說，也是在所難免的。當然，它對於分益佃農人口來說，則更是經常的事。不過，我們曾經注意到，自耕農制度促使人們趨於在這一方面持有審愼的態度，而分益佃農制度對此所發揮的作用也毫不遜色。同樣地，這也是一個是否可以簡便、準確地估算出一個家庭能否得到供養的問題。如果擁有全部產品的人能夠簡便地判斷出透過提高產量可以使多少人在同樣的生活水準上得到供養，那麼擁有一半產品的人當然也能夠同樣簡便地做到這一點。[5]除了自耕農制度所具有的那種控制人口的能力，分益佃農制度似乎還具有另外一種控制人口的能力，而地主也具備某種控制的能力，即地主可以拒絕同意進一步細分土地。然而，我們並不認爲這種控制能力非常重要，因爲農場即使不進一步細分也可以供養更多的人口，而且還因爲，人口的增長幾乎總是伴隨著總產量的提高，在這種情況下，分享一半產品的地主將是直接的受益者，只有勞工才會遭受損失。毫無疑問，地主最終也會因爲勞工的貧困而蒙受損失，但他們不得不向勞工提供墊款，歉收時節，情況更是如此。預見到這種最終的不便可能產生的某種有益的作用，它將使地主更加重視未來的安寧，而不是僅僅著眼於當前的利益。

亞當・史密斯對於分益佃農制度所特有的缺陷做過極爲公正的評價。他指出，對於分益佃農來說，「總產量越大，他們所占有的部分也就越大，所以努力提高產量是他們的利益之所在」。[6]他還指出，「不過在分益佃農制度下，農民根本不樂於將他們所分享到的產品節省下來，哪怕是將一小部分用於土地未來的改良；因爲地主可以不勞而獲，拿走土地產品的一半。什一稅不過抽取了產品的十分之一，就已經對土地的改良造成極大的障礙；而一項稅賦抽取了產品的一半，則必然會澈底阻止人們對土地進行改良。利用地主提供的資本，從土地上獲取盡可能多的產品，固然符合分益佃農的利益，但是將任何一部分自有資本與地主的資本相互混合加以使用，則絕非分益佃農之所願。在法國，據說有六分之五的土地仍然由分益佃農耕種。地主經常指責農民不願意用主人的牲畜耕田，而願意用牠們來運貨，因為運貨的利潤，全部歸農民所有，而耕田的利潤則需要與地主分享。」

的確，這說明這種占用條件的本質特徵就在於，一切改良所需要的資本都必須由地主提供才行，例如，在英國，當農場主隨時都可能被解除租約時，或者（如果亞瑟·楊格是正確的）哪怕以「九年為租期」時，情況也是如此。如果地主願意提供進行改良所需要的資本，則分益佃農是會努力促使其實現的，因為由此所產生的利益的一半將歸他所有。不過，在我們現在所談論的分益佃農仰仗習俗享有永久租賃權的情況下，所有的改良都必須徵得農民的同意，而農民在思想上往往是墨守成規、厭惡革新的，如果不透過教育對農民的特性加以正確引導，則毫無疑問，即使擁護這項制度的人也得承認，這一點必將成為人們進行改良的重大障礙。

§三　分益佃農制度不曾從英國的權威人士那裡得到任何讚賞。亞瑟·楊格認為，[7]「這種實踐毫無可取之處，然而反對它的理由卻可以列舉萬千。它得以存在的唯一理由就是迫不得已。農民是如此貧困，致使地主必須向農場提供牲畜和農具，否則農場將根本無法耕種。這將成為土地所有者最為沉重的負擔，於是土地所有者被迫鋌而走險，採用在所有的辦法中最危險的辦法進行耕種，他們把自己的財產託付給基本上愚昧無知的人們，其中多數人缺乏責任心，少數人顯然邪惡刻毒……。在土地租賃的所有方式中，這是最為糟糕的一種租賃方式：遭受欺詐的地主所獲取的地租微乎其微；農民處於最為貧困的境地；土地的耕作異常粗劣；國家與當事各方一樣遭受嚴重的損害……。可以肯定的是，在這項制度盛行的地方，[8]毫無用處、形容枯槁的人隨處可見……（根據我的觀察）在米拉內塞，那些貧瘠、乾旱的土地都掌握在分益佃農的手裡」，他們幾乎總是向地主借用種子和糧食，而且，「他們的生活狀況比按日計酬的零工還要悲慘……只有少數幾個地區（在義大利）[9]是以收取貨幣地租的形式將土地租給佃農耕種。不過，凡是採用這種辦法的地方，其糧食產量都較大，這有力地證明了分益佃農制度是極爲拙劣的」。麥克庫洛赫先生指出，[10]「凡是實行分益佃農制度的地方，所有的改良都陷於停頓，而耕作者則處於極端貧困的境地。」瓊斯先生[11]也贊同這種頗爲流行的看法，並且援引杜閣（Turgot）與德斯蒂·特拉西（Destutt Tracy）的觀點予以證明。然而，所有這些學者對有關這項制度的印象，似乎都來自於法國（儘管亞瑟·楊格有時提到義大利），而且是大革命之前的法國。[12]現在，處於這種舊制度下的法國的分益佃農的狀況，再也無法作爲這種租約的典型形式代表了。這種形式的本質特徵在於，地主需要繳納全部稅賦。但是在法國，貴族免繳納直接稅，於是政府將日益增加的苛捐雜稅全部壓在土地占用者的身上，杜閣將分益佃農極爲悲慘的生活狀況歸咎於這些苛捐雜稅。在某些情況下，他們的生活狀況的確是非常悲慘的。在（杜閣所管理的省分）利摩日和安古蘭，依據杜閣的說法，扣除所有的負擔之後，可供每人每年消費的金額很少超過二十五至三十利弗爾（合二十至二十四先令）。「我並非指現金，而是就全年收成中他們所消費的全部實物以現金的形式做出的估計。」[13]當我們考慮到他們並不像義大利的分益佃農那樣具有實際的永佃權時（亞瑟·楊格指出，[14]「在利摩日，分益佃農與僕從的地位不相上下，他們可能被隨意趕走，而且必須絕對服從地主的旨意。」），就應該體認到，上述情況並不能用來作爲指責具有較好模式的分益佃農制度的證據。除肉身之外別無長物的人們，他們的處境像愛爾蘭的農民一樣，已經惡劣到無以復加的地步，他們的生育不再受到任何限制，他們的土地將被不斷地加以分割，直到爆發真正的饑荒才能終止所有這一切。

最爲嚴謹的權威人士，在談到義大利分益佃農的耕作制度時，向我們展示出一幅與此完全不同的畫面。首先是有關土地細分的情況。依據查特奥維的描述，[15]在倫巴底，超過五十英畝的農場與不到十英畝的農場都很少。這些農場全都由與地主平分利潤的分益佃農所占用，他們無一例外地都擁有「寬敞、華美的住宅，這種住宅幾乎在歐洲的任何其他國家裡都難以見到」。[16]他們對房屋的設計使「房屋的占地面積很小但可資利用的空間極大，最適於堆放和儲藏糧食，而且房屋的造價最低，發生火災的危險最小」。庭院「總體上顯得整齊、寬敞，照管無微不至，並且井井有條，是我們那些骯髒、雜亂的農場根本無法與之相比的」。他對於皮埃蒙特也做出同樣的描述。莊稼的輪作制度獲得很好的貫徹執行。「我必須承認，沒有任何地方能夠像皮埃蒙特那樣將自己產品中的這麼大的一部分提供給市場。」[17]雖然皮埃蒙特的土地並非天然地十分肥沃，但是它擁有「多座城市」，因此它的農業，無論是土地的總產量，還是土地的淨產量，必然能獲得巨大的收益。「農耕時節，每架犁要耕種三十二英畝土地……玉米地得到了精心的耕耘與除草，玉米成熟後，用一架犁和兩頭牛就能夠把所有的雜草都除掉，且不會損傷一顆玉米。」有關農業耕作技能的情況就介紹到這裡。「前一期莊稼的收成以及後一期莊稼的收成都好得不能再好了。」麥子「由一位少年驅趕一匹馬拉著碾子來打，勞工則用耙子翻動麥秸。這一過程大約持續兩個星期，既快速又經濟，不會損失一點糧食……。世界上沒有任何其他地方的農民能夠像皮埃蒙特的農民那樣，深通經營與管理土地的奧妙。這也對人口眾多的皮埃蒙特能夠大量出口糧食的現象做出解釋」。所有這一切都是在分益佃農的制度下發生的。

對於阿諾山谷，包括佛羅倫斯上下城的整個區域，該學者是這樣描述的：[18]「橄欖樹林覆蓋著山麓，無數小型農場位於綠蔭深處，山區的百姓就在那裡居住，高坡上栗子樹翹首挺立，它那濃鬱的綠色與橄欖樹淡淡的色彩相映成趣，在這片圓形凹地的上方平添了一抹鮮亮。彼此相距不足百步的村舍矗立於道路兩旁……房屋與道路之間有一小段距離，這一小段距離是緩緩的斜坡。房屋的牆頭上通常擺放著古色古香的種有花卉、蘆薈和橘樹幼苗的花盆，房屋本身則爬滿了葡萄藤……。在這些房屋的前面，我看到了一群群農家婦女，她們穿著白色的亞麻布上裝、絲綢的胸衣，戴著插有鮮花的草帽……。這些房屋彼此相隔不遠，顯然，房屋周邊土地的面積一定不大。在這些山谷中，土地必然被分割得很細，每戶擁有三至十英畝的土地。土地分布在房屋四周，被窄小的溝渠或者林帶劃分成各個小塊，人們在林帶中種植一些桑樹，但是絕大部分是白楊樹，其枝葉可以用來作爲牲畜的飼料。每棵樹上都盤繞著葡萄藤……。人們可以用一架無輪的犁和兩頭牛來耕種這樣一塊塊長方形的土地，每十個或者十二個農民就擁有兩頭耕牛，他們輪流用這些耕牛來耕種他們的農場……幾乎每家農場都飼養著一匹漂亮的馬，配有一輛製作精良的紅色雙輪車，它們承擔著農場所有的運輸工作，並且運送農家婦女去參加彌撒或者舞會。每逢假日，人們就可以看到數以百計的小型馬車駛向四面八方，車上坐著頭插鮮花、身繫緞帶的年輕婦女。」

這不是一幅展示貧窮的畫面，就上述我們所談到的這些地區的農業而言，它有力地反駁了英國的學者們對於分益佃農的指責。不過，查特奧維就耕作者的生活狀況所做的證詞，在某些方面卻表達不同的觀點。[19]「既不是土地天然的肥力，也不是令旅行者眼花撩亂的表面的富裕，可以保證當地居民美滿的生活，是參與總產量分配的人數，決定了每個人可能獲取的份額。而在當地，這一份額是非常小的。誠然，我在前面所做的描述向人們展示了一幅灌溉良好、土地肥沃、四季長青，非常吸引人的農村景象，那裡的土地被分割成無數的小塊，像安放在花園中的一張張床，種植著各式各樣的農作物。我描述過，每塊土地都與漂亮的房屋相伴，房屋被葡萄藤覆蓋著，並以鮮花點綴。但是走進這些房屋，我卻發現屋內缺少各種生活上的便利設施，餐桌上擺放著粗茶淡飯，到處顯得寒酸貧窮。」原本應該將農業按日計酬的零工之生活狀況作爲適當的比較標準，而在這裡，查特奧維是否無意識地將分益佃農的生活狀況與其他國家農民的生活狀況做了對比呢？

亞瑟・楊格描述說：[20]「人家向我保證說，這些分益佃農（特別是佛羅倫斯附近的分益佃農）生活得很舒適，假日裡他們身著盛裝，不乏金銀綢緞等奢侈品，吃得也不錯，享受大量的麵包、葡萄酒和豆類食物。在某些情況下這也許是事實，但是從總體來看，事實卻與此相反。如果相信分益佃農僅依靠一對耕牛耕種農場，就能夠過著舒適的生活，這顯然是荒唐可笑的；分益佃農生活貧困的一個明顯的證據是，除提供一半的牲畜之外，地主還必須經常借錢給分益佃農，以便使他們有能力提供另外一半的牲畜……。遠離城市近郊的分益佃農是如此貧困，以至於需要向地主借糧度日；他們吃的是摻雜著野豌豆的黑麵包；他們喝的是用少量的酒兌入大量的水製成的飲料，稱為艾夸若拉（aquarolle）；他們只有在星期天才有肉吃；他們的衣著十分平常。」瓊斯先生承認佛羅倫斯附近的分益佃農過得比較舒適，並將這種原因部分歸結為編織草帽的勞動；按照查特奧維的說法，[21]農家婦女依靠編織草帽一天可以賺到十五至二十便士。這一事實確實是對分益佃農制度的某種肯定。因為在英格蘭的某些地方，例如貝德福德郡和白金漢郡，勞工階層的婦女、兒童也編織草帽或者縫製花邊，但是這一階層的生活狀況並不充裕，反而不如其他的地方，農業勞工的工資被壓低了一定的幅度。

雖然查特奧維描述了分益佃農的貧困生活，但是他對分益佃農制度，至少對義大利的分益佃農制度，還是深表贊同的。[22]「這種制度使地主富裕起來，使他無時無刻地關心著耕作的情況，這對於出租土地、收取固定地租的大地主來說是前所未有的。它使地主與分益佃農之間建立起一種利益攸關、相互友善的關係；我經常感受到這種友善的關係對社會道德狀況的提升發揮了很大的作用。在這種制度下，地主總是非常關心收成的好壞，從不拒絕為耕作提供墊款，因為土地將連本帶利地回報；正是由於這些墊款，以及由此不斷增加的希望，富有的土地所有者才使義大利的農村經濟逐步地發展起來。他們擁有大量的灌溉系統，並且在山坡上修築梯田；這些耗時費力然而持續性的改良，是缺乏財力的普通農民永遠也無法完成的；對於租種土地的農場主或者出租土地和收取固定地租的大地主來說，這種改良也是永遠無法完成的，因爲他們與這種改良沒有重大的利害關係。於是，這個引人入勝的制度本身使富有的地主與分益佃農相互合作；前者爲改良耕作提供資金，後者則盡心盡力地去進行改良，在共同利益的驅使下，使這些投資發揮出最大的效力。」

不過，對於該項制度最爲有利的證詞是由西斯蒙第提供的，其優點是具體而且準確；他的資料並非來自於旅行者，而是來自於熟悉農村生活的當地的地主。他所描述的基本上是托斯卡納，特別是他自己的地產的所在地涅沃萊山谷的情況，該地區並非位於享有特殊待遇的佛羅倫斯近郊，它是農場的規模看起來最小的地區之一。他對該地區分益佃農的房屋與生活方式所做的描述如下：[23]

房屋牢固的牆用石灰與砂漿建造，底層之上起碼再修築一層，有時候再修築兩層。底層一般當作廚房，還設有飼養兩頭帶有角的牛的牛棚，並且設有稱之爲蒂納亞（tinaia）的倉庫，該名稱源自於倉庫中稱爲蒂尼（tini）的專供未經任何壓榨的酒發酵所用的大型酒池；在這裡，分益佃農還存放著他裝有油和糧食的桶子。房屋旁邊總會搭建起一個棚子，以使他可以在棚子裡面修理他的農具，爲牲口準備飼料。在第一層或者第二層，有三、四間通常是臥室。在每年的五月、六月，分益佃農一般會將最爲寬敞同時也是通風最好的房間用來養蠶。大櫃裝有衣物和亞麻布，幾把木椅是房間裡主要的家具。不過，新婚的妻子總會帶來她的胡桃木衣櫃。床上沒有幔帳，也沒有床幃，除了裝有柔軟的秸稈褥墊，每張床上還鋪著一、兩床毛氈，或者在最貧困的家庭中，鋪著兩條用結實的大麻布縫製得很好的毯子。每逢節日，婦女們會在家庭裡最好的床上鋪上綢緞床罩。廚房裡有唯一的壁爐；有供家庭用餐的大型木製餐桌和幾張凳子；一個大櫃子既用來存放麵包和其他食品，也用來存放麵粉；還有一套相當完備但並不值錢的各種鍋子、碟子和陶盤；一、兩盞金屬燈具；一臺羅馬式秤；以及至少兩個用來提水和盛水的銅罐。家庭成員所有的內衣和工作服都是家庭主婦自己縫製的。男人和女人的毛織服裝，厚的稱爲梅扎拉那（mezza lana），薄的稱爲莫拉（mola），是用大麻或者亞麻粗線縫製，裡面絮有棉花或者羊毛；布匹也是由紡織婦女漂染的。簡直難以想像農村婦女爲了紡織布匹、縫製梅扎拉那，需要付出多少艱辛的勞動。倉庫裡存放著多少褥單，家庭的每一位成員又擁有多少襯衫、上衣、褲子、裙子和袍子，作爲實例，我記下了我最爲熟悉的一位農民的家裡的存貨。這個家庭既不是最貧困的，也不是最富有的，它依靠自己的勞動，耕種大約八點三三英畝土地，獲取土地一半的收成，過著幸福的生活。[24]這位年輕的婦女擁有五十克朗的嫁妝，其中二十克朗付的是現款，其餘的則分期付款，每年付二克朗。托斯卡納克朗價值六法郎（合四先令十便士）。在托斯卡納，其他土地面積較大的分益佃農家庭的女兒，嫁妝一般都是一百克朗，即合六百法郎。

這是貧困或者長年貧困的狀況嗎？普遍的情況是，西斯蒙第先生甚至說這是普遍的情況，分益佃農的女兒擁有二十四英鎊的嫁妝。在義大利，就這一階層的生活水準而言，它至少相當於五十英鎊；當一位女兒的嫁妝只有此數的一半時，她還可以擁有上述的全套服裝。這是西斯蒙第認定之相當具有代表性的平均狀況。那麼這一階層的基本生活狀況應該與其他國家的大部分農民，甚至擁有資本的農場主的生活狀況不相上下；而且除了新興的殖民地或者美國，任何國家的按日計酬的零工的生活狀況都是不可同日而語的。一位旅行者對於其食物品質很差的印象，是不足以推翻上述結論的。食物的品質不高很可能是出於節省，而不是由於貧困。南方人並不特別喜愛豐盛的飲食，這裡的各個階層的食物都以蔬菜爲主，歐洲大陸的農民並不像英國的勞工那樣迷戀白麵包。不過依照西斯蒙第的說法，托斯卡納農民的食物「是有益於健康的，並且是多種多樣的，它基本上以不參雜麩子和其他任何混合物的小麥麵包爲主」。在收成不好的季節裡，他們一天只吃兩頓飯，上午十點鐘吃他們的波倫塔，傍晚時先喝湯，再吃麵包，外加開胃菜。夏天，他們吃三頓飯，分別是在早上八點、下午一點以及晚上吃，不過，他們每天僅在晚上才點火做飯，晚餐有湯、一盤醃肉或者乾魚，還有與麵包一起吃的青豆或者蔬菜。醃肉的量很少，因爲對於普通家庭來說，他們認爲每人每年吃四十磅醃肉就足夠了；每週有兩次他們會在湯裡放一小塊醃肉。星期日的餐桌上總會擺上一盤鮮肉，重約一磅或者一磅半，不管家裡有多少人，它都足夠一家人享用了。人們不應該忘記的是，托斯卡納的農民普遍都生產橄欖油供自己使用，它不僅用於照明，而且一年四季都可以用來炒菜，炒出的菜餚味道鮮美並且富有營養。早餐時，他們吃麵包、乳酪和水果；晚餐時，他們吃麵包和沙拉。他們喝當地釀造的品質不佳的葡萄酒（vinella或者piquette），是由壓榨發酵後的葡萄渣再兌水製成。然而，他們總是爲莊稼脫粒或者節日，在家裡儲備一點品質上乘的葡萄酒。對於一名成年男子來說，每年大約需要消費五十瓶葡萄酒和五袋小麥（大約可以烤製一千磅麵包）。

西斯蒙第就這種社會狀況對道德的影響所做的評論也是頗值得關注的。分益佃農的權利與義務由習俗確定下來，而且一切稅費均由地主支付。「分益佃農可以享有土地帶來的一切利益，而不必承受保護土地的負擔。與土地有關的所有爭執都由地主負責處理，分益佃農與他的左鄰右舍和睦相處；在他與鄰居之間不存在相互競爭與猜疑的情況；他與鄰居、地主、稅務官員和教會之間保持著充分的相互理解；他很少銷售，也很少購買；他很少接觸錢，不過，他也沒有多少需要付錢的場合。人們經常談到托斯卡納人溫和敦厚的性格，但是卻沒有充分注意到促使形成這種紳士風度的主要原因；正是這種占用權，使超過人口四分之三的農民幾乎失去了發生糾紛的機會。」只要分益佃農履行他們自己的義務，他們就會依照慣例，儘管不是依照法律，擁有穩固的土地占用權，這使他們對於土地滿懷依戀之情，並且產生強烈的有關個人利益的意識，這種意識具有地主意識的特點。「分益佃農把租占的土地視爲祖傳的土地，對於土地精心愛護，不斷改良，注重未來，以便使土地能夠世代相傳下去。事實上，許多分益佃農世世代代地生活在同一塊租占的土地上，他們瞭解土地的所有狀況，並且能夠精確地感受到土地所能帶來的一切。梯田層層相疊，向上拓展，寬度往往不足四英尺，但是分益佃農認眞研究了每一塊梯田的特點：這一塊比較乾燥，那一塊比較溼冷；這一塊的土層較厚，那一塊的土層幾乎不能蓋住岩石；這一塊適合種小麥，那一塊適合種黑麥；這一塊種植印度玉米是白費力氣的，其他地方種植蠶豆和扁豆則是竹籃兒打水，遠處那一塊種植亞麻會長得很好，溝沿上的這一塊則適合種植黃麻。透過這種方式，人們驚訝地發現，分益佃農在八點三英畝土地的空間裡，沿著各個方向，以各種傾斜的角度所種植的農作物的品種，比一位富裕的農場主在五百英畝的土地上所種植的還要多。因爲後者知道他們不過是土地的暫時的占用者，而且他們必須按照常規運作，同時要忽略細節。但是，有經驗的分益佃農的才智在利益與情感的激發下，使他們成爲最優秀的行家，而且整個的未來在他們的面前展開，他們不僅想到了自己，而且想到了自己的子孫後代。因此，當他們栽下一棵橄欖樹（這種樹具有百年的壽命），並且在栽下這棵樹的山谷的谷底挖掘一條排水的溝渠，以防止這棵樹遭受積水的危害時，他們也研究了他們所深翻的土地的每一層的情況。」[25]

§四　我並未試圖透過這些引文證明分益佃農制度具有內在的優越性，但是毫無疑問，它們足以證明無論是「耕作粗劣」還是「極端貧困」，均與這項制度沒有任何必然的聯繫。而且英國的作家們對於這項制度的肆意謾罵不過是以極其狹隘的見解爲基礎的。我將義大利的農村經濟視爲有利於具有永久占用權的小型耕作制度的另一例證。這一實例揭示出，即使在分益佃農的租約所具有的特殊性質造成不利的條件下，這兩種因素究竟可以創造出怎樣的奇蹟，與農民依據同樣的永久耕種權，支付固定的或者基於某種規則支付變動的貨幣地租，然而與可以獲得自己努力勞動的全部成果的情況相比，分益佃農的租約將使承租人努力勞動的積極性減半。我並不想將分益佃農制度引進迫切需要這項制度但條件又尚未成熟的社會裡。但是我們也不應該僅僅因爲有人先驗地認定這項制度具有缺陷，就急切地想要廢除它。如果這項制度在托斯卡納的實踐，於每一項細節上均如著名的權威人士西斯蒙第所描述的那樣，如果人民的生活方式以及農場的規模仍然如同西斯蒙第所說的那樣世世代代地自行延續，[26]那麼試圖以農業改良爲藉口，冒險採用貨幣地租與資本主義農場主的制度，最終改變這種比大部分歐洲國家的農村狀況都好的農村福利狀況，是十分令人沮喪的。即使在分益佃農確實窮困、土地分割的確過細的地方，也不能認定這種變革就必然會帶來更好的後果。擴大農場的規模以及引進農業改良的成果，通常都會減少耕種土地的勞工的數量，除非工商業領域的資本的增長能夠爲這些遭受排斥的人口提供更多的就業機會。或者，除非還有閒置的土地可供他們移居開墾，否則他們的工資水準將因競爭的加劇而下降，很可能出現他們作爲按日計酬的零工時的生活狀況，比他們作爲分益佃農時的生活狀況更糟的局面。

瓊斯先生非常得體地指責了上一世紀法國的經濟學家們在追求其所嚮往之採用貨幣地租的目標時，提出了以租地農場主制來代替分益佃農制的想法，但卻沒有考慮到如何將原有的分益佃農制轉化爲租地農場主制。正如他所公正地指出的那樣，除非能夠使分益佃農透過節省成爲資本的所有者，否則這種轉化就無從完成，在這種情況下，地主就得做好自己的收入將長期減少的心理準備，而不能指望收入會有所提高，這也是爲什麼這些人通常願意進行上述嘗試的直接動機。如果這種轉化得以實現，而且分益佃農的狀況沒有發生任何其他的改變，如果他們繼續保有習俗賦予他們的所有其他權利，進而擺脫地主索取一半產品的權利，改成支付與之相應、適當的固定地租，那麼他們的處境當然會比目前的處境還要好。因爲他們所實施的任何改良的全部成果——不是一半成果——都將歸他們本人所有。不過即便如此，他們的利益也並非沒有受到損害。因爲分益佃農本人雖然並不是資本家，但卻是有資本家作爲他們的合夥人，並且他們可以利用相當大的一筆資本；至少在義大利的情況是如此，這可從農場建築物的完善程度上得到證明。而且當地主無須投入資本即能夠獲得固定的貨幣收入時，分益佃農就不大可能再指望地主會願意以他們的動產去承擔進行農業改良的風險。因此即使這種轉化並未干擾分益佃農事實上的永久占用權，並且將他們轉變爲實際上免於繳納地租的自耕農，但問題依然存在。不過，如果我們假設分益佃農轉化爲純粹的承租人，地主就可以隨意剝奪他們承租的權利，並且由於競爭的緣故而將地租提高到任何可能的水準，甚至提高到所有謀求生存的不幸的人們所能夠提供或者承諾提供的水準，則分益佃農將失去使其處境免於惡化的一切保障，他們將從當前的半土地所有者的地位上跌落，並且淪落爲一名投標佃農。

◆註解◆

[1] 依據亞瑟．楊格的說法（第一卷，第四〇三頁），在法國大革命之前，各地在這一方面的情況差別很大。在香檳，「地主通常需要提供一半的耕牛和一半的種子，而分益佃農則提供勞動、農具並且負責納稅。但是在其他某些地區，地主也要分攤這些方面的負擔。在魯西隆，地主繳納一半的稅賦；在吉耶訥，從歐什到弗勒朗，很多地主都繳納全部的稅賦。在阿吉永附近的加龍河沿岸，分益佃農提供一半的牲畜。在法蘭西島的楠日，我曾經見過這樣一份租約，規定由地主提供牲畜、農具、馬具和稅賦，由分益佃農提供勞動及其他本人的人頭稅；地主負責修理房屋和大門，分益佃農則負責維修窗戶；地主提供第一年的種子，分益佃農提供最後一年的種子，期間各年的種子則由雙方平均分攤。在波旁，地主提供各種牲畜，分益佃農則可以根據自己的意願進行銷售、交換和購買；地主的管家保管有關這些交易的帳目，因為地主享有產品銷售收益的一半，並且負責支付購貨款的一半」。他說，在皮埃蒙特，「地主通常負責納稅以及維修建築物，承租人則負責提供耕牛、農具和種子」。（第二卷，第一五一頁）

[2] 參閱《政治經濟學研究》，論文集四：〈論托斯卡納農民的生活狀況〉。

[3] 參閱《義大利來信》。我引自瑞比（Rigby）博士的譯本（第二十二頁）。

[4] 然而，有關占有條件的這種事實上的固定性，即使在義大利也並不是普遍存在的。西斯蒙第把拿坡里的某些省分、盧卡以及熱那亞的里維拉等地的分益佃農的生活比較貧困，歸結為缺少有關占有條件的這種固定性。在這些地方，地主

占有產品的份額（儘管仍然是固定的）較大，雖然農業的耕作無可挑剔，但是人民卻極為貧困。「如果公共輿論不維護農民利益，則托斯卡納的人民也將遭受相同的命運；但是這裡的土地所有者不敢提出有悖於當地慣例的條件，甚至在更換分益佃農的情況下，也不敢改變租約的條件。」（參閱《新政治經濟學原理》，第三編，第五章。）

[5] 巴斯夏（M. Bastiat）斷言，即使在法國，無可否認，它是推行分益佃農制度最不成功的國家；這個制度在控制人口方面所發揮的作用，也是引人注目的。「已經查明的事實是，生育過多的問題主要存在於工薪階層。對於這些人來說，為了長遠打算而推遲結婚的觀念非常淡薄，因為激烈的競爭所產生的弊害，在他們看來，顯得十分遙遠而且相當含混。因此，不包含固定的僱傭勞工階層的人口結構是最為有利的。在實行分益佃農制度的國家，結婚主要取決於耕作的需要，如果出於任何原因出現由於人手不夠致使生產受到阻礙，那麼婚嫁就會增多；反之，當人滿為患時，婚嫁就會減少。農場規模與人口數量之間的比例關係，是否按照事先的想法那樣得到確定，並且產生較大的效益，是一件易於查明的事實。因此我們發現，當過剩人口無出路可尋時，人口數量就會保持穩定，正如同我們在我國南方各省已經看到的情況那樣。」（參閱〈就分益佃農制度所做的思考〉，《經濟學家》，一八四六年二月。）

[6] 參閱《國富論》，第三編，第二章。

[7] 參閱《旅行》，第一卷，第四〇四—四〇五頁。

[8] 同上，第二卷，第一五一—一五三頁。

[9] 同上，第二卷，第二一七頁。

[10] 參閱《政治經濟學原理》，第三版，第四七一頁。

[11] 參閱《財富的分配論文集》，第一〇二—一〇四頁。

[12] 德斯蒂．特拉西先生的觀點部分與此有所不同，因為他經歷了大革命以後的時期。不過，他承認（正如瓊斯先生本人在其他地方所講的那樣），他僅對土地分割得很細且土地貧瘠的少數地區的情況有所瞭解。

帕西先生的看法是，由於地主索取的產量在總產量中所占的比例過高，因此，處於分益佃農制度下的法國農民必然陷於貧困狀態。而且土地的耕作也一定非常糟糕；只有在氣候條件較為有利的情況下，農民才有可能將土地總產量的一半作為地租繳納之後，還能夠成功地在並非最為肥沃的土地上種植成本與價值均較高的農作物（《論耕作制度》，第三十五頁）。不過，這只是針對具體的某一比例數字提出的反對意見。的確，這一比例得到了普遍的採用，但這與制度的本質問題無關。

[13] 參閱〈關於利摩日基本稅收負擔的備忘錄：一七六六年向國家議會所做的報告〉，《杜閣文集》，第四卷，第二六〇—三〇四頁。正如亞瑟．楊格所提及的那樣，地主偶爾繳納一部分稅賦，依照杜閣的說法，這種情況是新近為實際

的情勢所迫才出現的。「地主只有在按照其他條件找不到分益佃農時才會同意這樣做，結果是，即使在這種情況下，分益佃農的所得也總是少到只能使他免於餓死。」（第二七五頁）

[14] 第一卷，第四〇四頁。

[15] 參閱《義大利來信》，瑞比譯，第十六頁。

[16] 同上，第十九—二〇頁。

[17] 同上，第二十四—三十一頁。

[18] 同上，第七十八—七十九頁。

[19] 同上，第七十三—七十六頁。

[20] 參閱《旅行》，第二卷，第一五六頁。

[21] 參閱《義大利來信》，瑞比譯，第七十五頁。

[22] 同上，第二九五—二九六頁。

[23] 參閱前面提及的他的第六部論文集。

[24] 一八三五年四月二十九日，在鄰近佩夏的波塔．韋基亞，瓦朗特．帕皮尼（Valente Papini）的女兒簡（Jane）與吉奧瓦希努．蘭迪（Giovacchino Landi）結婚，嫁妝的清單如下：

二十八件襯衣，七套貴重的服裝（以特殊的綢緞織品縫製），七件印花棉布服裝，二套冬天用的工作服（梅扎拉那），三套夏天用的工作服和襯裙（莫拉），三條白襯裙，五條染色的亞麻布圍裙，一條黑色的絲圍裙，一條黑色的羊毛織品圍裙，九條彩色的勞動圍裙（莫拉），四條白手帕，八條彩色手帕，三條絲手帕，二條繡花面紗和一條羅紗巾，三條毛巾，十四雙長襪，二頂帽子（一頂氈帽，一頂細草帽），二件金浮雕，一對金耳環，一串帶有兩個羅馬銀冠的念珠，一只帶有金十字架的珊瑚項鍊……。此外，這一階層所有較為富有的已婚婦女，都有一套她們在一生中可能僅穿四、五次的節日盛裝——維斯特迪西塔（veste di seta）。

[25] 西斯蒙第先生曾經對這些頗有情趣的人們的智力給予高度的讚揚。他們中識字的人不多，但是在家庭中往往會有一位成員充當教士，在冬天的晚上，他讀書給全家人聽。他們的語言與純粹的義大利語相差無幾。他們普遍具有即席賦詩的愛好。「在夏天的節日裡，涅沃萊山谷的農民喜歡在夜間的九點到十一點之間去看戲，戲院門票的價格略高於五個蘇法幣（合二點五便士）。阿爾菲耶里（Alfieri）是他們非常喜愛的作家，這些目不識丁的農民對於阿佳德（Atridæ）的全部歷史也很熟悉；而且他們在繁重的勞動之後，從這些樸實無華的詩句中尋求到解脫。」與一般的凡夫俗子不同，他們從家鄉的美景中找到了樂趣。「在涅沃萊山谷，家家戶戶的門前都有一個打麥場，面積很少超過一百五十到

一百八十平方英尺，這往往是整個農場中唯一平坦的地方，它是俯瞰平原和山谷、欣賞美好家園的平臺。我幾乎向來不駐足觀賞風景，除非某個分益佃農跑出來與我共同欣賞；有時他會用手指點著旖旎的風光，好像生怕我不曾給予應有的關注。」

[26] 西斯蒙第指出，「我們從未發現一個分益佃農家庭主張將租占的小塊土地進一步分割的情況，除非他們真的無法勝任相應的勞動，而且確信可以從一塊較小的土地上獲得同樣的樂趣。我們從未發現他們的家庭的幾個兒子都結婚並且組成同樣多的家庭的情況，一般只有一個兒子結婚並且承擔起管理家務的責任，其他的兒子一般不結婚，除非第一個結婚的兒子沒有下一代，或者，除非其他的兒子中有一人獲得一份新的可供租用的土地。」（參見《新政治經濟學原理》，第三編，第五章。）

第九章　關於投標佃農

§一　顧名思義，我以爲投標佃農制度，無一例外地是指勞工在簽訂租種土地的租約時，並未受到資本家農場主的干預，而且有關租約的各項條件，特別是有關地租的數額，不是由習俗，而是由競爭所決定的情況。在歐洲，主要是愛爾蘭等地實行這種土地租賃制度，投標佃農這一稱謂就是源自那裡。[1] 愛爾蘭的大部分農業人口，除了目前由於阿爾斯特地區實施承租人權利所造成的例外情況，直到最近都還是投標佃農。的確，在那裡，對於哪怕是最小的一塊土地，眾多的勞工也不能獲得永久租賃的資格（我們不妨設想這是由於地主或者已經占用土地的佃農反對土地分割所造成的結果）。不過，由於缺少資本，所以廣泛地形成了以土地支付工資的習俗。人們發現，即使投標佃農或者某些較大的資本家農場主，對其所僱用的臨時工，一般也不支付貨幣工資，而是向他們提供一塊已經施過肥料的土地，允許他們耕種一個季度，同時將這種做法稱爲可奈科（conacre）。在這種情況下，他們同意支付每英畝若干鎊的貨幣地租，不過實際上並沒有支付貨幣，而是以按照貨幣的價值所折算的勞務來清償債務。

在投標佃農制度下，產品被劃分爲地租與勞工的報酬兩個部分；顯而易見的是，其中的一部分是由另一部分所決定的。勞工所得到的就是地主不曾取走的那一部分，他們的生活狀況取決於地租的數額。但是，地租是由競爭調節的，它取決於對於土地的需求與供給之間的關係；而對於土地的需求，它是由競爭者的人數即全部農村人口所決定的。因此，這種租賃制度使人口法則直接對土地發生作用，而不是像在英國那樣對資本發生作用。在這種情況下，地租主要取決於人口與土地之間的比例。由於土地的數量是一定的，而人口卻具有無限增長的能力，因而，除非某種因素能抑制人口的增長，否則對於土地的競爭將迅速地促使地租上升至最高的水準；人口的數量將無法控制。因此，實行投標佃農制度的後果取決於由習俗、個人的自制能力或者由饑荒和疾病對於人口的增長能力加以控制的程度。

斷言投標佃農制度絕對不可能使勞工階層過著富裕的生活是不切合實際的。如果我們能夠假定是在習慣於享有較高生活水準的人們之間實行這種制度，且這些人不會支付較高的地租，除非支付地租之後仍然可以維持原有的生活水準，其人口的適度增長也不至於造成人口失業，從而使競爭加劇、地租提高，使這些人只有在土地的產量由於技術的進步而有所增加並且不至於使生活不便的情況下，才有可能支付較高的地租。那麼處於這項耕作制度之下的這一耕作階層就會像處於其他任何耕作制度之下的人們一樣，有可能獲得同樣優厚的報酬以及同樣份額的生活必需品和奢侈品。然而，如果地租是隨意決定的，則他們就不能享有托斯卡納的分益佃農從其與土地的相互關係中所能獲得的任何特殊利益。他們既不能利用他們的地主所擁有的資本，也不能像擁有永久占用權的農民那樣，從肉體與精神兩個方面做出努力以彌補資本之不足；與此相反，租賃人的努力導致土地價值的任何提高所產生的唯一後果是，他在下一年或者一等到租約期滿，便需要支付更高的地租。如果地主比較公正並且見識較高，那麼他們也許不會獨占競爭爲他們帶來的利益；地主占有這種利益的程度是因人而異的。不過，指望人類的某一階層或者某一群體將一致地採取有損於其直接的金錢利益的行動，那一定是會落空的；而且當人們在考慮是否當前要爲比較遙遠的未來做出努力或者犧牲時，疑慮與確定性一樣，均將產生決定性的影響，相應的成果被別人拿走的可能性即使很小，也會使這種努力或者犧牲大打折扣。消除這種不確定性的唯一方法是逐漸形成某種習俗，使同一租賃人享有永久占用權，而且不經公眾一致同意，就不承擔任何其他增加地租的義務。阿爾斯特地區所實施的承租人權利就是這樣的一種習俗。租約期滿的承租人將從他的後繼者那裡得到相當可觀的一筆金額[2]作爲對於農場信譽的償付，這首先是在對於土地的競爭有能力支付這筆金額的人們之間進行；同時，這一事實也證明，即使在競爭受到限制的情況下，地主也並不能占有競爭所帶來的全部利益，因爲地主獲取的地租沒有達到新的承租人不僅承諾而且實際支付的地租的總額度。承租人之所以這樣做，是因爲他確信地租將不會提高，而且他擁有習俗所提供的擔保，這種習俗雖不會被法律所承認，但是卻具有來自其他方面的制裁所產生的約束力。在愛爾蘭，人們對於這種制裁是非常理解的。[3]這些支撐中少了這一項或者其他一項，在進步的社會裡就不可能形成對於土地的地租加以限制的習俗。如果財富與人口保持穩定，則地租一般來說也會保持穩定，而且在地租長期保持穩定的情況下，人們將有可能會認爲它是不可改變的。但是，財富與人口的一切增長都趨於提高地租。在分益佃農制度下，存在著已經建立起來的模式，可以確保土地的所有者參與土地產品增長部分的分配；而在投標佃農制度下，地主只有透過重新簽訂租約才能做到這一點，在一個不斷發展的社會裡，這樣做幾乎總是對他有利。因此，地主的利益必然是與將地租演變成一種固定的要求權的任何習俗相互衝突的。

§二 在地租的數額沒有受到法律或者習俗限制的地方，投標佃農制度具有最惡劣的分益佃農制度所具有的各種缺陷，而不具備該項制度的任何優點；不過，在該項制度的最佳形式下，這些缺陷是可以獲得彌補的。投標佃農所從事的農業生產，幾乎總是充滿了苦難。不過，他們的生活狀況並非必然如此。因爲透過對於人口的充分限制，可以緩解對於土地的競爭，並且防止發生極端的貧困；人們一旦建立起自制的習慣以及較高的生活水準，就會有足夠的機會將它們保持下去。當然，即使在這種有利的條件下，與得到習俗保護的分益佃農制度下的情況相比（像托斯卡納的分益佃農那樣），人們進行自制的動機仍然較微弱。這是因爲，受到習俗如此保護的分益佃農的家庭，只要自己的人口沒有盲目地增加，即使其他家庭的人口大量增加，也不會因而陷於貧困。而投標佃農的家庭，不論本身如何審慎、自制，其所負擔的地租都有可能因爲其他家庭人口的增加而提高。保護投標佃農使之免於遭受這種弊害的唯一方法是，使這一階層普遍具有責任心和榮譽感；透過這種方式，他們有可能得到相當有效的保護。如果這一階層習慣於保持的生活水準已經很高，則年輕的一代就不會同意繳納過高的租金，從而使自己的生活狀況比前人更糟；或者，像在某些國家實際上所發生的那樣，除非農場需要更多的人手，否則人們普遍地會保持不結婚的習俗。

不過，在考察投標佃農制度所產生的影響時，我們根本無須考慮較高的生活水準能否扎根於勞工階層的習慣中的問題。在投標佃農制度下，農村勞工的日常生活要求總是處在最低的水準上。在一些地方，只要他們不是忍飢挨餓，他們就總會進行繁衍，人口僅僅受到疾病與由於生活必需品短缺所造成之死亡的限制。愛爾蘭的絕大部分農民的狀況就是如此。當一個民族窮困到這種地步，而且從古至今總是如此時，他們要想從中解脫出來，投標佃農制度就會成爲他們幾乎無法逾越的障礙。當人們習慣於不到無法獲得最基本的生活必需品的地步就絕不會停止進行繁衍時，而且當這些生活必需品只能取之於土地時，那麼一切有關地租數額的條款與租約都僅具有名義上的意義；對於土地的競爭迫使承租人承諾繳納超過他們可能應該繳納的地租，而且當他們繳納其所能夠繳納的一切之後，他們就幾乎總是債務纏身。

愛爾蘭濟貧法調查委員會秘書雷文斯先生（Mr. Revans）說：[4]「關於愛爾蘭農民的狀況，可以公平地講，每一個沒有足夠的土地提供糧食的家庭，都會有一名或者幾名成員依靠乞討爲生。因此不難判斷，農民爲獲得一小塊土地會做出怎樣的努力，在投標時，他們所考慮的不是土地的肥力以及自身的承受能力所形成的限制，而是出價多少才最有希望使他們得到土地。他們承諾繳納的地租幾乎總是超過他們的承受能力，因而一旦取得土地的使用權時，他們立刻就會負債累累。爲繳納地租，他們被迫交出土地的全部產品，只能留下用以塡飽肚子的馬鈴薯。但即便如此，他們仍然無法兌現承諾繳納的地租，他們的負債還在不斷增加。在某些情況下，即使他們的土地生產出有史以來的最高的產量，或者在他們的耕作制度以及最爲有利的氣候條件下生產出最高的產量，也達不到地租投標的水準。因此，即使農民能夠履行他與地主簽訂的租約——這是他難以做到的——他將毫無所獲，而且他們還需向地主支付一筆額外的費用，以便獲得繼續租種土地的機會。沿海的漁民和北方各郡擁有紡織機的人們所繳納的地租，常常高於他們所租種的土地的全部產品的市場價值。也許有人會認爲在這種情況下，他們還是以不租種土地爲宜。不過，他們有可能在一、兩週內還捕不到魚，也織不出滿足需求的紡織品，因此，如果他們沒有土地種植滿足他們所需要的糧食，那麼在遇到危急情況時就會挨餓。不過，完全依照約定的數額繳納地租的情況是極爲罕見的。農民長期對他們的地主負有債務，他們那點微不足道的財產——他們本人以及家人的破爛衣衫，兩、三張凳子和幾件陶器等在其陋室中的全部家當——即使全部賣掉，也不足以清償他們所欠下的而且一般來說還在不斷增加的債務。農民大多拖欠一年的地租，拖欠的原因自然是生活艱難。即使在某一年他們的土地的產量高於往年，或者他們憑藉任何機遇獲得了某些財產，但他們的生活水準也不可能有所提高；他們既不能吃得好些也不能吃得多一些；他們既不能添置家具，也不能使其妻兒穿著有所改善；他們必須將獲得的財物交給他們的地主。偶爾增加的收入只能使他們減少拖欠的地租，進而推遲他們被迫退租的時間，而這一定是他們預期的底線。」

我們不妨引用德文郡爵士委員會所收集的證據[5]中，由克里王室的神職人員赫爾利先生（Mr. Hurly）所提供的一個事實，以此作爲一個極端的實例，說明對於土地的競爭的激烈程度，有時竟然將名目地租抬高到十分荒謬的地步。「我知道有一承租人在對一個我非常熟悉的每年價值五十先令的農場進行投標，我看到競爭將地租抬高到了令人匪夷所思的地步，中標者竟然出價四百五十先令。」

§三　處於這樣一種境況之下，一位佃農依靠任何程度的勤勞和節儉究竟能夠得到什麼？而由於任何程度的粗心大意和不計後果又將失去什麼？如果地主在任何時候都充分行使他們所擁有的法律上的權利，那麼投標佃農將無法生存下去。如果他們盡了最大的努力使自己所租種的土地的產量倍增，或者審愼地避免多生子女以免把這些產品吃光，那麼他們的唯一所能獲得的就是，由此可以多剩餘一點產品並將它們交給他們的地主；而如果某個佃農生養了二十個孩子，那他當然首先需要養活他們，於是地主只能拿走剩下的那些產品。幾乎在人類中只有投標佃農處於這種境地，透過他自己的勞動，既不能使他生活得更好，也不能使他生活得更糟。如果他勤勞或者節儉，那麼除他的地主之外沒有其他人會獲益；如果他懶惰或者揮霍，則由他的地主爲此墊付。簡直難以想像，與此相比，一個人還要再處於什麼樣的其他的境況下，才會使他更加缺乏進行勞動或者自制的動機。自由人的上進心都被剝奪了，而奴隸的稟賦尚未被替代。他無所企望，除剝奪他的佃農地位以外他無所畏懼，而防止剝奪佃農地位的自我保護手段就是進行防衛式的最後的抗爭。洛克主義（Rockism）運動與白人少年主義（Whiteboyism）運動都是除最粗劣的聊以果腹的食物之外一無所有的人，由於無法忍受僅有的一點食物也被他人奪走進而採取果敢的行動。

某些最爲自命不凡的民眾的導師們，把愛爾蘭產業的落後以及愛爾蘭人民缺乏改善他們處境的動力，歸結爲凱爾特民族所特有的懶散與粗心大意。對於有關人類的本性與生活的最爲重大的問題持有這樣的觀點，不是一種極大的諷刺嗎？在一切避而不談社會與道德對於人類的思想所產生的影響的庸俗做法中，最爲庸俗的做法莫過於把行爲與品格的多樣性歸結於天生的差別。當事情的安排使人們無法仰仗遠見卓識或者勤勞努力得到任何利益時，哪個民族不會變得懶散而且漫不經心呢？如果人們歷來都是在這樣的安排下生活和工作，並且已經養成終日無精打采、對一切都漠不關心的習性，則當環境發生變化、需要做出努力才能眞正得到利益的時候，人們不能在第一時間抓住這個機會，難道還有什麼值得奇怪的嗎？像愛爾蘭那樣的民族，崇尚歡樂而且多愁善感，人們不會像英格蘭人那樣安分守己地從事日常勞動，這是非常自然的。因爲脫離這種勞動他們也可以找到很多生活的樂趣。但是，與同屬於凱爾特民族的法國兄弟相比，他們絕不是更不適宜於勞動；與托斯卡納人或者古希臘人相比，情況也是如此。一個容易動情的民族在受到適當的激勵的時候，最容易煥發出奮發圖強的工作熱情。基於人們因缺乏激勵而未能努力工作的情況，並不能對他們的勞動能力說三道四。在英格蘭或者美國，任何勞工都不比愛爾蘭人工作得更爲努力；不過，這並非是指處於投標佃農制度之下的情況。

§四

印度農民的處境與投標佃農的處境既有非常相似之處，又存在著很大的差別，我們不妨將兩者加以對比，以便得出某些規律性。在印度的大部分地區，簽訂租約的當事人只有地主與農民雙方，而且很可能一直都是這樣：地主通常擁有至高無上的權力，除非他透過特別的證明文件，將他的權力授予某個人，使其成爲他的代理人，否則別人絕無這麼大的權力。然而，農民或者所謂的印度佃農，其所支付的地租，縱然有，也很少像愛爾蘭那樣取決於競爭。雖然各地形成的習俗千差萬別，而且雖然實際上並沒有什麼違背統治者意志的習俗能夠保存下來，但是在相鄰的地區之間總會存在某種共同的準則：地租收繳人並不是與每一位農民單獨商定租金的額度，而是以其他地區所採用的標準作爲參考。於是，承租人可以保有租種權的觀念逐漸形成，或者說，不管怎樣，佃農都保有永久占用土地權；不過，另一種糟糕的情況也應運而生，即在租地農民可以永久租種土地的同時，地主擁有隨意提高地租的權力。

當蒙兀兒帝國在印度的大部分國土上取代印度人的統治時，推行了一套不同的法規，它對土地進行全面的測量，然後根據測量的結果分別估算並且將每塊土地應該向政府繳納的地租的數額固定下來。如果這種估算不是過於苛刻的，則印度佃農可以處於相對有利的自耕農地位，不過，必須繳納沉重但是固定的免役地租。然而，由於缺乏防止各種非法勒索的法律保護，因此他們處境的這種改善只能是徒有虛名，並不具有任何實際的意義，除非偶爾出現一位以慈善爲懷並且極有魄力的地方官員，否則政府的巧取豪奪，除農民的承受能力之外，實際上是沒有受到任何限制的。

英國統治者接替蒙兀兒帝國對於印度進行統治時的情況就是如此，而且他們最初曾經打算消除這種地租收入所具有之隨意性的特點，認爲對於政府的需求加以一定的限制是十分必要的。他們並未試圖恢復蒙兀兒帝國所採用的方法。一般來說，如果英國政府對於印度當地各項制度的建立所依據的原則不是毫不重視，而是去調查已經存在並且在實踐中受到尊重的各項權益，進而加以保護和擴大，則這才是合乎情理的。然而長期以來，英國政府嚴重地歪曲了事實，完全誤解了它所發現的已經存在的習俗和權益。犯下這種錯誤的原因在於，普通人的頭腦沒有能力思考與他們實際上所瞭解的社會關係根本不同的社會關係有關的問題。英國習慣於大規模的土地耕作制度以及大地主，於是英國統治者就認爲印度也應當如此；他們到處尋找可以勝任這方面的工作的人選，最後選中了一群稅務官員，即地租的收繳者（Zemindar）。印度富有哲理的歷史學家指出，[6]「地租收繳官員具有地主的某些特徵；他收繳某一特定地區的地租，統治該地區的耕作者，過著相當奢華的生活，甚至過世後將職位留給兒子接替。因此，英國人毫不遲疑地將地租收繳官員視爲印度的地主、貴族和鄉紳。他們不曾考慮到，地租收繳官員雖然負責收繳地租，但是並不保有這些地租，他們只能留下很小的一部分，而將其餘的部分全都交給政府。他們也不曾考慮，儘管地租收繳官員統治著印度佃農，並且在很多方面對他們行使專制權，但是地租收繳官員並不是把他們作爲自己的佃戶來統治的；他們既不是可以被隨意解除租約的佃戶，也不是依據租約耕種土地的佃戶。印度佃農租種土地的權利是一種世襲的權利，因此，地租收繳官員更換佃農的行爲是非法的；地租收繳官員從印度佃農手中拿走的每個銅板都必須入帳；如果地租收繳官員在規定的徵稅報酬之外從收繳的地租中多拿一分錢，那麼就屬於欺詐行爲。」

這位歷史學家接著指出，「在印度曾經有過一個機會，這在世界歷史上都是前所未有的。從當時的情況來看，處於統治者之下的直接耕作者與土地的利害關係最爲密切，對於地租收繳官員所擁有的權利（例如當初的那些權利）很容易充分補償。政府已經寬大地做出決定，爲了國家的進步，可以犧牲君主的所有權。以深得民眾歡迎的做法提供土地所有權，並作爲實施改良的契機，必將給予這些人們無可比擬的巨大影響，它遠遠超過了對於任何其他階層的影響；而在其他任何國家，這都將僅僅是對實施各項主要農業改良土地的直接耕作者所產生的影響。而且這項措施可以與任何國家曾經採用過的最有價值的改良措施相提並論，很可能有助於補償印度人民長期處於暴政之下所遭受的不幸。但是當時的立法者是英國的貴族，而貴族的偏見又占了上風。」

從本意良好的倡導者所預期的主要後果來看，這項措施無疑已經完全地失敗。他們難以確定，任何既定的制度，在同一個國家現存的千差萬別的環境中實際的運作模式，因而自以爲是地認爲已經在孟加拉各省造就了一批英國式的地主；然而，事實卻證明，他們不過造就了一批愛爾蘭式的地主。新興的土地貴族使人們寄託在他們身上的一切希望全部落空，他們沒有採取任何行動來改良他們所擁有的土地，他們所做的一切都是自毀長城；他們並沒有像愛爾蘭那樣設法使地主免於因目光短淺而造成的損失，由於債臺高築或者拖欠租稅，幾乎孟加拉的全部土地都被抵押或者出售出去。一代人之後，當初的地租收繳官員也大多不復存在了。其他的家族，主要是加爾各答貨幣交易商人的後代們，或者在英國政府的統治之下富裕起來的當地官員的子孫們，對他們取而代之；這些人依靠別人出讓的土地過著無聊的、寄生蟲般的生活。不論政府爲培育這一階層在金錢的索求權方面做出了多少犧牲，都是屬於一種極大的浪費。

在英國統治較晚的印度各地，沒有再犯動用公共收入養活一批毫無用處之大地主的錯誤。在馬德拉斯的大部分地區與孟買轄區的一些地方，直接的耕作者直接向政府繳納地租。在西北各省，政府與鄉村社區整體地簽訂土地租約，確定每個人必須支付的地租的份額，但大家彼此之間共同爲個人的違約行爲承擔責任。不過，在印度的大部分地區，直接耕作者並沒有獲得以繳納固定地租爲條件的永久租賃權，政府依據優秀的愛爾蘭地主管理其土地的原則管理土地：既不是透過競爭，也不是依據耕作者的承諾，而是讓耕作者自行決定他們所能承受的地租的數額，然後再由政府相應地確定它所需要的數額。在很多地區，一部分耕作者被認爲是其他耕作者的佃戶，政府只向被視爲村莊的拓荒者或者征服者的後裔（他們的人數往往很多）徵收地租。有時，地租確定後，期限僅爲一年，有時期限爲三年或者五年，不過，當前政策的總體趨勢是，延長土地租約的期限。在印度北部各省，土地的租賃期已經延長到三十年。這種安排問世的時間並不長，相關經驗也十分不足，還無法確定這種長期租約對於耕作者實施改良的動機所產生的影響，究竟與永久租賃權所產生的影響相差多少。[7]不過，這兩種方案，每年確定地租或者簽訂短期租約，已經得到決然的裁斷。如果要評價它們的功過是非，那也只能說與當初毫無限度的壓榨相比，它們稍微好那麼一點。它們未經任何人批准，只是某種臨時性的安排，在這個國家的情況能更爲好轉之後，它們就會被廢止，以實現某種更爲長久的目標。

◆註解◆

[1] 「投標佃農」一詞的含義，是指從小型農場主那裡轉租一間農舍和一英畝或者兩英畝土地的人。不過，長期以來作家們都慣於將這一術語加以引申，使其涵蓋小型農場主本身，以及基本上透過競爭決定地租水準的所有的農民農場主。

[2] 「一位沒有租約的承租人，單純出售對於他的農場之租種或者占用的特權的情況也並不少見，即使沒有什麼跡象表明他對土地進行了改良，但他也可以獲得相當於十到十六年，甚至二十到四十年的地租總額的償付。」（參見〈緒論〉，載於《德文郡爵士委員會證詞摘要》。）編者還指出，「該地區（阿爾斯特）比較安定，可能主要得益於這一事實。」

[3] 「在絕大多數情況下，這筆金額並不是對於土地所發生的開銷或者所實施的改良而給予的補償，而僅是一種為獲得人壽保險所繳納的費用或者為免除暴行所付出的代價。」（參見《德文郡爵士委員會證詞摘要》。）該作者審慎地指出，「阿爾斯特地區當前所實行的承租人的權利，是孕育不動產保有權的胚芽。」「即使在那裡，如果無視承租人的權利，使承租人在未獲得對於他的信譽的償付的情況下遭受驅趕，那麼通常將會引發暴亂。」（第八章）「蒂珀雷里

的混亂狀況以及遍及愛爾蘭的農民協會，不過是為了獲得阿爾斯特式的承租人的權利而進行的一場有組織的抗爭。」

【4】《愛爾蘭社會狀況的弊端、產生的原因以及相應的對策》，第十頁。在這本小冊子中，除了其他方面的內容，還包括對於瓦特利（Whately）大主教主持的委員會所收集的大量證據的摘要與分類。

【5】《德文郡爵士委員會證詞摘要》，第八五一頁。

【6】參見彌爾，《英屬印度史》，第六編，第八章。

【7】自從這段文字寫下之後，印度政府已經採納了這項決議，在北方各省，實行固定地租，並將長期租賃合約轉換為永久性租賃合約。

第十章　廢除投標佃農制度的方法

§一

當本書的第一版完成並且出版後，對於英國政府來說，究竟如何解決投標佃農的問題，已經成爲一個亟待解決的實際問題。八百萬人口中的絕大部分人民，長期絕望、悲慘地掙扎在投標佃農的制度之下，已經淪落到勉強以藜藿度日並且對於改善他們的命運既無能爲力也毫無興趣的境地。最終，將會連這種最爲粗劣的食物都無法自給，只有死路一條，或者永遠地仰仗他人的救濟，否則就必須澈底地改革迄今爲止使他們遭受悲慘生活的經濟制度。局面的嚴重程度迫使立法機構與舉國民眾不得不關注此問題，但是很難說已經取得多大的成效。因爲問題的癥結根植於土地的租賃制度中，在這種制度下，人民有關勤勞與節儉的全部積極性均遭扼殺，除餓死之外，已經無所懼怕。可是，國會提出的解決方案，使原先賦予他們申請救濟的合法權利也被廢除；至於在糾正產生弊害的根本原因方面，則除空話連篇以外，什麼都沒有做，儘管國家財政已經爲這種錯誤付出了幾千萬英鎊的代價。

我認爲：「沒有必要爲證明造成愛爾蘭經濟弊端的眞正原因根植於投標佃農制度中進行任何的爭論；當由競爭來確定農民的地租成爲這個國家的實際做法時，對於勤勞、活力、除死亡之外的人口的限制，或者哪怕使貧困的程度稍有緩解的任何期望，都無異於水中月和鏡中花。如果我們務實的政治家尚未成熟，不肯承認這一事實，或者，如果雖然他們從理論上承認這一事實，但是卻因缺乏足夠的實際感受，故而不能發現造成它的任何原因，那麼仍然還有另外一項純粹基於實際方面的考慮使他們不可能再無法發現它。如果人們迄今爲止所賴以爲生的收成繼續處於朝不保夕的狀態，那麼除非對農業生產的技術與積極性給予某種新的、強大的激勵，否則愛爾蘭的土地再也無法供養目前這麼多的人口。該島西半部的全部農產品，即使不繳納地租，現在也已經無法長期供養它的全體居民了，他們必將成爲帝國每年的財政負擔，除非他們的人民移民或者餓死，將人數減少到與他們的低水準的勤勞程度相適應的水準，或者，除非找到能夠使這一產業的生產能力大幅度提高的某些方法。」

自從上述這些文字寫下之後，發生了一些任何人都不曾預料到的事件，使愛爾蘭的英國統治者的尷尬局面獲得一定程度的緩解，否則他們的冷漠無情與缺乏遠見必將遭到公正的懲罰。在投標佃農制度下，愛爾蘭再也沒有能力向其居民提供糧食了，雖然國會採取救濟的辦法刺激了人口的增長，但是對於生產卻毫無裨益。然而，愛爾蘭的人民並非依靠政府政治上的明智之舉，而是由於某種始料未及的原因獲得解救。自行移民——基於自願性的原則，威克菲爾德的方案（以先期移出者的收入支付後期移出者的費用）被大規模地實施，目前已經將人口降至現行的農業制度所能夠提供的工作機會與供養的水準。與一八四一年人口普查的結果相較，一八五一年人口普查的結果顯示，人口大約減少了一百五十萬；其後的人口普查（一八六一年的人口普查）的結果顯示，人口大約又減少了五十萬。於是，愛爾蘭人開闢了奔赴那塊富饒大陸的一條通道，那塊土地能夠在不降低生活水準的情況下供養全世界數代人所增加的人口；愛爾蘭的農民也全神貫注地凝望著大西洋彼岸的人間天堂，將其作爲擺脫撒克遜人的壓迫與大自然的摧殘之可靠的避難所。毋庸置疑，不論今後在愛爾蘭普遍推行英格蘭的耕作制度，甚或像薩瑟蘭地區那樣將整個愛爾蘭改造成一片牧場，有可能使農業勞工的就業機會減少到某種程度，但失去工作的人們仍會以相同的速度移居美國；而且將像在一八五一年之前的三年時間內有一百萬愛爾蘭人往那裡移民的情況一樣，同樣無須國家負擔任何成本。那些認爲一個國家的土地只是爲了幾千個地主的利益才存在的人們，以及那些認爲只要農民繳納了地租，社會和政府就算是履行了自己的職責的人們，可能從這一後果中看到了使愛爾蘭的難題得到圓滿解決的結局。

但是，時代已經不同了，人類的覺悟程度現在已經不能容忍如此蠻橫的主張肆無忌憚了。愛爾蘭的土地，每一個國家的土地，都歸該國人民所有。從道德與公正的角度來看，被稱爲地主的這些人，除獲得地租或者獲得對於土地銷售價值的補償之外，不再具有任何其他權利。就土地本身而言需要考慮的首要問題是，對於當地居民中的耕作者群體來說，採用什麼樣的土地占有與耕作方式最爲有利。當絕大多數居民對於他們以及他們的祖先生活並且承受苦難的國家的公正原則感到絕望，紛紛奔赴其他大陸尋求他們在本國無法得到的土地所有權的時候，收取地租的人們也許會感到這對自己非常有利。但是，帝國的立法機構應該從另一個角度來看待這種數百萬人迫不得已的移民活動。當大批的居民由於政府沒能爲他們提供一塊適合生活的土地而背井離鄉奔赴他國時，政府就應該受到審判與譴責。但這並不意味著必須剝奪地主透過合法權益所獲得的任何金錢利益；愛爾蘭的實際耕作者要求在愛爾蘭能夠實現他們將在美國實現的理想——成爲他們所耕種的土地的所有者，這種要求是非常正當的。

良好的政策不折不扣地需要它。那些既不瞭解愛爾蘭也不瞭解任何外國的人士，將英國的實際做法作爲他們的社會與經濟優越性的唯一標準，並打算將投標佃農制度改變爲僱傭勞工制度，以作爲對於愛爾蘭悲慘狀況的唯一補救措施。但是，這樣做與其說是在改善愛爾蘭人民的生活狀況，倒不如說是在改進愛爾蘭的農業狀況。一個按日計酬的零工的身分並非有助於使一個缺乏遠見、節儉和自制能力的人擁有這些品行。如果愛爾蘭的農民全都轉變爲依靠工資生活的人，他們仍然保留著老習慣與原有的精神面貌，那麼我們所看到的只能是四百萬或者五百萬名按日計酬的零工過著與投標佃農當初所過的同樣不幸的生活，過著同樣缺衣少食的苦日子，同樣輕率地多生孩子，甚至可能同樣無精打采地工作。因爲他們整體上不會被解僱；即使有可能被解僱，他們也可以依靠濟貧稅過活。使他們成爲自耕農的後果則大不相同。這是一個在勤勞與節儉方面需要多加學習的民族。在歐洲，一個眾所周知的、最缺乏勤勞精神的民族，要想使其獲得新生，就必須給予他們強有力的激勵，使其煥發出這種精神；任何激勵都比不上土地所有權所具有的威力。在耕作者與其所租種的土地之間建立起永久性的利害關係，可以促使耕作者堅持不懈地努力勞動，這也是到目前為止最為有效的防止人口膨脹的措施。儘管這項措施並非萬無一失，但如果這項措施無效，則任何其他措施均將遭到更加慘痛的失敗，恐怕這種弊害不再是單純的經濟對策所能消除的。

愛爾蘭的情況在其需要改良的方面與印度的情況相同。在印度，雖然不時出現一些重大失誤，但是從未有人以農業改良的名義主張將印度佃農或者自耕農趕出他們所占用的土地上，人們曾經謀求的改良也只是旨在使他們的租地權更加穩固；而且在人們的觀念上所存在的唯一差別是，一些人主張賦予農民永久性的租地權，而另一些人則認為簽訂長期租約就已經足夠了。在愛爾蘭也存在著同樣的問題。不可否認，即使在愛爾蘭，有時也可以發現長期租約在某種類型的地主的努力下產生了奇蹟，不過，它必須是租金水準較低的長期租約。依靠長期租約是無助於擺脫投標佃農制度的。在投標佃農制度盛行的年代，租約總是長期的，以二十一年為期以及對三代人同時有效，已經成為一種司空見慣的條件。不過，地租的數額是由競爭所決定，它遠遠超出佃農所能支付的水準，因此佃農無法從土地的使用權中獲取利益，簽訂租約的好處只是名義上的。在印度尚未輕率地將土地的所有權轉讓給地租收繳官員的地方，政府是有可能防止這種弊害的，因為政府本身就是地主，可以根據自己的判斷來確定地租。但是在私人作為地主的情況下，當地租是由競爭決定，並且是由農民為生存而進行的競爭所決定時，出現名目地租的情況就是不可避免的，除非人口極為稀少，致使競爭流於形式，否則大多數地主都會抓住眼前的利益與權力不放；而且只要他們發現投標佃農還可以為他們提供一切，則依靠他們的良心發現自覺地克制這些殘暴的行徑，都是不可能的。

與長期租約相比，永久租地權對於土地改良的激勵作用更大，這不僅僅是因為即使期限最長的租約在其期限屆滿之前，也必須經歷各式各樣的短期租賃的過程，直到租約完全解除為止；而且還有更為根本的理由。其實道理也很簡單，即使在純粹的經濟學中也無須依靠想像力來解釋——「永久」的效力比年數最多的長期的效力都大；即使租期長到足以將佃農的子女及其本身所關注的所有人都包括在內，但在他的精神境界尚未達到公共利益（它同樣包括永久租地權）完全左右他的情感和欲望之前，他是不會以同樣的熱情去努力提高土地的價值，他與土地之間的利害關係是逐年減弱的。不僅如此，當永久性租賃制度如同在歐洲所有國家中的情況那樣已經成爲土地所有制的普遍規則時，則任何一種有期限的租約，不管期限有多長，肯定都會被視爲一種不值得考慮並且有失身分的事情，因而人們不大會產生獲得這種土地的欲望，獲得以後也不大會產生對它加以改良的熱情。不過，在一個國家實行投標佃農制度的時候，與限制地租數額的問題相比，永久租地權的問題就已經退居次要地位了。支付地租的資本家經營農場的目的是爲了謀求利潤，而不僅僅是爲了謀生，因此完全可以放心地讓競爭來確定地租的水準。可是，由勞動者所繳納的地租卻不能這樣處理，除非這些勞動者處於文明與進步的狀況之中，否則在這樣的租賃制度下，是很難達到這種狀況的。農民的地租絕不能隨意決定，也絕不能由地主酌情處置，它絕對需要依照慣例或者法規固定下來；在尚未自行建立起像托斯卡納的分益佃農制度那樣具有互利性質的慣例的地方，理性與經驗均表明，地租應該由行政當局加以決定，如此一來，就可以將地租轉換成免役地租，將租地的農民轉變爲自耕農。

爲了大規模地實現這種變革，以達到完全廢除投標佃農制度的目的，人們最容易想到的變革方式是透過國會制定法令，迅速而且澈底地實施變革；將愛爾蘭的全部土地交由佃農所有，將現在實際支付的地租（不是名目地租）作爲一種固定的地租予以繳納。這是廢除協會在其宣傳和鼓動最富有成效的時期，以「固定土地租用權」的名義提出的一項要求；康納先生（Mr. Conner）[1]作爲這項要求最早、最熱心以及最堅決的倡導者，曾經以「評估價值與永久租賃」的說法更爲貼切地表達了這種要求。這種變革方式並不具有任何的不公正性，因爲它已經對於地主未來可能因經濟繁榮所增加的價值的現值做出補償。與斯坦因

（Stein）和哈登伯格（Hardenberg）兩位大臣所推行的變革相比，它對於現存社會關係的破壞並不更爲強烈，這兩位大臣在本世紀初透過頒布一系列的法令徹底改變了普魯士王國的土地的占有狀況，從而成爲該國最大的功臣並且名垂青史。在曾經著書論述愛爾蘭問題的頗有見地的外國人馮．勞默（Von Raumer）和古斯塔夫．德．博蒙（Gustave de Beaumont）看來，爲消除愛爾蘭的弊病，確實而且顯然需要採取這種變革方式，因此他們難以理解爲什麼這一變革至今尚未實行。

然而，這樣做首先需要完全徵用愛爾蘭上層社會的土地。如果我們這樣做的原則是正確的，那麼這種徵用就是完全合理的，不過，只有在它是帶來大量公共福利的唯一辦法時才可以採用。其次，對於愛爾蘭的自耕農來說，這樣做絕對無法令人感到滿意。愛爾蘭也有一些以大額資本進行耕作的大型農場，由受過最好教育的人士加以管理；基於他們受過的教育，這些人有能力正確地評價科學發現的價值，承擔科學實驗的延宕及風險所帶來的巨額費用。這種大型農場乃是良好的農業制度的一個重要組成部分。在愛爾蘭，這樣的地主也爲數不少，把他們從目前的土地上趕走，是全社會的一種不幸。而且，目前大部分用於租種的土地，對於在最爲有利的條件下推行自耕農的制度而言，也許仍然顯得面積過小，況且佃農們也並非都是將自耕農作爲自己職業的第一選擇；對於其中的許多人來說，與讓他們立即擁有土地所有權相比，如果能夠讓他們有希望透過個人的勤勞與節儉獲得土地，可能更爲有利。

然而，也有一些措施相比之下更加溫和，不會遭到類似的反對；而且，如果將這些措施推行到它們所能達到的極致的程度，則它們也可以在很大的程度上實現人們所追求的目標。措施之一是頒布法令，規定無論什麼人在開墾荒地後，只要繳納與基於荒地價值計算與適度利息相當的免役地租，即可以成爲那塊土地的所有者。當然，採取這項措施必須具備一個條件，即需要強迫地主交出荒地（不屬於觀賞性質的荒地）。另一個權宜之計是，盡可能多地收購待售的土地，然後再分割成小塊賣給農民。可以透過與個人合作共同推行這項措施。爲了達到上述目標，有人曾經設想根據這些原則建立一個聯合會（儘管這種嘗試並沒有獲得成功）。到目前爲止，英國已經成功地建立起永久所有權土地協會，當然，它的建立主要並不是爲了農業改良，而是爲了實現某種選舉之目的。

這是一種可以利用私人資本對愛爾蘭的社會與農業經濟進行改革的模式，它不僅不會使資本的所有者蒙受損失，而且還會爲他們帶來可觀的利潤。基於不大有利於租賃人的方案在荒地改良協會實施以後所取得引人注目的成功，可以作爲一個實例：只要保證愛爾蘭的農民能夠獲得自己的勞動成果，就可以激發出他們極大的勞動熱情；甚至無須將永久性租賃制度作爲一項原則而必須加以採用。如果農民有望利用自己可能獲得的資本，正如屬於荒地改良協會的租賃人在協會有利制度的影響下迅速獲得資本那樣，購進屬於他們自己的農場，那麼採用荒地改良協會那種徵收適度地租的長期租約就已經足夠了。[2]土地一經售出，協會就可以收回基金，並將其用於其他地方。

§二　有關以上內容的撰寫，我完成於一八五六年。從那個時候起，愛爾蘭巨大的產業危機又有所加重，因此我有必要就愛爾蘭的現狀，對本章上一節所提出的有關未來或者有關實施的措施將會產生怎樣的影響問題進行考察。

愛爾蘭的形勢所發生的主要變化在於，投標佃農人數大爲減少，而且有望澈底消失。統計資料顯示，進行小規模租種的人數大大減少，而進行中等規模租種的人數有所增加，這充分證明了上述普遍存在的事實，而且所有的資料都顯示這種變化趨勢仍在繼續。[3]《穀物法》的廢除，促使愛爾蘭的出口產品從農產品轉變爲畜牧產品，這個事實本身或許就足以引起租賃制度的改革。牧場只能由一位資本家式的農場主或者地主來管理。不過，涉及數量如此多的人口進行轉移的這種改革，透過大量的移民以及《抵押不動產法》的實施，這是歷屆政府不曾賜予愛爾蘭人民的最大的恩典，它現在全面、迅速地開展了。透過土地不動產法庭的運作，這一法案所包含的某些最佳的條款，已經永久性地融入這個國家的社會制度中。我們有理由相信，愛爾蘭的大部分土地現在是由地主或者小型資本家式的農場主耕種。我們也有充分的證據表明，這些農場主的處境在改善，資本在增多，尤其是他們現在已經成爲存款大爲增加的各個銀行的主要儲戶。到目前爲止，我們所關注的這一階層主要欠缺的仍然是租賃的安全或者對於改良給予補償的保障問題。現在，如何彌補這些缺陷的問題已經引起社會菁英們的高度重視，特別是朗菲爾德（Longfield）法官在一八六四年秋季發表的演講以及所引起的轟動，使這個問題的解決步入了一個新紀元。我們有理由期待，在很短的時間內，就會有富有成效的措施付諸實施。

不過，與此同時，那些遭到驅趕但是尚未移居國外的投標佃農，以及沒有土地僅依靠提供農業勞動謀生的整個階層，其處境究竟如何呢？到目前爲止，他們的生活狀況依然貧困，得到改善的希望也很渺茫。誠然，與上一代人的悲慘狀況相比，他們的貨幣工資已經提高不少，但是其生活費用也比當初依靠馬鈴薯度日時大爲增加，因此所謂的改善是名不副實的；而且根據我所得到最爲可靠的資料，實在看不出這一階層的生活有什麼改善。事實上，人口雖然有所減少，但是仍然遠遠超出這個國家（作爲像英國這樣的純粹畜牧業國家）所能供養的人數。從一個不是十分嚴格的意義來講，如果現有居民保持在國內生活，則人們只能依靠腐敗、邪惡的投標佃農制度，或者以小型土地所有者的身分，爲自己生產所需要的糧食。毫無疑問，如果資本家式的農場主的支出可以獲得充分的保障，則他們對於現有耕地的經營，就可以解決更多勞工的就業問題；基於某些權威評論家的觀點，它將有可能使這個國家解決現有人口的實際生活問題。但是，沒有人會認爲它足以保證該國的大批農民過著較好的生活。因此，該國的移民雖然曾經一度減少，但是每當發生饑荒時，就又會迅速地增加。有人預計，在一八六四年，將有不少於十萬的移民乘船駛離愛爾蘭的海岸。就移民本身和其後代而言，或者就人類的普遍利益而言，我們爲此感到遺憾是不明智的表現。愛爾蘭移民的子女接受了美國的教育，將更爲迅速並且充分地享有超過他們國家的更高的文明程度所帶來的利益。也許二十年或者三十年之後，他們在精神上就會與其他的美國人相互融合。但是，這是英國的一種損失和恥辱，英國人民和英國政府應該捫心自問，僅僅保有愛爾蘭的土地而失去愛爾蘭的居民，對於他們的榮譽和利益究竟會產生什麼影響。從愛爾蘭人民現有的思想情感來看，或者從他們渴望改善處境所持有的永久性的價值取向來看，英國也許只能在減少愛爾蘭的人口與使一部分勞動人口轉變爲自耕農兩者之間做出選擇了。對於在幾乎所有其他文明國家中盛行的農業經濟形態來說，它的政府官員處於島民的全然無知的狀態，這將促使他們很可能從這兩種方案中選擇較差的一種。然而，自耕農在愛爾蘭的土地上已經開始萌芽，只要善意的立法者向他們伸出援助之手，他們就可以得到發展。下面這段摘錄，來自於我的傑出而親密的朋友卡恩斯教授（Prof. Cairnes）的私人信件，它完全可以用來說明這一點：

> 大約在八年或者十年以前，在抵押不動產法庭拍賣托蒙德、波塔靈頓以及金士頓的土地時，我曾經看到許多租種這些土地的佃農爭相購買自己所耕種的農場的租賃權。我未能得知在這之後究竟發生了什麼，比如，這些購買者是否繼續耕種他們所擁有的小塊土地，還是在地主主義的狂熱下試圖改變他們原有的生活方式。不過，我瞭解與這個問題有關的另外一些情況。在該國盛行租賃權的地區，爲農場的信譽所支付的價格是很高的。以下數據取自於現在已經交由土地不動產法庭處置有關紐里附近的不動產的清單，它有助於人們基本瞭解（雖然很不充分）這種純粹的習慣性權利的賣價。
>
> 財務報表展示了紐里附近某些農場租賃權的銷售價格。
>
> 在這裡，價格的總量大約相當於三年的地租之和。不過，正如我曾經所指出的那樣，這些數據只能提供某種不是很充分的有關這種價格經常支付的水準，或者說是這種價格的一般支付的水準。這種權利

純粹取決於慣例，其價值將會隨著人們對於地主的信任程度的不同而有所改變。在這個實例中，透過與不動產的出售有關的訴訟過程所披露的情況揭示，我們有理由相信人們的這種信任程度是不高的，因此人們所給出的上述價格與通常的價格相比可能要低很多。我從最高權威人士那裡以及從土地不動產法庭那裡獲得的情況均顯示，在該國其他地方，爲獲取租賃權所支付的價格相當於全部的土地價格。對於需要繳納可觀租金的土地，仍然有人願意支付——比如說，相當於二十年或者二十五年的地租的價格——這是一個頗爲值得人們關注的事實。也許有人會問，爲什麼人們不支付相同的或者稍許增多的價款將土地買斷？我想，有關這個問題的答案應該到我們的土地法律中尋找。即使透過土地不動產法庭的調解，小塊土地的轉讓成本與購地價格相比也是相當可觀的，而一個農場的信譽的轉讓也許根本無須花錢。法庭在嚴格遵守現行有關法律服務報酬之條例的規定方面以及在儘量少收費的情況下所收取的轉讓費，不包括印花稅在內，一般爲十鎊；這對於小塊土地的購買來說，是一筆非常可觀的附加費，爲獲得一千英畝土地的轉讓證書所需要支付的費用大概也不會比它多。不過，這種轉讓費實際上僅僅構成了小塊土地購買的最小障礙，一種更大的障礙來自於土地所有權的複雜情況。這種複雜情況往往使土地無法分割到小買主有能力購買的水準。然而，要改變這種狀況，必須採取更爲根本的措施。可是我擔心，我們或許很快就會看到眾議院甚至沒有耐心來考慮這方面的

地塊	英畝數	地租（鎊）	租賃權售價（鎊）
1	23	74	33
2	24	77	240
3	13	39	110
4	14	34	85
5	10	33	172
6	5	13	75
7	8	26	130
8	11	33	130
9	2	5	5
總計	110	334	980

問題。建立產權登記制度有可能會成功地使所有權的複雜狀況得到簡化，但是在複雜狀況實際存在的情況下，僅僅依靠形式上的簡化並不能消除困難；而且，產權登記制度——只要目前地主享有的支配權沒有被削弱，只要每位殖民者或者訂立遺囑者擁有幾乎不受限制的特權，完全可以按其自尊心、支配欲或者單純的心血來潮提高他們從土地上所獲取的利益——在我看來，將無法從根本上剷除這種弊端。所有這些情況所造成的後果是，使大規模土地的交易變得極爲有利。的確，在大多數情況下，除大規模的交易之外，所有的其他交易都遭到排斥；而且只要法律是這樣規定的，則顯而易見，自耕農制度的試驗就無法公正地進行。然而我認爲，我所闡述的各種事實均已表明，從總體來看，在人民的心理上，對於這種制度的建立並不存在任何牴觸的情緒。

我到此結束了這個問題的討論，它在本書中占據的篇幅相對較大。同時，我到此也結束了對於社會經濟中那些較爲簡單的形態的考察；在這些形態下，土地的產品或者完全歸屬於一個階級所有，或者僅僅由兩個階級分享。接下來，我將考察假定土地的產品在勞工、地主和資本家三者之間進行分配時的情況；而且爲了使下面的討論與我們花費了較長的時間、剛剛結束的討論盡可能地密切銜接起來，我將從工資問題談起。

◆註解◆

[1] 書名為《愛爾蘭的政治經濟實況》、《致德文郡爵士的信函》、《關於愛爾蘭高額地租盤剝情況的兩封信函》以及多種其他小冊子的作者。自一八三二年起，康納先生就對這個問題進行了宣傳和鼓動。

[2] 雖然這個協會由於連年饑荒而不得不停止活動，但是人們應當將它所取得的成就銘記在心。現將由該協會聰明的幹事

羅賓遜（Robinson）上校所撰寫的該協會一八四五年的報告的摘要援引如下：這份摘要收錄在德文郡爵士委員會所編輯的論文集中（第八十四頁）。

> 二百四十五位佃農，他們之中的許多人已經處於瀕臨赤貧的境地，僅僅經過幾年的時間，這些人均占有十至二十英畝種植園的人們，依靠自己的自由勞動與協會的幫助，將他們農場的價值增加到四千三百九十六鎊，其中，去年一年增加的價值爲六百零五鎊，整個時期每位佃農的平均收入爲十七鎊十八先令，去年一年的收入爲二鎊九先令。每位佃農都可以在租約期限內的三十一年時間裡享有這些改良所帶來的利益。
>
> 二百四十五位佃農與其家庭成員，揮動鐵鍬辛勤勞作，開墾並耕種了一千零三十二英畝的種植園，這些土地原先都是山區荒地，去年他們利用這些土地所生產的糧食，據富有實踐經驗的權威人士估計，總價值爲三千八百九十六鎊，平均每人可得到十五鎊十八先令；而他們現在在其土地上實際飼養的牲畜，包括牛、馬、羊、豬，按照附近市場上的現行價格估計，價值爲四千一百六十二鎊，其中有一千三百零四鎊是一八四四年二月以後增加的，整個時期平均每人可獲得十六鎊十九先令，去年一年每人可獲得五鎊六先令；在此期間，他們的資產所增加的價值與他們現在每年支付的地租相當；而且根據統計報表以及前期報告提供的收益情況可以看出，這些佃農普遍地改良了他們的小農場，致使他們的耕作和收成，與他們家庭中的男性和女性勞動人口同比例地增長。

在任何尚可忍受的租賃制度下，小型農耕方式究竟能夠生產出多大的總產量甚至淨產量，上述證詞提出了最具說服力的證明：而且在小型土地所有者之間所蘊藏的非同尋常的勤勞精神與勞動熱情，是頗為令人關注的。羅賓遜上校指出，改良事業固然取得了顯著的成就，但是也有例外情況發生，例如，有些佃農「租種著超過二十英畝的土地，但是往往缺乏成功進行山地改良所不可或缺的工作熱情與勤勞精神」。

[3] 然而，我感覺有一股局部性的逆流尚未引起公眾的任何關注。

> 某一階層人士，雖然數量不是很多，但是足以造成嚴重的危害，他們已經透過土地不動產法庭取得愛爾蘭土地的所有權。在所有的階層中，這些人對於擁有地主的身分所應該承擔的職責，缺乏最起碼的認識。他們大多爲市鎮上的小商人，憑藉純粹的吝嗇，並且常常透過發放高利貸，日積月累，成功地積攢起一筆錢，得以買下五十英畝或者一百英畝的土地。這些人絕非想轉行去當農場主，而是嚮往地主的身分，並且想要最大限度地利用他們所擁有的土地。最近，我注意到類似的這樣一個實例。十二年前，當這些土地尚未被他們購買之時，那裡的佃農生活得還算可以。十二年來，他們的地租被提高了三次之多，我從當地的牧師那裡瞭解到，與土地的新主人開始行使支配權的時候相比，現在的地租幾乎翻了一倍。結果是，當初過得還算不錯的佃農現在已經陷於貧困，他們之中

有兩個人已經背井離鄉跑到鄰近的沼澤地旁安頓下來，依靠打工度日。這樣的地主即使不被暗殺，也會由於土地的棄耕而遭受損失，不過與此同時，他卻一直在坐收相當於土地購買價款的百分之八或者百分之十的地租。這種事情並不罕見。如此發生的醜聞所產生的影響以及所造成的後果，從根本上有別於採取截然不同、完全合法的處理方式的情況，在那種情況下，終止租賃人的租約對於當事所有各方來講，都是一件好事。

地主想要擺脱投標佃農的焦慮不安，在某種程度上被中間人想要獲得投標佃農的焦慮不安所抵銷。愛爾蘭全部土地的四分之一左右是以長期租約租種的；如果租約的期限很長，則收取的地租通常比土地的實際價值還要低。以這種方式租賃的土地，很少由簽訂租約的人自行耕種，他們會以很高的地租將土地再轉租給農民，並依靠他所收取的地租與他所繳納的地租之間的差額生活。在這些租約中，總會有一些租約行將期滿，在此期間，中間人將不惜以土地遭受永久性破壞爲代價，盡可能地從土地中榨取更多的利益，而除此以外，他們與土地已經沒有任何利害關係。出於這種目的，投標佃農正好符合他的條件。處於這種狀況的中間人急於尋求投標佃農，就像地主急於趕走投標佃農一樣；結果是，投標佃農不斷地從一部分土地上轉移到另一部分土地上。這種轉移雖然規模不大，但的確存在，而且只要它存在，就會對基本趨勢產生抵銷作用。於是，有人也許會認爲，這種制度可以自行重置，也就是説，與導致中間人存在的相同的動機將會使這一階層永遠地存在下去。實際上，這樣的危險並不存在。地主們現在已經充分地認識到，雖然這種制度可以帶來一時的便利，但是這種制度卻會造成災難性的後果，因此，現在所有的租約都理所當然地包含禁止轉租的條款。（摘自卡恩斯教授的私人信件。）

第十一章　關於工資

§一　我們需要考慮的有關工資的問題，首先是決定或者影響勞工工資水準的基本因素，其次是在不同行業的工資之間存在的差異。比較便利的研究方法是，對於這兩類問題分別加以考察。不過，在研究第一個方面的問題，即討論工資法則的時候，不妨假定世界上並不存在其他類型的勞動，而只存在辛苦程度與厭倦程度相同的、普通的不熟練勞動。

工資，與其他一些情況一樣，可以透過競爭或者依照習俗進行調節。在英國，如果雇主充分利用競爭，那麼幾乎各種勞動的報酬都會低於當前的水準。因而在現有的社會狀況下，必須將競爭視爲工資的主要調節因素，習俗與個人的性格特徵，則只能在相對較低的程度上發揮修正的作用。

因此，工資主要是由對於勞動的需求和供給所決定的，或者正如同人們所經常表述的那樣，是由人口與資本之間的比例關係所決定的。這裡所謂的人口，僅指勞工階層的人數，或者更確切地講，是指僱傭勞動者的人數；這裡所謂的資本，僅指流動資本，而且並非指全部流動資本，而是指直接用於購買勞動的那部分流動資本。然而，我們還必須在這部分流動資本之上附加雖然沒有形成資本，但卻爲交換勞動已經付出的全部資金，例如，向士兵、家庭傭人和所有其他非生產性工人支付的工資。遺憾的是，現在還缺少一個眾所周知的術語對此加以表達，我們不妨將這一總量稱爲一個國家的工資基金總額。由於生產性勞工的工資幾乎占了全部基金的總量，所以其中較小的、較不重要的部分往往可以忽略，進而可以說工資是由人口和資本所決定的。雖然採用這樣的表述方式比較方便，但是我們必須記住，這只是對於全部事實所做的一種簡略的表述，而不是一種確切的表述。

對這些條件做出上述限制之後，可以看出，工資不僅是由資本和人口的相對數量所決定的，而且在競爭法則的支配下，工資也是不可能再受到任何其他因素影響的。如果用於僱用工人的基金總額不增加，或者競爭就業機會的人數不減少，那麼工資（當然是指基本的工資率）是不可能提高的；反之，如果用於支付勞動報酬的基金總額不減少，或者領取工資報酬的工人人數不增加，則工資是不可能降低的。

§二　然而，某些事實明顯地與這種學說相矛盾，我們必須進行考察並且加以解釋。

例如，人們經常說，商業景氣的情況下工資就高。在任何特定的行業中，當人們對於該行業所生產的商品的需求十分旺盛時，其對於勞動的需求也就比較迫切，所支付的工資也比較高；反之，當發生所謂的滯銷的時候，部分工人遭到解僱，留下的工人的工資一定就會有所減少。不過在這些情況下，與以前相比，資本既未增加也未減少。這是正確的；不過，它屬於具體現象中的那些複雜的情況之一，它淡化或者掩蓋了基本原因所發揮的作用；然而，它與前面所陳述的原理並不矛盾。資本的所有者，如果不以其資本購買勞動而是閒置手中，那麼對於勞工而言，這種資本就等於沒有；所有的資本，由於商業狀況的變動，有時會陷於這種狀況之中。當一位製造商發現人們對於他的商品的需求已經下降時，將會避免僱用勞工來生產更多的難以處置的存貨；或者，如果他繼續生產，將自己的全部資本都投入到未能銷售的商品中，那麼至少他必須停業，直到他能夠收回部分資本時爲止。不過，誰都不會認爲這樣兩種情況中的任何一種會長久地持續下去，否則，他將會抓住第一時機將其資本轉移到其他生產領域，在那裡，這些資本可以繼續用於僱用工人。資本會在一段時間內處於閒置狀態，在此期間，勞動市場上的供給會出現過剩，從而工資水準下降；之後，需求得到恢復，而且很可能異乎尋常地旺盛，致使製造商能夠以超過生產的速度銷售他的商品。於是他的全部資本都發揮出最大的效能，如果有可能，他還會額外借入資本，否則這些資本將會流入某些其他行業之中。在這些時候，在他的這一具體行業中，工資水準將會提高。如果我們假定經濟繁榮或者蕭條的某種情況同時發生於所有的行業中——從嚴格的意義來講，這並非絕對不可能出現這種情況——那麼工資總體上將會升高或者降低。不過，這只是一時的波動，或許現在閒置的資本明年可能會派上用場；而今年難以滿足需要的資本明年也許會沉睡在堆滿滯銷商品的倉庫中，而且這些行業的工資就會下降並且產生相應的流動。但是，除非資本本身（這一術語總是指用於支付勞工的各種資金的總量）相對於願意接受僱用的勞工的人數有所增加或者減少，否則沒有任何事情能夠永久性地改變一般的工資水準。

同樣地，人們還普遍地認爲，高物價導致高工資，因爲生產者與經銷商的處境變好了，所以他們能夠對其勞工支付較高的工資。我已經說過，造成物價一時上漲的旺盛的需求，同樣會引起工資的一時的升高。但是，只有當獲得較高收入的經銷商產生更強的進行儲蓄的欲望，並且使資本有所增加，或者至少使用於購買勞動的資本有所增加時，高物價本身才會引起工資的增長。的確，實際情況可能就是如此；而且如果高物價從天而降，甚或來自於國外，那麼勞工階層便可能從中獲益，但這並非由於高物價本身，而是由於高物價所引起的資本的增長。然而，人們往往將相同的結果也歸結爲由於限制性法令所造成的高物價，或者以這種和那種方式由社會的其他成員予以償付的高物價；他們的支付能力比過去有所下降了。這種類型的高物價，如果對某一階層的勞工有利，那也只能是以其他勞工階層遭受損失爲代價的。因爲，如果索要高物價的經銷商能夠因而增加儲蓄，或者透過其他方式增加對於勞動的購買，那麼所有的其他人由於支付了這種高物價，則必然會在相同的程度上減少用於儲蓄或者用於購買勞動的資金。至於以上兩個方面對於勞動市場所造成的影響孰大孰小，則純粹是由偶然的因素所決定。很可能在價格上漲的行業中，工資將會暫時地有所提高；而在其他行業中，工資則將略有下降。在上述這兩種情況下，現象的前半部分引起人們的關注，而現象的後半部分，一般來說，將會被人們忽略，或者即使被關注，也難以解釋造成這種現象的眞正原因。而且，局部的工資水準的提高是不會持久的。因爲儘管該行業的經銷商的利得有所增加，但是這並不必然意味著他們自己的經營領域有條件去消化更大量的積累的資本；他們增加的資本很可能將流向其他行業，從而使當初由於其他各階層儲蓄的減少而削弱的對於勞動的需求得到彌補。

另外一種常見的觀點是，工資（當然是指貨幣工資）會隨著糧食價格的變動而波動：糧價上漲，工資增加；糧價下跌，工資減少。我認爲，這種觀點只有一部分是正確的，而且即使是正確的部分，也沒有改變工資對於資本與勞工之間的比例的依存關係。因爲如果糧價的確對工資產生影響，那麼這種影響也是透過上述法則發揮作用的。由於收成的好壞所引起的糧食價格的上漲或者下跌，並不會對工資產生影響（除了出於法律或者救濟的目的對工資進行人爲的調整）；或者，毋寧說，它具有在人們所設想的相反的方向上對工資產生影響的傾向。因爲在糧食緊缺時，人們爲了尋找工作，總是要進行比較激烈的競爭，並且自行降低勞動市場的價格。但是，如果糧食價格的上漲或者下跌具有永久性而且是能夠預先做出估計，那麼它將會對工資產生影響。首先，如果糧價持久性地上漲而工資並未隨之增加，致使勞工僅能勉強維持其自身的勞動能力（情況往往如此），以及供養正常數量的子女，那麼子女夭亡的數量將會增加，並且最終將導致工資水準的升高。不過，這是由於與糧食價格較低時相比，人口的數量較少所造成的。其次，即使工資水準足夠高且使糧食價格變得較爲昂貴的情況下，勞工及其家庭有關生活必需品的需要仍可以被滿足；並且即使從物質方面來看，他們可以承受生活狀況的惡化，但是他們也許並不願意降低其生活水準。他們也許具有過著舒適生活的習慣，且認爲這是最低的生活水準，而一旦難於實現這種生活，那麼他們就會進一步抑制他們的生育能力。因此，工資不是隨著死亡人數的增加而升高的，而是隨著出生人數的減少而升高的。所以在這些情況下，工資總會自行調整到與糧食價格相應的水準上，儘管幾乎需要耗去一代人的時間。李嘉圖先生認爲，這兩種情況涵蓋了所有的情況。他假定，任何地方都存在著一種最低的工資率，這種工資率是從物質的角度來講，是使人口得以維持的最低工資率，或者是使人民願意維持的人口得以延續的最低工資率。他假定，基本工資率總是趨於這一最低工資率，既不能長期持續地低於它，即不能超過人口增長率的下降趨於表面化所需要的時間，也不能長期持續地高於它。從抽象科學的角度來看，我們完全可以承認這一假定足夠正確；而且李嘉圖先生也由此得出結論，即從長期來看，工資將隨著糧食價格永久性地上漲而升高或降低。這一結論就像幾乎所有的他的其他結論一樣，均與其假設條件相吻合，也就是說，都是在他所設定的前提條件下推斷出來的。不過，在實際運用這些結論的時候我們必須意識到，李嘉圖先生所說的最低工資率，其本身是很容易發生變動的，特別是當從道德的角度而不是從物質的角度來限定它的時候，情況更是如此。如果當初的工資是如此之高，以至於他們可以承受的工資減少障礙主要來自勞工習慣於已經享有的較高的生活水準，那麼糧食價格的上漲或者工人生活條件在任何其他方面的不利變化，均將可能透過以下兩種方式發揮作用：它可能透過工資的上漲直接進行自我調整，逐漸產生對於人口的慎重的抑制作用；或者，倘若他們當初的生育習慣超過了當初他們習慣於保持的生活的舒適水準，則它可能會永久性地降低這一階層的生活水準。在這種情況下，他們所遭受的損害將是長久性的，而且他們已經惡化的生活狀況將變成新的最低的標準，與過去較高的最低生活水準所發生的情況一樣，具有自行永久化的傾向。值得令人擔憂的是，在上述兩種發揮作用的方式中，後一種最爲常見，或者至少它足以使所有那些所謂的勞工階層所遭受的損失具有自行補救的性質的論斷，在實際上完全失去合理性。有充分的證據顯示，英格蘭農業勞工的生活狀況，在英國歷史上曾經不止一次地永久性惡化，原因在於對於勞動的需求有所減少；而且如果勞工爲了保持過去的生活水準發揮自我調節的力量，那麼他們的生活狀況的惡化或許只能是一時的。然而不幸的是，勞工階層年復一年地處於這種貧困的生活狀況之下，最終將使他們放棄當初的生活水準；而對於早期富裕生活一無所知的新一代人，他們不但不想恢復過去的舒適生活，反而在埋頭繁衍後代。[1]

由於農業的改良、《穀物法》的廢除或者其他類似的原因，相反的情況出現了，勞工生活必需品的價格下降使勞工以相同的工資可以享受到比過去更爲優裕的生活。在這種情況下，工資將不會立即降低，甚至還有可能升高，不過，工資終歸會降低，直到勞工的生活回到當初的水準爲止；除非在此繁榮期間，勞工階層所認定的不可或缺的舒適生活水準能夠永久性地有所提高。遺憾的是，這種理想的結果可遇而不可求，提高勞工認爲比結婚、成家更爲不可或缺的生活水準，比降低它還要困難。如果他們只顧享受已經提高的舒適生活水準而不去研究如何保持它，那麼他們將使人口增加，從而使自己再度回到過去的生活水準上。如果出於貧困，他們的子女當初沒有得到充分的營養與關愛，那麼他們現在則可以養育更多的子女了，而且當他們長大成人之後，這些人的競爭很可能使工資下降的幅度完全超過糧食價格下降的幅度。如果產生的影響並未以這種方式出現，則它出現的方式將是，結婚的年齡提前，結婚的人數增加，或者一對夫婦生育的子女的數量增多。所有的經驗都表明，在糧食價格低廉而且就業充分的時期，結婚的人數總是大爲增多的。因此，單純地將《穀物法》的廢除視爲一個與工人有關的問題，或者認爲在任何時候都非常時髦的可以稍許改善勞工狀況的任何其他方案，都具有很大的重要意義的說法，我是不能表示贊同的。對於工人影響甚微的事情，不會在他們的習慣和要求方面刻下永久的印記，他們很快就會恢復他們原有的面貌。爲了產生永久性的有利影響，對於勞工產生影響的暫時性的因素，必須足以使他們的狀況發生巨大的變化，這是一種持續多年的變化，儘管這種變化可能會對一代人的人口增長產生某種刺激作用。的確，當進步具有這樣顯著的特點的時候，而且當已經習慣於改善後的舒適生活的一代人長大之後，新的一代人在生育方面的習慣是在一種較高的最低生活水準上形成的，同時他們生活狀況的改善具有永久性。關於這種情況，最典型的實例莫過於大革命之後的法國，頃刻之間，絕大多數法國人的生活由悲慘的境地上升到了自立且相對舒適的水準；而其直接的後果是，儘管處於遭受戰爭破壞的時期，但人口仍然空前高速地增長。部分原因是由於生活條件的改善使更多的兒童長大成人，否則他們早已夭折；部分原因是由於出生的人數有所增多。然而，成長起來的一代人的生活習慣已經發生了很大的變化；而且，儘管法國當時處於空前繁榮的狀態，但是法國每年的出生人數幾乎沒有變動，[2]而且人口的增長也極為緩慢。[3]

§三 因此，工資取決於勞工人口的數量與資本或者用於購買勞動的其他資金之間的比例關係，為方便起見，我們將後者簡稱為資本。如果某一時期某一地區的工資高於其他時期其他地區的工資水準，如果僱傭勞工階層的生存狀況與舒適程度更為令人滿意，那麼其原因不外乎就是資本相對於人口的比例較大。對於勞工階層而言，重要的不是積累或者生產的絕對的數量，甚至不是用於勞工之間分配的資金的數量，而是這些資金和參與分配的人數之間的比例。要改善這一階級的狀況，除改變這一比例使之對他們更為有利之外別無他法。因此，每一項旨在為他們謀取利益的方案，如果不是以此作為基礎的，那麼就所有的長遠目的而言，都是屬於一種欺騙。

在某些國家裡，例如，在北美洲與澳洲的殖民地國家裡，有關文明生活的知識和技術，以及高度有效的積累的欲望，與無限廣闊未經開墾的土地相互結合（一般而言，資本的增長總能跟上人口以可能達到的最快的速度增長的腳步，然而實際上，難以獲得足夠的勞動力，反而成為資本增長放緩的主要原因）。因此所有人只要能夠長大成人，就總能找到工作，絕不會造成勞動市場的供給過剩；每位勞工家庭都擁有豐富的生活必需品、許多生活便利品以及某些生活奢侈品，除非由於個人不善管理或者缺乏實際的勞動能力，否則他們是絕不會陷於貧困，也無須依附他人謀生。在古老的國家裡，由於資本（不是所有的，而是用於某一特定方面的資本）異乎尋常地快速增長，也會使某一特定階層的勞工獲得相同的利益，儘管程度略低。自從瓦特與阿克萊特的發明問世以來，棉紡織工業飛速發展，在該行業對於勞工的需求加倍的時期內，用於該行業的資本大約翻了四倍。因此，在當時的地域條件與人們的習慣或者意願所容許的限度內，該行業從其他行業中吸收了幾乎所有的人力；而且由於棉紡織工業的發展，產生了對於童工的需求，致使倡導增加人口，而不是限制人口增加，反而更有利於直接獲得金錢的利益。因此，在那些大的工業中心，工資普遍很高，一個家庭的總體收入，從若干年的平均數額來看，已經達到令人相當滿意的水準。由於到目前爲止，還沒有跡象表明工資將會永久性地下降，所以受其影響，附近農村地區的農業工資的整體水準也在升高。

不過，對於一個國家或者一個行業來說，使人口可以毫無顧忌地以可能達到的最高速度增長的情況是非常罕見的，也是曇花一現的。很少有國家能夠具備所需要的全部條件，或者由於生產技術處於落後與停滯的狀態，因此資本的增長緩慢；或者由於有效的積累欲望不強，致使資本的增長很快就達到極限狀態；或者即使在這兩方面的條件都充分具備的情況下，由於缺乏與已經占用的土地品質相當的更多的可用土地，從而使資本的增長遭受阻礙。在某一時期內，雖然資本與人口同時都增倍，但是，如果這些資本與人口需要在原來的土地上尋找出路，那麼除非在農業生產方面能夠實現空前的、連續不斷的發明創造，否則就無法保證農業的產量持續加倍增長。因此，如果工資沒有下降，則利潤必然減少；利潤一旦減少，資本增長則就必定受到阻礙。此外，即使工資不下降，糧食的價格在這種情況下也必然會上漲（後面將有更加詳細的說明），這等同於工資的下降。

因此，除了我剛剛提及的極其特殊的情況，還有另外一種特殊的情況，即在唯一具有重要意義的新殖民地或者與之條件相當的國家，人口以其所能達到的最高速度增長而不會導致工資的下降是不可能的，在沒有透過物質的或者精神的作用成功地阻止人口增長的情況下，欲在任何程度上阻止工資下降的勢頭也是不可能的。因此，沒有任何古老國家的人口是以最高的速度增長，在大部分國家人口都是以極低的速度增長，而在某些國家人口則完全停止增長。對於這些事實，只能透過兩種方式加以解釋：或者是由於自然所允許的最多的出生人口並沒有誕生，他們在某些條件下是有可能誕生的；或者是由於他們雖然已經誕生，但是其中很大的一部分已經夭亡了。人口增長緩慢，或者是由於大規模的死亡，或者是由於審慎的自制，或者是由於馬爾薩斯先生所說的建設性的抑制或者預防性的抑制，在所有古老的國家裡，一定存在著這種或者那種上述因素，而且發揮著巨大的威力。在任何地方，人口數量的下降，如果不是個人或者國家進行控制，那就一定是由饑荒或者疾病所造成的。

馬爾薩斯先生曾經煞費苦心地確定，對於世界上幾乎每一個國家來說，究竟上述哪一種抑制因素在發揮作用，他在有關人口論的論文集中爲此所收集的各種實例，即使在今天加以研讀，仍然可以從中受益。在所有的亞洲國家與以前的大部分歐洲國家，勞工階層並沒有陷於人身遭受奴役的地位，除死亡之外，他們並沒有或者並不曾遭受到其他阻止他們人口繁衍的措施。大規模的死亡並非總是由於貧困所造成，很多是因爲人們對於其子女的護理缺乏經驗或者粗心大意，也因爲成年人擁有不衛生的或者不健康的生活習慣，還因爲經常週期性地爆發具有毀滅性的傳染病以及蔓延等。促使人類壽命縮短的這些因素在歐洲各地已大爲減少，但是並未絕跡。直至最近的一段時期，幾乎我們的每一座大城市，如果不是依賴於農村人口不斷湧入，則都仍然無法維持其人口的數量，利物浦目前的情況也是如此，甚至在倫敦，與更爲貧窮的農村地區相比，其人口死亡率更高，人們的平均壽命更短。在愛爾蘭，哪怕馬鈴薯的產量略有減少，也會引發流行性熱病以及大量人口因營養不良致使體質衰弱而相繼死亡的情況。但是即便如此，現在也不能說在歐洲的任何地方，人口數量的減少，不論是以直接的還是以間接的方式，都是由疾病所引起的，或者說是由饑荒所引起的。抑制人口增長的因素主要是預防性的，而不是（以馬爾薩斯先生的話來表述）建設性的。不過，我認爲，全部或者大部分由僱傭勞工所組成的不能指望掌握自己命運的階層，在得不到幫助的情況下，很難審慎地、明智地採取這些預防性的措施。例如，在英格蘭，我十分懷疑大部分農業勞工會對人口實行什麼審慎的、明智的限制。一般來說，他們都將在條件許可的情況下盡可能早地結婚，並且盡可能多地生育子女，正如同若是他們移居美國將要做的或者能做的那樣。現行的《濟貧法》頒布以前的那一代人，他們就曾經因此獲得獎勵：不僅在失業的時候，能夠以優厚的條件得到生活上的幫助，而且甚至在就業的時候，每週還可從教區領到與他們的子女數量成比例的津貼；基於經濟上的短視，往往優先僱用家庭人口較多的已婚者，而不僱用未婚者。這種對於人口增長的後一種獎勵辦法今天還在實行。在這種獎勵制度之下，人們養成漫不經心的習慣，這種習慣對於缺少教育的人們來說是頗爲適宜的，不論它是以什麼方式形成的，在一般情況下，它都會比其直接的產生原因更長久地存續。在某些國家，甚至在那些純粹的外在動因無法抵達的較深的層次，都有許多新的因素在發揮作用；某種主張有可能今天是正確的，但是幾年之後就必須加以修正。因此，對於某些階層或者團體中的人們的精神狀態或者實際的情感做出一成不變的判斷是很危險的。不過，如果人口的增長速度純粹取決於農業人口，那麼只要它是由出生人數所決定的，似乎英格蘭南部各郡人口的增長速度就會與美國一樣快，除非死亡人數超過了出生人數。在占了人口很大比例的中產階級和技術工人中，體現著這種限制性的原則。在英國，他們的人數幾乎與普通工人的人數相當，在他們之中，審慎的、自制的動機的確發揮相當大的作用。

§四　除每天的工資之外沒有財產也沒有希望獲得財產的勞工階層，克制自己過快生育的原因，我認爲，到目前爲止始終有兩個，即不是受到現行法律的限制，就是受到某種習俗潛移默化的影響，使他們控制自己的行爲或者接受不結婚的誘導。一般來說，人們並不知道在歐洲，究竟有多少個國家在法律上直接禁止不顧後果的婚姻。在英國駐歐洲各國的公使和領事寄給當初的濟貧法委員會的信件中，包含了有關這個問題的大量資料。西尼爾先生（Mr. Senior）在爲這些書信所寫的〈序言〉中說，[4]在那些依法實施貧困救濟金的國家裡，實際上領取救濟的那一部分人，似乎在任何地方都是不被准許結婚的。不具備獨立贍養能力的人，也很少被准許結婚。我們還瞭解到，在挪威，「不能像牧師那樣證明自己已經擁有固定的住所，而且完全有能力維持一家人生活的任何人，都是不被准許結婚的」。

在梅克倫堡，「男子因爲年滿二十二歲之後還需要服六年兵役，因而婚期被延遲。此外，結婚雙方必須擁有一處住房，否則牧師是不會准許他們結婚的。男子通常在二十五歲至三十歲之間結婚，女子結婚的年齡也不會早多少，因爲結婚雙方都需要首先工作幾年，以便有能力供養他們自己」。

在薩克森，「應服兵役的男子在二十一歲之前是不被准許結婚的。在德勒斯登，以某種職業爲生的人（這樣講很可能是指工匠），在成爲本行業的師傅之前，也是不被准許結婚的」。

在符騰堡，「因爲需要服兵役，所以男子在二十五歲之前是不被准許結婚的，除非獲得或者得到特別的許可。男子即使到了二十五歲，他仍然需要得到許可，以便證明他和其妻子共同擁有的收入可以維持一個家庭或者供養他們自己。比如說，在大城市，需要擁有的收入爲八百至一千弗羅林（合六十六鎊十三先令四便士至八十四鎊三先令四便士）；在小城市爲四百至五百弗羅林；在農村爲二百弗羅林（合十六鎊十三先令四便士）」。[5]

駐慕尼黑的公使說：「該國貧民的數量之所以這麼少，最主要的原因是，男女雙方非經證明已經具備適當的生存能力，法律禁止他們結婚，而且每個地方在每一時刻都嚴格執行這項法律制度。的確，正因爲如此，所以它對巴伐利亞的人口的下降產生顯著的影響。現在，巴伐利亞的人口的數量相對於土地面積而言是很少的，它所帶來的有益的後果是，人們免於陷入極端的貧困並因此過著悲慘的生活。」[6]

在呂貝克，「貧民結婚被延遲的原因是：首先，男子必須事先證明自己得到正式的僱用，有工作或者有職業，因此他有能力供養妻子；其次，他必須獲得城市自由民的資格，並且擁有自由民衛兵的制服，這總共需要將近四鎊的費用。」[7]在法蘭克福，「雖然政府對於男子結婚的年齡沒有做出規定，但是必須證明他具備謀生能力之後才准許結婚。」[8]

在這些闡述中所提到的有關服兵役的問題，說明在沒有對婚姻直接做出法律限制的國家裡，服兵役已經成爲婚姻的一種間接障礙。例如，在普魯士，強迫每一位處於最容易輕率結婚的年齡階段的身強體壯男子，都要在軍隊中服役幾年。這項制度，就其對人口所產生的影響而言，恐怕與德國較小各州所實施的法律限制之影響不相上下。

凱先生說：「瑞士人民根據切身的經驗深深懂得，推遲子女的婚期，對子女是大有裨益的。因此，在最爲民主的四、五個州，透過普選產生的州議會（請注意是通過選舉產生的）制定了一項法律，規定對於所有未向其所在地區的官員證明自己具備供養家庭的能力而擅自結婚的年輕人，都要處以巨額罰金。在琉森州、阿爾高州、翁特瓦爾登州，我相信還有聖加侖州、舒維茲州、烏里州，這種性質的法律已經實施多年了。」[9]

§五　在沒有制定對婚姻進行限制的一般性的法律的地方，往往存在著與之相當的習俗。在中世紀的行會或者貿易公司非常盛行的時期，它們的行規或者章程都特別注重透過限制競爭獲取利益，它們使工匠的切身利益得到有效的保障，使他們直到經歷了學徒和成長爲熟練工人這兩個階段，升爲師傅之後，才會考慮婚姻問題。[10]在以農業勞動爲主的挪威，禁止以不足一年的期限僱用農業勞工；過去，英格蘭的做法也是如此，直到《濟貧法》實施之後，它才遭到廢止，致使暫時不需要勞動力的農場主，可以隨時地解僱勞工，然後由教區給予救濟。在挪威，由於存在這種習俗，並且透過法律的手段強制執行，所以整個的而非有限的農業勞工階層均簽訂爲期起碼一年的合約；如果雙方彼此滿意，則這種合約就會自然地轉化爲長期合約。因此，人們對於是否現在有空缺或者是否即將有空缺等情況，都會瞭若指掌；除非出現空缺，否則年輕男子就不會結婚，以免無法找到工作。在坎伯蘭和威斯摩蘭，這種習俗至今仍然存在，不過合約的期限不是一年，而是半年，並且似乎也產生了與之相同的結果。農場的雇工「吃住在他們主人的家裡，很少離開，直到由於某些親戚或者鄉鄰去世，他們繼承了一個小型農場的所有權或者租賃權爲止。在這裡，並不存在所謂的過剩的勞工」。[11]我在另外一章中曾經提到過，上一世紀的英格蘭，往往透過獲得獨立住所的困難對人口予以抑制。[12]除此之外，還可以列舉出其他抑制人口的習俗。按照西斯蒙第的說法，在義大利的某些地區，眾所周知，地位較高的社會階層中有一種習俗，一個人的若干個兒子中只有一個兒子將會結婚。實際上，在貧民之間也流行這種習俗。但是，在按日計酬的零工之間，似乎不存在這種家庭安排。這種家庭安排是小型自耕農和分益佃農爲防止土地分割過細所採用的方法。

在英格蘭，現在一般已經不存在這種間接的抑制人口的遺俗了；在某些由一位或者少數幾位地主所擁有的教區內，有時爲了防止勞工居民人數的增加，仍然禁止建築小屋或者將已經建成的小屋拆毀；目的是限制人口，不使它成爲當地的負擔，這對於整體人口並不產生任何實際的影響。這些教區內所需要的勞動，往往是由居住在其他地方的勞工承擔，而生活在這些教區周邊地區的人們則經常爲此而叫苦不迭，而且找不到相應的抗衡手段。因爲不參與聯合行動的人如果擁有一英畝的土地，他就可以在這一英畝的土地上蓋滿小屋並從中獲取巨大的利益。對於這些怨言，國會給予高度的關注。爲了廢除教區的做法，國會規定，濟貧稅不再向教區徵收，而改由整個教區間的聯合救濟組織負擔。如果對其他各個方面都很有益的這項提案得以通過，那麼它將消除一種曾經對人口產生抑制作用的小小的舊習。然而，這種舊習的價值，因其作用的範圍有限，已經變得無關緊要了。

§六 因此在這種情況下，我們幾乎可以認爲對於普通的農業勞工來說，不存在任何人口上的限制因素。如果城鎮的數量增加，城鎮所使用的資本增加，而且儘管它們增加迅速，但利用這些資本所運作的工廠的平均工資卻保持在現有的水準上不變，並且不曾把每年農村所增加的人口中的一大部分吸收進來，那麼按照人們現有的習慣，他們的生活是沒有理由不陷於像一八四六年以前的愛爾蘭人那樣的悲慘生活境地。而且，如果我們的工業品市場，我暫且不說衰退，即便不曾像在過去的五十年間那樣迅速地擴展，也難保同樣的命運不會發生在它的身上。不必徒然地預想，希望工人偉大而且不斷提高的智力，會使他們的習慣與他們所處的環境相適應，從而使他們得以避免這種命運。目前，某些——例如威爾特郡、薩默塞特郡、多塞特郡、貝德福德郡、白金漢郡等——最典型的農業地區的勞工的狀況，已經悲慘到足以令人擔憂的地步了。這些農村的勞工們，家庭人口多，即使在充分就業的情況下，每週的工資也只有八到九先令，有時只好淪落爲公眾同情的對象。然而，僅僅同情是不夠的，現在已經到了使他們從某種常識的運用中獲取教益的時候了。

令人遺憾的是，人們往往僅憑感情而不是常識去討論這些問題。儘管人們對於窮人悲慘生活的同情心日漸增多，並且已經做好安排使窮人獲取慈悲爲懷的其他人所提供的救濟，然而，人們卻普遍不願意正視窮人處境的眞實困難，或者根本不留意改善窮人物質生活所必須具備的各種條件。關於勞工狀況的討論，對於勞工悲慘生活的同情，對於無動於衷者的譴責，以及旨在改善這種狀況的各種方案的制定，在世界範圍內的任何國家和任何時期，都沒有像現在這樣盛行。不過，人們仍然心照不宣地採取了統一行動，徹底地忽略了工資法則的存在，或者冠之以「冷酷的馬爾薩斯主義」的措詞，將其拋在一邊。其實，與告知人們不要多生子女相比，告知人們可以多生子女更要殘忍數千倍，因爲他們的子女出生後一定會遭遇悲慘的命運，且大部分都會墮落；而且，雖然人們認爲反對生育是殘忍的，但是他們忘記了這種生育的行爲，一方面既是當事者對於動物本能的屈從，另一方面又是當事者無助地屈服於令人厭惡的權力的濫用。

只要人類還處於半野蠻的狀態，具有野蠻人的怠惰與不多的幾種欲望，那麼人類就不會認爲限制人口是適宜的；就人類的心理狀態而言，可能需要物質產品的匱乏所形成的壓力予以刺激，才能煥發出勤勞與創新精神，從而完成過去人類生存方式上的最偉大的變革。正是這些變革，才使工業生活方式戰勝了狩獵、牧畜以及軍事或者掠奪的生存狀態。在當時的世界範圍內，物資匱乏曾經發揮了它的作用，即使在奴隸制度下也是如此。在當今世界的某些國家，即使易於獲得較爲文明的國家的援助，但物質產品匱乏的作用仍然存在。在歐洲，如果以前曾經有過這樣的時代，即貧困生活具有促使人們變成較好的勞動者或者較爲文明的人的微弱傾向的時代，那麼它也早就一去不復返了；與此相反，顯而易見的是，如果農業勞工的生活比較富裕，那麼他們的勞動將會更有效率，並且他們也會成爲更文明的公民。因此我要問，如果他們的人數有所減少，那麼他們的工資是否會更高一些？這是問題之所在，而非其他——如果迴避這一點而去抨擊馬爾薩斯和其他學者的任何的枝節的觀點，以爲這樣做就可以否定人口論，那一定是徒勞無功的。例如，某些人透過評論馬爾薩斯先生偶然採用的一種比喻——即可以假定糧食是按照算術級數增長的，而人口則是按照幾何級數增長的——就輕易地認爲駁倒了馬爾薩斯。但實際上，任何公正的讀者都知道，馬爾薩斯先生進行這種十分不幸的嘗試的主要目的，並不是在於要用數字的精確性去說明根本無法用數字加以證實的事物；同時，凡是具有推斷能力的人都很清楚，這種比喻對於馬爾薩斯先生的論述來講，純粹是畫蛇添足。其他一些人，比如近期的政治經濟學家，就是如此，他們對於馬爾薩斯先生早期追隨者的隻字片語抓住不放，並且大加修正。某些學者曾經指出，這不過意味著人口的增長速度具有超過糧食增長速度的傾向。如果這種論斷的原意是指，在人口增長未曾受到死亡率或者自制的抑制之大多數的情況下，人口增長的速度將超過糧食增長的速度，那麼這種論斷就是正確的。不過，由於這種抑制在不同的時期和不同的地點所發揮的作用有所不同，所以將這些學者的語言解釋爲人口的增長總是快於糧食的增長，並且導致人民愈加貧困，也未嘗不可。這種解釋想要強調的反向的論斷也是正確的，即隨著文明程度的提高，人們審愼的、明智的抑制力也不斷增強，進而人口的出生率相對於糧食的增長率就會下降。在這種情況下，如果仍然堅持認爲在任何進步的社會裡，人口的增長速度具有超過或者哪怕等於糧食的增長速度的傾向，都是錯誤的。我在這裡所用的傾向一詞，與推斷這一命題的學者們所說的傾向含義完全不同。現在，我姑且不談與詞彙有關的問題，難道爭論雙方不都承認，在古老的國家裡，人口對於人類的生存條件所造成的壓力，不是已經達到十分緊迫的地步了嗎？同時，儘管人口的壓力在減輕，但是最貧困的勞工階層的思想與習慣還可以得到更大的提升。人們希望在一個不斷進步的國家裡總是具備這種改進的傾向，然而，不論是過去還是現在，這種傾向都是極其微弱的，而且從具體情況來看，現在尚未發展到可以使威爾特郡勞工的週工資超過八先令的程度。在此我們唯一需要考慮的問題是，對於一位勞工來說，這是否就屬於一種充分而且適當的生活保障呢？因爲如果回答是否定的，那麼人口就的確像現存的事實那樣，相對於工資基金的比例過大。不論在過去的某個時期，人口的壓力是否更爲嚴重或者並非那麼嚴重，實際上並不都是非常重要的問題，重要的是，如果這一比例已經得到改善，那麼是否有希望透過適當的幫助與激勵，使這種改善更加深入也更加迅速呢？

然而，有關這個問題的爭論因爲並不注重理性的思考，因而就受到某些人的某種厭惡的情感的操控，他們想盡一切辦法拒絕承認自己不情願接受的事實；只有當他們實在無法拒絕時才勉強接受。因此，我們有必要詳細探討這些補償的方法，有必要設法摧毀人口論的反對者所盤踞的每一個陣地，他們巧言如流，聲稱在爲勞工所尋求的避難所中，並不要求勞工實行任何不論是強制性的還是自願性的自制，也不要求勞工對於動物繁殖的本能進行比現在更多的控制，他們認爲這樣就可以達到改善勞工生活狀況之目的。這些也將是我們在下一章的內容中將要探討的問題。

◆註解◆

【1】參見威廉・桑頓先生在其著作《人口過剩及其對策》中依據最為可靠的資料編寫的英國農民狀況的簡史。桑頓的著作對於影響勞工階層經濟狀況的各種問題都做出了合理的分析，比當代出版的大部分其他著作都更優秀。

【2】同上，第一七七－一七八頁。

【3】自一七一五年至一七六五年這非同尋常的五十年間，英格蘭勞工的生活水準也發生了類似但是程度有所不同的改善，極其罕見的連年豐收（在此期間，實實在在的荒年不超過五年），使那一時期小麥的平均價格遠遠低於之前的半個世紀的水準。基於馬爾薩斯先生的計算，一七二〇年之前的六十年，勞工每天的收入平均只能購買零點六七配克小麥，而在一七二〇年至一七五〇年間，則可以購買一配克小麥。根據伊頓表（Eton tables），一七一五年之前的五十年間，每三十二配克小麥的平均價格為四十一先令七點四五便士，而在那五十年間的後二十三年，每三十二配克小麥的平均價格為四十五先令八便士。但是，一七一五年之後的五十年間，每三十二配克小麥的平均價格均未超過三十四先令十一便士。勞工階層的生活狀況得到如此顯著的改善，雖然是出於罕見的好年景，然而持續了一代人以上的時間，所以足以促使勞工階層的習慣性要求發生改變；而且在此期間，「勞工所消費的食品的品質得到了切實的改善，同時，生活的舒適和便利程度也得到了顯著的提高」。（參見馬爾薩斯，《政治經濟學原理》，第二二五頁。）有關這一時期的情況，還可以參閱圖克先生（Mr. Tooke）的名著《物價史》，第一卷，第三十八－六十一頁；以及有關穀物的價格，可以參閱該著作的附錄。

【4】此文形成該委員會《總報告》的一個「附錄」（附錄F），也曾經被行政當局印製成單行本。

【5】參見〈序言〉，第三十九頁。

【6】參見〈序言〉，第三十三頁；或者「附錄」，第五五四頁。

【7】參見「附錄」，第四一九頁。

【8】參見「附錄」，第五六七頁。

【9】參見前面已經引用過的凱的著作，第一卷，第六十八頁。

【10】參見西斯蒙第，《新政治經濟學原理》，第四編，第十章；同時參見亞當・史密斯，《國富論》，第一編，第十章，第二節。西斯蒙第說：

> 一般來說，各個法人團體中師傅的人數是固定的，只有師傅可以開店，可以為自己進行交易。每位師傅只能帶一定數量的徒弟，並在自己的作坊中培養他們；在某些法人團體，一位師傅只能帶一名徒弟。每位師傅可以僱用數

量有限的工人，他們被稱爲夥計或者熟練工人；在每位師傅只能帶一名徒弟的行業中，師傅也只能僱用一位或者最多不超過兩位的熟練工人。在行業中，除徒弟、熟練工人或者師傅之外，任何人都不准許參與交易或者從事某項工作；不經歷一定年限的學徒生涯，任何人都不能成爲熟練工人；同樣地，不具備相同年限的熟練工人的經歷，完成其所屬行業被委任的工作（業績），並且通過法人團體的監督評定，任何人都不能成爲師傅。可以看出，這種組織將行業的招工權完全交給師傅，只有他們才能夠招收徒弟，但是又不能招收任意數量的徒弟。所以，他們在招收徒弟時，往往爲了自己的利益而要價極高。因此，一個年輕人要想進入一個行業，必須事先籌集到爲開始學徒生涯所必須支付的款項，以及學徒期間的全部生活費用，因爲在四年、五年或者七年的學徒期間，他的勞動所得全部歸師傅所有。學徒期間，徒弟完全依賴於師傅，而師傅則可以隨意地甚至可以毫無理由地關閉徒弟面前的這一收入頗豐的職業之門。徒弟升爲熟練工人之後，就略有自由了，他可以自行選擇一起工作的師傅，也可從一位師傅轉向另一個師傅。由於學徒經歷是成爲熟練工人的條件，所以他現在就開始利用他經歷千辛萬苦才得到的壟斷地位來獲取利益了；對於那些只允許他做而不允許別人做的工作來說，他幾乎完全有把握可以從中獲得較高的報酬。然而，他要升爲師傅，還需要得到法人團體的准許，因此，他並不認爲自己已經把握住了自己的命運或者具備了穩固的地位。一般來說，在升爲師傅之前，他是不會結婚的。

不論從事實上還是從理論上都可以斷定，貿易公司的存在曾經對過多人口的出生產生抑制作用，不過也僅僅是抑制的作用。基於幾乎所有行會的規章，一個人不可能在二十五歲之前升爲師傅；而且，如果他自己沒有資本、沒有足夠的積蓄，那麼他作爲熟練工人的時間就會較長。某些也許是絕大部分工匠，一輩子都是熟練工人。然而，在升爲師傅之前他們就結婚的實例幾乎沒有；即使他們自己不計後果地想要結婚，但也不會有哪位父親肯把自己的女兒嫁給一個沒有地位的男子。

[11] 參見桑頓，《人口過剩》，第十八頁，及其這裡所引用的各種典故。

[12] 同上，第九十九頁。

第十二章　關於補償低工資的一般方法

§一

爲將勞工的工資維持在理想的水準上，人們能夠想到的最爲簡單的方法就是，透過法律將工資水準固定，這實際上正是過去曾經有人建議的，或者現在仍然有人提出的各種補償方案所追求的目標，以便重新建立勞工與雇主之間的關係。從來都沒有人建議工資應該絕對固定，因爲當事各方的利益通常都要求工資水準應該是可以變動的；但是，有人建議把工資的最低水準固定下來，然後讓競爭進行調節，以使工資在這一最低水準以上變動。現在，還有一種方案已經獲得了許多工人領袖的贊同，該方案主張建立由勞資雙方代表組成的委員會，在英國稱爲地方商務委員會，在法國稱爲勞工協會，或者其他稱謂；該委員會就工資率問題達成協議，經政府部門公布之後，對勞資雙方具有普遍約束力；會議不是以勞動市場的均衡，而是以自然的均衡作爲達成協議的基礎，以便保證工人獲得合理的工資，資本家獲得合理的利潤。

此外，還有其他一些人（不過，他們本身並不屬於勞工階層，而是比勞工階層的成員更關心勞工階層利益的慈善家）不贊同政府部門對勞動合約進行干預，他們擔心，法律的干預可能是草率而且盲目的。他們認爲，由利害關係相互衝突的雙方各派代表透過協商，試圖依據公平的原則調節彼此的利害關係，在沒有確立什麼才算得上是公平的原則的情況下，勞資雙方之間的分歧不僅不能調和，反而只會加劇。他們認爲，透過法律予以裁決是沒有用的，不過他們希望能夠在道德上達成一致。他們認爲，每一位雇主都應該支付給他的工人足夠的工資，如果他不肯主動做到這一點，則社會輿論可以對他施加壓力；至於如何判斷工資是否足夠，則取決於雇主們自己的感覺，或者他們所認定的公眾的感受。我認爲，這就是對於當前有關這個問題的主要見解的公正描述。

我打算對這些建議中所包含的原則進行評述，而不涉及其中所包含的實際困難，這些困難的嚴重程度是顯而易見的。我應該假定按照這些方案中的這一項或者那一項方案，工資都可以維持在高於由競爭所決定的工資水準上。這等於說，工資將高於在以現有的資本僱用所有勞工的情況下所能夠提供的最高的工資水準。這是因爲，斷定競爭只會促使工資下降的觀點是錯誤的，在相同的程度上，競爭也是促使工資上升的手段。當存在失業的勞工時，只要沒有依靠救濟度日，他們就會成爲就業的競爭者，並促使工資下降；但是如果所有想要工作的人都得以就業，那麼在最自由的競爭制度下，工資也不會下降。關於競爭的性質存在著各種奇怪的觀點。例如，競爭的作用是某種不可限量的事物；銷售者的競爭將使價格下跌，勞工的競爭將使工資下降，一直降到零或者某一無法確定的最低水準。這些純屬無稽之談。透過競爭，商品的價格只能下跌到出現足夠多的購買者將這些商品都買走爲止；而工資也只能下降到實現全部勞工都參與工資基金的分配爲止。如果工資下降到這一水準之下，一部分資本就會因爲勞工的不足而被閒置，這將造成資本家之間的反向競爭並且促使工資上升。

因此，由於競爭所決定的工資率將使現有的工資基金總額在全部勞動人口之間進行分配，所以如果法律或者輿論使工資固定在這一水準之上，那麼某些勞工就將失業；然而，迫使部分勞工挨餓並非是慈善家的本意，勢必要透過強制性的儲蓄進而強制增加工資基金，生活才能得到維持。固定工資的最低水準是毫無意義的，除非雇主有條件向所有求職者提供工作或者至少提供工資。因此，這始終是這一方案的一部分，而且與透過法律或者道德確定工資最低水準的方案相比，它更符合大多數人的想法。有一種頗爲時髦的思想情結，有人認爲，向所有的窮人提供就業機會是富人或者國家的義務。如果輿論在道德方面的影響不足以說服富人從他們的消費中節省出足夠的資金，以便使所有的窮人都得到一份「工資合理」的工作，那麼國家就有責任透過徵收地方稅或者動用公款來實現這個目標。如此一來，勞工的數量與工資基金之間的比例所發生的變動，勢必對勞工有利；這不是透過限制人口，而是透過增加資本來解決問題的。

§二一 如果能夠僅限於對當前這一代人提出社會的這種要求，如果只要求進行強制性的積累，直到足以向現有的人口提供工資足夠高的穩定就業機會，那麼我就是這種主張最賣力的支持者。社會主要是由以體力勞動謀生的人們所組成；而且，如果社會，即如果勞動者，他們奉獻出自己的體力，保障個人能享受到豐裕的物品，那麼出於提高公共效用之目的，他們就保有對於這些豐裕的物品進行徵稅的權力；他們有權這樣做，而且始終都是這樣做的。在所謂的提高公共效用的目的中，最重要的目的就是保證人民的生存，因爲任何人對於自己的出生都不負有責任。所以爲了使現在已經存在的所有人都得到充分的物品，即使社會要求那些持有多餘物品的人做出金錢利益上的犧牲，也不是非常過分的。

不過，要求已經從事生產與積累的人們節制消費，爲已經存在的所有人、其子女及其子女任意生育的後代都提供衣食，這完全是不同的另外一回事。承認這種義務並且爲此而採取行動，使對於人口增長的所有包含主動性和預防性的控制，均將遭到廢除，這將使任何情況都無法阻止人口以其最快的速度增長；而且，由於資本的自然增長再快也不會比過去的更快，所以爲了彌補資本之不足，就必須大幅度提高稅賦徵繳的水準。當然，這種努力將迫使一些人用勞動來換取救濟。不過，經驗已經表明從那些接受公共救濟的人們那裡可能得到什麼樣的勞動。當人們不是因爲工作才得到報酬，而是爲了得到報酬才去工作的時候，勞動就一定是缺乏效率的；要在無解僱權的情況下使按日計酬的零工認眞地勞動，只能藉助皮鞭的力量。毫無疑問，不難想像的是，這種反對意見可能會被人們忽略。透過徵稅所獲得的資金，可以分散地提供給一般的勞動市場，法國那些鼓吹就業的權利的人們似乎就是這樣主張的。針對某種特定的場所或者特定的職業，拒絕授予任何失業勞工要求得到生活救助的權利，在這種情況下，保留對於個別勞工的解僱權，如此一來，政府僅承擔在就業不足時增加就業機會的責任；而且與其他雇主一樣，政府也有權選擇自己要僱用的工人。不過，即使讓勞工高效率地工作，但增長的人口也不能使生產同比例地增長。對此，我曾經多次加以說明：供養所有人之後所剩餘的產品，相對於總產量以及相對於人口的比例將變得越來越少，但人口的增長速度卻不變，而生產的增長速度在減慢，那麼總有一天，剩餘的產品將消耗殆盡；用以救助窮人的稅賦，將取自於一國的全部收入；納稅者與接受救助者終將融爲一體。對於人口的控制——不論是透過死亡，還是透過審愼與自制——已經刻不容緩，它們必然會突然地、迅速地發揮作用。在此期間，將人類置於蟻巢或者海狸群之上的一切物品，都將悉數消散。

這些後果已經由夙負盛名的某些作家們多次清晰地加以描述，他們的著作傳播很廣並且易於理解。因此，對於接受過教育的人來說，忽視這些後果是不可原諒的。自詡爲公眾師長的任何人，忽視對於這些後果的考慮，或者悄悄地回避它們，而對工資和《濟貧法》高談闊論，似乎這些爭論不值一駁，似乎它們並不存在，這樣做，只會使他們加倍失信於人。

每個人都有生活的權利，我們將接受這樣的觀點。但是誰都沒有權利生育了子女以後卻讓別人去供養。凡是贊同前一種權利的人，必須拒絕接受有關後一種權利的所有主張。如果沒有其他人的幫助，一個人甚至連自己都養活不了，那麼幫助他的人就有權對他說，我們不打算再承擔供養你有可能賦予生命並帶到人世間的肉體的責任。然而，爲數眾多的作家和社會演說家們，包括許多炫耀自己具有高尙情操的人，他們對於生活的看法是如此之粗俗，以至於竟然認爲難以阻止貧民在貧民習藝所內生育世襲的貧民。有朝一日，後人們一定會驚奇地發問，什麼類型的人有可能追隨這樣的傳教士而成爲改變宗教信仰的人。

對於所有已經出生的人，國家保證他們就業並且獲得足夠的工資是可能的，不過，國家這樣做，必須具備自我防護的條件，而且爲了實現政府之所以存在的各項目的，必須規定未經政府許可，任何人都不應該出生。如果一般的和本能的自制的動機不復存在，則必須有其他的動機予以替代。在這種情況下，有必要對婚姻進行限制，限制的程度至少要像德國的某些州現在所實行的那樣，嚴厲懲罰生育子女卻又無力撫養的人。社會如果能夠將他們的繁衍問題置於自己的控制之下，那麼社會就能夠供養他們；或者，社會如果缺乏對於命運悲慘的人們的後代的全部的道義感，那麼就可以將他們的後人們留給他們自己處理，同時放寬對於他們的管制，任由他們自己斟酌決定。但是，社會不可能放任人們自由繁衍而同時又承擔供養他們的責任且不懲罰他們。

以慈善或者就業的名義對人民慷慨地贈與，而不設法使人民處於應該對他們產生有重大影響作用的審慎的、自制的動機之下，這是在浪費對於人類大有裨益的財物而卻沒有達到應有的目標。社會可以置人民於某種狀態之下，使人民的生活水準明顯地依賴於他們的人數，而且使人民最大的長遠利益可以透過做出某種犧牲來獲得，以改善當代人的物質福利，並且透過這種方式，使他們的子女的習慣得到昇華。不過，如果使他們的工資的確定脫離他們自己的控制，進而依據法律的或者社會的情感，保證向他們提供一定的支付，那麼不論社會能夠使他們的生活如何安逸，都不足以使其本人及其子孫後代們意識到，他們應該將自制作爲最恰當的手段，使自己得以保持這樣的生活狀態。社會只會使他們憤慨地要求繼續向他們本人及其他們可能繁衍的全部子孫後代提供這種保障。

基於這些理由，某些學者從根本上反對英格蘭的《濟貧法》以及一切救助身體健全者的制度。至少，當這些制度不曾與系統的、反對人口過剩的法律預防性條款相互結合時，情況都是如此。著名的《伊莉莎白四十三號法案》（*43rd of Elizabeth*），就曾經規定由公共部門向所有生活貧困的身體健全者提供工作和工資；如果該項法案得到全面的貫徹執行，並且負責救助的管理人員又不曾採取任何措施設法抵銷其自然產生的影響，那麼毫無疑問，時至今日的濟貧稅一定會將這個國家的土地和勞動所生產的全部淨產量消耗殆盡。因此，馬爾薩斯先生和某些其他人當初堅持反對所有的濟貧法案的立場都是不足爲怪的。爲了在法律上和事實上承認某種可以接受他人救助的絕對權利，而又不使這種權利嚴重地影響勞工的勤勞精神和審愼的自制能力，國家的確需要擁有豐富的經驗，並且對所有濟貧法案的各種運作方式進行認眞的審查。不過，這一點已經被最初的濟貧法委員會的委員們所做的調查充分證實了。儘管他們受到不公正的指責，說他們是法定救助原則的敵人，然而，正是他們最先充分證明了承認接受救助權利的任何濟貧法案，與勞工階層及其子孫後代的長遠利益都是和諧一致的。英格蘭各個教區所收集到並經實踐證明的各個事例均表明，如果實行救助時，儘管教區提供的生活必需品相當充足，但由於附帶有被救助者所不喜歡的條件，包括對於他們自由的某些限制，或者禁止某些嗜好，因此，提供救助的保障並不會對人民的精神與習慣造成不利影響。附帶有這樣的條件，則可以使勞工建立起不可動搖的信念，也可以使所有的社會成員無須任憑命運的擺布；社會不僅能夠而且應該保證，從屬於社會的每一個成員不至於處在極端貧困的狀態，即使沒有能力養活自己的人，只要他們限制自己的嗜好，並且遵從嚴格的規定，就無須承受肉體上的痛苦，也無須擔心將要承受這種痛苦。這的確是對人類大有裨益的，其本身也是非常重要的，而且對於今後的進一步發展更是舉足輕重的。因此，對於這種法律或者對於這種法律所依據的原則有意無意地加以非難的人，都是人類最爲可惡的敵人。

§二　前已論述了規定工資水準以及社會人爲地向所有願意工作的人提供充分的勞動報酬的各種嘗試的基礎，我們下面將要考察另外一類盛行的救助方案，它並不主張干預合約的自由，而是任由市場透過競爭來決定工資水準。不過，當它認爲工資過低時，將會努力利用某種輔助性的財源補充勞工工資之不足。有關這種性質的權宜之計，源自於一八三四年以前的三十、四十年間教區當局所採用的眾所周知的津貼制度。最初採用這種制度是因爲農業連年歉收，糧食價格飛漲，致使勞工的工資不足，難以使農業勞工家庭獲得其慣常消費的糧食的數量。當時的上層社會所流行的一種觀點是，爲國家增添了許多居民的人民是不應該因而受苦的。這種觀點與人道主義的情感相得益彰，促使農村地區的官員將教區的救濟款發放給已經擁有個人職業的人們；這種做法一旦被認可，農場主的直接利益就會迅速擴張，因爲他們能夠將自己農業勞工的一部分生活費用轉嫁給同一教區的其他居民。這種方案的公開原則是，使每個家庭的經濟能力都能滿足家庭對於生活必需品的需求，其結果自然就是，已婚者所獲得的多於未婚者，人口多的家庭所獲得的多於人口少的家庭。實際上，教區經常是根據家庭子女的人數發放津貼。然而，這種方案與對人口進行直接而強烈的刺激的做法並不是不可分的，用於補足工資的津貼可以固定地、等量地發放給所有的勞工。因爲這是此制度所能採用的遭到反對最少的一種形式，所以我們不妨假定它實際上就已經被採用了。

顯而易見，這不過是規定工資最低水準的另外一種方式，它與直接的方式相比，只有一點不同，那就是容許雇主按照市場價格購買勞動力，然後再以公共基金補足工資的差額。因此，人們對於直接方式所做的全部批評，也適合於這種類型的對工資之保證的批評。這種保證做出承諾，對於所有的勞工，不論人數多少，都給予一定數量的工資，從而消除主動性或者自律性的因素對於人口無限增長所形成的障礙。不過，除了受到與所有的試圖規定工資而不是限制人口的做法的相同批評，津貼制度本身還具有特別的荒謬之處，即它不可避免地將會以一隻手支付工資，然後再以另一隻手收回工資。工資率只有一種，或者是人們能夠賴以爲生的最低的工資水準，或者是人們習慣於賴以爲生的最低的工資水準。我們不妨假定此工資是每週七先令。現在某一教區當局對於勞工這份微薄的工資深感震驚，於是慈悲爲懷，把金額補到了十先令。然而，勞工已經習慣於七先令了，儘管他們也樂意多拿一些，可是他們寧願依靠七先令來維持生活（正如事實所表明的那樣），也不願意抑制其繁育人口的本能。勞工的習慣不會由於給予他們更多的救濟而有所改變。他們從教區拿到三先令，儘管工資最終因人口大爲增加而降到了四先令，不過，他們仍然生活得與過去一樣舒適。工資水準將根據人口相應地降到那一程度，或者無須等人口增長，因爲貧民習藝所裡有大量失業的勞工，他們可以立即帶來同樣的後果。眾所周知，津貼制度實際上的確曾經以上述方式發揮過作用，在英國，受其影響，工資就曾降到過前所未有的低水準。在上一世紀，由於《濟貧法》的執行頗爲嚴格，因此人口增長比較緩慢，致使農業工資的水準大大高於飢餓線。在津貼制度下，人口增長得如此之快，而工資下降到如此之低，致使將工資與津貼加在一起，勞工家庭的生活也比當初僅有工資一項收入時還要差。當勞工只依靠工資生活時，存在著實際上的工資的最低水準。如果工資降到維持人口所必需的最低水準以下，那麼人口的減少起碼會使其恢復到原來的最低水準。但是，如果強迫所有稍有能力的人都進行捐助進而對工資的不足部分加以補足，則工資就有可能降到飢餓線以下，甚至降到接近於零的水準。這一可悲的制度，比過去任何其他形式濫用《濟貧法》的做法都還要糟糕，它不僅使失業人口貧困化，而且還會使全部人口貧困化，這種制度現在雖已被廢除，但它至少可以說明，還沒有人希望這種弊端死灰復燃。

§四　不過，在這種做法受到譴責（這也是人們所希望的）的同時，還有另外一種對工資發放津貼的做法大行其道。與教區津貼相比，這種方式，不論是從道德還是從社會的角度來看，都顯得更爲可取。然而令人擔憂的是，這兩者所帶來的經濟後果卻極爲相同。我所說的這種方式，就是租地分配制度，這也是彌補勞工工資不足的一種辦法，即給予勞工某些別的物品，以彌補其工資之不足。不過，它並不是利用濟貧稅予以彌補，而是依靠勞工自己的勞動予以彌補，即勞工可以租種一小塊土地，利用空餘的時間在庭院式的土地上栽種供家庭消費的馬鈴薯和其他蔬菜，如有剩餘，也可以出售。如果他租種的是已經施過肥料的土地，那麼他有時可能需要支付高達每英畝八鎊的地租。不過，勞工本人及其家屬的勞動都是無償的，因此，儘管地租如此之高，但他仍然可以賺到好幾鎊。[1]這種制度的支持者強調，租地分配是爲了彌補勞工工資之不足，而不是對其工資予以替代；它並非勞工能夠賴以爲生的一種生存方式，而只是一位男子利用空餘時間與妻子、兒女一起從事強度適中的農業勞動的機會。他們通常將每一份租地的面積限定爲零點二五英畝或者零點二五至零點五英畝，如果租地面積超過這一限度，那麼勞工將無法全身心地投入到他的主要工作中去，進而變成一名惡劣的、不可靠的僱傭工人；如果土地多到足以使他完全脫離僱傭勞工階層進而成爲他唯一的謀生手段，那麼它將使他成爲愛爾蘭式的投標佃農（就勞工通常需要支付的高額地租而言，我們認爲將會出現這樣的後果是很有根據的）。不過，當這些心懷善意的人們對投標佃農制度採取戒備心態的時候，他們並沒有察覺到他們所支持的這項制度若不是一種投標佃農制度，那麼從本質來講，它也無異於一種佃農租賃制度。

毋庸置疑，利用徵稅獲得的資金來彌補勞工工資之不足，與利用國內生產毛額的辦法來彌補勞工工資之不足，兩者之間存在著本質上的差別。而且爲對勞工提供幫助，採用敦促他們更加勤勞的方法，與採用津貼的方法，促使他們更加無所事事、遊手好閒，這兩種方法之間，也存在著很大的差別。從這兩點來看，租地分配制度的確優於教區津貼制度。不過，從它們對工資與人口所產生的影響來看，我則實在看不出這兩者之間有什麼重大的差別。旨在提高工資的所有類型的津貼，都將使工人所得的報酬減少，最終導致勞動的整體價格下降，除非勞工階層的思想和要求發生變化，並且這些變化改變了勞工所認定在其自身的本能得到滿足及其家屬的生活得到改善等方面的相對價值。不過，在我看來，租地分配制度根本不可能產生這種性質的變化。有時我們聽說，土地的占有使勞工變得更爲自律。擁有土地的確能夠產生這種作用；以固定不變的條件長期租種土地，也能夠產生相同的作用。但是，僅僅年復一年地租種土地，是絕不會產生這樣的作用。土地的占有曾經使愛爾蘭人更加自律了嗎？由於得到了租種的土地，勞工的行爲與生活狀況都發生了有益的變化，這樣的證實資料的確很多，我也不想提出質疑。可是，只有當以這種方式租種土地的人爲數不多時才有望產生這樣的作用。這些爲數不多的人構成了一個特權階層，他們擁有比普通人更高的地位，而且不願意喪失這種地位。毫無疑問，他們幾乎本來就是一個經過選拔的階層，由勞工階層中的佼佼者所構成。然而，這些審慎、自律的人，卻由於這項制度的存在而變得較爲草率地看待結婚生子的問題了，這是這項制度的短處。似乎對我來說，這種做法對勞工階層基本生活狀況所產生的影響而言，一定是無效的，或者是有害的。如果只有少數勞工分配到租地，那也當然是那些即使沒有這樣的租地也能生活得很好的人。因此，這項制度對於這一階層來說，並沒有帶來什麼利益。然而，如果普遍執行這項制度，使所有或者幾乎所有的勞工都分配到一份租地，那麼我相信，它所產生的作用與所有的勞工都得到一份用於提高工資的津貼所產生的作用將完全相同。我想，如果在上個世紀末，英格蘭普遍採用租地分配制度，而不是採用津貼制度，那麼毫無疑問，它將會同樣破壞當時的確存在的對於人口的實際限制，人口照樣會像實際上所發生的情況那樣增長；二十年後，工資加上分配租地的收入總量，也會像工資加上津貼的實際結果一樣，不會多於當初沒有實行任何分配租地方案時的工資總量。唯一有利於租地分配制度的差別在於，它使人民自行創造供人民所用的濟貧稅。

與此同時，我非常樂於承認，在某些情況下，雇工租種土地並且支付公平的地租，然而，即使雇工並不擁有土地的所有權，但這也不會成爲工資下降的原因，而是使工資上升的原因；只有當他們的土地使他們在實際生活必需品的範圍內擺脫了對於勞動市場的依賴時，情況才是如此。有兩種人，一種人依靠工資生活，將租種土地作爲額外收入的來源；另外一種人，在必要時可以完全依靠土地謀生，他從事雇工勞動只是爲了使自己的生活過得更加舒適些而已。在這兩種人之間，存在著巨大的差別。當沒有人爲了生存而被迫出賣其勞動的時候，工資很可能就處於較高的水準。「自己擁有某種財產因而可以爲自己勞動的人們，將不會出賣他們的勞動去換取一份不能爲他們提供比馬鈴薯和玉米更好的食物的工資，儘管爲了替自己節省，他們也經常以馬鈴薯和玉米糊口。我在歐洲大陸旅行的時候，聽說那裡的日工資非常高，而糧食卻很充裕且廉價，我常常爲此感到驚訝。在歐洲大陸的許多地方，土地的所有權廣泛地存在於人民之中，人們既無出外打工的必要，也無出外打工的習慣，致使按日計酬的零工非常稀少，因而日工資與糧食價格相比顯得很高。」[2]在歐洲大陸的某些地方，甚至城市的居民也很少有人是單純依靠其表面上的職業謀生的。除此之外，沒有其他任何的理由可以解釋他們服務的價格為什麼如此高昂，而他們對於能否被僱用卻又毫不在乎。不過，如果他們的土地或者其他的收入來源只能為他們提供必需的生活品的一小部分，從而使他們必須在供給已經過剩的勞動市場上出賣自己的勞動，以換取一份工資收入，那麼結果就將大不相同。這時，他們的土地只能使他們以較低的工資水準謀生，而且在生活水準降到他們不能夠也不願意生育子女的水準之前，他們的人口還會大幅度增長。

有關租地分配制度所產生之作用的觀點，我已經加以論述。我看除桑頓先生所提出的反對意見之外，其他的反對意見都是站不住腳的。[3]桑頓先生在這個問題上所持有的觀點，我認為有待商榷。他對租地分配制度的辯解所依據的基本理論是，只有非常貧窮的人才會不計後果地盲目生育子女，如果當前這一代人的生活狀況得到極大的改善（桑頓先生認為實行租地分配制度可以做到這一點），那麼他們的後代就會在標準已經提高的生活環境中長大，因此這些後代在不能使他們未來的家庭生活達到他們自己已經享受到的舒適程度之前是不會成家的。如果事實證明窮人的生活狀況所發生的突然的、巨大的改善，能夠透過對於他們的生活習慣所產生的影響轉化為永久性的改善，那麼我將對此表示贊同。法國大革命時期所發生的情況就是一個實例。但是，我無論如何也不能相信，勞工在小屋旁僅憑租種了需要繳納高額地租的零點二五或者零點五英畝的土地，就能（在工資由於吸收業已存在的貧民的勞動力而下降之後）使他們的家庭生活舒適程度大為提高，並且持續一代兒童長大成人所需要的時間，使他們從小就形成與真正較高的永久性生活水準相應的習慣。如此小的一塊土地所能帶來的永久性的利益，只能是激發起勞工勤勞與節儉的精神，使其獲得購買土地所有權的財力，而如果將這種做法加以推廣，就將形成對於整個階級在遠見卓識與厲行節約方面的一種教育，這種教育所產生的影響將不會因這種情況的改變而消失。不過，這種利益的產生並不是由於給了勞工什麼東西，而是由於勞工受到激勵之後想要爭取獲得什麼東西。

沒有透過人民的意識和習慣所發生作用的補償低工資的各種方法都是沒有成效的。在人民的意識和習慣沒有受到影響的情況下，任何方法，即使在改善赤貧者的生活狀況方面一時獲得成功，但也會在無形中使過去對於人口增長的限制性因素失去作用。因此，只有當它在稅收的摧殘與打擊之下，仍然能夠繼續發揮作用，使資本被迫以相同的步伐加速增長才行。不過，這個過程是不可能長久持續下去的，它一旦終止，為一個國家所帶來的後果必然是，最貧困階層的人數的增加，以及最貧困階層以外的人數所占的比例將減小；或者，如果這一過程持續的時間足夠長，則這一比例就將下降為零。這是因為，取消了對於人口的自然限制而又沒有採取任何其他替代性的限制措施的所有的社會制度，「最終必然都會出現這種結局」。

◆註解◆

【1】參閱濟貧法調查委員會委員所收集到有關租地分配制度的證詞。

【2】參見萊恩，《一位旅行者的筆記》，第四五六頁。

【3】參閱桑頓，《人口過剩》，第八章。

第十三章　進一步考察補償低工資的方法

§ 一

應該採取什麼方法來對抗貧窮呢？低工資的弊害應該如何才能消除呢？如果爲了達到這種目的，通常推薦的方法不宜採用，那麼還有其他可供參考的方法嗎？是否這個問題無法得到解決呢？是否政治經濟學除反對所有的事情並且證明任何事情都不能做之外，什麼事情也做不了呢？

如果眞的是這樣，那麼政治經濟學的任務固然必要，但畢竟是可悲的與徒勞的。如果人類的絕大多數總是像現在這樣，成爲與他們沒有利害關係因而感覺不到樂趣的辛苦工作的奴隸，只是從早到晚僅僅爲了糊口而忙碌，並且使全部智力與道德陷於麻木狀態，這意味著他們既不需要智慧也不需要情感，因而會變得沒有教養，因爲他們只會吃，但是難以教化；他們自私，因爲他們只需要完全爲自己著想；他們沒有一個社會公民與社會成員所應有的熱心或者情感，對於自己所沒有的以及別人所擁有的東西全都持有敵對的情緒，在他們的頭腦中認爲一切都不公平的意識占據了主導地位。我不知道還有什麼辦法能使一個具備任何推斷能力的人，從人類命運的高度去關注自身。對於任何人來說，都是無計可施的，只能是以伊比鳩魯（Epicurean）的玩世不恭的態度，在不傷害其他任何人的前提下，爲他自己以及他所同情的那些人，從生活中盡可能多地獲取生活所能提供的滿意感，並且讓有關文明生活毫無意義的喧囂和奔波在不經意間消逝。然而，對於人類的事務持有這種態度是站不住腳的。貧困與大多數社會弊害一樣，它之所以存在，乃是因爲人屈從於他們沒有理性的動物的本能，而未做適當的思考。但是，社會之所以能夠存在，嚴格地講，正是因爲人畢竟不是沒有理性的動物。所謂文明，就其每一方面而言，都是爲反對動物的本能而展開的一種鬥爭。文明已經自行證實，它能夠使這些本能，即使是其中最爲強悍的本能，都能得到充分的控制。文明已經將人類的絕大部分本能馴化到這樣一種程度，就是使人類大多數與生俱來的嗜好幾乎已經不再留有痕跡或者記憶。如果文明對於人口繁育的本能的抑制尚未達到應有的程度，那麼我們必須記住，這是因爲文明尚未認眞地做出努力，而文明已經做出的努力卻又大多犯下了方向性的錯誤。不論是宗教的、道德的還是政治的文明，無不競相鼓勵人們結婚；而對於已婚者，則鼓勵人們進行人種的繁衍，使之代表婚姻的全部意義。宗教直至今日也沒有停止過進行這種鼓吹。羅馬天主教教士團（我們無須提及任何其他的神職人員，因爲它們對於較爲貧困的階層都沒有產生過很大的影響）無處不以鼓勵結婚爲己任，以便防止通姦罪惡的發生。時至今日，在許多人的頭腦中，仍然存有一種強烈的宗教偏見，反對正確的教義。富人，假定這種結果與他們自己無關，那他們就會視那種認爲天然形成的習性會造成貧困的觀點是在質疑上帝的智慧；而窮人則以爲，「上帝絕不會僅賜予我們需要吃飯的嘴，卻不賜予我們糧食」。面對這樣的兩種論調，沒有人會認爲人類對於這個問題擁有任何發言權或者選擇權。有關全部問題的觀點完全陷於混亂的狀態；究其原因，在很大程度上是由於雖然這是一個事關人類福利的最爲重大的問題，但是人們以虛假的通情達理爲掩護，寧可使其處於是非不明、思想混亂的境地，也不願意對其進行自由評說或者進行討論。人們沒有意識到這種言論上的謹小慎微使人類付出了多大的代價。社會的弊端與人的肉體的疾患一樣，如果不能對其做出清晰的描述，就無法加以預防或者治療。人類的全部經驗都表明，非經多次反覆的教誨，人類絕大多數從不自行判斷有關道德的問題，也從未建立起有關任何事物的是非觀念；而且在他們保持著正當婚姻關係的情況下，又有誰會告訴他們，在我們所討論的問題上他們負有某種責任呢？又有誰會因爲這種類型的放縱，使他們本人以及他們所供養的家庭的其他成員受到傷害或者受到哪怕是最輕微的指責呢？一名遭到所有自詡具有道德操守的人們的反對與蔑視的酗酒的男子，在向好心人請求施捨時常用的一個主要理由就是，家庭人口太多，無力供養他們。[1]

人們不會感到奇怪的是，對於人類這一方面的重大職責保持沉默，當它使人們忘掉肉體的後果時，也會使人們從根本上意識不到自己所承擔的道德上的義務。很可能大多數人樂於同意推遲婚期，並且在未婚期間過著禁慾的生活。但是在英國，人們從來都沒有意識到，結婚之後是否生育子女以及生育多少子女，都是可以由他們自行控制的。人們會設想，子女是上蒼直接降下於已婚夫婦身上的雨水，是他們本人無法控制的，正如俗語所說的那樣，決定他們子孫後代是否興旺的是天意，而不是他們自己。我們不妨看一看歐洲大陸的一位哲學家對於這個問題所持有的觀點，在他所處的時代，他是最爲和藹可親的人，而且他的幸福婚姻生活得到了大家的普遍的認同。

西斯蒙第指出，[2]「當危險的偏見尚未成爲人們的信條，當與我們對其他人——尤其是對於我們賦予生命的其他人——眞正負有的職責相互對立的道德觀念，尚未打著捍衛最神聖的權利的旗號對我們進行循循誘人時，沒有任何一位謹愼的男子會在自己尚未具備可靠的生活能力之前就涉足婚姻，而且也沒有哪位已婚的男子會使自己的子女的數量超過他有能力給予妥善撫養的水準。一家之主有理由認爲，他的子女對其自己的生活狀況可能是滿意的；他的願望是使新成長起來的一代人和老一代人一樣：達到結婚年齡的一個兒子和一個女兒應該代替他們自己的父親和母親；其子女的子女，則應該代替兒子本人和兒子的妻子；嫁到另外一個家庭的他的女兒的命運，應該與嫁到他自己家庭的另外一個家庭的女兒的命運完全相同；同時，滿足父母生活需要的收入也能滿足子女生活的需要。」在財富處於增長狀態的國家中，人口的數量有所增加是可以接受的，不過這屬於細節問題，並不屬於原則問題。「一旦這個家庭已經組成，那麼正義和人道將要求人們應該像未婚者所承受的節制那樣對自己也實施某種限制。當我們考察一下所有國家的非婚生子女的數量有多麼少時，我們就一定會承認，從整體來看，這種節制是相當有效的。在一個沒有人口增長餘地的國度裡，或者在一個人口增長的速度必須降到幾乎察覺不到的地步的國度裡，在沒有建立新家庭的空間的情況下，一位生育了八個子女的父親必然會想到，可能他的子女中有六個夭折，可能與他同代的人中有三名男子和三名女子，以及下一代人中他的三個兒子與他的三個女兒，都將因爲他的緣故而不能結婚。」

§二一　有人認爲，勸導勞工階層在生育子女的問題上採取審愼而自律的態度是沒有希望的，因爲他們至今在這一點上仍然止步不前，表明他們缺乏評價人類行爲的一般準則的能力。欲取得上述結果，很可能唯一需要做的就是將合乎理想的觀念廣爲傳播。作爲一項道德方面的準則，任何國家至今都沒有建立起這樣一種觀念。令人驚訝的是，相對而言，在那些人口的增長由於個人的深謀遠慮與審愼自制而受到有效抑制的國家裡，這樣的觀念竟然也不存在。人們實際上做出的節制，仍然未被視爲一種責任；演說家們和作家們大多站在反對的立場上，即使在法國，情況也是如此。在那裡，幾乎與在英國一樣，到處充斥著馬爾薩斯的感傷的恐懼之情。除這種觀念尚未深入人心之外，造成這種局面的其他原因還有很多，比如，它的眞實性，從某些方面來說，已經成爲它的某種障礙。人們有理由懷疑，除窮人本身之外（因爲他們對於這個問題持有偏見是不證自明的），在任何社會階層中，是否存在過眞誠而又急迫地想要提高工資的願望呢？希望減輕濟貧稅負擔的人爲數不少，但是這樣做之後，人們將對必然出現的勞工階層的生活狀況的惡化滿不在乎。幾乎所有自己不是勞工的人都是勞工的雇主，他們當然不會因爲可以獲得廉價的勞動力而感到遺憾。實際上，被認爲是由反對人口論的官方鼓吹者所組成的人權保障委員會，根本沒有耐心聽取他們認爲屬於馬爾薩斯主義的任何見解。農村地區的人權保障委員會主要是由農場主組成，眾所周知，農場主即使是對於租地分配制度，一般也會持有反對的態度，因爲它使勞工「過於獨立」。至於社會的上流人士，他們與勞工很少直接接觸，也不發生利害衝突，因此渴望他們的態度會好些，況且英國社會的上流人士往往都是以慈悲爲懷的。不過，慈善的人們具有人類的弱點，如果無人需要他們的救濟，那他們往往會暗自不滿；從他們那裡最爲經常地聽到的基本論調是，世界上之所以有窮人，是出於上帝的旨意。此外，幾乎每一位具有爲社會目標盡心盡力地進行或者已經進行某種改革的人士，往往都會認爲，如果承認這一偉大的原理，就會使他們的改革相形失色；他們已經廢除了《穀物法》，或者減輕了稅收，或者發行了小額紙幣，或者實施了憲章，或者振興或者廢除了教會，或者推翻了寡頭政治，並且將認爲除他們的事業之外的任何事物具有重要性的任何人都視爲敵人。當人們考慮到這一點的時候，就不會再感到奇怪，爲什麼自從人口論問世以來，十分之九的議論都持有反對的態度，而剩下的十分之一則有如馬耳東風，並且迄今爲止，它仍然未能在勞工之間深入人心，而勞工本身很可能是最不願意接受人口論的人。

不過，讓我們試著設想一下，如果認爲過多的人口之間的競爭是使勞工貧困的主要原因，進而致使每一位勞工（與西斯蒙第一樣）都將生育子女的人數超過社會環境所允許的限度的行爲都視爲不妥（因爲過多的人口充塞了他有權占有的空間），並且這種觀念在勞工階層中廣爲傳播，那麼將會發生什麼情況？認爲這種觀念不會對人類的行爲產生重大影響的任何人，都是因爲對於人類的天性所知甚少；他們根本不會考慮絕大多數男子即使在僅僅涉及他個人的利益的問題上，也會受到觀念的極大的影響。例如，（他會）顧慮如果他的行爲失當，是否會遭到人們的厭惡或者被人藐視。在我們所討論的具體的問題中，人們過度放縱的原因同樣是由於受到了觀念的刺激，而不單純是出於動物的本能，這樣說或許並不過分。因爲觀念普遍具有（尤其是在最爲缺乏教養的階層中）將有關精神和權力的認知與本能的力量相互結合的作用，而且能夠緩和或者消除自卑感；由觀念所引起的情緒上的變化，將主導並且揭示人們支配他人的行爲。觀念在單純消除這種人爲的刺激方面，也是具有很大的影響的，而且一旦觀念發生相反方向的轉變，則將使人類在這一方面的行爲迅速爆發一場革命。我們經常聽到的一種論調是，即使完全瞭解工資取決於人口的道理，一位勞工的行爲也不會受到什麼影響，因爲並不是他自己的子女將來能夠加大勞動市場整體上所承受的壓力。這樣講是正確的，而且同樣正確的是，一名士兵臨陣逃脫並不必然造成一場戰役的失敗，然而人們卻不能因此認爲，每一名士兵都可以與他一起逃跑，這種恥辱將自然而且必然地影響到每一個人的行爲；如果絕大多數士兵都逃跑，則所有人都會看到戰爭的失敗。勇於挑戰其所屬階級的基本觀念的人很少，除非受到某種超越這種觀念的更高準則的支持，或者受到別處的某種強有力的觀念支持。

我們還必須記住的是，這裡所說的觀念一經廣泛傳播，就會迅速得到廣大婦女的堅決支持。家庭子女過多，很少是出於妻子的意願；由於子女過多而產生的令人難以忍受的繁重的家務，以及所有肉體上的痛苦和至少一大部分貧困的重負，都是由婦女來承擔的。在大多數婦女看來，由此而得到解脫實在是一件幸事；以前從來也不敢提出這種要求的婦女，如果能夠得到社會道義上的支持，則現在她們是會提出這種要求的。在仍然沒有受到法律和道德禁止的野蠻行爲中，最令人厭惡的一定是容許任何人自以爲擁有支配另一個人的權利。

一旦這種觀念在勞工階層中普遍建立起來，並且他們的福利要求他們適當地限制子女的人數，那麼這一階層中值得尊敬而且品行端正的人，是會遵守這種規定的；而只有那些完全習慣於無視社會責任的人才會違反這種規定。在此情況下就有充分的理由將反對生育子女——可能成爲社會負擔——這一道義上的責任轉變爲法律上的責任了。正如同在許多其他觀念進步的事例中所發生的情況那樣，有價值的社會責任必須由大家來承擔，而如果大多數人從他們的效用目的出發自願承擔這種責任，只有少數人不肯承擔，那麼法律就應該強迫他們承擔。不過如果在這一方面，婦女像在其他各方面那樣擁有與男子同等的公民權利，則法律上的制裁就沒有必要了。習俗使婦女侷限於以肉體的功能作爲男子生活的工具和勢力的源泉，如果使她們擺脫這種侷限性，那麼她們將首次在所關注的功能上擁有與男子相同的發言權。這是在今天我們所能預見到的值得人類進行的各項改進中，在幾乎所有類型的道德和社會利益方面，可望獲得的最爲豐碩之成果的一項改進。

我們還需要考慮的問題是，在勞工階層中是否存在著形成以工資取決於人口的原則爲基礎的觀念和情感的機會，並且透過什麼方式才能夠建立起這樣的觀念和情感。在考慮這個問題時，毫無疑問，很多人會不假思索地宣稱這種希望只是一種幻想。在實現這種希望的基礎之前，我們將首先指出，除非對於上述兩個問題能夠給出令人滿意的回答，否則英國現在盛行的被諸多學者視爲處於文明巔峰狀態的產業制度——社會的勞工階層整體上以僱傭勞動制度下的工資爲生——將不可避免地遭到譴責。我們現在所要考慮的問題是，在這種產業制度下，勞工階層的人口過剩與生活條件惡化，是否是一種必然的結果。如果審慎地節制人口的做法與僱傭勞動制度不能和諧一致，那麼這種制度就是一種令人厭惡的制度；而且從經濟制度的角度著手治理國家並實現國家的宏偉目標（透過某種財產所有制度的建立和對實際產業制度的調整），以促使勞工在進行這種節制方面受到更強烈的、更顯著的影響，將不再是勞工與雇主之間的關係所能承受得了的。

不過，這種不和諧一致的情況是不存在的。造成貧困的原因與僱傭勞工的人口關係，並不像與財產所有制的關係或者與將來的社會主義社會的關係那樣一目瞭然。然而，這種關係絕不是神祕莫測的。工資取決於有就業機會的競爭者的人數這個道理，對於各勞工階層而言，絕不是難以理解的或者沒有能力予以理解的，他們當中的一大部分人早已認識到了這一點，並且已經習慣於以此作爲自己行爲的準則。所有的工會都熟知這一點，爲提高工資，它們所組織的每一次聯合行動都是透過限制競爭者的人數才取得成功的。技術水準高的行業都急於減少本行業的人數，許多行業都會對雇主提出要求或者千方百計地提出要求，使雇主招收的學徒不超過規定的人數。當然，透過排斥他人來限制他們的人數，與透過他們自行節制來限制他們的人數，兩者之間存在著很大的差別，不過，兩者都明確表明了他們的人數與他們的報酬之間的關係。在任何一個行業中應用這個原理，都是很容易被人們理解的；不過，將其應用於所有的行業時，就變得難以理解了。情況之所以如此，是由許多原因造成的：首先，這個原理所造成的後果，在得到充分界定的範圍內更易於分辨；其次，高技能工匠階層的智力水準高於普通的體力勞動者的智力水準，而且他們習慣於進行協作，並就他們所在的行業的基本情況交換意見，這對於他們的整體利益的理解將更爲深刻；再次，也是最後一個理由，他們深謀遠慮，因爲他們的處境在不斷得到改善，因而他們需要珍惜的東西也最多。然而，在特定的情況下可以被人們清晰地察覺並且接受的事物，無法一般地被人們理解與承認，反而將其作爲一項基本原理，這是不合乎情理的。只要勞工階層的思考能力，能夠對他們自己的總體狀況進行合理的分析，那麼至少在理論上，他們必然會立即接受這項原理。然而迄今爲止，勞工階層中的大多數人仍然做不到這一點，究其原因，或者是因爲他們的智力處於尚待開發的狀態，或者是因爲他們一貧如洗，這種貧困使他們既不擔心生活的惡化，也不指望生活的改善。所以他們並不在乎自己的行爲所造成的後果，也不會去思考未來。

§三 因此，爲了改變勞工的習慣，需要針對他們的智力和貧困同時採取雙重行動。首先，對於勞工階層的子女進行有效的國民教育；其次，採取一系列的措施（像法國大革命時所做的那樣）爲整個一代人消除極端的貧困。

我們在這裡並不適宜討論有關國民教育的原則或者機制的問題，即使是以最基本的方式進行討論情況也是如此。但是人們希望有關這個問題的觀念是領先的，現在看來，單憑口頭教育是不夠的，要緩慢而穩當地開展比社會爲其公開承諾所提供的教育還要好的教育。我們暫且不談容易引起爭議的問題，可以確切地講，對於勞工階層進行全方位的智力訓練的目的是使他們具備更多的常識，從而有能力對其周圍的環境做出正確的實際判斷。這是不可或缺的基礎性工作，是其他教育的落腳點。無論教育部門可以提供什麼樣的高深的教育，都是屬於錦上添花的問題。讓我們認識並且堅持這種觀點，並將其作爲進行教育的首要目標，在這種情況下，要再解決教什麼或者怎樣教等問題時，就不會感到非常困難了。

旨在勞工階層中傳播良好知識的教育，使他們有能力判斷其行爲可能造成的後果，即使沒有進行直接的教誨，也必定會昇華他們的理念，從而將各種類型的草率放縱和不計後果的行爲視爲恥辱，將造成勞動市場供給過剩的這種行爲，視爲侵害公共利益的行爲而進行嚴厲的譴責。這種觀念或許能夠形成，並且可以對人口的增長產生適當的限制作用。不過儘管我認爲這種觀念的能動性是不容懷疑的，但是欲形成這種觀念，僅依靠教育是遠遠不夠的。教育與極端的貧困是不可能和諧一致的，對於困苦不堪的人進行教育不可能產生成效。從未享受過舒適生活的人，很難理解舒適生活所具有的價值；或者，處於悲慘的朝不保夕的生活的人，將會由於總是過著一貧如洗的生活而不顧及個人行爲的後果。個人往往可以透過奮鬥而獲得安樂的生活，但是對於勞工整體來說，頂多只能期望他們勉強維持生活；要改進大多數非技術性的按日計酬的零工的習慣和要求是困難的和遲緩的，除非設法使他們整體的生活水準提高到相對舒適的程度，並且持續到新的一代人長大成人爲止。

爲了達到這個目的，有兩項資源可供利用。這樣做，既不會對任何人造成損害，也不會產生自發的或者法定的慈善活動常有的弊端，而且不僅不會削弱，反而會增強對於勤勞精神的各種激勵，以及進行長遠打算的各種動機。

§四　首先，要推行大規模的國家殖民政策。我指的是，動用大批公共資金，資助相當一部分農村青年立刻遷居殖民地。像威克菲爾德先生所建議的那樣，給予年輕的夫婦優先權，或者當沒有年輕夫婦時，給予有即將成年子女的家庭優先權。這筆開支將在最大的限度內實現政策目標，而同時，殖民地則將可以獲得它所缺乏的最大量的、成熟的和未來的勞動力，而這些勞動力在這裡卻是過剩的。其他的人已經證實，並且本書後面章節中的相關依據也顯示，這種大規模的殖民並沒有讓國家付出什麼代價，或者可以說，所有的付出都將得到相應的回報；而且殖民所需要的資金，即使採取墊付的形式，也不是籌自用於供養勞工的資本，而是籌自於過剩的資本，這種資本找不到投資機會，不能爲其所有者的節省帶來充分的回報，因此，它將流向海外尋求投資機會，或者浪費於國內盲目的投機活動中。國家的這一部分收入，通常對於勞工階層的利益毫無貢獻可言，它只是作爲可能需要承擔的任何費用，對我們這裡所考察的進行移民的這部分勞工做出貢獻。

其次，拿出今後可用於開墾的所有的公有土地，去壯大小型自耕農的隊伍。這些土地過去一向不曾服務於公共事業，只是用於滿足富人擴大領地的需要，現在已經到了將剩餘的公有土地留作專門爲窮人謀求利益的時候了。管理這項事務的機構已經存在，它是根據基本的《圈地法》建立起來的。我想提出的建議是（儘管我感到它被迅速採納的希望很小），今後，準備將公有土地圈爲私有的時候，在所有的情況下，都應該首先出售或者轉讓一部分土地，以便能夠對莊園的所有者或者社區的所有者的權利給予補償，而將其餘的土地劃分成五英畝左右的地塊，分配給那些依靠自己的勞動開墾並耕種這些土地的勞工階層的成員，成爲他們絕對占有的私人財產。對於現有的積蓄足以使生活維持到獲取第一次收成時的勞工，或者有條件說服某位責任人爲他們墊付所需要的資金並提供個人擔保的勞工，應當給予優先權。實際上，這樣的勞工爲數不少。工具、肥料，在某些情況下還包括生活必需品，則應由教區或者國家提供；這筆墊付的資產的利息，按照公債的利率計算，作爲一種永久性的免役地租予以徵收，農民有權隨時償還這筆債務，或者在適當的若干年內加以買斷。如有必要，還可以透過法律手段禁止分割這些小塊地產。固然，這項計畫是以當初設想的方式加以實施的，但我並不認爲土地將會被細分到任何不合理的程度。土地的所有者去世時沒有留下遺囑，而且在其繼承人之間無法就土地繼承問題達成一致意見的情況下，則可以由政府按照土地的價值回購這塊土地，然後轉讓給能夠對土地價格提供保障的其他勞工。擁有這些小規模土地的欲望，或許會像在歐洲大陸那樣，成爲審愼而節省的一種誘因，對勞動人口總體上產生影響；同時，使願望迫切的一部分僱傭工人，成爲介於僱傭工人與雇主之間的中間階層的成員，並賦予他們雙重的利益，如此一來，就既實現了他們所希望的人生目標，又有充分的理由可以預期，他們將因他們的自律而成爲人們的榜樣。

不過，應該指出的是，無論採用以上哪一項補救措施，都必須達到一定的規模，不僅使耕種土地的全體勞工有工作可做，而且使現有的工資總額得到大幅度的增長，足以使他們及其子女過著他們從未享有過的舒適而自立的生活。當目的在於提高人民永久性的生活水準的時候，小規模的措施不是僅僅可能產生小規模的成效的問題，而是完全不可能產生任何成效的問題。除非使整個一代人像習慣於過著現在的貧困生活那樣習慣於過著舒適的生活，否則就等於什麼事情也沒有做。而且軟弱無力、淺嘗輒止的改進措施，只是在耗費資源而已，還不如把這些資源先保存下來，直到觀念與教育的提高造就出這樣的一批政治家，他們不再認爲只要提出宏圖就算萬事大吉，以及並不需要治國之才爲實現這些計畫做出任何努力了。

我完全依照當初撰寫的情況將以上章節保留下來，因爲從原則來講，它們仍然是正確的，儘管在當前的情況下，英國已經不再急迫地需要專門地宣傳它了。作爲當代偉大的科學成果之一，交通運輸成本的大幅度下降，以及幾乎所有階層的人民、已經獲得的或者正在獲得的有關世界各地勞動市場的情況的知識，打開了一扇從英倫三島向大西洋彼岸的新興國家進行自發性移民的大門，這種移民的勢頭並無衰退之意，反而有增強之趨勢；而且在國家並沒有實施任何系統性的殖民政策的情況下，大不列顚的工資水準已經顯著地提高，正如曾經在愛爾蘭所發生的情況那樣，而且工資增長的速度在一代人或者幾代人的期間內都不會放緩。對於過剩的人口來說，移民，不再是他們一時的衝動和趕時髦的事情，而是成爲他們的可靠的謀生之路；這一近代歷史上出現的新生事物，加上自由貿易所造成的迅速繁榮，使這一人口過剩的國家得到暫時的喘息機會，它可以利用這一時機提高各個階層人民的（包括最貧困階層人民的）道德水準與智力水準，以防止人口過剩的舊態復發。能否充分利用這個千載難逢的大好時機，取決於我們議會的智慧；然而，能否依賴於我們議會的智慧卻是一件令人寢食難安的事情。不過，我們的希望是建立在以下的基礎之上：在我國的歷史上從來沒有哪一個時期像現在這樣思想進步，很少依靠政府的推動，而主要依靠人民普遍的努力；從來沒有像現在這樣銳意進取，並迅速波及有關人類活動的各個方面；也從來沒有像現在這樣，所有的行業都提出了涉及各項公益事業的建議，包括從最基礎的物質層面到最崇高的道德或者智力層面，人們幾乎不抱持偏見地聽取了這些建議，並且利用一切機會進行深入的瞭解與公開的討論。

◆註解◆

【1】只要人們在感情上不能把多生子女與酗酒或者任何其他的縱欲等同對待，就不能期望人們在道德上會有什麼改進。但是在貴族和神職人員率先成為縱欲的實例的情況下，又能指望窮人做些什麼呢？

【2】參見西斯蒙第，《新政治經濟學原理》，第七編，第五章。

第十四章　關於不同職業的工資差別

§一　以上我們對於工資問題所做的論述，僅限於探討對工資總體上普遍發生作用的各種原因，即決定正常的或者平均的勞動報酬的各項法則，但並未提及現存的不同種類的工作習慣以不同的工資率支付不同的工資，這在某種程度上是受不同的法則所支配的問題。本章下面將考察這些差別，並且研究它們以什麼方式對前述已經得出的各項結論產生影響，或者受到這些結論的影響。

亞當·史密斯在其著作的一章中，[1]對於工資這一部分問題所做的精彩論述，廣為人稱道而且廣為流行，但是我實在不能認為他處理這個問題的方式像人們所說的那樣完美無缺。不過，迄今看來，他的分析還算是相當成功的。

亞當·史密斯指出，這些差別的產生，部分是由於在歐洲沒有任何一個地方實行完全自由的政策，部分地是由於「各種職業本身的具體情況。實際上，或者至少在人們的想像中，要對某些金錢利得微薄的職業給予補償，而對另外一些金錢利得優厚的職業有所扣減」。他認為，這些情況包括：「第一，工作本身令人感到愉快或者不愉快的程度；第二，學習掌握它們的難易程度和成本的高低；第三，工作安定或者不安定；第四，工作中所承擔的責任的輕重；第五，工作獲取成功的可能性的大小。」

對於其中的某些情況，他曾經做出詳細說明，儘管他所列舉的某些實例現在早已過時。「勞動的工資會因工作在難易程度、衛生狀況、社會地位等方面的不同而有差別。因此，在許多地方，與紡織工相比，縫紉工的年收入就較少，因為他的工作容易多了。」自亞當·史密斯時代起，紡織工的報酬就已經發生很大的變化，而且手工業工人工作的難度，也比縫紉工還要大。我想，這種難度也不是普通的紡織工的工作難度所能比擬的。「一位紡織工的收入比鐵匠的要少，這未必是因為紡織工的工作比較容易，而是因爲紡織工的工作要乾淨得多。」更爲確切的解釋可能是，它需要消耗的體力較少。「某個鐵匠雖然是技術工人，但是他十二小時的勞動報酬很難達到一位普通煤礦工人八小時的工資水準。因爲鐵匠的工作不像煤礦工人的工作那樣汙穢、危險，而且是在地面上有陽光照射的地方進行的。對於所有尊貴的職業來說，榮譽在報酬中占很大的一部分。從金錢利得的角度來看，必須將各個方面都考慮進去。」基於他的觀點，這些職業所得到的總體補償均低於平均水準。「職業的卑賤性具有相反的作用。屠夫是一種既野蠻又令人生厭的職業，但是在許多地方，屠夫的收入卻比大部分其他的一般的職業的收入還要多。在所有的職業中，劊子手的職業是最令人憎惡的，可是相對於其工作量而言，劊子手的收入卻比任何普通職業的人的收入都要多。」

操作手工紡織機的紡織工的報酬目前很低，但是他們不願意放棄這種職業，原因之一據說是這種職業賦予工人行動的自由，這一點特別具有吸引力。據當代一位權威人士所述，[2]「他可以隨意遊玩或者閒逛，可以早起一點或者晚起一點，可以隨心所欲地決定勤快一點或者懈怠一點，而且在首先滿足享樂與休憩的情況下，可以在任何時候開始加倍努力地工作，以便完成工作量。勞動人口中幾乎沒有任何其他人能夠如此自由地擺脫外界的控制。工廠的工人缺勤就要被扣減工資，經常缺勤就會被開除。砌磚工、木工、油漆工、細木工、石匠、戶外工人，他們都有規定的日勞動時數，不重視它，就會招致同樣的後果。」因此，「只要紡織機能夠維持生活，不管生活多麼艱難，紡織工都不會離開他的紡織機；而且雖然有許多紡織工在其他職業的誘惑之下暫時離開了紡織機，但是一有從事原來工作的機會，他們就會重新回到紡織機旁」。

亞當．史密斯繼續分析道：「某些行業的工作比其他行業的工作還要安定。在大部分製造業中，一個工人往往可以肯定，只要他還能工作，那麼幾乎一年中的每一天他都會有工作做。」（當然，需要排除因市場供給過剩、需求疲軟或者商業危機而造成的經營中斷的情況。）與此相反，石匠或者砌磚工在天寒地凍或者氣候惡劣的條件下就不能工作，即使在具備所有的工作條件的情況下，他們能否有工作做也取決於他們的客戶偶然性的召喚，結果是，他們沒有工作做的時候很多。因此，在他們有工作做的時候，他們的收入不僅需要維持他們沒有工作期間的生活，而且需要對他們在企盼工作的過程中所承受的焦慮與沮喪給予補償。於是，大部分製造業工人的收入，估算起來和普通勞工的日工資幾乎相當，但是石匠和砌磚工的收入卻大多相當於普通勞工日工資的一倍半乃至兩倍；儘管掌握石匠與砌磚工的技能可能要比掌握所有其他工種的技能都容易。所以，這類工人的高工資，與其說是對於技能的補償，還不如說是對於職業的不安定性的補償。

除職業的不安定性之外，如果還存在著艱苦、不愉快和骯髒等方面的問題，那麼這種最普通的勞工的工資，也會超過最熟練的技術工人的工資。紐卡斯爾煤礦工人的計件工資，一般可以達到普通勞工工資的兩倍左右，而在蘇格蘭的許多地方，則可以達到三倍左右。工作的艱苦、不愉快和骯髒，從總體上決定了工人的高工資。因此在絕大多數的情況下，只要工人願意，他的工作就是穩定的。就艱苦、骯髒和不愉快的程度而言，倫敦的運煤工人的工作幾乎與煤礦工人的工作相當。但是，由於運煤的貨輪抵達的日期難免發生變動，致使大部分運煤工人的工作必定是很不穩定的。所以，如果煤礦工人通常可以得到兩倍於或者三倍於普通勞工的工資，那麼運煤工人有時得到四倍於或者五倍於普通勞工的工資，就不足爲怪了。幾年以前，對於他們的狀況所做的調查結果顯示，根據當時的工資率，他們的收入大約是倫敦普通勞工工資的四倍。不論這些收入看起來有多高，如果對於該項工作所有不利因素所給予的補償過多，那麼在一個沒有壟斷特權的行業裡，很快便會出現許多競爭者，並且迅速地會將工資降到較低的水準上。

在一定的情況下，假定對各種具體職業不利條件做出的補償所決定的這些報酬上的差別，是完全競爭帶來的必然結果，而且毫無疑問，它們還大致處於同一級別或者同一層次的人所從事的職業之間，那麼這種差別，在大部分場合，實際上都是存在的。不過，如果把這一點視爲令人愉悅的職業與令人厭惡的職業之間的一種普遍存在的關係，那就完全歪曲了實際的情況。眞正艱苦而且令人厭惡的勞動所能得到的收入，不但不比其他勞動的收入多，反而幾乎比任何其他勞動的收入都還要少，因爲只有那些沒有其他選擇的人才會從事這種勞動。在一般勞動市場的條件較爲有利的情況下，則將產生另外一種後果，即如果勞工的總體數量不是多於，而是少於所需要的就業人數，那麼令人厭惡的工作一般來說就不會有人去做，除非其工資高於一般的水準。但是，如果對於勞動的供給超過了對於勞動的需求，因而勞工對於能否找到工作完全沒有把握，那麼只要有人提供就業，不論條件如何，就都屬於一種恩惠，如此一來，情況就會發生逆轉。誰都願意僱用的具備優越條件的勞工，仍然可以對職業進行選擇；不具備優越條件的勞工，則必須接受有可能得到的任何工作。工作越是令人厭惡，其報酬必然越低，因爲這類工作總是落在最爲絕望也最不受人尊敬的這樣一些人身上，他們或者處於極端貧困的狀態，或者由於缺少技能和教養，因而無法找到任何其他的職業。一部分是由於這種原因，一部分則是由於下面即將談到的自然壟斷和人爲壟斷方面的原因，致使工資的不均等性整體上完全背離了亞當．史密斯錯誤認定的勞工報酬均等的基本原理。勞動的艱苦程度與勞動的收入水準之間的關係，與在任何公平的社會安排中所應有的關係不同，它們不是成正比例的，而基本上是成反比例的。

有關一種職業獲得成功的不確定性對其報酬所產生的影響的問題，亞當．史密斯提供了最爲出色的舉例說明。如果完全失敗的可能性很大，那麼對於成功的報酬必須非常大，按照一般的估算，它必須足以對失敗的可能性做出補償。不過，基於有關人性的另外一項準則，如果成功的報酬採取發放少數幾筆巨額獎項的方式，那麼它往往會吸引數量過多的競爭者，從而不僅可能使平均報酬減少到零，而且甚至可能減少爲負值。發行彩券的成功，證明這種情況是可能發生的；因爲在彩券上冒險的人們，作爲一個整體，必然是非失敗不可的，否則彩券的發行者就不可能獲利。亞當．史密斯認爲，某些職業的情況與此相同。「對於學習從事某項職業的任何個人來說，根本不能勝任該項職業的可能性，往往因職業的不同而大不相同。對於機械行業的大部分職業來說，獲得成功的可能性幾乎是百分之百。可是對於自由職業來說，獲得成功的可能性卻非常小。例如，把你的兒子送去當學徒做鞋匠，他一定能夠掌握製鞋的技術，但是，送他去學習法律，那麼他能夠精通法律並且依靠法律吃飯的可能性至少是二十比一的關係。就一種絕對公平的彩券而言，中獎者之所得應該相當於全部未中獎者之所失。對於一種有二十人失敗才一個人成功的職業來說，成功的一人之所得，應該相當於失敗的二十人應該得到而未能得到的全部所得。一位年屆四十歲才有可能開始在其職業生涯中獲得一些報酬的律師，他所獲得的報酬不僅應該足以對他本人乏味卻又十分昂貴的教育做出補償，而且還應該對可能一無所獲的其他二十人的教育所消耗的時間與費用做出補償。儘管律師收取的費用有時顯得過高，但是他眞正獲得的報酬一定達不到上述水準。針對任何特定地區的情況，估算任何普通行業的不同的工人（例如鞋匠或者紡織工）之年收入總額與年支出總額，你將會發現，前者一般來說將大於後者。不過，如果你對所有的不同法庭的律師以及實習律師進行相同估算，那麼你就會發現，他們的年收入只占他們年支出的極小的一部分，即使你盡可能地提高對於他們的年收入的估計，並且盡可能地壓低對於他們的年支出的估計，情況也是如此。」

與亞當．史密斯所處的時代相較，在我們今天，少數人的收入已經高得不可比擬了，同時，未獲成功、抱負不凡的人數也大爲增加了。因此，在今天，他的這種論述是否仍然正確，必須由掌握確切資訊的人做出判斷。不過，亞當．史密斯所說的律師報酬，除律師收取的費用之外，還應當包括律師這個職業爲律師帶來的薪資和榮譽，以及在公眾的眼中令人羨慕的顯赫社會地位。對於這些，他似乎沒有充分予以考慮。一種具有冒險性的職業，即使不提供高額的酬報，人們僅憑尋求刺激的衝動，有時也會趨之若鶩。這一點，尤其表現於「普通百姓報名從軍或者出海航行的熱情上……危險性以及冒險生涯的九死一生，並未使年輕人的勇氣受挫，卻似乎經常誘使他們孤注一擲。在處於社會底層的人民中，慈善的母親往往不願意將兒子送進海港城市的學校讀書，擔心兒子看到大船或者聽到水手的交談和冒險經歷後，禁不住誘惑而決心出海遠行。在遙遠的未來可能發生的危險，不會使人們止步不前，因爲人們有望憑藉自己的勇敢與機智擺脫危險。而在其他任何行業中，它也不會使勞動的工資有所提高。至於勇敢與機智無法派上用場的職業，情況就有所不同了。在非常有損於身心健康的行業中，勞動的工資總是特別豐厚。有損於身心健康屬於令人厭惡的情況之一，它對勞動工資所產生的影響應當歸於有關令人厭惡的一類因素中加以分析」。

§二　以上闡述的是有關各種職業爲產生均等的吸引力，必須提供不均等報酬的情況，它們是自由競爭發揮均衡作用的各種實例。下面的內容將要探討的是，由一項不同的法則所決定的眞正不均等的情況。「勞動的工資，會因勞動者必須承擔的責任的大小不同而有所差異。與手藝相當甚至手藝更高的其他工匠相比，各個地方的金匠和珠寶匠的工資水準更高。這是因爲人們將貴重的資料委託給他們加工的緣故。我們將我們的健康委託給醫生，將財產有時甚至將生命和名譽委託給律師與法律代理人。將如此重大的信任託付給微不足道或者無足輕重的人是很危險的，因此，他們得到的報酬必須很高，以便使他們能夠保持接受重大信任所需要的社會地位。」

在這裡，高額報酬並不是競爭的結果，而是缺乏競爭的結果。它並不是對於職業內在的不利因素的補償，而是對於職業所具備的某種獨特的有利因素的補償。這是一種壟斷價格，它並非源於法律，而是源於所謂的自然壟斷的威力。如果所有的勞工都是同樣值得信任的，那麼人們就無須爲金匠的勞動支付額外的報酬以作爲特殊信任的代價了。人們要求他們所具備的誠信程度超過了一般的水準，因此能夠得到這份工作的人，看上去就具備這種條件，就可以利用這種獨特性，依據其稀有的程度，相應地獲得較高的報酬。這一點連帶揭開我們應該予以考察的一類新問題，對於這些問題，不論是亞當．史密斯還是大部分其他政治經濟學家，均未充分地考慮；這一疏忽，使亞當．史密斯對於普通勞動與熟練勞動的報酬之間的重大差別所做的論述，顯得極不完善。

有些職業所需要的學習時間比其他職業的來得長，學習過程中所需要的費用也來得多；同時，正如亞當．史密斯所解釋的那樣，這也正是從事這種職業可以得到較高報酬的內在原因。如果一個工匠在他能夠賺取任何收入之前，必須花費幾年的時間去專門學習手藝，然後才有可能技術嫻熟地完成工作，那麼他一定預期他的收入可足以償付過去所有勞動的工資，以及對於這種償付的延遲與學習期間所支付的費用也做出補償。因此，他的工資，除正常的額度之外，還必須在其今後有能力進行工作的年限內，每年償付按照普通利潤率計算的上述款項。這是在考慮所有情況的基礎上，爲使技術性勞動與非技術性勞動處於同一利益水準之上所必需的，也是在任何時期內所能存在的這兩種勞動報酬之間的最小差額。因爲若非如此，那就不會再有人去學習並成爲熟練勞工了。而這種差額，就是亞當．史密斯的原理所說明的全部內容。當這種差額較大時，他似乎認爲，這一定是由於學徒的章程與法人團體的規定對於熟練勞工的數量造成限制的結果。不過，除這些或者任何其他人爲的壟斷之外，還有一種自然壟斷，使技術性工人處於比非技術性工人更爲有利的地位，並使兩者報酬之間的差額，以更大的比例超出使兩者的利益相互平衡的水準。如果非技術性勞工只要透過他們的努力以及不辭辛勞地學習相關的技能，就可以與技術性勞工進行競爭，那麼這兩種勞動工資之間的差額，就不會超過按照勞動報酬正常回報率計算的對於技術性勞工學習期間所付出的甘苦的補償。但是事實上，接受教育的過程，即使最爲廉價的教育，也都需要付出成本，或者需要勞工在得不到其他收入的情況下維持相當長的一段時間的生活費用。這就在所有的地方，排除了勞動人口中的大多數人參與任何這種類型的競爭的可能性。直到最近，即使只要求具有基本讀寫能力的職業，也還只能從特定的階層中進行人員招聘，大多數人完全沒有機會掌握這些技能。因此，相對於普通勞動的報酬而言，所有這些職業的報酬都要高得多。不過，自從有越來越多的人具備讀寫能力以來，這些要求接受過初等教育的職業壟斷價格已經大幅度下降，爲獲得這些職業所展開的競爭，已經達到令人難以置信的激烈程度。然而，除此之外，還有許多較大的差別無法運用競爭法則說明。一個只能機械地從事抄寫工作的辦事員，如果可以得到一位砌磚工的勞動工資，那麼他的所得就超過了與其勞動強度相當的工資水準。辦事員工作的艱苦程度不及砌磚工的十分之一，辦事員工作的技能與砌磚工的一樣容易學習掌握，辦事員工作的不穩定程度則比砌磚工的還要小，基本上可以成爲終身職業。因此，辦事員的報酬較高，部分地是由於壟斷的作用，該類工作所要求的一點點教育水準，尚未普及到足以產生相當數量的競爭者的程度；同時，部分地是由於受到傳統習俗的影響，要求辦事員的穿著打扮必須與較高薪資的階層人士的穿著打扮相當。有些靠手藝吃飯的職業，只有經過長期實踐才能加工出精細的產品；爲獲得最爲精細的產品，不論出價多少，也難以找到數量足夠多的工匠。在這種情況下，付給他們的工資，僅僅取決於買主在購買其所生產的商品時所願意支付的價格。與某些鐘錶匠以及某些天文學和光學儀器製造者有關的情況，就是如此。如果能夠從事這類職業的工人的人數增加十倍，那麼他們的產品恐怕仍然會被人們全部買走，但是，當然不會是按照現在的價格，而是以較低的價格買走；這種較低的價格，是較低的工資水準所帶來的必然結果。類似這樣的考慮，可以在更大的程度上應用在處於一定階層人士所從事的職業，即所謂的自由職業者所從事的職業；一般來說，處於社會底層的人們，很難被這種職業所接受，即使被接受，也不易獲得成功。

的確，迄今爲止，在不同的勞工階層之間，界限的劃分非常明顯，似乎職業之間的等級差別是世代相傳的；每個行業主要招收被社會所認同的與該行業處於相同層次的行業中的人們的子女，或者雖然當初處於較低等級，但是透過他們的努力成功地提高了自己的層次的人們的子女。自由職業，大多是由自由職業者的兒子或者有閒階級的兒子塡補；技術水準要求較高的手工業勞動，則是由技術性的手工業勞工的兒子或者與其等級相當的手工行業的技術性勞工的兒子塡補；技術水準要求較低的手工業勞動的情況，也是如此。而非技術性勞動，偶然情況除外，通常都是在原有的基礎上保持父子代代相傳的態勢。結果是，迄今爲止的各個階層的工資水準，主要取決於該階層本身的人口的增長，而不是取決於一個國家基本人口的增長。如果從事自由職業的人員過多，那是因爲一向主要補充這種職業的那個社會等級的人數大爲增加，也因爲這一等級中的大部分家庭的人口很多，而且至少每家都送幾個兒子去從事這種職業。如果技術工匠的工資總是大大地高於普通勞工的工資，那麼這是因爲技術工匠屬於一個比較審慎的自律的階層，他們很少過早地或者過於輕率地結婚。然而，目前在習俗與觀念上迅速發生的變化，正在消除所有這些差別；將人們束縛在世襲的生活狀況下的那些舊習或者缺陷正在迅速消失，每個等級受到來自於其下的各個等級的競爭，或者受到至少與其直接相鄰的下一個等級的競爭正在增強。傳統的束縛普遍減弱，教育的能力已經大爲提高，在其力所能及的範圍內，所有人都可以接受教育，而且這一範圍仍在繼續擴大中。不過，在已經取得的許多優異的成果中，也出現了一種不良後果，即它們使熟練勞工的工資水準趨於下降。毫無疑問，技術性勞工與非技術性勞工的報酬之間的不均等的程度，已經超過了公平的差別所應有的限度，但是人們希望，這種不正當的差別不是透過技術性勞工的報酬的下降，而是透過非技術性勞工的報酬的提高而得到糾正。然而，如果對於基本的勞動人口強有力的限制，沒有伴隨著社會的各種其他變化同時發生，則會出現一種傾向，即等級較低的熟練勞工，受到低於他們本身的更低的生活水準所決定的出生率的影響，在一般群眾的生活水準得不到提高的情況下，他們的生活狀況就會惡化；最低等級的人口在增長方面受到的刺激，足以使他們輕而易舉地填滿他們直接從相鄰的上一等級中得到的空缺。

§三　還有一種不同的情況仍然有必要予以考察，它在某種程度上妨礙了上述各項法則的作用的正常發揮。技術性勞工的收入，特別是任何一種需要接受學校培訓的特別工種的勞工的收入，之所以體現爲一種壟斷的情況，是因爲人民大眾沒有接受這種培訓的機會，從一般的規律來看，這固然是正確的；不過，國家的政策或者個人的捐助，透過對遠遠超過能夠自費進行這種培訓的大量的人提供免費培訓，可以極大地緩解競爭遭受到的這種限制，這也是正確的。亞當・史密斯曾經指出，這個原因所帶來的後果是，使一般具有文化的教育性質的職業，尤其使牧師、文化人、學校校長或者其他青年教師的報酬下降。對於這一方面的問題，我不可能闡述得比他更加精彩。

由於人們認爲，爲某些職業培養一定數量的年輕人是非常重要的，所以有時由公共團體，或者有時由熱心的私人捐助者，爲此目的設立名目繁多的獎金、助學金、獎學金、貧困學生津貼等，結果使從事這些職業的人數大大超過了自發求職時可能達到的水準。我相信，所有基督教國家，大多數牧師的教育費用，都是以這種方式支付的，完全自費接受這種教育的人很少。因此，這種長期、枯燥而且昂貴的教育，並不能爲接受這種教育的人提供適當的回報，爲了得到一份工作，教會中擠滿了願意接受比這種教育應該提供的較低的報酬的人；透過這種方式，窮人的競爭奪走了富人的收入。將牧師或者神父與一般行業的熟練工人相提並論，顯然是不夠妥當的。然而，牧師或者神父的收入，卻與熟練工人的工資具有相同的性質。所有這三種人，都是按照他們與各自的上司所簽訂的合約獲得工作報酬的。基於數次不同的國家宗教會議所公布的規定，我發現，直到十四世紀中葉，英格蘭的牧師或者領取薪資的教區神父的收入還是五馬克，其所含白銀的價值與我們今天的貨幣十鎊大致相當。在同一時期，砌磚師傅的日工資爲四便士，其所含白銀的價值等於我們今天的貨幣一先令；砌磚熟練工的日工資爲三便士，其所含白銀的價值等於我們今天的貨幣九便士。[3]所以，這兩種勞工，如能長年被僱用，則其工資收入將比教區牧師的收入還要高。實際上，砌磚師傅每年只要工作三分之二的時間，其工資收入便與教區牧師的收入相當了。安妮女王第十二年法案第十二章規定：「由於沒有對牧師提供充分的給養與獎勵，所以計畫對若干地區予以關照，茲特授權主教，以其簽字蓋章爲憑，發放一定量的薪資或者津貼，每年不得超過五十鎊，也不得少於二十鎊。」今天人們認爲，如果牧師的年薪能夠達到四十鎊，就已經很不錯了，而且儘管頒布了議會的法令，但是仍然有許多牧師的年薪低於二十鎊。這筆收入的確沒有超過許多農村教區普通勞工的所得。每當法律試圖干預工人的工資時，總是想要降低工資，而不是提高工資。可是，法律曾經多次試圖提高牧師的工資，並且爲了維護教會的尊嚴，還曾經授權教區長向牧師發放比他們自己情願接受的極其微薄的生活費用更多的津貼。在這兩種情況中，法律所做的努力都毫無成效，法律從來都未能將牧師的工資提高到它想要提高的程度，也未能將勞工的工資降低到它想要降低的程度。因爲法律從來都無法阻止牧師因爲處境艱難、競爭者眾多，而甘心接受比法定津貼更少的收入；同時，法律也無法阻止雇主因爲追逐利潤或者享樂，競相僱用勞工所形成的反向的競爭，從而使勞工得到更高的收入。

對於沒有薪俸的職業，例如法律以及醫學等方面的職業來說，如果也有相同比例的人透過公費教育參與競爭，那麼這些職業的競爭就會變得非常激烈，從而大大減少它們所提供的金錢方面的報酬，這將使人們不值得再送他們的兒子自費學習其中的任何一種職業，而這些職業，將完全由公共慈善團體培養出來的人來從事，他們數量眾多而且生活拮据，基本上都會滿足於極其微薄的酬勞。

通常被人們稱爲文化人的那一群體的落魄之人，剛好處於上述假設中的律師和醫生的境況。在歐洲各地，這些人的絕大部分都是因爲想要供職於教會而接受相關的教育，但是出於種種原因，他們未能進入神職人員的隊伍。然而，他們基本上接受的是公費教育，他們的人數到處都如此之多，導致他們勞動的價格跌到了慘不忍睹的地步。

印刷術發明之前，文化人利用他們的文化或者透過將他們自己所掌握的有用知識傳授給他人，當時能獲得報酬的唯一職業就是擔任公立或者私立學校的教師；這種職業，與印刷術發明之後，爲書商撰寫文稿的職業相比，的確是一種更有名譽、更有用處，而且一般來說，甚至更有利可圖的職業。與法律和醫學領域最偉大的實務家相比，成就一位出色的教師，需要投入的時間與學習，需要具備的天資、知識和實踐，起碼是不相上下的。然而，出色的教師通常獲得的報酬卻無法與律師和醫生獲得的報酬同日而語。因爲教師職業大多是由接受公費教育的窮人所從事，而律師或者醫生這兩種職業，則很少不是由接受自費教育的人所從事的。不過，儘管公立或者私立學校教師的報酬通常看上去都很低，但是，如果那些爲賺取麵包而選擇去撰寫文稿的更爲貧困的文化人不曾退出這一市場，那麼毫無疑問，教師的報酬一定會更低。在印刷術發明之前，學者與乞丐似乎是含義非常接近的同義詞。在那一時期之前，各個大學校長，看起來經常爲他們的學者簽發乞食證明。

§四　自從亞當·史密斯做出相關論述以來，對於文化人的勞動的需求已經大爲增加。然而，免費教育的機構不僅沒有大量增加，反而在經過革命的國度裡大爲減少。因此，今天文化人的勞動報酬的微薄，已經不能再說成是受到免費教育機構的影響的結果。不過，現在卻由於在某種程度上相同的原因，即來自於其他相近領域，可以稱之爲業餘藝術家的人的競爭，造成了一種幾乎完全相同的後果。文化性職業所具有的特點是，即使從事該種職業的人的大部分時間都被其他工作占據，但也仍然有可能獲得成功；從事該種職業所需的教育，是一切有教養的人都需要接受的普通教育。在世界當前的狀況下，吸引人們從事這種職業的動機與金錢利益無關，所有想要使自己的虛榮心得到滿足的人，或者想要使公眾或者個人的某種目標得到實現的人，都會具有很強的動機。今天，這種動機已經將許許多多而且越來越多的人吸引到這種職業上來，這些人並不需要職業所帶來的金錢上的利益，即使完全沒有這種利益，他們也照樣會去做。在我們自己的國度裡（列舉眾所周知的實例），近代最有影響、整體而言也是最爲傑出的哲學家邊沁、最爲偉大的政治經濟學家李嘉圖、雖然英年早逝但卻極其偉大的詩人拜倫（Byron）和雪萊（Shelley）、最爲成功的散文小說家司各特（Scott），他們都不是職業作家；在他們五人之中，只有司各特和拜倫能夠依靠自己的著作維持生活。幾乎在所有層次較高的文化行業中，人員都無一例外地大爲過剩。因此，儘管成功的作家們所獲得的最高的金錢報酬，比以往任何時期都高得無可比擬，但是如果將這種機會合理地考慮進去，則在當前的競爭中，任何作家都不能指望依靠著書立說來維持生活，依靠爲雜誌和論壇撰寫文稿來維持生活也會變得越來越困難。今天，受過教育的人要想依靠文筆維持生活，只能從事那些更爲辛苦而且令人生厭的文化性勞動，例如大部分與報紙和小型期刊相關的勞動，這樣的勞動對於個人的聲譽毫無裨益。總體來看，這種勞動的報酬的確很高，因爲他們雖然遭受到所謂的「窮學者」（得到某些公共或者私人的慈善機構的資助而接受過專門教育的人）的競爭，但是卻擺脫了業餘藝術家的競爭，這些業餘藝術家擁有其他的生活來源，很少願意從事這種工作。是否這些考慮與將著述活動視爲某種職業的觀念中所包含的某些錯誤的看法沒有關聯，以及以謀生作爲宗旨的教師隊伍是否適合於永久存在下去，或者有可能永久存在下去，都是非常值得思想家們予以關注的。

神職人員所從事的職業與文化性職業一樣，往往也是由能夠獨立維持生活的人所從事的，他們可能出於對宗教的虔誠，或者爲了實現教職的榮譽和價值，或者爲了獲得教職有可能提供的高額酬報的機會，而且，目前牧師的薪俸如此微薄，主要也是出於這一原因。儘管在社會輿論的影響下，牧師的薪俸已經顯著提高，但是就必須保持現有教會神職人員所應具備的體面而言，作爲他們生活唯一來源的薪俸，一般仍嫌不足。

當一種職業主要是由大部分生活費用另有來源的人員來從事的時候，則與其他勞動強度相當的職業相比，其報酬不論多低都是可能的。家庭手工業可以作爲這種職業的典型實例。在那些主要依靠農業生產維持生活的家庭從事紡織業和編織業的時代，家庭製作的產品的售價（形成對於勞動的報酬）往往非常低，以至於需要有很完善的機制才能使這些家庭不在競爭中失利。在這種情況下，報酬的多寡主要取決於由這種勞動所生產的商品的數量是否能夠滿足全部需求；如果它不能滿足全部需求，那麼就需要有某些勞工專門從事這種生產。於是，產品的價格必須提高到足以按照正常的工資率支付這些勞工的報酬的水準，並因而對家庭手工業的生產者提供相當可觀的回報。不過，如果需求非常有限，一般的家庭手工業能夠滿足這種需求而且有結餘，那麼產品的價格必然下跌，一直跌到農民家庭認爲還可以繼續生產的最低水準爲止。毋庸置疑，正是因爲瑞士的手工業者並不是主要依靠他們的紡織機來維持其生活，所以才使得蘇黎世在歐洲市場上還可以與英國的資本、燃料以及機械相抗衡。[4]目前爲止，我們僅考察了有關勞工從事副業的報酬。從上述分析中我們可以看出，勞工從事副業幾乎肯定會使勞工從事主業的工資成比例地下降（除非受到特殊的反向因素的干擾）。所有地方的民眾的習俗（正如前面已經多次提到的那樣）都只要求某種特定的生活水準，不達到這一水準，他們將停止生育子女。至於用於維持這種生活水準的收入來源是一個還是兩個，對於他們來說並無差別；如果有第二個收入來源，那他們對於第一個收入來源的要求就會降低，並且當人口增長達到某一水準時，將可能使他們從兩種職業中所獲得的收入，與單純從事任何一種職業時所能獲得的收入相比，不會更多（起碼到目前爲止情況就總是如此）。

出於同一原因，人們發現，在其他條件相同的情況下，凡是員工的妻兒老小可以輔助進行勞動的行業的工資，一般來說都是最低的。在這些行業裡，勞工階層的需求所決定的收入，是由全家人的收入所構成，這種收入必須降到他們幾乎肯定還會生兒育女的水準爲止；而在其他行業中，則是單獨由一位男子來賺取相同的收入。他們集體的收入，甚至有可能比其他行業單獨一位男子的收入還少。因爲與結婚之前相比，男女雙方同時開展家庭勞動所帶來的最直接的感受是，生活條件可以得到改善，結果導致對於結婚的審慎和控制遭到異乎尋常的削弱。例如，手工紡織機紡織工的情況就是如此。在一些紡織行業中，婦女勞動的收入與男子的收入一樣多，子女在年齡很小的時候就開始工作；但是與幾乎任何的其他行業相比，一家人的收入總量總會更低一些，並且家庭中的子女的結婚年齡也更早一些。還值得予以關注的是，某些手工紡織行業的工資水準遠遠高於該行業的一般工資率，它們都是那些既不僱用婦女也不僱用兒童的行業。一八四一年，手工紡織機紡織工委員會所做的調查報告可以證明這一事實。然而，我們卻不能以此作爲理由，排除婦女在勞動市場上進行競爭的自由。因爲即使男女雙方同時勞動的收入少於丈夫一個人在某些行業的勞動收入，但妻子成爲獨立生活的主人這一點，也具有更高的價值。不過，一個家庭主婦（獨身的婦女則另當別論）爲了生計而必須工作，至少必須在家庭以外的場所工作；如果這種現象成爲勞工階層生活中的某種永久性的因素，那麼這絕對不能說是一種好現象。至於兒童，當然是需要依靠父母的，他們參與競爭從而使勞動市場的價格下降所產生的影響，已經成爲限制他們參加勞動以便使他們更好地接受教育的重要理由。

§五　與男子的工資相比，婦女的工資一般較低，而且總是低很多，這是一個值得關注的問題。不過，實際上的情況卻並非總是如此。在男女從事相同工作的地方，從對於體力的要求的角度來看，如果男女都適合，那麼男女的工資並不總是兩樣的。在一些工廠裡，有時婦女的收入與男子的收入就一樣多；在手工紡織行業中，情況也是如此，該行業實行計件工資，可以對他們的效率做出實在的檢驗。產生效率相同而報酬不同這種現象的唯一原因就是習俗，習俗的形成，若不是出於偏見，就是現有的社會結構使然。從社會的角度來看，這種社會結構幾乎把所有的婦女都當作某些男子的附屬品來對待。因此，凡是屬於男女雙方共有的東西，男子無一例外地都能夠享有其中的絕大部分。不過，主要的問題與婦女專門從事的職業有關。我認爲，這些職業的報酬總是大大低於由男子從事的、技能要求與令人厭惡的程度大致相當的職業的報酬。其中有些情況顯然可以利用前面已經提到的理由加以說明，例如，在有關家庭傭人的情況中，家庭傭人的工資，一般來說，大大超過了勞動的市場價值，在這一超出的部分中，幾乎與一切由習俗支配的事情一樣，絕大部分都是由男性傭人所獲得。在雇主可以充分利用競爭獲取利益的情況中，相比於男子的正常收入，婦女的低收入已經成爲就業過剩的一種證明：依靠工資維持生活的婦女的人數，雖然遠遠低於依靠工資維持生活的男子的人數，但是由於法律和習俗允許婦女從事的職業種類甚少，所以在婦女就業的行業中仍然顯得人員過剩。必須給予關注的現實情況是，與男子工資的最低水準相比，人員過剩一旦達到某種嚴重程度，婦女的工資就有可能下降到最低水準以下。婦女的工資，至少是獨身婦女的工資，必須等於她們的生活費用，但是無須高於這一水準。因此對於婦女來說，她們的最低工資達到維持一個人生活所絕對必需的微薄程度即可。至於男子的工資，固然它最終也會因競爭過度而下降，但是男子的工資的最低水準總會高於婦女工資的最低水準。依照習俗，男性勞工的妻子一般無須補助丈夫的收入。但是，男子的工資至少需要能夠養活他本人、他的妻子及其若干子女，以維持人口的穩定。如要做不到這一點，則人口就難以維持了。而且即使妻子也有收入，夫妻的總收入也必須足以養活他們自己及其（至少在若干年間）子女。因此，除婦女的職業之外，人們藉以謀生的任何職業的工資，幾乎均不會降到最低水準（突發的危機期間或者夕陽行業中的情況則另當別論）。

§六

到目前爲止，我們的論述都是以不受人爲干擾的自由競爭爲假定條件，即只受到天然的原因，或者一般社會環境自發作用的限制。但是，法律或者習俗可能形成干擾，對競爭產生限制作用。如果招收學徒的規定或者法人團體的章程，使人們從事某一特定職業的成本更高或者難度更大，那麼這種職業的工資就有可能大大地超過它與正常勞動工資的自然比例。如果超過一般工資率的那部分工資未使價格相應地提高，而且即使人數受到限制的生產者也只能按照限定的價格處理他們生產的全部產品，那麼這種職業的工資就能夠以這種方式保持下去。在大多數文明國家裡，曾經存在過的對於競爭的這種限制，或者已經廢止，或者大爲緩解，而且，毫無疑問，必將迅速地予以消除。不過，在某些行業中，在某種程度上，工人協會正在發揮著相同的作用。除非工人協會能夠成功地限制競爭者的人數，否則它永遠也不可能將工資維持在某種人爲設定的工資率的水準上。不過，工人協會的確曾經偶然成功地達成這種目的。在某些行業中，工人可以限制外人成爲熟練工或者學徒，除非這些人的數量不多，而且遵從由他們做出的各種限制性的規定。手工紡織機紡織工委員會所做的證詞曾經指出，這種做法是使困苦不堪的手工紡織機紡織工悲慘狀況更加惡化的原因之一。手工紡織的行業已經人滿爲患，而且幾乎陷於破產的境地。不過，雖然許多其他行業的職業並不難學，但是那些行業的工人協會都設置了障礙，以至於至今仍然難以逾越。

然而，這些協會在特定的情況下以這種方式採取排外的政策雖然殘酷，但是從總體來看，這些做法究竟有利還是有弊的問題，還需要在更大的範圍內考察相關的後果才能做出判斷；而在這些後果中，上面所說的事實並不是最爲重要的。我們暫先拋開工人個人有時可能犯下的惡行不做評述，對於這些惡行，實施任何嚴格的制裁都不爲過。如果民眾的一般習慣像現在這樣永遠不改進，那麼這些部分的協會，在一定的範圍內，的確成功地限制了某些行業的人數，從而提高了這些行業的工資。這種做法可以被視爲不過是在某一特定場所的周圍設置了壁壘，以抵禦過剩人口的進入，同時使本階層的工資水準取決於他們自己的人口增長率，而不是取決於比他們更無遠見、更無節制能力的其他階層的人口增長率。乍看之下，防止更多的人分享相對少數的人之所得似乎是不公平的，但是即使允許多數人參與分享，也不過只能在短期內使多數人獲益，而唯一具有永久性的後果卻是使少數人的生活也下降到多數人的低水準。當我們考慮到這一點時，所謂的不公平也就不復存在了。至於在勞工階層的人口過剩問題普遍開始趨於緩和的情況下，上述觀點的說服力將會喪失到何等地步，而且以什麼性質的理由爲依據可以認定行業協會的存在是合乎情理的，而不是應該加以反對的等問題，我們將在本書後面與聯合法規問題相關的章節中予以考察。

§七 爲了結束有關這個問題的討論，我們必須重複一下已經做過的考察，即有些種類的勞動的工資是由習俗所決定，而不是由競爭所決定，例如內科醫生、外科醫生、律師甚至法律代理人等自由職業者索取的報酬或者費用就是如此；這類費用，按照一般的規律來說，它們是不發生改變的，而且雖然競爭對於這些階層與對於其他階層一樣也產生作用，但是這種作用只是將其業務劃分爲不同的等級，而不是普遍地降低所收取的費用的比率。究其原因可能是，人們普遍地認爲，支付給這些人的報酬，相對於這些人的勞動的比例越高，這些人就越值得信賴；如果一位律師或者醫生索取的服務費用大大低於通常的標準，那麼他們不但不會增加自己的業務量，反而會失去原有的部分客戶。基於同樣的理由，凡是雇主特別信任的人，或者雇主希望不僅僅爲自己單純提供服務的人，他們所得到的報酬均往往極大地超過了其勞動的市場價格。例如，大多數人對其家庭傭人，如有可能，總是給予較高的工資，即超過在市場上可以購買完全能夠勝任相同工作的人的勞動價格的工資。人們之所以這樣做，不僅僅是爲了世俗的體面，而是還有更爲合理的動機，可能因爲他們希望他們所僱用的人心情愉快地爲他們服務，而且急切地希望繼續爲他們服務下去，或者因爲他們不願意與他們朝夕相處的人斤斤計較，或者因爲他們不願意經常面對低收入者慣於展示的外表和習慣。在商業人士的頭腦中，對於他們的事務員和其他雇員，也會產生與此相同的情感。雇主的寬厚、慷慨和信任，其動機或多或少地都在於避免充分的競爭，而且，毫無疑問，這樣的動機曾經、甚至現在也仍然在各大產業中的勞工的雇主身上發揮作用，並且大部分都是合乎情理的。不過，它們絕不會使勞工的平均工資提高到人口相對於資本的比率之上。雇主對每一位得到工作的人支付較高的工資，將使其僱用更多的人就業的能力受到限制；而且，不論他們在道德方面所產生的影響有多麼出色，他們在經濟方面所發揮的積極作用都十分有限，除非失去就業機會的人們的貧困，對於人口增長的限制手段間接地產生促進作用。

◆註解◆

【1】參閱亞當·史密斯，《國富論》，第一編，第十章。

【2】參閱馬格里奇先生（Mr. Muggeridge）對手工紡織機紡織工調查委員會所做的報告。

【3】參閱愛德華三世（Edw. III）第二十五年的勞工法規。

【4】在蘇黎世州，加工業生產者的五分之四是小型農場主，他們一般都是自己農場的所有者。該州大約十分之一的人口，即二萬三千人，專營或者兼營棉紡業，他們人均消耗的棉花超過了法國或者英國。參見前面引用過的「蘇黎世州」的統計摘要，第一〇五、一〇八、一一〇頁。

第十五章　關於利潤

§一　在上述對於勞工在產品中所得的份額進行論述之後，我們將進而探討資本家所得的份額，即資本或者股本的利潤，亦即墊付生產開支的人的利得——他將自己所擁有的資金用於支付勞工的工資，或者在工作期間供養勞工；提供必需的建築物、原物料、工具和機器；依據合約通常的條款，產品歸他所有，他可以隨意支配這些產品。在對他的支出做出補償之後，一般會留有剩餘，這就是他的利潤，即他的資本的淨收入，他可以將這筆收入用於必需品或者奢侈品的消費，也可以用於儲蓄以增加他的財富。

正如勞工的工資是勞動的報酬一樣，資本家的利潤，依照西尼爾先生的確切表述，它是資本家實行節省的報酬，也就是資本家透過克制消費，未將他的資本供他自己所用，而是允許生產性勞工消費他的資本，即將他的資本供他們所用之後所獲取的利得。對於這種克制，他要求得到補償。在個人享樂方面，他往往是一位獲益者，透過揮霍他的資本，這筆資本的總額超過了它在他可以預期的有生之年內所提供的利潤的總和。不過，在他維持這筆資本而不使之減少的整個期間內，他都有權在自己願意或者需要的時候將它消費掉，或者將它遺贈給他人（在他去世後），或者他可以利用它獲得一筆收入，用於滿足自己的需要或者嗜好，而不致使自己變得貧窮。

然而，擁有資本的人所獲取的這部分利得，確切地講，只是資本本身使用的一種等價物，即等價於一位有償付能力的人為借用它所願意支付的數額，眾所周知，這稱作利息，它是一個人僅僅透過拒絕將他的資本用於直接消費，而允許他人將它用於生產性目的時所能獲得的全部。在任何一個國家裡，純粹因為實行節省而獲得的補償，是以最佳證券的現行利率加以衡量的，可以將這種證券視為排除任何可預見的損失本金之可能性的證券。凡是自行監管其資本使用的人，他所預期的利得總是高於，而且通常是遠遠高於這一水準，也就是說，利潤率遠高於利率；在超出的部分中，有一部分用於補償風險。如果他以全面擔保爲條件而出借他的資本，那麼他幾乎或者完全不必承擔風險。不過，當他直接介入自負盈虧的經營時，他則將其資本的一部分，或者在許多情況下將其資本的很大的一部分，置於部分或者全部喪失的危險之中。對於這種危險，他必須得到補償，否則他將不會去承擔它。同樣地，對於他所貢獻的他自己的時間和勞動，也必須得到回報。產業通常是由提供它們得以營運的全部或者大部分資金的人進行經營管理，而且依照一般的安排，他可能是唯一與經營結果利益攸關的人，或者是（至少直接地）與經營結果最具有利害關係的人。如果企業龐大而且複雜，則爲了進行有效的控制，他就需要工作得非常辛苦，而且往往還需要掌握非凡的技能；對於這種辛苦與技能，他也必須得到補償。

源於資本的毛利，即生產資金提供者所獲取的利得，必須足以實現三項目標：它們必須足以對節省給予補償；對風險給予補償；對進行營運所需要的勞動和技能給予補償。這些不同的補償，或者支付給同一個人，或者支付給不同的人。資本，或者資本的某一部分，可以透過舉債予以籌措，它可能屬於不承擔經營風險或者經營煩惱的某些人。在這種情況下，資本的出借者或者資本的所有者，是實行節省的人，並且因爲節省而獲得補償，即獲得支付給他的利息，而毛利與利息之間的差額，則是對企業家[1]的辛勞與風險所做的補償。同樣地，有時資本或者資本的一部分，是由所謂的隱名合夥人提供，他們雖然不參與經營，但是會分擔經營中的風險，因此，從承擔這些風險的角度來看，他們得到的並不單純是利息，而是毛利中的某一約定的份額。有時，某人既提供資本又承擔風險，而且業務也完全是以他的名義進行經營，而管理則由專爲此事業所僱用並且領取固定薪資的另外一個人來承擔。當然，這種受僱的經理人只注重維護自己的薪資，並不關心經營的後果，除非他們是在主要的利害關係人的監視之下工作，否則他的管理一定是低效率的。因此，富有遠見卓識的人幾乎總是建議，應該從毛利中拿出一部分作爲經理人的酬勞，以便不再實施這種控制，然而這樣做，最終將減少隱名合夥人所得到的份額。最後可能出現的一種情況是，同一個人既擁有資本又經營業務，如果他願意並且有能力，他可以在營運他自己的資本之外又同時營運那些信任他的其他資本所有者的資本。不過，在任何一種以及所有這些安排中，都需要對三種付出如節省、風險和辛勞給予補償，而且都是取自於毛利。同時，可以考慮將利潤本身分解爲三部分，並且分別用利息、保險費與監管的工資予以表述。

§二　可能永久存在的最低利潤率，是指在一定的場合與一定的時期內，剛好能夠形成補償資本使用過程中所發生的節省、風險和辛勞的一筆等價金額的利率。首先，必須從毛利中扣除一筆資金，其額度在平均水準上，應該足以抵補資本使用過程中所發生的一切損耗。其次，必須針對資本的所有者克制對其資本進行消費而實行節省的等價金額部分予以補償，以便激勵他在當時當地堅持實行這種節省。這一等價金額究竟有多大，則取決於一定的社會條件所決定的現值與未來價值的相對價值，用前面曾經使用過的術語加以表述，即取決於實際積累欲望的強度。再次，在抵補一切損耗並對資本所有者克制消費給予一定的補償之後，還必須留有若干剩餘，以便補償將其時間用於經營之人的勞動和技能。同樣地，這種補償至少必須足以使大宗資本的所有者願意爲經營而嘔心瀝血，或者足以用來聘請某些經理人以代替他自己。如果這部分剩餘不能超過這一水準，那麼除大宗資本之外，所有的其他資本均將流出生產領域；而且如果這部分剩餘甚至無法達到這一水準，那麼全部資本都將流出生產領域，而被用於非生產性的消費之中，直到利潤率提高爲止。這是資本減少所帶來的間接後果，下面我們將對此加以說明。

這就是所謂的利潤的最低限度。不過，這一最低限度很容易發生變動，而且在某些時期和場合，它還有可能降到很低的水準。因爲這三項要素中有兩項是很容易發生變動的。爲補償節省所給予的報酬率，即所謂的有效的積累欲望，在不同的社會狀況和文明程度下，彼此的差別非常大，前面的章節對此已經做出闡述。在與風險補償相關的要素中，則存在著更大的差別。現在我們所談論的不是在同一個社會中不同的資本使用方式所包含的風險之間的差別，而是在不同的社會狀態下，財產安全保障的程度之間所存在的極大的差別。如在亞洲的許多國家政府的統治下，財產總是處於被專制的政府或者貪婪、殘暴的官吏橫加掠奪的危險境地，在那裡，擁有財富的人或者被猜疑擁有財富的人，不但可能成爲慘遭掠奪的目標，而且還可能成爲慘遭折磨的人。再比如在中世紀的歐洲國家中，即使政府本身由於軟弱無力而無意於欺詐人民的情況下，但是，任何強悍的個人都在大肆掠奪得不到任何安全保障的人民，或者蠻橫地侵害他人的正當權益，在這種情況下，必須有很高的利潤率才會使偶爾得到財富的人，不立即將它用於消費與享樂，而甘願承擔上述種種風險將其用於其他目的。這些不確定的因素，對於單純依靠自己資本利息爲生的人，以及親自參與生產的人，都會產生影響。在基本安全的社會狀態下，由資本特定使用方式的性質所決定的風險，很少落到以可靠擔保作爲條件的放款人身上。不過，在亞洲許多國家的社會狀態下，恐怕除實際上以黃金或者珠寶作爲抵押之外，沒有任何擔保是可靠的；而且如果僅僅由於擁有一份寶藏，一旦被人知道或者遭到猜疑，就會使寶藏及其所有者蒙受巨大的風險，那麼就這種風險而言，恐怕沒有他所能夠預期的任何利潤可以與之等價。因此，如果在極不安全的社會狀態下，而財富又無法拯救生命或者化解重大危難，那麼與原有的情況相比，財富的積累就會進一步減少。在這些專制政府的統治下，從事放款的人所承受的巨大風險是根本無法被補償的。在印度大多數土著各邦中，任何人在提供貸款時——哪怕是向政府提供貸款——的最低條件是，若是只收到短短幾年的利息而本金完全喪失的情況下，也必須讓放款的人獲得足夠滿意的補償才行。如果積累的本金能夠按照每鎊幾先令的複利計算利息，那麼放款人才基本上掌握進行討價還價的主動權。

§三　在不同的行業中，資本的報酬是否比勞動的報酬還要大，將取決於一個行業的環境是否比另一個行業的環境更有吸引力或者更令人生厭。例如，零售業的利潤，就其相對於所占用的資本比例而言，大於批發商和製造商的利潤。基於這個原因，可以斷定，其他行業對於投資的吸引力較小。然而在這些差別中，最大的差別是由風險等級上的差異所造成的。軍火工業的利潤一定在很大的程度上高於平均水準，以便使某人與他的財產持續承受的特殊風險獲得補償。然而，就航運業而言，因為相關的特殊風險可以轉換為固定的費用，而且通常就是這樣做的，所以保險費被正式計入生產費用中；同時，船主或者貨主所得到的這筆支付，並沒有被估算在他的利潤中，而是被包含在他的資本的重置之中。

毛利中作為對於商人或者生產者的勞動和技能給予補償的這一部分，也會因行業的不同而大不相同。這可以解釋藥劑師的利潤率總是非常高的原因；正如亞當．史密斯所觀察到的那樣，其中最大的一部分往往僅相當於這種職業的合理的工資；因此，直到最近一次修訂法規時為止，藥劑師都不能在他的藥品價格之外索取任何報酬。某些職業需要人們接受大量的科學或者技術方面的教育，而且只能由兼具這種教育以及擁有巨額資本的人來從事。工程師這種職業，無論就這一稱謂的初始含義即機器的製造者來說，還是就其衍生的含義即公共工程的承建者來說，情況都是如此。這些職業始終都是獲利最高的職業。同樣地，還有一些職業需要大量的勞動和技能，但是僅能從事規模受到限制的經營，在這種情況下，這種職業必須具備高於正常水準的利潤率，才能形成正常的報酬率。亞當．史密斯指出，「在一座小型港口城市中，小雜貨商可能從他僅有的一百鎊股本中獲取百分之四十或者百分之五十的利潤，而當地具有相當規模的批發商，卻很少能夠從他擁有的一萬鎊股本中獲得百分之八或者百分之十的利潤。他所經營的雜貨店為當地居民提供便利可能是非常必要的，而且狹小的市場又不允許投入大量的資本。然而，這位小雜貨商必須依靠經營此店為生，並且必須具備經營這項業務所需要的各種能力。除擁有小額資本之外，他還必須能讀、能寫、能算，還必須能夠相當準確地評估出五十、六十種商品的價格與品質，並且找到能夠以最低價格購進這些商品的市場。如此富有才華的人，每年獲取三十、四十鎊作爲他的勞動的酬報絕不過分。如果從表面上看似很大的他的資本的利潤中扣除上述報酬之外還有剩餘，那麼剩餘的部分恐怕也不會比正常的利潤更多。在這種情況下，表面上的利潤的較大部分，實際上不過是相當於他的工資而已。」

使各種類型的勞動報酬產生差異，或者使差異擴大的所有的自然壟斷（是指由環境而不是依據法律所形成的壟斷）因素，在資本的不同用途之間也發揮著與此相同的作用。如果某一經營領域必須投入巨額資本才有利可圖，那麼在大多數國家中，能夠進入這一經營領域的人數就會被侷限在一個非常狹小的範圍內，而這些人就可以使他們的利潤率高於一般的水準。某些行業也可能由於其自身的性質在很大程度上限制了從業的人數，因此在從業者之間建立起聯合組織，這樣就可以使利潤率保持在較高的水準上。眾所周知，即使在從業人數很少的倫敦的書籍經銷商隊伍中，長期以來，也存在著這種組織。至於煤氣公司與自來水公司的情況，我在前面已經做過介紹了。

§四 雖然受到造成不均等的各種原因的影響，即受到不同行業在風險或者愉悅程度方面的差異，以及自然的或者人爲的壟斷的影響，但是所有行業的資本的利潤率卻趨於均等。這是政治經濟學家通常做出的論斷，在進行適當的說明之後，它將展現出其正確性。

只要處於相同的時間與地點上，則不論在什麼行業裡，利潤中對於節省所做出的實際補償的那一部分，即嚴格意義上的利息，都是完全相同的。在擔保的可靠程度相同的條件下，利率雖然會隨著市場環境的變化隨時發生顯著的波動，但是卻不會因爲資本投向的不同而有所不同。在今天的產業狀況下，沒有任何一個行業的競爭像貨幣的借貸市場的競爭狀況那樣活躍與激烈，所有參與經營的人都不時地成爲貨幣的借入者，其中的大多數人則經常是貨幣的借入者，而所有不參與經營的人，只要擁有貨幣，就都可能成爲貸方。在這兩大群體之間存在著一個敏捷而且睿智的中間階層，它由眾多的銀行家、股票經紀人、貼現經紀人和其他人所組成，他們不放過任何哪怕是最微不足道的獲利機會，即使影響最輕微的事件，或者在公眾心理上能產生最短暫的印象的事件，只要它對當前的或者預期的貸款需求的增加或者減少產生影響，他們均將它們立即反應於利率。在處於正常狀態的行業中，造成需求變動的環境性因素不斷在發生變化，有時甚至使廣為人知的最優秀的商業票據的利率，在一年多的時間裡，從百分之四以下上升到百分之八或者百分之九（儘管沒有出現所謂的商業危機的巨大混亂）。但是，處於相同的時間與地點，對於能夠提供可靠程度相同的擔保的人來說，利率都是相同的。所謂的市場利率，在任何時候都是眾所周知的，也是明確無誤的。

但是，毛利的情況則完全不同，雖然它在不同行業中的差別不是很大（下面行將說明這一點），但是對於不同的個人來說，它卻具有非常大的差異，而且幾乎在任何兩種情況中彼此都不相同。這取決於資本家本人的或者他所僱用的代理人的學識、才能、經濟頭腦與精力，取決於人際關係方面所發生的偶然事件，甚至取決於機遇。在同一行業中的兩位經銷商，即使他們經營的商品的品質相同，價格也同樣低廉，但是他們的經營成本以及資本的周轉時間，卻幾乎都是不相同的。恰如以為年齡或者身高相同，體力就一定相同一樣；或者以為教育或者經歷相同，知識水準就一定相同一樣，就以為等量資本可以產生等量的利潤，並且將其視為商業的基本原理，這就大錯特錯了。造成這種結果的原因，與這裡所指出的每一種原因相對應，都可能再列舉出不下二十多種。

儘管利潤如此不同，但是整體看來，以不同的方式使用的資本所產生的利潤（自然壟斷或者人為壟斷的情況除外），從一定的而且甚至是非常重要的意義來講，仍然是趨於均等的。平均而言（不論偶然的波動如何），以各種方式使用的資本，雖然並非以等量利潤為基礎，但是卻以能力與條件的平均水準相同的人所形成的等量的預期利潤爲基礎。這裡的等量，我指的是對於某種使用方式在令人厭惡或者不夠安全等方面所具有的任何缺陷都已經給予補償之後的等量。如果情況不是這樣，那麼根據一般的經驗，假如某種經營獲利的機會明顯地多於其他經營，那麼就會有更多的人投資於這種經營，或者培養他們的兒子從事這種經營。事實上，當某種經營處於上升階段時，總會發生上述情況，正如今天的工程師這一行，或者任何新興的而且繁榮的製造業的情況一樣，總是如此；反之，如果某種經營不夠興旺，獲利機會看起來少於其他領域，那麼資本就會逐漸離開這一經營領域，或者至少不再有新的資本注入；同時，獲利較弱與較強的行業之間在資本配置方面所發生的變化，將促使某種均衡重新建立起來。因此，不同行業的期望利潤是不可能長期保持很大的出入，它們趨於某一共同的平均水準上，儘管它們圍繞著這一中間值不斷在震盪。

這種均等化的過程，即人們常說的資本由一個行業向另一個行業的轉移過程，並非必然像通常所描述的那樣，是一個繁複、遲緩而且幾乎無法實現的過程。第一，它並不總是意味著已經投入某一行業的資本眞的發生實際的轉移。在資本迅速增長的情況下，每年新積累的資本往往根據自己的選擇流向更爲興旺發達的行業，從而做出相應的調整。第二，即使實際上需要轉移資本，也絕不意味著在獲利較差的行業中經營的任何人必須出讓業務、結束營運。在商業化的國家中，閒置資本透過形式各異的信用管道，自行擴散於整個經營領域，大量流向需要資本的地方；正是透過這種方式，才使均等化得以實現。第三，均等化的過程，包括一部分經銷商或者製造商壓縮、使一部分經銷商或者製造商擴充他們在自己的經營領域中利用借入的資本進行經營的業務量的過程。凡是具有相當規模的經銷商或者製造商，幾乎沒有一個人是單純使用自有資金進行經營的。在商業繁榮時期，他們不僅最大限度地利用自有資本，而且利用資本爲他們帶來的信用盡可能地借入他人的資本作爲補充。當他們的商品因爲供給過剩或者需求萎縮而銷售不暢或者價格下跌時，他們就會縮小經營規模，與原來相比，就會減少向銀行家或者其他放款者申請墊付的新貸款的額度；反之，處於上升階段的經營領域，則有望可比以前獲得更多的流動資本，從事相關經營的人們就會向放款者提出更多的貸款要求，而且由於他們的經營環境良好，所以他們能夠毫無困難地獲得這些貸款。流動資本在兩個行業之間不同的配置方式，在促使這兩個行業的利潤恢復到均等水準方面所產生的作用，與擁有相同額度資本的所有者將其資本從一個行業撤出再轉投於另一個行業所產生的作用是一樣的。這種使生產適合需求的簡捷方式，當它自發地發揮作用的時候，就足以修正由商業波動或者其他一般原因所造成的不均等。第四，在一個澈底衰退的行業中，不再需要對生產進行臨時的調整，而必須進行大幅度的甚至是永久性的縮減，或者可能需要完全終止，則在這種情況下，毫無疑問，回收資本的過程必然是一個極爲緩慢、艱難的過程，而且幾乎總是伴隨著巨大的損失；固化在機器、建築物和其他永久性工程中的大量資本，或者完全不能改爲他用，或者需要付出大量的成本予以改造後才能使用；爲使損失減小到最低程度，可以聽憑固定資本耗損殆盡而不予以重置，可是時間根本不允許採取這樣的方式；不僅如此，爲澈底改變資本的投向，在已經建立起來的人際關係以及已經獲得的技能和經驗方面都必須做出極大的犧牲，而人們在進行這些方面的調整時，總是遲疑不決，直到已經無望改變這樣的結局時，還是難以痛下決心。不過，這樣的情況顯然純屬例外，而且即便在這樣的情況下，最終仍然會實現利潤的均等化。第五，還可能出現這樣的情況，即在不均等得到修正之前，促使不均等的另外一個因素又出現了，從而在很大的程度上延宕了均等的恢復。據說北美洲南部各州棉花的生產就長年處於這種狀態，由於工業領域連續實現重大的改進，對於棉花的需求以大大出乎人們預料的速度快速地增長，致使棉花的供給多年來一直不能完全滿足需求，因此這種商品實際上維持著一種壟斷價格。不過，都在同一個方向上發揮作用的眾多擾動因素，幾乎不間斷地接連出現的情況是不多見的。在不存在壟斷的情況下，一個行業的利潤很可能有時會高於一般水準，有時又會低於一般水準，但是它總是趨於回歸一般水準，與鐘擺的運動十分相似。

因此一般來說，雖然不同的個人所獲得的利潤互不相同，而同一個人在不同的年分所獲得的利潤也不相同，但是除短期內發生的情況或者在某一特定行業突發永久性劇變所造成的情況之外，在同一時間和地點，各個行業的平均利潤是不存在極大差別的（爲對各個行業不同的吸引力進行補償所必需的永久性的差別，則另當別論）。如果不存在壟斷或者前述有關棉花行業的偶然現象，並且人們普遍地認爲某些行業比其他行業更具有盈利性，那麼這種看法很可能是錯誤的；因爲如果消息靈通、動機純正的人們都贊同這樣的觀點，那麼資本就一定會流入這些行業，從而使其利潤迅速降低到正常的水準。誠然，持有相同數額初始資本的人，在某些行業中成爲暴發戶的機會會比其他一些行業的機會更多一些。不過，人們會發現，在這些行業中，破產也比較頻繁，致使獲得巨大成功的可能性與遭受澈底失敗的可能性大體一致。不過，經常發生的情況顯示，失敗的可能性往往更大。因爲正如我在另外一個案例所做的說明那樣，獲取巨額利得的可能性在吸引競爭者方面所具有的威力，遠遠大於算術所能夠證明的程度；而且我相信，與獲取利得比較緩慢但是比較有把握獲取利得的其他行業相比，有可能迅速致富的行業的平均利得都要更低一些，加拿大的林產業就是其中一例。在這個行業中，資本的投入具有購買彩券的性質，人們相信，就進入這一行業的冒險家整體而言，他們之所失大於他們之所得；換言之，這個行業的平均利潤率爲負值。有一種觀點認爲，一個民族的性格，或者說得更直白一些，一個民族是否具有冒險精神，決定了人們參與冒險事業的程度。這種精神，美國勝過英國，英國則又勝過歐洲大陸的其他任何國家。在歐洲大陸的某些國家中，人們具有與此完全相反的傾向，致使在安全並且穩定的行業中，投入該行業的資本的平均利潤水準，與那些以蒙受巨大損失爲代價但有可能獲取巨額利得的行業相比，或許會更低一些。

然而，我們一定不要忘記的是，即使在競爭十分激烈的國家，習俗對於行業利潤的水準也會產生重大的影響。有時，人們普遍持有某種觀念，認爲某個行業的利潤必須達到某一水準，儘管並不是所有的經銷商都堅持這種觀點，並且任何商人恐怕也都不會嚴格地堅持這種觀點，但是這種觀點卻會對他們的經營產生一定的影響。在英國曾經有種共識——儘管我不知道它究竟達到什麼程度——認爲對於零售業來說，百分之五十的利潤率是合理的而且恰當的，它的意思並不是指利潤占資本總額的百分之五十，而是指零售價格比批發價格應該高出百分之五十；經營零售業的所有開支，例如呆帳、店鋪租金，還有職員、店員以及其他代理人員的薪資，都要從這百分之五十中支付。如果到處普遍存在這種習俗並且被嚴格遵循，那麼儘管競爭仍然會發揮作用，但是消費者將無法從競爭中得到任何實惠，至少在價格方面是如此；零售業經營者的利益也將因此減少，不過這是以零售業務進一步細分這種方式實現的。在歐洲大陸的某些地方，這一標準高達百分之百。然而，競爭的加劇趨於迅速地削弱這種習俗的影響，至少在英國情況是如此。在絕大多數行業中（起碼在大型商業的中心），爲數眾多的經銷商所信奉的座右銘是「薄利多銷」，即以低價進行大量交易，而不是以高價進行少量交易。而且透過迅速周轉自己的資本，必要時透過借入資本予以補充，往往使個別的經銷商獲得較高的利潤；儘管他們必然會降低他們那些未採取相同策略的競爭者的利潤。無論如何，正如我們在前面的章節中所指出的那樣，[2]時至今日，競爭對於零售價格的支配力也不是很大。因此，在土地和勞動所生產的全部產品中，商人獲取的報酬所占的份額仍然過大，而且在社會經濟中，沒有任何行業像商業這樣，它所養活的人數與它所完成的工作量是如此地不成比例。

§五 我希望以上論述已經充分說明「正常利潤率」這一常見的術語的含義、其實際存在的意義以及受到的限制，而現在我們還需要進一步考察的是，決定正常利潤率大小的影響因素有哪些。

按照一般的理解，似乎經營的利潤是由價格決定。一位生產者或者經銷商似乎是透過在其成本水準之上出售他的商品才獲得利潤。人們習慣於以爲，利潤完全是一種買和賣的結果；（他們以爲）商品的生產者之所以能夠獲得利潤，只是因爲其商品有人購買。商品的需求─顧客─市場，乃是資本家的利潤得以產生的根源。資本家透過出售他們的商品，重置他們的資本，並且使其資本有所增加。然而，這不過是僅僅看到了社會的經濟機制外在的表面現象。我們發覺，貨幣單純地由這一方轉到另一方，絕不是任何經濟現象的實質性問題。當我們更為專注地考察生產者的經營活動時就會發現，生產者以其商品交換貨幣，並不是他獲得利潤的原因，而只是他獲得利潤的方式。

利潤產生的原因是勞動生產出比維持其本身所必需的還多的產品。農業資本之所以產生利潤，是因為人們生產出來的糧食的數量，超過了在糧食生長期間（包括製造工具以及進行所有其他必要的準備工作所花費的時間）供養他們自己所必需的糧食的數量；由此所產生的結果是，如果一位資本家以占有產品為條件負責供養勞工，那麼在他重置墊付的資本之後，手中還會留有部分產品。我們不妨改變一下推理的方式：資本之所以能產生利潤，是因為糧食、服裝、原物料和工具保存的時間比生產它們所需要的時間更長；因此如果一位資本家以占有勞工所生產的全部產品為條件，負責供給勞工群體所需要的糧食、服裝、原物料和工具，那麼勞工除再生產自己的生活必需品與勞動工具之外，還可以利用他們的一部分剩餘時間為資本家工作。於是我們看到，利潤並不是產生於交換行為，而是產生於勞動的生產能力；一個國家的整體利潤總是由勞動的生產能力生產出來，與是否存在任何的交換行為無關。如果沒有分工，就不會有買和賣，但是仍然會有利潤。如果從整體來看，一個國家的勞工所生產的產品比他們的工資多出百分之二十，則不論價格如何，利潤也將是百分之二十。價格的波動可能在一段時間內使一部分生產者獲得的利潤高於百分之二十，而另一部分生產者獲得的利潤低於百分之二十，也使一種商品相對於另一種商品的估價高於其自然價值，而使另一種商品的估價低於其自然價值，直到價格自行調整時為止；但始終只有百分之二十的利潤在全部生產者中間進行分配。

我將把以上的簡略分析加以擴展，以便更為詳細地說明決定利潤率的方式。

§六　在勞工與資本家被劃分為不同階層的場合，我都無一例外地對實際情況做出如下假定，即假定資本家墊付全部費用，包括勞工的全部報酬。資本家之所以這樣做，並不是出於生產過程的內在的需要；勞工可以等到生產完成之後再領取超過生活必需品的那部分工資；而且如果他自己擁有的資金足以維持他當前的生活，那麼他甚至可以等到生產完成之後再領取全部工資。不過在後一種情況下，由於勞工提供了事業運作所需要的部分資金，所以在此限度內，他實際上也成為了投資於事業的資本家；即使在前一種情況下，他也可以被視為資本家，這是因為他以低於市場的價格提供自己的勞動，這相當於他將這部分差額借貸給他的雇主，並且從事業的收益中再將其連本帶利地（不論如何計算）予以收回。

因此我們可以假定，資本家墊付全部資本，同時得到全部產品。產品超出墊付的差額即構成他的利潤，這一差額相對於墊款的比率，也就是他的利潤率。但是，這筆墊款又是由什麼所構成的呢？

現在我們需要假定，資本家無須繳納任何地租，無須購買任何已被占有的自然要素的使用權。實際上，這種情況幾乎是不存在的。農業資本家，除非他自己就是他所耕作的土地的所有者，否則他總是或者幾乎總是要支付地租。即使在製造業中（不提地租），加工過程中所使用的原物料，在它們生產的某一階段一般都支付過租金。不過，我們尚未考察地租的本質。在下面我們將會看到，對於我們現在行將分析的問題來說，即使不考慮有關地租的問題，也不會犯實際的錯誤。

因此，如果撇開與地租有關的內容，我們研究資本家為進行生產的墊款是由什麼構成的這個問題時，我們就會發現，它是由勞工的工資所構成的。

每個資本家的大部分支出都用於直接支付工資，除此之外則是用於原物料和包括建築物在內的工具之支付方面。但是，原物料和工具是由勞動生產出來的；基於我們所假定的資本家並不是單一個行業中的資本家，而是整個國家生產性行業中的一種類型的資本家，因此我們不妨假定，他自製工具、自備原物料。不過，他這樣做，也是採取事前墊付的方式，而這種事前的墊付，同樣地，也是全部地由工資所構成。如果我們假定他不是生產，而是購買原物料和工具，情況也是一樣；此時，他向先前的生產者償付先前已經支付過的工資。誠然，他償付給他的時候加上了利潤；如果他自行生產了它們，那麼他自己將得到這一部分支出所產生的利潤，正如同他得到其他每一部分支出所產生的利潤一樣。不過，事實並沒有因而發生變化，在始於原物料和工具的生產、止於製成品的生產的整個過程中，所有的墊付都只是由工資所構成；我們已經加以考察的那一部分資本家，爲了整體的便利起見，在生產過程結束之前，我們已經假定他們已經獲得的那部分利潤的情況除外，因而最終的產品不論是什麼，都不是利潤，而是償付的工資。

§七 因此，資本家的利得似乎取決於兩項因素，並且也僅僅取決於這兩項因素：第一，產品的數量，換言之，勞工的生產能力；第二，勞工本身獲得的產品所占的比例，即勞工所獲得的報酬相對於勞工所生產的產品價值的比例。這兩個因素所形成的數據，決定了在該國所有資本家之間分享的利潤總額。不過，利潤率即相對於資本的百分比，僅僅取決於此兩項因素中的第二項，即勞工所得份額的比例，而不是被分享的總量。如果勞工的產量翻了一倍，而勞工分享的比例保持不變，也就是說，勞工的報酬也翻了一倍，那麼儘管資本家的利得也同樣翻了一倍，但是由於資本家的墊付也必須翻一倍，所以他們的利潤率並沒有發生變化。

於是，我們得到了由李嘉圖和其他學者提出的結論，即利潤率取決於工資——隨著工資的下降而上升，隨著工資的上升而下降。不過，在運用這種學說的時候，我們必須強調一點，即應該對用語加以必要的修改。讓我們說，利潤率取決於勞動的成本（這也是李嘉圖的本意），而不是說，利潤率取決於工資。

工資與勞動成本，前者是勞動爲勞工帶來的收入，而後者則是資本家對勞動支付的費用；兩者是完全不同的概念，明確分辨此一不同是至關重要的。爲此，不應該使用相同的術語對兩者加以描述，儘管人們一向這樣做。在公眾討論工資時，無論是以口頭的方式，還是以書面的方式，大多是從工資支付者的角度而很少是從工資領取者的角度出發，當人們說工資高或者工資低的時候，經常指的是勞動成本高或者低的意思。但是，與此相反的描述則往往更符合事實，即在工資最低的地方，勞動成本也常常最高。這可能是由於以下兩個原因所引起的。首先，雖然勞動便宜，但是沒有效率。在歐洲各國，愛爾蘭的工資是最低的（或者說至少曾經如此）。在愛爾蘭的西部地區，一位農業勞工的報酬甚至還不到英格蘭工資最低的多塞特郡的勞工工資的一半。可是，如果一位愛爾蘭人兩天勞動所完成的工作量，因爲技能較低而且不夠勤奮，僅相當於一位英格蘭勞工一天的工作量，那麼愛爾蘭的勞動成本將與英格蘭的一樣高，儘管愛爾蘭勞工本身的所得較少。資本家的利潤取決於這兩者中的前者，而不是後者。在勞動的效率方面，確實存在著這種差別，這一點不但得到許多人的贊同，而且也得到事實的證明，即儘管愛爾蘭的工資低，但是與在英格蘭的資本的利潤相比，從未有人認爲在愛爾蘭的資本利潤更高。

使工資與勞動成本不能互爲尺度的另一個原因是，勞工所消費的各種物品的成本時有變動。如果這些物品的價格便宜，則對勞工具有重要意義的工資可能高，而勞動成本卻可能很低；如果這些物品的價格昂貴，則勞工的生活可能惡化，儘管勞動使資本家付出的成本也可能很高。與其國土面積相比人口過剩的國家，即處於後一種狀態之中。在那裡，食物昂貴，雖然勞工的實際報酬少得可憐，但是卻並未使勞動的購買者所負擔的成本有所減少，從而使低工資與低利潤同時存在；與此相反的實例則見於美國，在那裡，勞工享有比世界上任何其他國家都更舒適的生活條件。當然，某些最新建立的殖民國家除外。但是，由於物價低廉——舒適生活的根源，同時也由於勞動的效率很高，致使勞動成本起碼不比歐洲國家的高，而利潤率則不比歐洲國家的低。

因此，如果以數學的語言加以描述，則勞動成本是三個變數的函數：勞動的效率、勞工的工資（意指勞工的實際報酬）、能夠生產或者得到構成實際報酬的各種物品成本的高低。顯而易見，相對於資本家而言，勞動成本一定受到這三個因素之中的一個因素的影響，而不會受到這三個因素之外的任何其他因素的影響。因此，它們同時也是決定利潤率的三個因素；除這三個因素中的這一個或者那一個因素之外，利潤率絕不會受到其他因素的影響。如果勞動整體上變得更有效率，而其報酬並未提高；如果勞動的效率並未降低，而其報酬減少，同時構成這種報酬的各種物品的成本並沒有增加；或者，如果那些物品的成本降低，而勞工並未獲得更多的這些物品；當發生上述三種情況中的任何一種情況時，利潤都將增加。反之，如果勞動的效率有所降低（正如民眾的體力下降、固定資本遭到毀壞或者教育萎縮可能造成的後果那樣）；或者，如果勞工的報酬有所增加，而構成這種報酬的各種物品的成本卻沒有降低；或者，如果勞工的報酬沒有增加，但是構成報酬的物品的成本卻有所提高；在所有上述這些情況下，利潤都將有所減少。一個國家一般的利潤率在所有的行業中無一例外地下降或者上升，都不外乎是這些情況的組合所產生的結果。

對於這些命題的論證，在我們討論的現階段，還只能作爲基本的闡述，儘管我們希望它具有結論性。在考察與價值和價格相關的理論之後，這些闡述將進一步展示其完備性與說服力，屆時，我們將具體地展示利潤法則在錯綜複雜的情況下實際發揮的作用。這項工作只能在下一編予以完成。不過，在本編還留有一個需要探討的問題，到目前爲止，這個問題還可以與價值的考察分別處理，這就是我們行將討論的有關地租的問題。

◆註解◆

【1】遺憾的是，英國人並不熟悉undertaker此詞彙的含義，法國的政治經濟學家則流行使用另外一個詞彙entrepreneur。

【2】參見本書第二編第四章§二。

第十六章　關於地租

§一

生產要素包括勞動、資本和自然三項；除勞工和資本家之外，僅僅還有一種人，必須經他同意才能進行生產，而且他可以要求分享一部分產品，以作爲他同意的價格，他就是依據社會的安排對於某種自然要素擁有獨占權的人。土地是可以賦予占有權的主要的自然要素，爲使用土地所進行的支付，稱爲地租。只有地主階級，不論其人數多少或者重要性如何，他們依據對於某種東西的占有權，就可以要求分享一部分產品，而這部分產品，既不是他們自己生產的，也不是任何其他人生產的。只要掌握了地租的性質和規律，就很容易理解性質與此相同的任何的其他情況了。

地租是壟斷的產物，這是一目瞭然的；儘管這是一種自然壟斷，它有可能受到控制，甚至有可能作爲社會整體的託管財產，但是不能防止其存在。地主對他們占有的土地可以提出地租要求的理由是，土地是一種許多人都想得到的商品，而且只能從他們那裡得到。如果一個人占有全國的土地，那麼這個人就可以隨意地調整地租，而全體人民爲了獲得生活必需品，就必須服從這個人的意志，並且這個人就可以依其所好提出任何條件。在那些將土地認定爲國家財產的東方國度裡，實際的情況就是如此。於是，地租與稅收相互混淆，而且專制君主有可能強迫不幸的耕種者繳納他們不得不繳納、最沉重的地租。的確，一國土地的獨占者必然成爲一國的專制君主。如果土地爲極少數人所占有，那麼這些人就可以建立起相互之間的協作關係，就能夠而且的確像一個人那樣採取共同行動——規定地租，取得與前述情況幾乎完全相同的結果。然而，這種情況在任何地方都不曾有過，即假設在自由競爭的條件下，地主的人數眾多——正如他們的實際情況——因而無法聯合。

§二 凡是數量有限的物品，縱然其所有者沒有採取聯合的行動，也仍然屬於一種壟斷物品。不過即使處於被壟斷的情況下，一種大自然恩賜的物品，其存在也無須以任何勞動或者支出爲條件，如果在其所有者之間存在著競爭，那麼只有當其存在的數量小於需求量時，才能形成某種價格。如果出於需要必須耕種全國的土地，則全國的土地都可以提供地租。但是，沒有任何國家，不論其面積大小，出於人口的需要必須耕作其可能耕種的全部土地；即使沒有耕作全部土地，有時甚至僅耕作一小部分土地，也能夠滿足人民對於糧食和其他農產品的需求。這時，人民願意並且能夠按照某種價格對耕作者進行支付，以作爲他們的酬報。社會建立之初，人們首先選擇耕作最易於耕種的土地，到了社會較爲進步的階段，人們則耕作土質較爲肥沃或者位置較爲便利的土地。因此在現存的條件下，總有一些土地不提供任何地租，除非它在肥力或者地理位置方面的條件較好，且其存在量小於需求量（藉由耕作條件比它更爲不利的土地），否則它將無法生產出社會所需要的全部農產品。

有一些土地，例如阿拉伯的沙漠，任憑投入多少勞動，都無法生長出任何農作物；還有一些土地，例如我國堅硬的沙地荒原，雖然可以生長某些農作物，但是依照土壤的當前的狀況來看，它根本無法收回生產成本，除非對農業生產使用某種尚待發明的化學方法，除非有人在土地的表面鋪上某種新物質，或者將土壤與現有的某些物質相混合，即實際上創造出新的土壤，否則耕作這種土地是無利可圖的。如果所需要的物質就存在於較深的土層內，或者在附近就可以得到，那麼這種改良即使希望渺茫，也可能成爲投機的對象。但是，如果這些物質價格昂貴而且必須運自遠方，那麼很少有人會爲追逐利潤而再去進行這種改良，儘管「私有財產的魔力」有時會產生一定的影響。對於不可能產生利潤的土地，有時也會有人賠本進行耕作，這時，耕作者的一部分生活必需品是由其他來源供給的；接受救濟的貧民，以及接受修道院或者慈善機構救濟的農民，其情況就是如此，而比利時的貧瘠殖民地，也可以作爲其中的一例。可以作爲生活手段而耕作的最差的土地，其產出剛好可以抵補購買種子、爲耕作它所僱用勞工的食品以及查默斯博士所說的向從屬勞動者提供食物的土地的產量；所謂的從屬勞動者，是指向他們提供工具和其餘生活必需品的勞動者。任何給定的一塊土地，能否生產出比這更多的產品，並不屬於政治經濟學研究的問題，而應該由事實加以確定。我們這裡假定，這種土地既不提供利潤，也不能向勞工提供其生活必需品以外的任何東西，因此，這種土地只能由勞工自行耕作，或者由其他人賠本進行耕作。而且可以更爲確切地講，它在任何情況下都不可能產生地租。可以作爲一項投資予以耕作的劣等土地，其產出在抵補購買種子的成本後，不僅可以提供農業勞工及其從屬勞動者食物，還可以支付給他們遠遠高於生活所必需的一般水準的工資；並且，能夠爲墊付上述兩類勞工工資的人提供一筆結餘之農產品的產量，該產量相當於這些人將其資本投向任何其他方面時所能預期得到的利潤。任何給定的一塊土地，能否生產出比這更多的產品，不再單純是由事實加以確定的問題，它還部分地取決於農產品的市場價值。除供養爲耕作土地直接以及間接僱用的勞工之外，土地還能夠爲勞工和資本家做些什麼，當然取決於土地剩餘的產品的銷售價格。產品的市場價值越高，可用於耕作的土地的等級就越低。當然，這時也要爲所占用的資本提供正常的利潤率。

然而，由於土地的肥力在不同等級的土地之間的變動是不易察覺的；也由於土地的便利程度，即土地距離市場的遠近，所發生的變動也是如此；又由於有的土地極爲貧瘠，不論其農產品的價格如何，都無法抵補耕作它的成本。因此，毫無疑問，在任何一個幅員遼闊的區域內，一定會有某些土地依照當時的產品價格，不多不少，剛好可以支付勞工的工資，並且對占用的資本提供正常的利潤。除非產品價格升高，或者某種改良導致土地的肥力提高，否則這些土地不可能提供地租。然而，社會顯然需要這種肥力的土地所生產的產品；因爲如果比這種土地更加肥沃或者地理位置更爲優越的土地可以充分地滿足社會需求，那麼產品的價格就不會上升到當前的水準，從而使這種土地的耕作也會有利可圖。因此，這種土地仍然會被耕作；我們可以歸納出一項原理，即在一個國家中，凡是適宜於耕作的而且其耕作不受法律或者其他人爲障礙阻止的土地，只要仍然有一部分處於閒置狀態，那麼實際上已經耕作的最差的土地（就其肥力與地理位置而言）就是不能提供任何地租的土地。

§二　因此，如果在已經耕作的土地中，爲其勞工和占用的資本提供產出最少的那部分土地，只能提供正常的資本利潤，而無任何剩餘作爲地租，那麼這種土地就會成爲估算其他所有土地所能提供之地租的限度的標準。任何土地，如果其產出超過了已經耕作的最差的土地，則超出部分就是資本所獲得的正常利潤以外的報酬，這種剩餘就是農場主有能力以地租的方式支付給地主的部分；因爲如果農場主不將它作爲地租繳納給地主，則他就獲得了超過正常利潤率的利潤，從而激發其他資本家促使資本利潤均等化的競爭，最終使地主獲得這部分剩餘。因此，任何土地所能提供的地租，都是該土地產出超過以等量資本耕作最劣等的已耕土地的產出的部分。這既不是，也從未被作爲分益佃農地租的界限，也不是投標佃農地租的界限，但卻是農場主地租的界限。沒有任何租賃給資本家農場主的土地，可以長期提供超過這一限度的地租；而當土地提供的地租低於這一限度時，那是因爲地主放棄了一部分，如果他想要，他是可以獲得這一部分地租的。

這是上世紀末由安德森博士（Dr. Anderson）最先提出的有關地租的理論，但在當時並沒有引起人們的注意。二十年後，這一地租理論又幾乎同時被愛德華·韋斯特爵士（Sir Edward West）、馬爾薩斯先生和李嘉圖先生再次發現。它是政治經濟學的基本理論之一；如果不理解這個理論，就無法合理地說明各種較爲複雜的產業現象。當我們探討有關價值和價格現象的法則時，這個理論的正確性將更爲清晰地顯現出來。在此之前，欲消除對於這個理論理解上的各種困難是不可能的，而對於那些並不熟悉這個問題的人們來說，只能對這個理論的推斷過程有基本的認識。不過，即使在我們研究的現階段，也能夠對有關這個理論的常見的反對意見給予充分的答覆。

人們曾經否認在已經耕作的土地中存在著不提供任何地租的土地的觀點，其理由是（可以斷言）地主不會允許人們占用他的土地而不付給報酬。凡是強調這一點來反對上述理論的人，他們一定以爲，那種剛好抵補耕作成本的土地是連成一大片的，而且是與較好的土地分隔開的。如果有人擁有一片這種等級或者更低等級的土地，那麼他很可能不會一無所獲地使用這些土地；如果他是一位富人，他可能更傾向將土地用於其他目的，例如運動場、觀賞地或者野生動物保護區。雖然基於前述近似文化方面的目的，他無法透過農場主耕種這些土地來獲得任何利益，但是他卻可以將土地當作天然牧場，或者生產其他自然生長的植物，並從中獲得收益。因而，即使是這樣的土地，也未必處於閒置狀態，它可能由土地的所有者自行耕作，這種情況在英格蘭並不少見。土地的所有者也可以出於博愛的動機，或者爲了減少濟貧稅的繳納，而將這種土地的一部分暫時地分配給勞工家庭耕種；或者，讓土地任人開墾，免繳地租，希望透過人們的勞動提升土地的未來的價值。這兩種情況都經常出現。因此，即使一大片都屬於耕作起來無利可圖的最劣等的土地，也未必因其無法提供地租而處於閒置狀態，更何況劣等土地通常不可能綿延數平方英里而不中斷，其間總會錯落分布著一些較好的土地。租種較好土地的人，同時也租種了與之毗鄰的劣等土地，他所繳納的地租，名義上雖然是針對整個農場，但實際上只是依據一部分土地的產量進行計算（不論這部分土地的面積占農場土地總面積的比例多麼小），這部分土地可以提供超過正常利潤率的利潤。因此，斷定其他一部分土地並不提供地租，從科學的角度來講，是站得住腳的。

§四 然而，不妨讓我們假設，在這種絕對不能接受的反對意見中存在著某種合理性；當社會對於糧食的需求促使糧食的價格上升，進而導致耕種一定等級的土地可以對生產糧食的成本提供補償，然而，這種土地固執的所有者卻堅持要收取地租，它既不是名目地租，也不是小額地租，而是構成農場主收支計算中重大項目的高額地租，如此一來，人們最終只好放棄耕作這種土地，那麼這將會導致出現什麼情況呢？唯一的結果是，當時社會所需要的必須增加的產量，不再是以擴大土地耕作面積的方式來取得，而全部是以在已經耕作的土地上增加勞動和資本的投入的方式來取得。

現在，我們已經知道，如果其他條件不變，則增加資本的投入將總是使利潤成比例地減小。我們並不打算假設在這一時期農業實現了新的發明，原有的技術和知識也沒有得到迅速的推廣。我們只是假設，對於糧食的需求增加導致糧食價格的上漲，除此之外，沒有發生任何其他變化。不過，由於價格上漲，爲增加產量，人們就可以使用那些按照過去的價格不可能帶來利潤的生產方法了。於是，農場主可以施用價格不菲的肥料；或者對過去不施肥料的土地施用肥料；或者從遠處運來石灰或者灰泥改良土壤；或者更爲澈底地耙碎土塊、清除雜草；或者對部分土地進行排水、灌溉、深翻；或者採用過去的價格條件下不足以抵償其成本的其他作業的方法等。在對於糧食的需求增加而同時又無法擴大耕地面積的條件下，上述這些方法，或者其中的某些方法，一定會被採用。但是，當農場主或者土地改良者爲了增加土地的產出進而產生使用上述方法的念頭時，他將只會考慮爲此進行的支出能否帶來正常的利潤，而不會考慮能否留有剩餘可供繳納地租。因此，即使事實上人們對所有已經耕作的土地（這是需要予以考察的土地範圍）都繳納了地租，但我們仍然認定總有若干的農業資本不需要繳納地租，這也是正確無誤的。因爲它只能獲得正常利潤率，這是最後被投入使用的那部分資本用以增加的最後那部分的產量；或者（將問題的實質用一句話來表述），它是在最不利的條件下被投入使用的。不過，同一需求量以及同一價格，既然能使這部分生產能力最低的資本獲得正常的利潤，則同樣也能使其他各部分資本基於地主們所擁有的有利條件成比例地獲取更大的剩餘，而這部分剩餘，是競爭使地主得以獲取的利益。同時，全部土地的地租，是以土地占用的全部資本的收益，扣除基於正常利潤重置的資本之後所剩餘的部分來衡量；換言之，是以土地占用的全部資本的收益，扣除全部資本在最不利的條件下所能獲取的收益之後所剩餘的部分來衡量。這種最不利的條件與生產能力最低的那部分資本所具備的條件相同：不論生產能力最低的那部分資本是用於最劣等的土地，還是用於已耕種的土地，都是爲了獲取盡可能多的產量，直到土地喪失較爲有利的條件爲止。

我們不必聲稱任何具體情況下的各種事實都絕對符合上述原理或者任何其他科學原理，但一定不要忘記，政治經濟學的眞理只是粗略的：它們雖然具備嚴密科學的確定性，但是卻不具備嚴密科學的精確性。例如，說一位農場主在收益低於正常利潤的情況下將停止耕種土地，且不再投入資本，這並不具有嚴格意義上的正確性。他將預期他的大部分的資本能夠獲得正常的利潤。不過，當他將他的命運與他的農場緊密結合，並且將他的技能與奮鬥完全寄託於農場爲他帶來的收益時，他就很可能不論採用什麼方式，都會願意將其資本投入農場（爲了迅速獲取收益），只要剩餘的利潤，不論多麼少，都能夠補償他所承擔的風險的價值；或者如果資本是他借來的，則他必須補償償付的利息；或者如果資本是他自有的，則他必須補償他將資本投入其他方面所能獲得的利息。不過，一位準備投資於這片土地的新農場主，他的估算就會有所不同，除非他預期他準備投入農場的全部資本，有十足的把握可以獲取正常的利潤，否則他不會開始投資。同樣地，在土地租賃期間，農作物的價格與簽訂租約時所預期的價格相比，可能有高有低，因此土地繳納的地租可能有多有少：即使在租賃期滿的時候，地主也可能不同意減少理應減少的地租，而農場主也可能寧可支付較高的地租而不願意放棄租賃農場，或者在所有其他農場都已經被租種的情況下設法租種其他農場。我們必須隨時考慮到這些不規則的實例；在政治經濟學中，不可能有某項基本原理全部涵蓋有可能決定所有個別結果的複雜情況。再說，當僅擁有少量資本的農場主階層，他們從事耕作，與其說是爲了謀利，不如說是爲了謀生時，那麼只要他們有可能以此爲生，他們就不會離開農場，致使他們的地租在性質上與投標佃農制度的地租頗爲相似，並將因競爭的加劇（如果競爭者的人數超過了農場的數量）而提高，甚至有可能使農場主連正常的利潤都無法獲得。我們就地租、利潤、工資和價格所建立起來的法則，僅在一定的限度內對某些人來說是正確的，這些人不受任何其他動機的支配，只受有關情況的基本因素所形成的動機的影響，並且遵從普通的有關利潤與虧損的商業估算方法。當我們將這種雙重的假設應用於農場主與地主時，則認定農場主要求他的全部資本必須爲他提供正常的利潤率是合乎情理的；超出這一水準的多餘的部分是他應該支付給地主的部分，不過他不會願意支付得更多。在這樣的生產環境中，投資於農業的一部分資本，將只能提供正常的利潤，而任何的其他等量資本所提供的利潤，與這部分資本所提供的利潤之間的差額，就是對於任何其他資本能夠並且將要以地租的名義支付給地主的額度的衡量。這就構成了地租原理，並且它在一個原理有可能達到的程度上接近於眞理。當然，在個別情況下，這個原理將會遭到懸而未決的合約問題、個人的錯誤估算、習慣，甚至當事人特殊的感情和性格的影響而被修正。

§五　有必要分析一下某種經常出現的言論，儘管在我看來這種言論並不像人們通常所說的那樣有價值。在地租這一稱謂下，經常包括許多種支付，這些支付並不是對土地本身原有的能力所給予的報酬，而是對投放於土地之上的資本所給予的報酬。基於某些學者的觀點，這種資本的支出所額外增加的地租應當被視爲利潤，而不是地租。不過，在讓人們接受這種觀點之前，我們必須分清某種界限。佃農每年的支出幾乎總會把有關使用農場建築物的情況考慮在內，它不僅包括穀倉、馬廄，而且還包括其他獨立的房屋。不過，對於這些獨立的房屋，他們只考慮供人居住的房屋，而不涉及圍欄以及類似的東西。對此，地主所提出的以及佃農所繳納的，不論怎樣考慮，都必須足以提供正常的利潤，或者更確切地講（無須考慮風險與煩惱的問題），提供依據建築物的價值所計算的正常的利息。這裡的建築物的價值，並非是指建築時曾經花費的成本，而是指現在建築與之相同的建築物需要花費的成本，佃農負有維護這些建築物的責任，使其保持原先的面貌，否則他需要繳納的款項當然會比純粹的利息更大。這些建築物與農場之間的區別，與農場的家畜、木材與農場之間的區別一樣；所以，對於建築物所進行的支付不能再稱爲地租，正如對於耕牛所進行的支付不能稱爲地租一樣——如果依據習俗，地主必須爲佃農提供耕畜的話。建築物與耕牛一樣，不是土地，而是正常地被消費又被再生產的資本，因此，有關它們的所有支付，都是純粹的利息。

不過，在我看來，實際上投入於土地改良過程中的、無須週期更新的、一旦支出將全部體現於土地的生產能力中的永久性資本，其所獲得的收益，已經完全喪失利潤的性質，並且受到地租原理的支配。誠然，除非地主預期土地改良所增加的收入超過他的資本支出的利息，否則他絕不會投資改良他的土地。從預期的角度來看，可以將這種增加的收入視爲利潤；可是，當資本支出一旦發生以及改良一經完成時，則已經改良的土地的地租，與未經改良的土地的地租一樣，都將受到同一法則的支配。肥力相同的土地，不論其肥力源於自然還是人力，都將提供等量的地租。我並不認爲應該將貝德福德平原和林肯郡山地的所有者的收入稱爲利潤，而不是地租，有人將其稱爲利潤的理由是，除非投入資本，否則這些土地的價值幾乎爲零。這些土地的所有者並不是資本家，而是地主；他們已經與他們的資本相互分離；他們的資本已經被消耗和破壞；與農場主和製造商的資本不同，他們的資本沒有也不會經由產品重新回到他們的手中。取而代之的是，他們現在擁有了具有一定肥力的土地，這與他們一開始就擁有由人力賦予的肥力相同的土地一樣，經過相同的耕作過程，這些土地將會提供等量的地租。

某些作家，特別是凱里先生，比我試圖要做的還要澈底，他進一步排除了地租的兩種來源之間的差別，完全否認了其中的一種來源，並且認爲所有的地租都是所消耗的資本的產物。在證明這一點的過程中，凱里先生斷言，在任何一個國家，例如英國或者美國，其全部土地的價值總額遠不及將該國由原始森林狀態改進到當前的狀態所消耗的費用總額那樣大，或者現在有必要消耗的費用總額那樣大。巴斯夏先生和其他人利用這一令人吃驚的言論，在捍衛土地所有權方面，將其作為比其他論點都更具有說服力的論點。凱里先生的論斷最明顯的含義無異於說，如果在英國的土地上突然增加了一塊具有天然肥力的未經開墾的土地，那麼對於英國當時的居民來說，這塊土地是不值得開墾的，因爲開墾以後所得到的利潤，將小於所投入之資本的正常的利息。對於這種論斷，如果有必要予以回擊，那也僅需要指出以下事實就足夠了：與以前耕種的土地不相等，但品質大大低於以前耕種的土地，在英國不斷地被人們所開墾，而且利用其後所增加的地租，在短短的幾年內就使投入的資本全部得到收回。不僅如此，凱里先生的這一論斷與他自己的經濟學的觀點也是完全相背離的。凱里先生比任何人都更爲強調以下不容否認的眞理，即隨著社會人口的增加、社會財富的增長以及勞動組合的發展，土地的價值與價格都在不斷地上漲。然而，如果土地當前的價值還不足以抵補拓荒並使土地適於耕作的費用，那麼上述論斷就不可能是正確的；這是因爲土地一經開墾就會具有這一價值；依據凱里先生的說法，這一價值一直都是在上漲的。

然而，當凱里先生說，現在，任何一個國家的全部土地的價值都小於爲改良它們所耗費的資本的價值時，凱里先生的意思既不是說每一塊土地的價值都小於用於改良土地的費用；也不是說土地的改良從最終的結果看，對於土地的所有者來說都是一種失策。他的意思不是說大不列顚的土地，現在不能按照過去消耗在土地上的費用出售，而是不能按照包括在土地上修築的所有道路、運河和鐵路所消耗的費用在內的價格出售。他這樣說可能是對的，但是不論就這種說法的目的性，還是就這種說法在政治經濟學中的重要性，都無異於說，英國土地的價格小於消耗於土地上的費用再加上國家的債務，或者再加上法國大革命戰爭的成本，或者再加上爲獲取所有其他實際或者假想的公共利益所消耗的費用的總和。道路、鐵路和運河的建設，並不是爲了賦予土地價值，而是與此相反，即這些建設的自然後果是，透過使與其相互競爭的土地變得更易於通達，從而使土地本身的價值下降。正是出於這種考慮，現在南部各郡的地主向國會請願，反對在當地建設收費快速公路。

交通運輸業的改進，趨於動搖最接近大量消費者聚集場所的土地的壟斷地位，從而降低土地現行的地租。修築公路與運河的目的，不在於提高已經向市場提供產品的土地的價值，而在於（除其他目的之外）透過向市場提供其他的更爲遙遠的土地的產品，使農產品的供應價格下降。這個目的達成得越有效，地租的水準就越下降。我們可以想像，如果美國的鐵路與運河不僅僅降低運輸成本，而且由於它們的經營效率極高，以至於運費可以完全取消，而且它們能夠使密西根州的農產品像長島的農產品那樣，迅速、廉價地運往紐約市場，那麼美國所有土地（所處位置便於房屋建設的土地除外）的價值將會完全喪失，或者更爲確切地說，即使最優質的土地，也只能按照土地拓荒的費用加上每英畝土地一點二五美元的政府稅收的價格出售；因爲密西根州的土地等價於美國最優質的土地，人們可以按照這一價位不受限制地購入。不過，令人奇怪的是，凱里先生竟然認爲這一事實與李嘉圖的地租理論是互不相容的。我們即使完全認可他的主張，但也仍然可以認定，只要存在著不提供地租的土地，那麼與提供地租的土地相比，它一定在肥力或者距離市場的遠近上具有某種優勢；對於這種優勢的衡量，也就是對於地租的衡量。而且，土地提供地租的原因，在於它擁有自然壟斷的地位；土地的數量，正如它自身所具有的有利條件那樣，不足以滿足市場的需求。這些命題構成了李嘉圖所建立的地租理論；而且如果這些命題是正確的，那麼我實在難以理解，判斷土地現在所提供的地租是大於還是小於爲了提高土地的價值而投入的資本的利息，以及爲了降低土地的價值而投入的資本的利息兩者之和，究竟還有什麼意義。

不過，凱里先生的反對意見，在某種程度上比經常遇到的反對地租理論的觀點更爲巧妙。地租理論可以算作是政治經濟學領域中的初學者難以解決的問題，因爲在我看來，拒絕接受這個理論的大多是沒有完全理解它的人，而受到影響但又反對它的人對於這個理論的理解往往也很不準確和透徹，這是非常明顯的。例如，不少人認爲李嘉圖的理論是荒謬的，因爲李嘉圖竟然令人不可思議地斷定劣等土地的耕作是優質土地提供地租的原因。然而，李嘉圖並沒有說劣等土地的耕作，而是說由於優質土地不足以養活增長的人口，所以耕作劣等土地具有必要性。這一命題與歸結於他的那一命題之間所存在的差別，無異於在需求與供給之間所存在的差別。同樣地，還有一些反對李嘉圖的人強調，即使所有土地的肥力都相同，但土地仍然有可能提供地租。不過，李嘉圖的論述與此完全相同。李嘉圖指出，如果所有土地的肥力都相同，那麼比其他土地更靠近市場因而運輸成本較低的土地，就會提供與這種優越條件相當的地租。因此，在出於社會的需要而已經耕作的土地中，不提供地租的土地，並不是最不肥沃的土地，而是地理位置最不便利的土地。即使不考慮地理位置上的差別，如果一個國家所有的土地都具有相同的肥力，那麼在一定的假設條件之下，這些土地都可能提供地租，即社會的需求要求耕作的全部土地，以及耕作已經達到增加投入的資本之收益開始遞減的程度。顯然，上述推斷也屬於李嘉圖學說的組成部分。除非強制徵收地租，否則在任何其他假設條件之下，都不可能證明一個國家的所有的土地都提供地租。

§六　在考察地租的性質及其形成原因之後，讓我們回到有關利潤的問題，並重新考慮上一章所做的論斷。上一章曾經指出，資本家的墊付——或者換句話說，生產的費用——完全是由勞工的工資所組成；在這筆支出中，不屬於工資的部分都是先前的利潤，而不屬於先前利潤的部分都是工資。然而，由於地租作爲一種要素，既不能分解爲利潤又不能分解爲工資，所以當時我們不得不假定，資本家並未被要求支付地租，即無須對已被占有的自然要素的使用支付等價物。同時，我們承諾將來要在適當的地方證明這種假設是合乎情理的，因爲地租並不是生產費用或者資本家墊付的組成部分。我們做出這種假設的依據現在已經顯露無遺。的確，所有租種土地的農場主以及許多其他類型的生產者都支付地租。但是，我們現在已經看到，凡是耕種土地並負擔地租的人，作爲回報，他們都獲得了具有比無須支付租金的同類工具更大生產能力的工具。工具的優良程度，與所付的租金成正比。如果只有少數人擁有大馬力的蒸汽機，它比現有的其他蒸汽機還要好，而且由於受到各種實際條件的限制，這種蒸汽機的數量不能滿足對於它的需求，那麼一位製造商願意爲租用這樣的一臺蒸汽機而支付的租金，就不能視爲是他的支出的增加。因爲這臺蒸汽機的使用，使他在其他方面節省了等額的成本，而沒有這臺蒸汽機，則他就無法以相同的品質完成這份工作，除非他增加了一筆與租金相當的成本。對於土地來說，情況也是如此。眞正的生產費用是耕作最劣等的土地時所發生的費用，或者是在最不利的條件下使用資本時所發生的費用。這種土地或者資本，如上所述，是不提供地租的；不過，這種土地或者資本必須負擔的費用，成爲所有其他土地或者農業資本必須以地租的形式負擔等額費用的原因。凡是確實支付地租的人，都從更爲有利的條件中收回了地租的全部價值；與不支付地租的他的同行相比，他所支付的地租，並未使他處於更爲不利的地位，而只是處於相同的地位，因爲他的不支付地租的同行所使用的工具的效率更低。

現在，我們已經在可能的限度內完整地論述調節土地、勞動和資本的產品分配的法則，這種討論尚未涉及到對一個文明社會的分配問題所產生影響的媒介，即交換與價格機制。欲更爲完整地闡述並且最終證實我們所提出的法則，同時推斷出與其相關的最重要的結果，則必須首先說明交換與價格機制的性質與作用。由於這個問題涉及廣泛而且內容複雜，因此，我們有必要設置單獨的一編予以討論。

第三編　交換

第一章　關於價值

§一

我們行將研究的主題在政治經濟學中是如此重要，並擁有顯著的地位，以至於某些思想家認定它的界限就是這門科學本身的界限。一位著名的學者曾經建議將政治經濟學稱爲交換學，而另一些學者則將政治經濟學稱爲價值學。對我而言，如果這些稱謂是合乎邏輯的，則我必然會在研究的一開始，而不是在第三編才著手探討這些基本的價值規律。我們可以推遲有關這個問題的討論，充分說明對於政治經濟學本質的上述認識過於片面。的確，在本書前面的章節中我們也涉及了價值理論的一小部分內容，特別是有關勞動的價值與土地的價值等問題。顯而易見，財富的生產和財富的分配這兩個問題，在政治經濟學中占有舉足輕重的地位。然而，只有後者才與價值問題有關，並且只有當是以競爭而不是以常規或者慣例作爲分配機制的時候，才與價值問題有關。即使社會的安排不取決於交換或者不允許交換，生產的條件和規律也將依然故我。在當前的產業經濟體系中，職業被細分並且所有與生產相關的報酬都取決於某種特定的商品的價格，但是即便如此，交換也不是產品分配的基本法則，而只不過是對其產生影響的產品分配機制的一部分，正如道路和車輛不是運動的基本法則一樣。似乎對於我來說，混淆這些觀點不僅會造成邏輯上的混亂，而且還會造成實際上的謬誤。這一謬誤導致政治經濟學領域普遍存在一種誤解，即對於因事物的本質所產生的必然結果與由於社會的安排所產生的結果兩者不予區分。在我看來，這一謬誤時時刻刻地都在散發著相互對立的兩個方面的惡劣影響：一方面，誘導政治經濟學家將他們學科中暫時正確的東西視爲永久性的、普遍的規律；另一方面，又促使許多人將生產規律（例如那些揭示控制人口必要性的生產規律）錯誤地理解爲在現存的社會結構中所發生具有暫時性的偶然事件。確實，對於那些有志於建構社會制度新體系的人來說，是可以對其隨意地忽略的。

然而，在產業體系完全地是以買和賣爲基礎的社會中，大部分社會成員的生存並不依賴於他們自己所參與生產的物品，而是依賴於某種雙重的交換，即先賣出然後再買進。在這種情況下，價值問題便成爲基本問題了。幾乎關於社會經濟利益的每一個思考都涉及價值理論的某些方面，在這個理論上的微小瑕疵都會使我們所有的其他結論產生相應的錯誤。而且我們有關價值概念的任何含混不清，都會對其他問題產生困惑以及不確定性。幸運的是，現在已經不存在任何有關價值規律的問題需要當今的學者或者任何未來的學者予以澄清了。這個理論是很完善的，唯一需要克服的困難是如何對其加以闡述，以便預先消除應用這個理論時可能產生的主要疑惑。當然，爲了實現這一點，我們進行細緻的解釋以及讀者付出耐心是不可或缺的。不過，讀者將獲得充分的回報（如果他們是初次涉獵此項研究的話），透過輕鬆、迅速、澈底地理解這個問題，將使讀者能夠對政治經濟學中遺存的大部分問題瞭然於心。

§二 我們需要從界定的用語入手。亞當．史密斯在一篇經常被引用的文章中談及價值一詞在意義上所具有的明顯的含混性：在某種意義上，它表示有用性，在另一種意義上，它表示購買能力；用他自己的語言加以描述，即使用價值和交換價值。但是，正如德．昆西先生（Mr. De Quincey）所指出的那樣，在闡述價值的雙重意義時，亞當．史密斯本人也陷入了另一種含混之中。他說，具有最大使用價值的物品通常具有較小的或者不具有交換價值，這是正確的。因爲對於不需要勞動或者犧牲就可以獲取的物品，將無法索取價格，儘管它可能是有用的或者是必需的。不過，他進一步指出，具有最大交換價值的物品，例如鑽石，可能具有很小的或者不具有使用價值。這裡的使用一詞，並不具有政治經濟學所考慮的含義，而具有與享樂相對立的含義。政治經濟學並不涉及哲學家和倫理學家對於不同使用加以評價的比較分析。在政治經濟學中，一件物品的使用意味著它能夠滿足某種欲望或者實現某項目的。鑽石在很大程度上具備這種能力，否則鑽石將無力承擔任何價格。使用價值，或者如德．昆西先生那樣將其稱之爲目標價值，是交換價值的極限。一件物品的交換價值，可能在任何程度上均小於其使用價值，但是認爲交換價值可能大於使用價值的觀點，也存在著矛盾。這種觀點無異於假設人們爲了獲得某一物品，以作爲滿足他們嗜好的手段，而願意付出比他們對於這一物品所估計的最高價值還要高的價值。

在政治經濟學中，價值一詞在不帶附加語的情況下使用時，通常指的是交換價值，或者亞當・史密斯與其繼任者所說的可交換價值。這一用語，無論多少權威加以引用，都屬於不良用語。德・昆西先生採用交換價值這一無懈可擊的用語予以替代。

需要將交換價值與價格區別開來。早期的政治經濟學家將價值與價格作爲同義詞加以使用，甚至李嘉圖也沒有總是對它們予以區分。不過，現在大多數嚴謹的學者均使用價格一詞，來表述一件物品的價值與貨幣之間的關係，即該件物品可以換取的貨幣的數量，以避免使用兩個良好的科學術語表述單一的概念所造成的浪費。因此，今後我們應該將一件物品的價格理解爲它的貨幣價值；這一價值，或者一件物品的交換價值，代表它的一般購買能力，即擁有這一物品時所產生的對於一般可購商品的支配能力。

§二 在這裡我們需要做出進一步的解釋。對於一般商品的支配能力指的是什麼？相同的物品可以和大量的某些商品進行交換，同時也可以和少量的其他一些商品進行交換。一套服裝可以換取大量的麵包，卻只能換取少許的鑽石。一件物品的價值在與某些商品交換的過程中可能提高，而在與另外一些商品交換的過程中也可能降低。如果收成不好，一件外套今年能夠換取的麵包將少於去年，但是卻有可能換取更多的玻璃或者鐵，只要這些商品的稅賦有所降低或者製程有所改進即可。在這些情況下，外套的價值是提高了還是降低了？人們的確難以對此做出定論；但所能夠提出的結論是，它的價值相對於一件物品來說是提高了，而相對於另一件物品來說卻是降低了。不過，還有一種情況，人們在對外套價值的變化進行判斷時不會產生任何困惑，即造成外套交換價值變動的根源來自於某些直接影響外套本身的因素，而不是影響麵包或者玻璃的因素。例如，假設一種新型紡織機的發明使寬幅布料的紡織成本降低到當初的一半，由此產生的結果是，外套的價值降低了；並且如果外套的價值基於這種原因而有所降低，則它不再是僅僅與麵包或者僅僅與玻璃相對而言的降低，而是與除那些恰好受到相同價值下降影響的物品之外的所有可購物品而言的降低。一般交換價值的概念產生於以下事實，即的確存在著這樣的一些原因，它們傾向於改變一件物品與未曾受到相同趨勢影響的一般物品相互交換的價值。

爲了科學地考察交換價值，比較妥當的做法是，只探討對所要考察的商品造成影響的各種原因，而排除其他原因。產生於和這種商品進行相互比較的其他商品的原因，將影響這種商品相對於那些商品而言的價值，但是，產生於這種商品本身的原因，則將影響這種商品相對於所有商品而言的價值。最後，爲了使我們的注意力更爲集中，有必要假定除所考察的商品之外的所有其他商品的相對價值不變。當我們考察引起玉米價值上升或者下降的原因時，我們假定當羊毛、絲綢、餐具、蔗糖、木材等商品購買玉米的能力發生變化時，它們之間相互交換的比例保持不變。基於這種假設，它們之間的任何一種商品都可以作爲其他所有商品的代表。因爲玉米相對於任何一種商品的價值無論以什麼方式變動，玉米相對於其他每種商品的價值都將以相同的方式和程度發生變動，所以需要考慮的只是，如何對玉米相對於某一種物品的價值上升或者下降的波動進行估計的問題。在這裡，玉米以及其他任何一種物品的貨幣價值或者價格，均代表該種物品的一般交換價值或者購買能力。由於具有這種代表性，顯然也是爲了方便起見，我們將經常利用物品的貨幣價值或者價格來討論問題。不過，這樣做需要具備如下條件，即貨幣本身的一般購買力保持不變，而除我們所考察的物品之外的其他一切物品的價格也保持不變。

§四　正如我們目前對它們所下的定義那樣，價值和價格之間的區別是顯而易見的，似乎也無須再做任何說明。但是在政治經濟學中，最大的謬誤往往產生於無視最明顯的事實。與這種區別一樣簡單，對於價值問題不夠熟悉的讀者應該儘早充分地理解由此得出的各項推論。其主要的推論之一如下：價格的普遍上漲是可能的，所有商品的貨幣價格都有可能升高，但是價值的普遍提高是不可能的。這是術語內在的矛盾。A的價值的提高僅僅表現爲可以換取更多數量的B和C。在這種情況下，B和C必然只能換取較少數量的A。所有物品不可能彼此相對地同時價值上升。如果市場上有一半商品的交換價值提高了，這種表述剛好意味著另外一半商品的交換價值降低了；反之亦然，亦即一半商品的交換價值的降低也意味著另外一半商品的交換價值的提高。相互之間進行交換的物品不可能同時價值下降或者上升，就像不可能十二位賽跑者中的每一位都跑得比其他所有人快；或者一百棵樹中的每一棵都比其他所有的樹高一樣。這一事實是如此地簡單明瞭，以至於我們現在應該看到，在某些廣爲傳播的學說中，理論家和爲人稱道的實務家實在是大失水準。作爲第一個例證，它揭示了大多數人對於一般價格的升高或者降低所設想的極端的重要性。由於任何一種商品價格的提高，通常都說明商品價值的增加，所以當所有的價格都提高時，人們會模糊地認定所有物品的價值都增加了，進而認爲那些物品的所有者都變得更加富有了。所有物品的貨幣價格同時上升或者下降，如果它們變動的比例相同，而且排除了對已經簽訂的契約所造成的影響，則這種變動是沒有任何實際意義的，它不會對任何人的工資、利潤或者租金產生影響。雖然每個人在一種情況下都得到較多的貨幣，而在另一種情況下都得到較少的貨幣，但是與從前相比較，人們所得到的貨幣能夠購買的物品既未增多也未減少。它所造成的唯一差別是，用於計價的籌碼多少有所不同而已。在這種情況下，只有貨幣的價值眞正發生變化，受益或者受損的只是貨幣的持有者，或者那些必須收取或者支付固定額度貨幣的人。如果養老金領取人與債權人獲益，則養老金支付人與債務人就將受損；反之亦然。在短期內，這將對額度固定的貨幣合約造成擾動，並且無論有利於債務人還是債權人，這種擾動都是有害無益的。但是對於未來的交易，它對於任何人都是沒有什麼影響的。因此，人們應該記住的是（許多情況也將經常引起人們對它的記憶），價值普遍地上升或者下降的說法是自相矛盾的。價格普遍地上升或者下降，不過相當於貨幣價值發生變化，除影響現存的收取和支付固定金額的合約以及（對此必須附帶說明）貨幣生產者的利息之外，毫無其他影響。

§五　在開始探討價值和價格規律之前，我有一個經過深入考察而得出的見解有待發表。我必須再次提醒各位，在我援引的事例中，價值和價格都是僅僅由競爭單獨決定的，並且只有在以這樣的方式決定的範圍內，才能歸納出它們的確切的規律。我們必須假定，買方力求低價買進，而賣方則力求高價賣出。因此，我們的結論提出的價值和價格，是商業的價值和價格，是時價表上所公開的價格，是批發市場上的價格。在批發市場上，買進與賣出都是一種商業行爲，在交易中，買方急迫地需要掌握，並且往往的確掌握了可以購得品質一定的某種物品的最低價格是多少的資訊。因此，有關在同一個市場上，對於具有相同品質的同種物品來說，不可能存在兩個價格的論斷是正確的。我們的論斷對於零售價格，即人們在商店中爲購買消費品所支付的價格，僅在較嚴格的意義上來說才是正確的。在不同的商店，或者甚至在同一家商店，這類物品通常不僅有兩個價格，而是有多個價格。與主要原因一樣，習慣和偶然性對這個問題也產生很大的影響。人們爲消費而進行的購買，即使是商業人士的購買，並非總是基於商業的原則：人們在爲獲取而經營的過程中所產生的感覺，與支出他們收入的過程中所產生的感覺，往往是迥然不同的。無論是由於懶散或者粗心，還是樂於不加詢問地爽快付款，四分之三有支付能力的人爲他們所消費的物品支付的價格，都遠遠地高於他們必須支付的價格，而窮人們也會因爲無知和拙於判斷、無法獲得各種價格資訊，以及來自各個方面公開的或者隱蔽的脅迫而支付高價格。由於這些原因，零售價格並不符合在這些因素影響之下所決定的批發價格。在零售市場上，這些因素所產生的影響最終會被感知，並且成爲使零售價格千差萬別且具有普遍性和永久性特徵的眞正原因。不過，這裡並不存在規律或者確切的一致性。品質同樣精良的鞋子在不同的商店會以相當不同的價格出售，而且皮革可能降價，但卻不會使有錢人士買鞋的開支減少。然而，有時鞋子的價格的確會降低，究其原因一定是皮革降價這類大環境變動所造成的：皮革降價後，即使富人經常光顧的鞋店沒有發生變化，但工匠和勞工們卻能買到更便宜的鞋子了，而且，爲貧民習藝所和軍隊供鞋的合約價格也會明顯地降低。在一切有關價格的推斷中，人們均必須理解的條件是：假設所有當事人都關注他們自身的利益。忽視這個條件，將導致人們不恰當地應用政治經濟學抽象的原理，更爲常見的是，人們將這些原理與他們所思考的不同的事實，或者與他們有理由預期發生的事實相比較，進而錯誤地懷疑這些原理。

第二章　關於需求與供給，側重它們相對於價值的關係

§一

使某一物品可能具有任何交換價值，需要兩個條件：第一，它必須具有某種用途，即（正如我們前面已經說明的那樣）它必須能夠實現某種目的，滿足某種欲望。沒有人會爲獲取毫無任何用途可言的物品而支付價格，或者放棄自己有用的東西；第二，這件物品不僅必須具有某種效用，而且還要在它的獲取上存在某些困難。德·昆西先生說：[1]「無論什麼物品，要取得那種被稱爲交換價值的人爲價值，首先，它需要使自身成爲人們實現某種目的之手段；其次，即使它無可爭辯地具有這種初步的有利條件，但如果它能夠被無償地或者無須做出任何努力就能獲取，那也不會具有交換價值。」對於交換價值來說，後者也是必要的限制條件。因爲往往存在著可以無償地獲取值得擁有的物品的情況，例如，一彎腰，你就在腳下撿到它。但是由於反覆彎腰仍然需要付出辛勞，所以人們很快就發現，這種獲取事實上並非是無償的。在加拿大廣闊的森林中，每隔一段時間就可以無償地採摘到幾船野生草莓。正是由於彎腰這個姿勢使人疲憊，以及這項勞動單調無趣，所以過沒多久，每個人都願意僱用他人來提供這項服務了。

正如上一章中所指出的那樣，一件物品由購買者所估計的效用，是其交換價值的極限，之後價值不會再高，除非有特殊的環境再將價值升高。德·昆西先生詼諧地說明了這個問題。「隨便走進一家商店，並買下你所看見的第一件物品。是什麼決定了你買的東西的價格？一百次情況中有九十九次是簡單地由要素D，即獲得它的難度，所決定的。另外一個要素U，即其內在的效用，將完全未發揮作用。假設這件物品（根據其用途衡量）就你的目的而言值十幾尼，致使你寧願付出十幾尼也不願失去這樣東西；然而，如果生產它的難度僅值一幾尼，則一幾尼就是它所能承受的價格。不過雖說如此，儘管U不發揮作用，但就可以假定U不存在嗎？當然不可能。因爲如果它沒有效用，即使是最低的價格你也絕不會購買。U對於你

發揮作用，雖然它對於價格未發揮作用。另一方面，在第一百次情況中，我們假設情境與此相反：你正搭乘蘇必略湖上的一艘輪船，前往八百英里之外遠離文明的蠻荒地區，並且意識到在未來的十年內沒有機會購買到任何無論是小型的還是大型的奢侈品。一位同行的旅客擁有一個極有魅力的音樂鼻煙盒，日落之前他將與你分手。經驗告訴你這件小東西具有影響你自己情感的力量，它的魅力可以隨時平抑你心中的煩躁，你急切地想要買下它。在離開倫敦時你忘記買，現在這是最後的機會。但是鼻煙盒的持有者對你的心情的瞭解並不亞於你，於是他決定最大限度地抬高U，使之逼近你出於個人的目的，由你個人所估計這件物品的內在價值。在這一情況下，他不會理會將D作爲任何控制力量或者調整機制的說法。最終，雖然在倫敦或者巴黎你可以用六幾尼的價格買下一馬車的這種鼻煙盒，但是在最後的鐘聲響起的時候，你醒悟到現在不買將永遠失去機會，於是你將寧願付出六十幾尼買下這個鼻煙盒。在這裡，與前面一樣，也只有一種因素在發揮作用，但以前是D，現在則是U。不過不管怎樣，D並未消失，雖然它未發揮作用。D的隱而不顯導致U將其作用發揮到極致。消除D所形成的實際壓力，U將如同水泵裡的水失去空氣的壓力噴湧而出一樣。不過，同樣明顯的是，D仍然存在於你的腦海中，儘管價格是以另外一種方式確定的。由於任何交換價值的形成都需要U和D並存，同時也無可爭辯地由於你在同意將價格抬高到U之前，對D已經做出非常具體的考慮，所以考慮到獲得這件物品的極端困難（這裡最可能存在的就是不可能性），尤其D已經消失，因此在你的頭腦中取而代之的是某種無限制的D。毋庸置疑的是，你已經將極端情況下的U替代爲決定價格的力量，不過它處於潛在的D的感知之下。此時，D不再發揮任何實際作用，D在有關價格的所有影響機制中將退出，將創造出一種眞空，透過這一眞空，U將急劇上升到它的最高的和最終的限度。」

這種價值完全由購買者的需求或者欲望所決定的情況，嚴格來講，它屬於絕對壟斷的情況；在這種情況下，要想獲取的物品只能從一個人那裡得到，他能夠索取任何代價，只要低於無人購買的價位即可。不過即使是完全壟斷，但價格被迫升高到最終的極限，也並非是一個必然的結果。當我們考慮到價值規律尚取決於另一個要素的獲得的難度時，就可以理解這一點了。

§二 決定價格的獲得的困難並非總是同種類型的困難，有時它是由供給的絕對的有限性所造成的。客觀上存在著某些物品，超過一定的狹小的限度後，就無法再增加其數量，例如，只能在特殊的土壤、氣候和光照的環境下生產的葡萄酒，古代的雕刻，古典藝術家的繪畫，稀有的書籍或者錢幣，還有其他古玩珍品等。又如面積有限的小鎮上的房屋和建築用地（例如，威尼斯，或者任何需要築城加以保護的城堡）；在任何小鎮上最爲理想的地理位置；在風光欠佳的地帶擁有特別自然美景的房屋和公園。潛在地，它們都有可能成爲這種類型的商品；在土地全部被占有並耕作的國家中，實際上可能就是如此。

不過，獲得的困難還有另外一種類型（包含所有進行交易的物品的絕大部分），它僅由商品生產所需要的勞動和費用所造成。不付出勞動和費用就不能生產這種商品；但是當任何人願意承擔這些勞動和費用時，就可以無限制地生產它。如果有豐裕的勞動力和足夠的機器設備，棉紡織品、毛紡織品或者亞麻織品的產量就可能是現在所生產的產量的數千倍。毫無疑問，產量的增加是有限度的，而當地球無力提供更多的原物料時，它就將會停止。然而，就政治經濟學的任何目的來說，我們均無須考慮這種想像的限制成爲現實的時機。

還有介於前兩者之間的第三種類型的困難，其情況更爲複雜，我們現在僅對其略加說明。不過，它在政治經濟學中的重要性極大。有些商品能夠透過勞動和費用的投入無限制地增加產量，但不是按照勞動和費用的固定數量增加產量的。它們在一定的成本水準下只能生產有限的產量；如果想要生產得更多一些，就必須在更高的成本水準上生產才行。正如我們上述曾經多次提及的那樣，農產品以及基本上由土地所提供的所有初級產品，都屬於這種類型。某些非常重要的結論源於這種特殊性：其一是限制人口是必要的；其二是支付地租是必要的。

§三　這就是三種類型的困難，所有進行交易的物品都必然歸屬於其中的一種，我們將依次加以考察。首先，考察在數量上絕對有限的物品，例如古董或者畫作。

通常有一些人說，這些物品的價值取決於它們的稀少性。但是就我們的目的而言，這種表述並不夠明確。另外一些人則較爲確切地說，價值取決於需求與供給。不過，即使這一陳述也需要更多的解釋，才能說明一件物品的價值和產生這種價值的原因兩者之間的關係。

一種商品的供給是容易理解的，它是指爲出售而提供的數量，也就是說，它是在一定的時間和地點有意購買的人能夠買到的數量。但是，需求的含義是什麼呢？它並非僅僅是對於商品的欲望。乞丐可能想要得到一顆鑽石；但是無論他的欲望有多麼強烈，都不會對價格產生影響。爲此，學者們定義了一個較爲狹義的需求：想要占有並且具備購買能力。爲了區分專業意義上的需求與欲望意義上的需求，學者將前者稱爲有效需求。[2]如此定義之後，人們通常就以爲不會出現更多的困難了，並認定價值取決於如此定義的有效需求與供給之間的比率。

但是，這些術語並不能令要求概念清晰而準確地表達的人們感到滿意。兩種度量單位並不相同的事物之間的比率這種說法是非常不精確的，它必然會造成混亂。在某種數量和某種欲望，或者即便是具備購買能力的某種欲望之間，有什麼比率可言呢？如果將需求解釋爲需求量，並將這一比率解釋爲需求量和供給量之間的比率，則需求和供給之間的比率才是可以被理解的。不過，同樣地，需求量不是一個固定不變的數量，即使在同一時間和地點，它也會隨著價值而產生變化；如果物品便宜，通常其需求量會比物品昂貴時的還要大。因此，需求部分地取決於價值。然而，如前所述，價值是取決於需求的。我們如何使自己擺脫於這一矛盾？如何解決兩者相互決定的這一悖論呢？

雖然有關這些疑難問題的解答非常明確，但是這些疑難問題本身並非是虛構的。我之所以如此直白地提出這些問題，是因爲我確信，每一位進入這一領域的研究者，在他尚未坦誠地面對並且準確地認識這些疑難問題時，都會受到這些疑難問題的困擾。毋庸置疑，正確的解答已經被多次提出，可是我尚未發現，除敏銳的思想家和機智的演講者賽伊之外，還有誰在我之前提出這些解答。然而，如果不是若干著作顯示出這些著作的作者並未清晰地理解這一點，而且如果德・昆西先生的實例沒有證明某些極其聰穎並且深入研究這一領域問題的人，竟對這一點毫無認識並內在地加以抵制，那麼我本來應該會認爲所有的政治經濟學家都一定已經熟知這一點了。

§四 需求一詞的含義是需求的數量，並且要記住它並非是一個固定的數量，一般將隨著價值的變化而改變。讓我們假設在某一特定時期的需求超過供給，也就是說，在市場價值下人們想要購買的數量超過供給銷售的數量，這時，買方發生競爭，價值升高了。但是，升高了多少呢？某些人可能設想價值的升高取決於短缺的比例，即如果需求超過供給的三分之一，則價值提高三分之一。但事實卻非如此。因爲當價值升高三分之一時，需求可能仍然超過供給，甚至在較高的價值水準上人們想要購買的數量比最初購買的數量還多，同時，買方的競爭還會繼續下去。如果該種物品屬於生活必需品，則人們情願支付任何價格也不願意放棄購買它，三分之一的短缺可能使價格升高兩倍、三倍或者四倍。[3]或者，與此相反，即使價值按照短缺的比例升高，但也可能在價值升高之前停止競爭。價值升高不到三分之一，也可能導致物品的數量超過購買者有能力購買的或者想要購買的全部數量。不過，價值的升高會停止在哪一點上呢？無論在哪一點上，都將使需求與供給實現均衡；且與這一點相對應的價格，將消除多出的三分之一需求，或者吸引更多的賣方，使該種物品的供給充足。當透過這兩種方式中的一種或者這兩種方式的某種組合，使需求等於供給或者不再大於供給時，價值的升高將停止。

相反的情況同樣簡單。讓我們假設供給超過需求，而不再是需求超過供給。賣方將會發生競爭：多餘的供給量只有透過吸引與其相當的更多的需求才能找到市場。採用降價措施可以實現這一點：價值下降，將使更多的用戶有能力購買該種物品，或者誘使原來的消費者增加購買。在不同的情況下，價值下降所重新建立起來的均衡是不同的。一般來說，價值下降的幅度最大的物品，通常屬於兩個極端狀況的物品：絕對的必需品或者那些特殊的奢侈品。對於這些物品的偏好僅侷限於一個很小的群體。對於食品來說，那些對其消費已經充足的人們不會因爲它降價而購買更多，而是將從食品支出節省下來的錢用於購買其他物品。正如經驗所表明的那樣，透過降價所增加的消費，只能消除由於豐收所增加的供給的一小部分，[4]並且實際上只有當農民收回他們的穀物等待價格上漲，或者投機商人在穀物價廉時趁機買進，以期在市場迫切需要時再行抛出，價值的下降才會停止。無論是透過降價使需求增加，還是透過收回部分供給，均可以實現需求與供給的均衡。

因此，我們可以看出，有關需求與供給的比例的概念是不妥當的，而且與問題無關。正確的數學分析方法是運用方程式——需求與供給、需求量與供給量將會形成某種均衡等式。如果在某一時刻沒有達到均衡，競爭將促使它們實現均衡，其過程是透過價值調整的方式來完成。如果需求增加，則價值上升；如果需求減少，則價值下降。同樣地，如果供給減少，則價值上升；如果供給增加，則價值下降。上升或者下降不斷進行，直到需求和供給再次實現均衡時爲止。而且，商品在任何市場中所具有的價值，無非是在那個市場中使需求足以平衡當前的或者預期的供給的價值。

這就是價值規律，它涉及數量不可隨意增加的所有商品。無疑地，數量可以隨意增加的商品是應該被排除在外的。還有另外的規律適用於數量可以無限增加的更多種類的物品，但是，清晰地理解和切實地掌握排除這種例外情況的理論，也並非是沒有必要的。首先，人們將會看到，它對於理解較爲普遍的情況大有裨益。其次，關於這種例外情況的原理，與最初人們所想像的相比，延伸的範圍更廣，包含的實例也更多。

§五　在供給方面受到自然的而且必要的限制的商品很少。但是，任何商品的供給都可以人爲地加以限制。任何商品都可能成爲壟斷的對象，例如，一八三四年以前英國的茶葉、當前法國的菸草和英屬印度的鴉片等。人們通常認爲，壟斷商品的價格是獨斷的，它取決於壟斷者的意願，唯一的限制是買方對於這種商品相對於自己的價值的最高估價（正如德．昆西先生所列舉的發生在蠻荒美洲的音樂鼻煙盒的情況那樣）。這在某種意義上來說是正確的，然而無論如何，就價值取決於供給與需求這一點而言，它並未形成任何例外。壟斷者可以在消費者有能力或者願意支付的價格範圍之內，根據自己的意願盡可能地將價格定高；不過他只能透過限制供給來達到這個目的。荷蘭的東印度公司可以用壟斷價格來出售香料群島（Spice Islands）的產品，但是爲了達到這個目的，它不得不在香料豐收的時節銷毀一部分產品。如果它堅持銷售它所生產的所有產品，則它將迫使市場價格降低；價格過低，有可能使銷售量大時所獲得的總收益比銷售量小時還要少。它銷毀多餘的產品證明，至少它持有這種觀點。甚至德．昆西先生筆下的在蘇必略湖上的唯利是圖者，如果他持有兩個音樂鼻煙盒，並且想要把它們都賣掉，那他也不能以六十幾尼的價格出售。假定每個鼻煙盒的成本價格是六幾尼，那麼他寧願把兩個都賣掉換回七十幾尼，也不願意僅賣掉一個換回六十幾尼。這就是說，雖然他擁有相當大的壟斷能力，但他也會願意以三十五幾尼的價格出售每個鼻煙盒，即使六十幾尼並沒有超出買方基於自身需求和對於這件物品所估計的價值。因此，壟斷價值並非遵從於任何特殊的規律，它不過是需求與供給普通情況的一種少有的變化。

此外，雖然在任何時候永遠都不可能增加供給的商品很少，但是任何商品都有可能暫時出現這種情況，並且對於某些商品來說，這種情況已司空見慣。例如，在下一個收成期到來之前，農產品的數量是不能增加的；在下一年的某一時期到來之前，世界上已有的穀物數量就是所能獲取的穀物的全部數量。在此期間，穀物實際上等同於數量不能增加的物品。對於大部分商品來說，增加它們的數量都需要一定的時間；而且如果需求增加，則直到能夠形成相應的供給之前，即直到供給能夠滿足需求之前，價值將一直上升，以使需求與供給相適應。

還有與此正好相反的另外一種情況。某些物品的數量可以無限制地增加，但是卻不能迅速地減少。這種物品非常耐用，以至於現存的數量與年產量相比總是很大。黃金以及更爲耐用的金屬均屬於這種類型的物品；同樣，房屋也屬於這類物品。透過銷毀它們，可以立即減少這類物品的供給；不過這只有對這類物品具有壟斷能力的所有者有利，並且他們只有在因銷毀所承受的損失可以由剩餘物品價值的提高予以補償時，才有可能這樣做。因此，這類物品的價值由於供給過多或者需求下降，有可能在一段相當長的時期內持續低迷，致使進一步的生產處於完全停滯的狀態；消耗造成供給減少是一個非常緩慢的過程，即使在生產完全停頓的情況下，也需要很長時間才能恢復到原來的價值水準。在此期間，價值將完全由需求與供給所決定，並且會因現有庫存的消耗而緩慢上升，直到重新達到再生產時的價值水準爲止，生產才會開始。

最後，雖然某些商品有可能大量地甚至無限制地增加或者減少數量，但是其價值仍然取決於需求與供給，而不是任何其他的因素。勞動這種商品尤爲如此。關於這種商品的價值，我們已經在前面做過詳細的討論。我們會發現，除此之外還有很多情況，要解決交換價值的疑難問題，都有必要藉助於這一原理。在我們討論國際價值，即不同國家所生產的物品，或者更一般地說，相距遙遠的兩地所生產的物品相互交換的價值的時候，將特別對此舉例加以說明。但是，要探討這些問題，需要先考察那些數量可以無限增加或者隨意增加的商品的情況，並且研究這些商品的永久性價值或者平均價值是由什麼規律（除需求與供給之外）所決定的。這是我們在下一章將要研究的內容。

◆註解◆

[1] 《政治經濟學邏輯》，第十三頁。

[2] 亞當．史密斯提出「有效需求」的概念，用以說明那些願意並且有能力支付處於自然價格狀態下的某種商品的人們的需求；自然價格是指能夠使商品處於長期生產並被投放於市場的價格。請參閱亞當．史密斯，《論自然價格與市場價格》，第一編，第七章。

[3] 「這個國家在最終核算穀物的短缺水準，最多低於平均年景水準的六分之一到三分之一之間，而且在這種短缺已經被國外的供給緩解的情況下，穀物的價格卻升高了百分之百至百分之二百，甚至更高。如果短缺高達三分之一，且以往年分沒有任何剩餘並且沒有任何進口的機會予以緩解，則價格很可能升高五倍、六倍甚至十倍。」（參閱圖克，《物價史》，第一卷，第十三—十五頁。）

[4] 參閱同上；以及一八二一年農業委員會的報告。

第三章　關於生產成本，側重它相對於價值的關係

§一 當一種商品的生產需要消耗勞動和費用時，則無論這種商品的數量能否不受限制地增加，它都將擁有一個最小的價值，這一價值是使該種商品實現持續生產的必要條件。價值在任何時候都是需求與供給相互作用的結果，而且總是爲現存的供給創造市場的必要條件。不過，除非這一價值能夠充分補償生產成本，並且能夠提供正常的預期利潤，否則這種商品將不會被繼續生產。資本家不會在虧損的情況下持續生產，他們甚至不會在利潤低於他們生存所需要的水準時持續生產。那些資本已經投入而且不易收回的人們，會在沒有利潤甚至虧損的情況下長期堅持生產，以期待轉機的到來。但是他們不會無期限地這樣做，或者在沒有跡象表明轉機可能到來的情況下還繼續這樣做。一個行業不僅要有預期利潤，而且預期利潤的水準還要與當時當地的其他行業的預期利潤的水準同樣高，才可能有新的資本進入（還要從其他方面考慮對該行業進行投資的適宜程度）。在獲得這種利潤的希望非常渺茫的情況下，如果人們最終無法收回他們的資本，至少他們會放棄重置已經消耗的資本。因此，生產成本加上正常利潤的總量，被稱之爲透過勞動和資本的消耗所生產的所有商品的必要價格或者價值。沒有人會在虧損的情況下心甘情願地進行生產；無論是誰，由於計算錯誤而這樣做了，那一定會竭盡全力地迅速加以修正。

當一種商品是透過消耗勞動和資本所生產出來的，且還可以在生產中無限制地消耗它們，則必要價值，即令生產者感到滿意的最小價值，在競爭自由而且有效的情況下，就是他們所能期望的最大價值。如果商品價值不僅提供正常的利潤以作爲對生產成本的補償，而且還產生更高的利潤率，則資本會湧入並且分享這一額外的利得，同時隨著該種物品供給的增加，其價值會下降。這不是單純的假定或者推測，而是熟悉商業運作的人們司空見慣的事實。不論何時，當某一新行業顯示自己有希望提供非同尋常的利潤，並

且不論何時，當任何原有的貿易或者生產被認爲提供了高於正常水準的利潤的時候，則可以肯定，在短期內，這種商品的生產或者進口將會急劇增加，以至於不僅消除了額外的利潤，而且一般來說，還會導致價值像當初大幅度上升時一樣而大幅度地下降，直到進一步的生產被全部或者部分暫停，進而使過度的供給得到修正爲止。如前所述，[1]生產數量的變化無須人們預先假定或者要求任何人轉換他們的職業。那些事業發達的人，將進一步利用他們的信用來增加產量，而那些未能獲取正常利潤的人，則將收縮他們的業務範圍並縮短工作時間（以工業用語表述）。在這種模式下，不同行業，也許並非是利潤，而是預期利潤的均等化，可以穩健並且迅速地實現。

於是，作爲一項基本規則，物品傾向於以能夠使每位生產者補償生產成本並獲得正常利潤的價值相互進行交換；換言之，該價值將向所有的生產者提供相對於他們的支出而言的相同的利潤率。但是，爲了使利潤相當於支出（即生產成本），因此，物品必須以生產成本比率的平均值相互進行交換，即生產成本相同的物品一定具有相同的價值。因爲只有這樣，同等的支出才會產生同等的利潤率。假設一位農民運用相當於一千夸脫穀物的資本，生產出一千二百夸脫的穀物，獲得了百分之二十的利潤率，那麼在同一時期內，相當於一千夸脫的資本所生產的其他任何物品，都必須能夠與一千二百夸脫的穀物相互交換，否則生產者將會獲得大於或者小於百分之二十的利潤率。

亞當·史密斯和李嘉圖把物品與其生產成本成比率的這一價值稱爲物品的自然價值（或自然價格）。他們指出，價值圍繞這一點而擺動，並且總是傾向於回歸這一點。按照亞當·史密斯對此所做的表述，這一中心價值對物品的市場價值產生持續不斷的吸引力，而且與之相背離的任何變動都具有暫時的不規則性，在這些變動發生的瞬間，中心價值就會對它們產生矯正力量。從多年的平均水準來看，偏離中心線這一側的擺動完全能夠與偏離中心線另一側的擺動相互抵銷，市場價值與中心價值一致。不過，在任何特定時刻，市場價值都很少與中心價值嚴格相等。海洋隨處都傾向於在一個水平面上，但是它從未精確地處於一個水平面上；海洋的表面總是波浪起伏，並且經常被風暴所攪動。可以肯定地講，至少在公海，沒有任何一處總會是高於另一處的，各處都是時高時低的，不過，海洋卻保持著它的水平面。

§二　使物品的價值長期與生產成本一致的潛在力量是，當兩者相互背離時商品的供給所發生的變化。如果物品持續地以高於生產成本的價格出售，則供給將增加；如果以低於該價格出售，則供給將減少。但是，我們不能由此認定供給必須在實際上有所減少或者增加。假設一種物品的生產成本因爲某種機械的發明而減少，或者由於某種稅收而增加，那麼這種物品的價值不久後就會在前一種情況下有所降低，而在後一種情況下就會有所增加；若不是如此，則供給在前一種情況下就會有所增加，直到價格降低時爲止，而在後一種情況下它就會有所降低，直到價格升高時爲止。正是由於這個原因和人們錯誤地認爲價值取決於需求與供給之間的比率，才使許多人認定，不論何時商品的價值發生變化，這個比率一定會改變；除非供給持續地增加，否則價值不會因爲成本的減少而降低；除非供給持續地減少，否則價值也不會因爲生產成本的增加而升高。但是事實卻並非如此。價值的變動並不需要供給發生任何實際的變動；並且即使供給發生持續的變動，但也不是價值變動的原因，而是價值變動的結果。的確，如果無法使供給增加，則生產成本的減少並不會降低價值；不過人們沒有理由認爲供給必然會增加。往往只要存在這種可能性，商人們就都知道將會發生什麼情況，他們之間的相互競爭迫使他們透過降低價格面對即將出現的後果。在生產成本減少之後，商品的供給是否持久性地增加，這完全取決於另外一個問題，即相對於降低後的價值，需求量是否增大了。對於大多數商品來說，需求量會有所增加，但是並非必然如此。德・昆西先生指出，[2]「當對個人直接有用的物品的價格降低時，一個人會願意並很可能增加購買的數量。如絲手帕的價格如果降低了一半，那某個人很可能會將購買的數量擴大三倍；不過他並不會因爲蒸汽機價格的降低而增加購買蒸汽機的數量，因爲他對蒸汽機的需求早已經由他所處的環境的狀況所決定了。在他考慮的所有成本的範圍內，他對機器運作成本的考慮遠遠超過了他對機器採購成本的考慮。但是有許多物品，其市場絕對並且唯一地受到事先已經存在的某種系統的限制，這些物品成爲這一系統的附屬品或者組成物。我們如何才能透過人爲降低鐘錶錶盤的價格，使鐘錶內部零件或者裝置的銷量有所增加呢？不增加葡萄酒的銷量，有可能增加葡萄酒窖的銷量嗎？或者，在造船業止步不前的情況下，造船工具的市場有可能擴大嗎？……向一個擁有三千居民的城鎮推銷一批靈車，價格再低，也不會誘使城鎮居民多買一輛。推銷一批遊艇，由於遊艇的主要成本發生在人工、養護和維修方面，因此僅僅依靠降價並不能誘使任何一位不具有相關習慣和愛好的人來購買。主教、律師和牛津大學學生的制服也是如此。」然而，沒有人會懷疑所有這些物品的價值和價格都會因爲它們的生產成本的減少而降低，以及會因爲新競爭者的進入和供給的增加而降低。不過，新競爭者進入難以顯著擴張的物品的市場，將會承受很大的風險，與進入對競爭產生較大激勵的物品的市場相比，這將使地位已經穩固的商人們能夠更長時間地維持他們當初較低的價格。

同樣地，在情況相反的條件下，假設生產成本增加了，例如，因爲向商品徵稅從而使成本增加，這時價值將會升高，而且很可能是立即升高。那麼這時供給將會減少嗎？不會，只有在價值的升高導致需求減少的情況下才會如此。這一後果是否會發生，是否很快就會顯現；如果發生這種情況，則價值就會因爲供給過多而有所降低，直到生產被縮減時爲止，然後再次升高。許多物品只有在價格大幅度提高的情況下需求才會顯著減少，特別是必需品，例如人們慣常消費的食品，更是如此。英國的小麥麵包，對於現有的人口來說，很可能按照當前的成本價格消費的數量與其價格顯著下降時的消費數量幾乎一樣。特別地，人們經常把這類物品的昂貴或者高價位與供給短缺相互聯繫起來。在糧食歉收時期，食物可能會因爲短缺而變得昂貴；但是，如果因爲稅收或者實施《穀物法》所造成的昂貴，則與供給不足毫無關係。這些原因不會使一個國家的食物的數量減少很多，倒是食物之外的其他物品的銷量會因爲食物價位的升高而有所減少。因爲人們在食物上的開支增多，在其他物品上的開支就得減少，其他物品的生產將因需求的減少而縮減。

因此，數量可以隨意增加的物品的價值並不取決於需求與供給（除偶然情況以及生產必要的自行調整之外），反倒是需求與供給取決於價值。這一論斷是非常正確的。相對於商品的自然價值或者成本價值，存在著對商品一定數量的需求，供給會努力與該需求長期保持一致。在任何時候，如果供給未能實現這種一致性，那是由於計算出現錯誤，或者是由於這個問題的某些因素發生變化：或者在自然價值，即生產成本方面；或者在需求方面，公眾的偏好或者消費者的數量和財富發生變化。這些擾動因素出現的可能性極大，當它們中的任何一個出現的時候，物品的市場價值就不再與自然價值保持一致。有關需求與供給的眞正法則——兩者之間的方程式——在所有的情況下都是成立的。如果需要一個與自然價值不同的價值以便促使需求與供給相等，則市場價值就會背離自然價值。不過，它僅在一段時間內是這樣，從總體來看，供給將長期傾向於與需求相等。經驗表明，這種需求是商品以自然價值銷售時所形成的需求，不論供給大於還是小於這一數量，都是非常偶然的。而高於或者低於正常水準的利潤率的狀況，在自由、有效的競爭條件下，是不可能長期地持續下去的。

概括地講，需求與供給決定著所有不可能無限增加數量的物品的價值。不過，即使對於這些物品而言，當它們是由工業生產過程生產出來的時候，也具備由生產成本所確定的最小價值。而對於可能無限增加數量的物品來說，需求與供給僅僅在供給調整所必需的時間內決定價值的波動。在需求與供給以這種方式控制價格的同時，其本身也受到某種更爲強大的力量的控制，這種力量迫使價值趨近生產成本，並且如果沒有新的擾動因素持續不斷地出現進而導致價值再度發生背離，那麼這種力量將會使價值持續停留並保持在這一水準上。對此我們可以套用同樣的比喻，需求與供給經常處於均衡狀態，不過，物品按照它們的生產成本——我們曾經提及的自然價值——相互交換，是需求與供給實現穩定均衡的條件。

◆註解◆

【1】參閱本書第二編第十五章§四。

【2】《政治經濟學邏輯》，第二三〇—二三二頁。

第四章　有關生產成本的基本分析

§一

本書第一編已經對生產成本的構成要素進行說明。[1]我們發現，勞動是重要的構成要素，其重要性是如此之大，以至於幾乎可以將勞動視爲唯一的構成要素。生產某種物品所消耗的勞動，是該種物品的生產者或者一系列生產者的成本。如果我們把進行墊付的資本家視爲生產者，則勞動一詞可以用工資一詞來替代。對於生產者來說，生產成本就是他必須支付的工資。的確，乍看之下勞動似乎只是他支出的一部分，因爲他不僅要向勞動者支付工資，而且還要向他們提供工具、原物料，也許還有建築物。不過，這些工具、原物料和建築物都是由勞動和資本生產的，它們的價值與由它們生產出來的物品的價值一樣，也取決於可以再次分解爲勞動的生產成本。寬幅布料的生產成本並非僅僅由布料生產商直接支付給織布工的工資所組成，它還包括：紡紗工與梳整工的工資；牧羊人的工資，這是織品商在購買紗線時必須支付的；建築工人和製磚工人的工資，這是資本家在工廠建設的合約價格中給予補償的；部分機器製造工人、鑄鐵工人和採礦工人的工資；運輸工人的工資，他們把生產工具和器械運送到工作場所，把產品運送到銷售地點。

因此，商品的價值主要取決於（我們很快就會理解其是否完全取決於）生產商品所需要的勞動量；在生產這個概念中，也包括將商品運送到市場的過程。李嘉圖指出：[2]例如，在評估襪子的交換價值以及將它與其他物品相互比較時，我們就會發現它的價值取決於加工它並把它運送到市場所需要的總勞動量。第一，耕作原棉種植土地所需要的勞動；第二，將原棉運送到加工地所需要的勞動，包括透過商品運費的形式收取的製造運輸船舶的部分勞動；第三，紡紗工和織布工的勞動；第四，工程師、鍛工和木工的部分勞動，他們建造廠房和製造機器供生產使用；第五，零售商人的勞動，以及那些無須我們一一列舉的眾人的勞動。這些不同類型的勞動的總量，決定了襪子能夠交換到的其他物品的數量；對於其他物品所消耗的不同勞動的總量的考察，同樣也決定了這些物品能夠交換到的襪子的數量。

爲了使我們相信這是交換價值的眞正基礎，讓我們假設在原棉織成襪子運往市場與其他物品進行交換之前所必須進行的加工過程中，某一項可以節省勞動的措施得以改進，然後研究這項改進所產生的後果。如果種植原棉需要的人手少了，或者航海運輸需要僱用的水手少了，或者製造棉花運輸船舶所需要的工人少了；或者建造廠房和製造機器所需要的工人少了，或者它們建成後使效率提高了，那麼襪子的價值必然會下降，它交換到的其他物品的數量就會減少。由於生產所必需的勞動減少了，所以價值下降，並因此在與沒有節省勞動的其他物品相互交換時，所能交換到的其他物品的數量也會減少。

勞動使用方面的節省，一定會降低商品的相對價值，無論節省是發生在製造這種商品本身所需要的勞動方面，還是發生在商品生產所必需的資本形成所需要的勞動方面；無論是襪子生產直接需要的漂白工、紡紗工、織布工的減少，還是間接需要的水手、搬運工、工程師或者鐵匠的減少，都將使襪子的價格下降。在前一種情況下，節省的勞動將全都分攤在襪子上，因爲這一部分的勞動僅限於襪子的生產上；在後一種情況下，節省的勞動只有部分會分攤在襪子上，其餘部分將分攤在利用這些建築、機器和運輸進行生產的所有其他商品上。

§二　我們已經觀察到，李嘉圖對自己觀點的表述認定，生產商品並把它運送到市場上所消耗的勞動是決定商品價值的唯一因素。但是因爲對於資本家來說，生產成本並不是勞動而是工資，又因爲相對於等量勞動的工資既可能高一些也可能低一些，因此，似乎產品的價值並非僅僅取決於勞動量，而是由勞動的數量和報酬共同決定；並且，價值一定部分地取決於工資。

為了確定這一點，我們必須注意的是，價值是一個相對的概念。商品的價值並不是商品自身內在的本質特徵，而是這種商品能夠交換到的其他商品的數量。我們永遠不要忘記，某一物品的價值是相對於某一其他物品或者相對於一般物品。因此，一種物品與另一種物品之間的關係是不會被對兩者產生相同影響的因素所改變。一般工資水準的上升或者下降，實際上是以同樣的方式影響著所有的商品，因此它並不能成為改變商品之間交換比例的原因。假定高工資可以帶來高價值，這無異於假定價值可以普遍地提高。但是，這在概念上是矛盾的。某些物品的價值高應該是其他物品價值低的同義詞。錯誤產生於人們沒有注意價值，而僅僅關注價格。雖然價值不可能普遍地提高，但是價格卻可以普遍地上升。一旦形成清晰的價值的概念，我們就會發現，工資的高低與價值毫無關係。不過，高工資引發高價格卻是一個廣為流行的看法。只有當我們陳述貨幣理論時，才能夠透徹地分析這一論斷的全部荒謬之處；現在我們只需要說明，如果這一論斷是正確的，那麼是不可能存在實際工資提高的情況；因為如果在所有物品的價格未發生同比例上升的情況下工資不可能有所提高，那麼從任何實際的意義來看，工資都根本沒有提高。這是理由相當充分的一種反證，同時表明，的確有一些愚蠢得令人瞠目結舌的命題可能且已經在很長時期內成為人們廣泛接受的通俗政治經濟學的信條。我們同時不要忘記的是，即使假設價格眞的普遍升高了，但對於生產商或者經銷商來說也是毫無益處的。因為如果價格升高可以增加他們的貨幣收入，那麼也必然會在相同的程度上增加他們的支出。對於勞動的高成本，資本家無法透過改變價值或者價格的方法對自己予以補償，也無法阻止勞動的高成本所帶來的低利潤。如果勞工們確實得到了更多，即得到了更多的勞動產品，則剩餘的利潤就只能占較小的比例了。建立在算術定律基礎之上的分配規律是不可抗拒的。交換和價格機制有可能掩人耳目，但是根本不可能改變這一規律。

§二

然而，儘管整體工資水準的高低不會影響價值，但是如果一個行業的工資比另一個行業的工資高，或者如果一個行業的工資相對於其他行業的工資永久性地升高或者降低，那麼這種不均衡確實會影響到價格。引起行業之間工資不同的原因在前面的章節中我們已經討論過了。當一個行業的工資水準永久地超過平均工資水準時，這個行業所生產的商品的價值會在同等程度上超過僅僅由勞動量所決定的標準。例如，由熟練工人生產的物品可以交換到較多的非熟練工人生產的物品，究其原因，只不過是因爲熟練工人獲得的報酬更高一些。如果透過教育的推廣，熟練工人的數量大大增加了，使得熟練工人和普通工人之間的工資差距縮小了，那麼相對於普通工人生產的物品來說，熟練工人所生產的物品的價值就會降低，而普通工人生產的物品的價值就會因而升高。我們在前面已經說明，從某一層次的行業向另一個更高層次的行業進行轉移是很困難的。到目前爲止，這種困難導致被顯著的壁壘分割開來的不同層次勞工的工資，比我們所想像的更爲嚴重地依賴每個層次的勞動人口的增加；而且勞動報酬的不均衡程度是很大的，如果勞工之間的一般性競爭能夠對每個行業產生實際的影響，則工資之間的不均衡程度會小得多。由此可以推斷，各個行業的工資不會同時上升或者下降，在短期內甚至有時在長期內，相互之間幾乎沒有任何關係。所有這些差異性顯著地改變了不同商品的相對生產成本，進而完全體現在它們的自然價值或者平均價值中。

由此我們可以看出，某些最優秀的政治經濟學家關於工資不影響價值的論斷，與事實出入較大，且也不能自圓其說。工資的確影響價值。生產不同商品所必需的勞動的相對工資，如同勞動的相對數量一樣，對商品的價值產生影響。他們認爲所支付的絕對工資不影響價值的觀點是正確的，正如勞動的絕對數量也不影響價值一樣。如果所有商品的勞動的絕對數量同時以相同的程度發生變化，則價值也不會受到影響。例如，如果所有勞動的效率普遍提高，以至於可以用較少的勞動生產出和以前一樣多的商品，那麼這種生產成本的普遍降低絕不會反映在商品價值上。商品價值所發生的任何變化僅僅體現不同物品實現改進的不均衡的程度：勞動節省最多的商品的價值將下降，而勞動節省較少的商品的價值最終將上升。因此，嚴格地說，勞動的工資對價值所產生的影響，與勞動量對價值所產生的影響一樣大，無論是李嘉圖還是其他人都沒有否認這一事實。但是，當考慮價值變化的原因時，勞動量則成爲主要的影響因素了。因爲當它發生變化時，在一定時期內，一般只涉及一種或者少數幾種的商品，但是工資的變化（除暫時的波動以外），通常是普遍性的變化，因此對價值並無太大的影響。

§四　至此，我們已經說明勞動或者工資是生產成本的一種要素。不過，在第一編分析生產所需要的條件時，我們發現除勞動之外還有另外一種不可或缺的要素，它就是資本。既然資本是節制的結果，因此產品或者它的價值不僅需要給予生產所需要的勞動充分的報酬，而且還必須使所有人的節制都得到充分補償，正是這些人的節制墊付了不同層次的勞工報酬。節制的報酬是利潤。而且我們也可以看出，所謂的利潤，並非僅僅是資本家的各項開支得到補償之後留給資本家的剩餘；在大多數情況下，利潤也是支出本身絕非無足輕重的組成部分。亞麻線生產商的一部分支出用於購買亞麻和機器，透過支付它們的價格，他不僅僅支付了亞麻種植工人和機器製造工人的工資，而且還要支付亞麻種植商、亞麻梳整商、礦主、冶鐵商和機器製造商的利潤。所有這些利潤，連同亞麻線生產商自己的利潤，又會透過亞麻織品商對其原物料即亞麻線價格的支付獲得墊付。此外，亞麻織品商還需要墊付一系列新的機器製造商以及向這些機器製造商提供金屬原物料的礦主和冶鐵商的利潤。所有這些墊付都是亞麻織品生產成本的組成部分。因此，利潤和工資一樣，均進入決定產品價值的生產成本。

然而，作爲一個純粹相對的概念，價值不取決於絕對利潤，而僅僅取決於相對利潤，正如價值不取決於絕對工資一樣。利潤的普遍提高像工資的普遍提高一樣，不會使價值升高，因爲價值普遍提高是極其荒謬並充滿矛盾的。在利潤以同樣的方式進入所有物品的生產成本中的情況下，任何物品的價值都不會受到影響。只有當進入某些物品生產成本中的這些物品的利潤水準，高於進入其他物品生產成本中的那些物品的利潤水準時，利潤才會對價值產生影響。

例如，我們已經看到，有一些因素使得一定行業的利潤率永遠高於其他行業；它對於較大的風險、麻煩與不便，都必須給予補償。爲此，其產品只有按照高於生產它們所必需的勞動量的價值出售才行。如果火藥與其他物品交換的比率不高於火藥生產整個過程所需要的勞動，那麼就不會再有人經營火藥廠。屠夫的處境明顯地優於麵包師傅，而且似乎也沒有承擔更大的風險，因爲並無跡象表明他們更容易破產。因此，他們能夠獲得較高的利潤，究其原因，似乎只能是因工作條件惡劣且在某種程度上工作聲譽不佳，致使競爭受到限制的結果。但是，這種較高的利潤意味著他們必須以高於由勞動和支出所決定的商品價值出售商品，如此一來，所有必要的和永久性的利潤的不均衡，才會在商品的相對價值上得到體現。

§五　即使在兩個行業利潤率相同的情況下，利潤進入這一種商品生產條件的量也可能比進入另一種商品的量更大一些。因爲與另一種商品相比，這一種商品利潤的形成可能需要更長的時間，人們往往用葡萄酒的生產來說明這種情況。假定使用工資率相同的等量勞動生產出一定量的葡萄酒和一定量的布，那麼布不可能透過儲藏而改進品質，但是葡萄酒卻可以。假設爲達到理想的品質，葡萄酒需要窖藏五年，除非葡萄酒生產商或者交易商在五年之後能夠以遠遠高於布的價格進行銷售，得到布在五年時間內所實現的利潤，外加按複利計算的利息，否則他們是不會窖藏葡萄酒的。葡萄酒和布是使用等量的支出生產出來的。可見，這種情況說明，兩種商品之間相對的自然價值不僅僅與生產成本相關，而且也與生產成本之外的某種東西相關。於是，爲避免空泛的議論，我們把葡萄酒生產商在這五年期間內所放棄的利潤計入葡萄酒的生產成本中，將其視爲處於葡萄酒生產商其他墊付之上的一種附加支出，他的這項支出最終需要得到補償。

一切由機器製造的商品均類似於或者至少接近於上面所舉的葡萄酒的例子。與完全由勞動直接生產出來的物品相比較，利潤進入這些物品生產成本中的量將會更大一些。假設有兩種商品A和B，均透過資本的消耗並費時一年才生產出來。在這裡我們不妨以貨幣表示相關的資本，均設爲一千鎊。A完全由勞動生產，一千鎊都作爲工資直接支付了。B由勞動和機器共同生產，各消耗五百鎊，並且假設機器使用一年就報廢。顯然，這兩種商品一定具有相同的價值；如果以貨幣計算，並且年利潤率均爲百分之二十，則價值均爲一千二百鎊。對於A來說，利潤僅爲二百鎊，是其價值的六分之一。但是對於B來說，利潤不僅僅是二百鎊，在機器價格的五百鎊內還包含機器製造商的利潤。如果我們假定機器也需要用一年時間來生產，那麼機器製造商的利潤也應爲其價值的六分之一。因此，對於A來說，利潤僅爲總收益的六分之一；而對於B來說，利潤不僅僅是總收益的六分之一，而且還要加上一大部分收益的六分之一。

在投入直接勞動進行生產之前必須提供的機器、廠房、原物料或者其他任何物品在總資本中所占的比例越大，利潤相對於生產成本的量也就越大。機器、廠房等資本財的耐用性較好，就能夠產生出與這些資本財數量較多時所生產出來的完全相同的數量。這一點雖然乍看之下並不明顯，但卻是事實。我們剛才的例子的情況非常極端，假設機器使用一年就完全報廢，那麼現在讓我們考慮一下與之相反的另一種極端的情況。機器可以一直被使用，而且不需要維護。這樣舉例既便於分析說明，也有助於理解實際上可能出現的情況。在這種情況下，生產商並非必須對機器五百鎊的價值給予補償，因爲他將永遠擁有價值五百鎊的機器本身。但是他必須像以前一樣獲得利潤。所以，商品B在前面假設的情況下可以一千二百鎊售出；其中的一千鎊用來重置資本，二百鎊爲利潤。而現在B可以七百鎊的價格出售，五百鎊用於重置工資，二百鎊作爲全部資本的利潤。因此，利潤進入商品B的比率爲二百鎊與七百鎊之比，即占到全部價值的七分之二或者百分之二十八點五七；而在A種情況下，像以前一樣，利潤只占到全部價值的六分之一或者百分之十六點六七。不過，這個情況當然是虛構的，因爲沒有機器或者其他固定資本可以永遠使用；但是它們越耐用，就越接近虛構的情況，而且利潤進入收益中的量也就越大。例如，如果一臺機器價值五百鎊，使用它以後每年的折舊爲其價值的五分之一，那麼必須增加一百鎊對這一損失給予補償，即商品的價格將爲八百鎊。因此，利潤會以二百鎊對八百鎊的比率，即四分之一，進入生產成本中，這一比率仍然遠遠高於商品A的比率，即六分之一或者二百鎊對一千二百鎊的比率。

在不同的行業中，利潤以不同的比例進入資本家墊付的成本之列，並且因此以不同的比例進入資本家所要求的收益之中。這相對於價值來說，帶來兩個結果：第一個結果是，商品並非簡單地以生產它們時所需要的勞動量之間的比率進行交換；即使我們假設不同種類的勞動永久性地基於不同的工資率獲得的報酬也是如此。我們已經透過葡萄酒的例子對此加以闡述了，現在我們將用機器製造的商品的例子進一步予以說明。像之前一樣，假設物品A是用價值一千鎊的直接勞動生產，但不假設由價值五百鎊的直接勞動和價值五百鎊的機器生產出商品B，而是假設商品C是利用一臺機器以及價值五百鎊的直接勞動生產，而這臺機器又是由其他價值五百鎊的直接勞動製造，這臺機器的製造時間爲一年，使用壽命也爲一年，利潤率和以前一樣設定爲百分之二十。A與C以等量的勞動被生產出來，支付的工資率也相同；A消耗價值一千鎊的直接勞動，C僅消耗價值五百鎊的直接勞動，但是還要加上製造機器所消耗的勞動，也達到一千鎊。如果勞動或者勞動的報酬是生產成本的唯一構成，則這兩種商品就可以互相交換。但是，它們能夠互相交換嗎？當然不能。機器是用一年的時間消耗五百鎊製造的，利潤率爲百分之二十，因此機器的自然價值應爲六百鎊；而額外的一百鎊必須由商品C的生產商在其他開支進行墊付，另外也應支付給他百分之二十的利潤。所以，當商品A以一千二百鎊的價格出售時，C長期銷售的價格則不能低於一千三百二十鎊。

第二個結果是，每次一般利潤的升高或者降低，都會對價值產生影響。的確，這並非是透過它們普遍的升高或者降低對價值產生影響的（我們已經多次說明，普遍升高或者降低本身是矛盾的，是不可能的），而是透過改變利潤不同償付期影響物品價值的比例對價值產生影響。以上兩種物品雖然是由等量的勞動生產出來，但是卻具有不同的價值。因爲與另一種商品相比，一種商品需要對更多年分或者月數的利潤進行償付。利潤越大，價值的這種差異也就越大；利潤越小，這種差異也就越小。葡萄酒必須提供比布多五年的利潤，與利潤率爲百分之二十的情況相比，當利潤率爲百分之四十的時候，葡萄酒的價值超過布的價值的額度要大得多。雖然商品A和C是由等量勞動生產出來，但是卻分別以一千二百鎊和一千三百二十鎊的價格出售，兩者相差百分之十的利潤率；如果利潤率減半，則A將售一千一百鎊，C將售一千一百五十五鎊，兩者僅相差百分之五。

由此可以推斷，即使工資普遍升高，但當它造成勞動成本的實際增大時，也的確會在某種程度上對價值產生影響，但絕非以一般人所設想的方式，透過工資普遍的升高，對價值產生影響。不過，勞動成本的增加將使利潤下降；因此，利潤占比高於平均水準的物品的自然價值會下降，利潤占比低於平均水準的物品的自然價值會上升。對於機器在生產過程中發揮主要作用的所有商品來說，當利潤減少時，它們的相對價值都會降低；或者，另一種說法是，相對於它們來說，其他物品的價值會升高。當機器非常耐用時，這種變化尤爲顯著。有時，這一事實被一種似乎很有道理但實際上卻並不確切的方式加以表達，認定工資上升將造成用勞動生產的物品的價值，相對於用機器生產的物品的價值來說，有所升高。但是，用機器生產的物品同其他任何物品一樣，也是用勞動生產的，因爲機器本身也是用勞動生產出來的。唯一不同是，利用機器生產的物品的利潤占比更大一些，儘管主要的支出項目仍然是勞動。因此，最好把價值所受到的影響歸結爲利潤的下降而不是工資的上升。特別是工資上升這種說法非常含混不清，容易使人產生勞工的實際報酬有所增加的聯想，而不是與此處的目的，即相對於雇主而言的勞動成本，相互關聯。

§六　在生產成本自然的與必要的要素中，除勞動和利潤之外，還有一些人爲的與偶然的要素，例如稅賦。麥芽稅與勞工的工資一樣，也是這種物品的生產成本的一部分。法律所強加的費用與自然所強加的費用一樣，必須用源於產品價值的正常利潤來償還，否則這種物品不會不斷地被生產出來。但是，稅收對價值的影響與工資和利潤對價值的影響一樣，受到相同條件的制約。產生影響的不是一般稅收而是差異稅收。如果所有的產品被徵繳的稅收是從所有的利潤中被拿走的相同的百分比，則相對的價值不會被改變。如果只有某些商品被徵稅，那麼這些商品的價值就會升高；如果只有少數商品享受免稅待遇，那麼它們的價值就會降低；如果一半商品徵稅，而另一半商品免稅，則前一半商品的價值會升高，而後一半商品的價值會降低。爲了使所有行業的預期利潤相等，這種變化是必要的，否則那些被徵稅的行業即使不是立即遭到淘汰，最終也會遭到淘汰。但是，如果等量地普遍徵收稅賦，則不會對不同產品之間的相互關係產生干擾，也不會對價值產生任何影響。

到目前爲止，我們均假設所有進入商品生產成本的工具和裝置，其自身的價值都取決於它們的生產成本。然而，它們之中的一部分屬於數量不能隨意增加的物品，因此，如果需求超過了一定的水準，則將使這些物品產生稀少性的價值。義大利生產的許多裝飾性物品所使用的材料中，包括所謂的古代紅色顏料、淡黃顏料和綠色顏料，都是透過毀壞古代的石柱和其他裝飾性建築所獲取的。我尚未瞭解到此事的眞僞，據說採集這些顏料的石材已經告罄，或者它們的遺址已遭廢棄。[3]具有這種性質的原料，如果它的需求量很大，則一定會具有稀少性價值，並且這種價值會進入生產成本，從而最終進入製成品的價值之列。貴重皮毛受到原料稀少性價值影響的徵兆似乎已經顯現，在西伯利亞荒野和愛斯基摩海沿岸，提供貴重皮毛的動物正在減少，動物數量的減少對皮毛的價值有影響。不過，到目前爲止，它還只是增加了獲得一定量的皮毛所必需的勞動量。毫無疑問，投入足夠多的勞動，仍然有可能獲得更多皮毛的日子還會持續較長的一段時間。

但是，稀少性價值對生產成本的增加產生主要作用的問題，是有關自然要素的問題。在這些自然要素還未被占用因而可以隨意獲取的時候，它們並不計入生產成本；即使將之計入生產成本，也僅限於爲使它們適合使用，進而計入所必須付出的勞動之中。即使自然要素已被占用，但它們也不會僅僅因爲被占用這一事實而具有價值（正如我們已經看到的那樣），它們只會因爲稀少性，即供給的有限性，才具有價值。不過，同樣可以肯定的是，它們通常具有稀少性價值。假設在一個瀑布的所在地，磨坊的數量超過了瀑布的水力所能承擔的限度，這時，瀑布的使用便具有稀少性價值。這一價值足以將需求壓低，使之與供給相等，或者促使人們開發出與瀑布的水力同樣有效的其他人工動力，例如蒸汽動力等。

永久性地占有某種自然要素，可以持續地使用它並獲取它所提供的產品。透過自然要素的所有權獲利的一般做法是，要求使用自然要素的人每年從自己的收入中支付一定量的等價物，這種等價物通常地或者一般地被稱爲地租。因此，關於自然要素的占用對價值產生影響的問題，常常以如下的方式被提出：地租是否計入生產成本？而且，傑出的政治經濟學家對此的回答是否定的。本應在一定條件的限制下提出這些概括的表述，但是即使瞭解這些限制條件的人，也傾向於對此問題給出斷然否定的答案。因爲不可否認的是，他們這樣做，與反覆強調理論所受到的實際限制相比，會把一般原理更爲牢固地印在人們的腦海中。不過，這樣回答也容易使人困惑並誤導，對政治經濟學產生不良的印象，好像政治經濟學漠視顯著的事實一樣。沒有人能夠否認租金有時會計入生產成本。如果我購買或者租借了一塊土地，並在那裡建立起一個織布廠，那麼這時地租就將合法地成爲我生產支出的一部分，並因而必須用產品償付。同時，由於所有的工廠都建在土地之上，而且大部分工廠占用的土地都很昂貴，因此對土地支付的地租，一般來說，必須由工廠生產的所有物品的價值加以補償。那麼我們在何種意義上才能斷言地租不計入生產成本或者不影響農產品的價值呢？下一章我們將對此予以說明。

◆註解◆

【1】參閱本書第一編第二章§一、§二。

【2】參閱《政治經濟學與賦稅原理》，第一章，第三節。

【3】我相信，這種石材的某些採集場已經被重新開發，並且再次投入開採。

第五章　關於地租，側重它相對於價值的關係

§一

我們已經考察了決定兩類商品價值的法則：其一，數量被限定的一小部分商品，它們的價值完全取決於需求與供給，以至於其生產成本（如果它們有生產成本的話）構成了價值的最低水準，當然它不可能永遠低於這一水準；其二，數量能夠透過勞動和資本隨意增加的大部分商品，它們的生產成本既決定了這種商品長期與其他商品相互交換的最大值，也決定了它們之間相互交換的最小值。現在，還有第三類商品需要予以考察：這一類商品並非僅有一種生產成本，而是有多種生產成本，可以透過勞動和資本來增加它們的數量，但不是等量的勞動和資本；一定的生產成本可以生產一定數量以內的商品，但要進一步增加產量，則必須付出更大的生產成本。這類商品處於中間狀態，兼具其他兩類商品的特點。農產品便構成這類商品的主體。我們已經多次提及如下基本事實：農業生產中，在技術水準一定的條件下，雙倍的勞動不能生產出雙倍的產量；如果需要增加產量，那麼額外的供給需要消耗比以前更多的生產成本才能獲得。如果某一村莊目前對農產品的總需求，即爲產自於現有土地的八百英斗穀物，那麼隨著人口的增加，當其總需求又增加八百英斗的穀物時，就需要透過開墾劣等的土地，或者透過更加精細地耕作已開墾的土地，來生產出這增加的八百英斗穀物。對於這新增的八百英斗穀物，或者至少對於其中的一部分來說，每英斗穀物所需要的生產成本有可能相當於以前的兩倍或者三倍。

如果最初的八百英斗穀物都是以相同的費用生產出來的（只耕作最好的土地），同時如果穀物以每英斗二點五先令的價格出售，則可以對這筆費用和正常的利潤給予補償。在穀物需求量的限度內，穀物的自然價格將爲二點五先令，而且只有當季節變化或者其他偶然性的供給變化時，這一價格才會升高或者降低。但是，如果該地區的人口增加了，那麼爲養活人口所需要的穀物遲早會超過八百英斗。我們必須假設

無法獲得任何外國的供給，在這種情況下，除非開墾劣等的土地用於耕種，或者採用成本更高的方法對原有土地進行耕種，否則就無法生產出超過八百英斗的穀物。不提高穀物的價格，則無論哪一種方案都不可行。價格的提高通常會透過需求的增加逐漸完成；只要價格升高的幅度還不足以對增加的產量成本和正常的利潤給予補償，則因有限的供給而增加的價值就都會具有稀少性價值的性質。假設穀物每英斗的價格低於三點一二五先令，耕種次佳的土地或者次遠的土地是不划算的；同時也假設為補償耕種最佳的土地獲取更多的產量可能增加的費用，三點一二五先令的價格是必需的。若是如此，那麼價格就會透過需求的增加而逐漸升高，直到升高到三點一二五先令時為止。現在，三點一二五先令就變成自然價格；達不到這一價格水準，社會相對於這一價位所需要的產量就不會被生產出來。然而在這一價格水準上，社會可能持續較長的一段時間人口不再增加，甚至可能永遠持續下去。價格達到這一水準之後，社會相對於需求所生產的產量就不會再行回落（儘管少有的豐收年景會使其暫時下跌），也不會進一步升高，只要不再增加生產成本即可。

在下述進行推理的過程中，我使用人們更為熟知的價格這個概念作為價值的簡便的符號；如果有必要，我還會繼續這樣做。

基於上述假設，穀物供給的不同部分具有不同的生產成本。雖然追加的一百六十、四百或者一千二百英斗穀物是用每英斗三點一二五先令的成本生產出來的，但是初始的每年八百英斗穀物仍然是用二十先令的成本生產出來的。如果初始的和追加的供給是在不同等級的土地上生產，則這一點是不言而喻的。但如果它們是在相同等級的土地上生產，則這種觀點也同樣是正確的。假設等級最高的土地用每八百英斗二十先令的成本生產八百英斗穀物，現在要用更高的成本生產一千二百英斗穀物，則除非每英斗穀物的價格不低於三點一二五先令，否則這樣做是不划算的。另外所需要的二十五先令成本是僅對追加的四百英斗穀物，初始的八百英斗穀物仍然可以用原來的成本生產出來，並且獲得因爲需求增加導致穀物整體價格上升所帶來的好處。因此，除非後面追加的四百英斗穀物能夠償付所有追加的成本，否則就不會有人樂於承擔爲多生產四百英斗穀物所增加的費用。所以，追加的四百英斗穀物將在與其生產成本成比例的自然價格上生產出來，同時，其餘的八百英斗穀物將在高於它們的自然價格每英斗零點六二五先令的水準上生產出來，這足以補償與其自然價格相對應的較低的生產成本。

如果供給中的一部分的生產，即使是最小的一部分的生產，需要以一定的價格作爲必要條件，則其他的部分也會接受這一價格。我們不可能以較低的價格購買一片麵包，僅僅因爲製作這片麵包的穀物產自於較爲肥沃的土地，相對於種植者的成本較低。因此，某種物品的價值（指的是它的自然價值或者平均價值）取決於將其生產出來並運送到市場上所需要的費用最高的那部分供給。我們可以將所有的商品劃分爲三種類型，這就是關於其中的第三類商品的價值法則。

§二　如果在最惡劣的條件下生產出來的產品，能夠獲得與其生產成本成比例的價值，那麼所有在較爲有利的條件下生產出來的產品，當它必須以相同的價值出售時，就可以獲得高於與其生產成本成比例的價值。確切地講，它們的價值不是稀少性價值，因爲它們取決於生產它們的條件，而不是取決於迫使需求減小以便與有限的供給相協調的昂貴程度。然而，這部分產品的所有者享有一種特權，即他們獲得的價值所產生的利潤高於正常利潤。如果這種優勢源於任何特殊的際遇，例如，免稅以及個人體力、智力上的長處，或者掌握的某種特殊的工藝，或者比他人擁有更多的資本，或者可以列舉出來的其他各種原因，那麼人們維持這種優勢並將其作爲一種能夠涵蓋且高於資本一般利潤水準的超額利得，在某種程度上就具有壟斷利潤的性質。但是，在我們特別關注的問題中，這種優勢源自於對具有某種特殊品質的自然要素的占有，例如，占有比一般價值的土地更加肥沃的土地；當這種自然要素不再被自行占有的時候，它的所有者就能夠以地租的形式拿走因利用它所產生的全部超額利得。由此，我們別闢蹊徑，同樣也得出了第二編最後一章所研究的地租法則。我們再一次看到，地租是投放於土地的資本的不同部分所獲得的不均等的收益之間的差額。農業資本任何部分的產出，超過人們由於受到社會需求的逼迫而投入到最差的土地上的等量資本的產出，或者以成本最高的方式進行耕種所獲得的產出的任何剩餘，都會自然地作為地租形式而存在，它由租用土地的資本形式支付給土地所有者。

政治經濟學家，甚至亞當．史密斯，長期以來都認為，土地的產品總是具有壟斷價值，因為他們說除正常利潤率之外，土地總是能夠提供更多的產出以形成地租。現在我們知道這種觀點是錯誤的。某種如果只要我們願意承擔成本便可以使其供給無限增加的物品，將不具有壟斷價值。如果穀物的產量未能高於現在的種植量，那是因為穀物的價值尚未高到足以補償任何一位有志於種植它的人。以現有的價格和生產方式進行耕種，能夠提供正常利潤的所有土地（沒有留作他用或者供人休閒的土地），如果沒有受到人為的干擾，那麼即使沒有產生地租，也肯定會被人們耕種。只要還存在以當前的價格進行耕種根本無利可圖但又適合耕種的土地，那麼肯定會存在比這稍好一點的土地；這種土地能夠提供正常的利潤但卻不能提供地租；如果這種土地位於一家農場的範圍內，那它就會被農場主耕種；如果不是如此，那它就會被地主或者經地主默許的其他人耕種。不管怎樣，肯定會有一些這樣的土地被人們耕種。

因此，地租不是決定農產品價值的生產成本的組成部分。毫無疑問，可以設想，在一定的環境條件下，地租將成為生產成本的組成部分，而且是很大的組成部分。我們不妨設想在某一國家，它的人口眾多，而且所有的可耕土地均已完全被占用，以至於生產任何追加的產量所需要的勞工都已經大於追加的產量可以養活的人數；而且如果我們假設整個世界都處於這種狀況，或者某個國家完全與外國的供給相隔絕，則人口的繼續增加，就會使土地和它的產品價格升高到壟斷價格或者稀少性價格的水準。不過，這種情況只有在某個與世隔絕的小島上有可能存在，而在任何地方實際上均未出現過，所以人們不必擔心會出現這種情況。我們已經看到，壟斷只有透過供給的有限性才能對價值產生影響。在面積不同的所有國家中，可耕土地均多於已經耕種的土地；在土地尚有剩餘的情況下，不管剩餘多少，均可以認爲土地的數量還未受到限制。供給中實際受到限制的只是等級較高的土地，而且由於它受到尚未耕種的土地的競爭，因此也不能要求這種土地提供更多的地租。一塊土地的地租必須略低於這塊土地的生產能力，與因無利可圖而尚未耕種的土地中的等級最高的土地的生產能力之間的全部差額相當；換言之，它必須大致等同於這塊土地的生產能力，與因有利可圖而已經耕種的土地中的等級最差的土地的生產能力之間的全部差額相當。在實際投入使用的土地或者資本中，條件最爲不利的土地或者資本是不支付地租的；這些土地或者資本決定了生產成本，而生產成本又決定了全部產品的價值。因此正如我們已經看到的那樣，地租不是價值形成的原因，而是一種特權價格；這種特權源於農產品不同部分收益的不均等性，除最爲不利的那部分農產品之外，其餘各部分的農產品都享有這種特權。

簡言之，地租不過是透過占有優越自然條件的地主獲得的全部超額利得，產生促使不同的農業資本的利潤均等的作用。如果所有的地主都放棄地租，那麼他們只不過是將地租轉讓給農民，對消費者並無任何好處。因爲穀物的現行價格，仍然是現行供給中一部分生產產量不可或缺的條件；如果一部分供給獲得了這個價格，那麼所有的供給都將獲得這個價格。所以，除非透過限制性的法律人爲地提高地租，否則地租絕不會成爲消費者的負擔。它並未提高穀物的價格，從而並未對公眾造成損害。因爲如果地租歸國家所有，或者國家以土地稅的形式等量地徵收地租，那麼地租就可以成爲一種有利於公眾而不是有利於個人的基金。

§二

並非只有農產品一種商品同時具有幾種不同的生產成本，並且可以基於這種差異，成比例地提供地租；礦產品也是其中的一例。幾乎所有從地下開採出來的原物料——金屬、煤炭、寶石等——都產自於貧富程度差異很大的礦藏，也就是說，使用相同數量的勞動和資本，卻得到了數量相當不同的產品。在這個例子中，存在著這樣一個突出的問題：人們爲什麼不盡可能地開採最富饒的礦藏來保證市場的全部供給呢？人們對於土地不會提出這樣的問題。很明顯地，僅耕種最肥沃的土地不可能提供滿足國家所有人需求的產量，即使能夠提供，一部分土地所消耗的勞動和支出也必然與耕種最貧瘠的土地生產相同產量所消耗的勞動和支出相當。但是礦藏並非如此，至少並非普遍如此。情況可能是，在一定的時間內從一條礦脈中開採出來的礦石不可能超過一定的數量，因爲礦脈暴露在地表的面積是有限的，在礦脈採掘面上同時勞動的勞工也不能超過一定的數量。不過，並非所有的礦藏都是如此。例如，對於煤礦來說，就需要尋找其他限制性因素。在某些情況下，礦主們會限制大量開採，以免礦產資源消耗過快；在另外一些情況下，據說礦主們聯合起來限制產量是爲了維持壟斷價格。無論出於什麼原因，貧瘠與豐裕程度不同的礦藏均被開採，這的確是事實。因爲產品的價值必須與最貧瘠的礦藏的生產成本成比例（將貧瘠、豐裕程度和地理位置同時考慮在內），最富饒的礦藏的產品價值相對於其生產成本的比例更高。因此，實際上所有產量優於最貧瘠之礦藏的產出都會提供租金，租金與超出的差額相當。富饒的礦藏可能提供更多的租金，而且最貧瘠的礦藏自身也可能提供租金。礦藏的儲量相對有限，其品質也不像土地的品質那樣可以劃分爲相互銜接的等級；而且需求導致礦產品的價值高於目前開採的最貧瘠礦藏產品的生產成本，卻又不足以促使人們去開採更爲貧瘠的礦藏。因此，在此期間，礦產品實際上具有稀少性價值。

水產品是其中的另外一例。公海的漁場是沒有主人的，但是湖泊或者江河的漁場就有主人了，沿海的牡蠣養殖場或者其他專門的水產品養殖場也都是有主人的。我們不妨以鮭魚捕撈場爲例對此加以說明。

一些河流中的鮭魚可能會比另一些河流中的多一些。不過，任何河流中的鮭魚都會被捕盡，而且還只能滿足有限的需求。只有透過在許多條生產能力不同的河流中捕撈鮭魚，才有可能滿足一個國家（例如英國）對於鮭魚的需求，而且鮭魚的價值必須足以補償人們從生產能力最低的河流中捕撈鮭魚的成本。因此，所有其他被占有的河流都會提供租金，租金數額等於其生產能力高出的部分。如果有些河流因爲距離遙遠或者生產能力低下而沒有被利用以滿足市場的需求，那麼租金就不會超過生產能力之間的這種差額。如果生產鮭魚的河流都被利用了，那麼毫無疑問，鮭魚的價值就會進一步升高，進而形成一定的稀少性價值，從而被利用的生產能力最低的鮭魚捕撈場也會提供可觀的租金。

在礦產品和水產品兩個實例中，透過新的礦山或者漁場的開發，只要它們的品質優於已經利用的礦山或者漁場，事物的自然秩序就有可能被打亂。第一個後果是供給增加。這當然會使產品價值降低，並導致需求增加。降低的價值可能不再使目前最差的礦山或者漁場得到足夠的補償，因此它們會遭到廢棄。如果品質較好的加上新開發的礦山或者漁場所提供的商品因生產成本下降進而價值降低，並且能夠滿足需求，則價值的降低就是永久性的，而那些未遭廢棄的礦山或者漁場的租金也會相應減少。在這種情況下，事物永久性做自行調整之後的結果將是，向市場供給商品的礦山或者漁場，處於品質序列低端的一部分將被淘汰，同時在品質序列較高的某個位置將重新進行新的排序；得到利用的最差的礦山或者漁場——它們決定著較好的礦山或者漁場的租金以及商品的價值——與當初決定租金和價值的礦山或者漁場相比，具有更高的品質。

除進行農業生產之外，土地還可以用於其他目的，特別是用於住宅建設；此時，基於我們前述已經加以說明的相同的原理，土地也會提供租金。一棟建築物連同與之相毗鄰的庭院或者花園所占用的土地的地租，不會少於這塊土地用於農業生產所能夠提供的地租，而且極有可能遠遠地高於後者；造成這種差距的原因在於人們對於優美環境或者便利地理位置的追求。通常，存在於高級設施之中的便利可以帶來金錢上的利益。風光宜人地段的供給總是有限的，因此，如果對此存在著大量需求，那麼這種土地就會具有稀少性價值。僅在便利方面占有優勢的地段，其地租受到普通地租原理的支配。偏遠農莊中一間房屋的地租，僅略高於曠野中面積相同的一塊土地的地租。但是，坐落在齊普賽街上的一個店鋪的租金，將比它們都來得高，這取決於人們對在這一繁華地段開店能夠賺到多少錢所做的估計。對於碼頭、船塢、港口房屋、供水站以及許多其他便利設施的租金，也可以參照相同的原理進行分析。

§四 在工業交易中，產生類似於租金的額外利潤的情況多得超出人們的想像。例如，我們不妨考察專利權或者使用可以降低生產成本的工藝方法的特許權的情況。如果產品的價值仍然由使用傳統工藝方法的人所支付的生產成本決定，那麼擁有專利的人就可以獲得與專利的優勢相當的超額利潤。這種超額利潤本質上等同於租金，甚至有時就是以租金的形式出現的。專利權人允許其他生產者使用他的專利，但是必須考慮每年支付給他一定的費用。只要他與獲得專利使用權的人所生產出來的產品還不能滿足市場的需求，那麼當初的生產成本就仍然是生產一部分產品的必要條件，並會決定全部產品的價值；同時，專利權人就能夠不斷地收取租金，租金的額度相當於專利賦予他的優勢。實際上，在初始階段，專利權人很可能會放棄一部分利益，以實現低價傾銷。然而，他進一步增加的供給將迫使產品價值降低，致使該行業中其他未能獲得專利使用權的人不再有利可圖。因此，他們之中的許多人便會逐步退出，或者削減產量，或者與專利權人簽訂協定。隨著專利權人的供給的增加，其他人的供給減少，產品價值還會略有降低。但是，只要在採用新工藝所生產的產品即將滿足市場的全部需求之前，他停止進一步增加供給，產品便又會自行調整到工藝創新之前的自然價值水準，同時技術進步所帶來的利益也將完全歸於專利權人。

每位生產者或者商人，憑藉高超的經濟頭腦與管理技能所獲得的額外利得，也非常類似於租金。如果他們的所有競爭者也擁有與其相同的優勢，並且運用這種優勢，那麼利得便會透過物品價值的降低而轉移給他們的客戶；只有在他們有能力以較低的成本向市場提供商品，並且商品的價值又是以較高的成本決定的時候，他們才能獲取這份額外的利得。事實上，一位競爭者所擁有的優於他人的所有有利因素，無論是與生俱來的還是後天獲得的，也無論是個人奮鬥的結果還是社會精心安排的結果，都會體現在商品中，並使之劃歸於第三類商品，同時也使擁有這些有利因素的人無異於收取租金的人。工資和利潤代表生產的普遍性要素，而地租則可以視爲生產的差異性和特殊性要素。任何有利於某些生產者的差異性，或者任何有利於某種生產環境的差異性，都有可能成爲獲取某種利得的源泉；這種利得，除非由一方向另一方定期支付，否則不能稱之爲租金，但是卻受到與租金完全相同的原理的支配。爲商品生產的差異性有利因素所支付的價格，不能計入商品之基本的生產成本。

毋庸置疑，即使是在最爲惡劣的環境下所生產出來的一種商品，也可能在某些偶然的情況下提供租金。但是，只有當這種商品的供給暫時出現絕對短缺，因而它們能夠以稀少性價值出售時，才有可能提供租金。任何提供大量租金的商品，都不會、也不曾、也不能長期處於這種狀況態之中，除非它們是行將枯竭的礦產品（例如煤炭），或者是在人口連續增長的情況下不可能進一步增加產量的產品。不過，已經呈現的人類文明與進步的初步發展，不允許我們考慮這種可能性的存在，從長遠來看，這種發展幾乎是不可避免的。

第六章　價值理論概要

§一

現在，是我們回顧並且總結本編至此已經探討過的問題的最好時機。到目前爲止，我們已經確定的有關價值理論的主要原理如下：

㈠價值是一個相對的概念。一種物品的價值指的是它能夠交換到的其他物品或者一般物品的數量。因此，所有物品的價值不可能同時升高或者降低。價值普遍升高或者降低的情況是不存在的。一種物品的價值升高，另一種物品的價值必然降低；一種物品的價值降低，另一種物品的價值必然升高。

㈡一種物品的暫時價值或者市場價值取決於需求與供給；需求增加則價值升高，供給增加則價值降低。然而，需求也隨著價值的變化而改變，與物品昂貴時相比，物品便宜時的需求量會較大；而且價值總是在進行著自我調整，直到需求與供給均衡時爲止。

㈢除它們的暫時價值之外，物品還擁有永久價值，或者稱之爲自然價值，市場發生變動後，市場價值傾向於恢復到自然價值的水準上，而且各種變動可以相互抵銷。因此平均而言，商品是圍繞著它們的自然價值進行交換的。

㈣某些物品的自然價值是稀少性價值；但是，絕大多數物品是以它們的生產成本的比率或者所謂的成本價值，與其他物品自然地進行交換的。

㈤天然而且永久地具有稀少性價值的物品，是指那些根本不能增加供給或者不能充分滿足與其成本價值相對應的全部需求的物品。

㈥壟斷價值指的是某種稀少性價值。壟斷不能賦予任何物品價值，除非採取限制供給的方法。

㈦可以透過勞動和資本的消耗無限增加供給的每一種商品，都是按照所需要的供給中成本最大的那部分商品之必需的生產成本與運送至市場的成本的一定比例來進行交換。自然價值所體現的是成本價值；並且一種物品的成本價值是由成本最大的那部分的成本價值所決定。

(八)生產成本由多種要素構成，一些要素是不變的、普遍的，另外一些要素則是偶然的。生產成本的普遍性要素是勞動的工資和資本的利潤，其偶然性要素是稅賦以及源於某些生產要素稀少性價值的額外成本。

(九)地租並非是提供地租的商品之生產成本的構成要素，除非地租源於或者體現爲稀少性價值（然而，這種情況是與事實不符的一種想像）。不過，當農業生產中能夠提供地租的土地被用於其他目的時，原來可以提供的地租就是這塊土地所生產的商品的生產成本的一項構成要素。

(十)忽略偶然性因素以後，可以無限制地增加產量的商品將根據爲生產它們所必須支付的工資的相對量，以及支付這些工資的資本家所獲得的利潤的相對量，自然並且長期地進行相互交換。

(十一)工資的相對量並不取決於工資本身的水準。高工資不等於高價值，低工資也不等於低價值。工資的相對量部分地取決於所需要的勞動的相對數量，以及部分地取決於它的相對報酬率。

(十二)同樣地，相對利潤率並不取決於利潤本身的水準。高利潤或者低利潤並不會帶來高價值或者低價值。它部分地取決於資本占用期限的相對長短，部分地取決於不同行業中的相對利潤率。

(十三)如果兩種物品的生產需要相同的勞動量，而且勞動工資是以相同的比率來支付，同時，如果勞工工資的預付時間也相同，並且行業的性質不要求它們的利潤率保持永久性的差異，那麼無論工資和利潤是高還是低，也無論消耗的勞動量是多還是少，這兩種物品平均來說都是可以相互交換的。

(十四)如果兩種物品之一，平均說來，價值高於另一種物品，其原因必然是價值較高的物品的生產需要較大的勞動量，或者需要長期按照較高的工資率對勞動支付報酬，或者輔助勞動的資本或者其中的一部分資本墊付的時間較長，或者生產處於需要長期以較高的利潤率給予補償的環境中。

㈤在這些要素中，生產所必需的勞動量是最重要的，其他要素的使用量比較小，儘管這些要素都是不可或缺的。

㈥利潤越低，生產成本中次要要素的重要性就越小，而且商品的價值與其生產所需要的勞動量和品質成比例的價值的背離程度也就越小。

㈦但是，利潤的每一次減少均會在某種程度上降低大量使用或者長期使用機器生產的物品的成本價值，提高人工生產的物品的成本價值；而利潤的每一次增多，則都將會產生相反的作用。

§二 這就是有關交換價值的一般理論。然而我們必須指出的是，這個理論所考察的是資本家為了獲利而經營的生產體系，而不是勞工為了生存而開展的生產活動。如果我們在一定程度上認同它並對其做一項假定（對於大多數國家，至少對於農業生產占絕對主體的國家，我們必須認同這一項假定），則必須對上述有關價值取決於生產成本的原理加以修正。這些原理均建立在如下假定的基礎之上，即生產者的目的與意圖是利用他的資本獲取利潤。這一點保證了相關推斷的正確性，即生產者必須以能夠為其提供正常利潤率的價格出售他的商品，也就是說，商品必須以其成本價值與其他商品進行交換。但是，自耕農、分益佃農，甚至農民承包者或者擁有配給土地的農民，無論他們採用什麼名義，都是為其個人的利益在進行生產——不是在為他們極其有限的資本尋找投資領域，而是為他們的時間和勞動尋找有利的獲利空間。他們的支出剛好足夠維持他們自己和家人的生計，他們出售產品的全部所得幾乎相當於他們的勞動工資。當他們和他們的家庭依靠農場的產品維持生活的時候（可能服裝的原物料也是產自於農場，服裝則是由家庭縫製），就其出售剩餘產品獲得的輔助報酬而言，可以將他們與其他的勞動者相類比。這些勞動者透過某種獨立的方式來維持他們的生活，他們能夠在自認為值得的情況下以任何價格出售他們自己的勞動。用自己的一部分產品來維持自己和家人生活的農民，通常會以大大低於資本家認定的成本價值的價值，出售自己的剩餘產品。

然而，即使在這種情況下，也存在價值的最小值或者價值的下限。農民提供給市場的產品必須帶給他不得不購買的所有生活必需品的價值，同時還必須使他有能力支付地租。在小農耕作制度下，地租並不受前幾章中我們所闡述的原理的支配，它或者取決於習慣，分益佃農的情況就是一例；或者，當地租是透過競爭確定的時候，它取決於人口與土地的比例。因此，在這種情況下，地租是生產成本的一項要素。農民必須工作到使他有能力繳清地租並支付購買一切必需品所需要的價格，之後，只有在他能夠以高於克服他對勞動的厭惡感的價格以上的水準出售產品的時候，他才會繼續工作。

上述剛剛提及的價值的最小值，是農民在用他的全部剩餘產品進行交換時所必須獲得的價值。但是，這種剩餘產品的數量不是固定不變的，數量的多少完全取決於農民的勤勞程度，因此，全部商品的最小價值並未給出一定數量商品的最小價值。所以，在這種情況下，就很難說價值一定取決於生產成本；這完全取決於需求與供給，即取決於農民願意生產的剩餘糧食的數量，與非農業人口或者不如說非農民人口的數量的比例。因此，如果購買者數量眾多，而種植者相當懶惰，則糧食也許會長期具有稀少性的價格。據我所知，這種情況實際上在任何地方均未出現過。如果種植者強壯而且勤勞，但是需求者甚少，那麼糧食的價格將會非常低廉。這種情況同樣難得一見，雖然法國某些地方的情況與此相近。最普遍的情況是，像近期的愛爾蘭那樣，農民相當懶惰，而購買者也很少；或者像比利時、義大利北部和德國的部分地區那樣，農民很勤勉，同時城鎮的人口眾多而且富有。產品的價格如果沒有透過非農業生產者的競爭或者外國市場價格的影響進行修正（在很多情況下它的確是以這種方式進行修正的），則需要根據上述這些環境的變化自行做出調整。

§三 奴隸制生產屬於另一例外。不過，它不像上述情況那樣複雜。奴隸主也就是資本家，他從事生產的動機是利用他的資本獲取利潤，這種利潤的比率必須相當於正常的利潤率。就其支出而言，他的地位與當他的奴隸是自由人、以目前的效率工作，並以與成本相當的目前的工資受僱時的狀況相同。如果這一成本相對於所完成的工作的比例，低於自由勞工的工資相應的比例，則奴隸主將獲得相應的較大的利潤。但是，如果該國所有其他的生產者都擁有相同的優勢，則各種商品的價值將完全不受它的影響。能夠影響商品價值的唯一情況是，僅僅限於一些特殊的生產行業可以使用廉價的勞動，其餘的行業仍然需要以較高的工資僱用勞工。這種情況與不同行業的工資之間長期處於不均等的情況相同，這種不均等將對價格和價值造成影響。奴隸生產的商品與非奴隸生產的商品相互交換的比率，低於這兩種生產所需要的勞動量之間的比率；如果奴隸制度不存在，則前者的價值較低，而後者的價值較高。

睿智的讀者擁有充分的餘地可以把價值理論進一步應用於現存的或者可能出現的各種產業制度之中。孟德斯鳩（Montesquieu）深刻地指出，「探討一個問題澈底到山窮水盡的地步時，並非總是明智之舉。重要的不是引導讀者去閱讀，而是引導讀者去思考。」[1]

◆註解◆

[1] 參閱《論法的精神》，第十一編的結論。

第七章　關於貨幣

§一　到目前爲止，我們已經探討了有關價值的一般規律，但是還沒有介紹貨幣這個概念（在對有些問題的說明中偶爾提到除外），現在是我們引入貨幣概念並考慮交換媒介這一術語的使用究竟以什麼方式對商品相互交換的原理產生影響的時候了。

爲了理解流通媒介的各項功能，最好的方法是，設想如果我們沒有這種媒介，那麼將會遭到什麼主要的不便。首要也是最爲明顯的不便是，缺少衡量不同類型價值的統一尺度。如果一位裁縫僅有上衣，而他想要購買一些麵包或者一匹馬，那麼他用一件上衣應該與多少麵包相交換，或者他需要拿出多少件上衣才能夠換到一匹馬等問題，將會使他不勝其煩。每當他用上衣對不同種類的物品進行討價還價時，都需要對不同的數量進行計算，因爲在這種情況下，不存在流通價格或者正規報價。而現在，每種物品都擁有以貨幣表示的流通價格，透過把裁縫的上衣標價爲四鎊或者五鎊，一塊四磅重的麵包標價爲六便士或者七便士，便使他所有的問題都迎刃而解了。就像運用英寸和英尺這種共同的度量單位使不同的長度方便於換算一樣，運用鎊、先令和便士這種共同度量單位也會使價值便於比較。不存在其他方法能夠以某種統一的尺度將價值的高低區分開來，也不存在其他方法可以使一個人方便地計算出他的財產總量，而且確定和記住多種物品與一種物品之間的關係，比確定和記住眾多物品之間無數相互交錯的關係還要容易。使用某種統一的表示價值的共同單位所具有的意義，甚至就其本身而言，也是非常重要的，即使鎊或者先令不再代表某種實際的物品，而只是一種計量的單位，但它們也可以用於表示或者計算價值。據說在非洲的某些部落，實際上就是採用這種人爲的安排。人們以某種稱爲馬庫醍（macutes）的記帳貨幣來計算物品的價值。他們說，這種物品值十個馬庫醍，另一種值十五個馬庫醍，而又一種值二十個馬庫醍，[1]這並不是指實際上存在稱爲馬庫醍的某種物品，而只不過是爲方便對於各種物品進行相互比較而習慣用的一種單位。

然而，在使用貨幣所獲得的經濟利益中，這種利益僅是微不足道的一小部分。以物易物是如此不便，以至於如果沒有有效交換的方法，則行業分工的發展將會舉步維艱。一位除上衣可賣之外別無他物的裁縫，可能在找到一位想用麵包換取上衣的人之前就已餓死。不僅如此，這位裁縫也許並不想在同一時間得到與上衣等價的那麼多麵包，可是上衣卻是不能分割的。因此，每個人在任何時候都急需把他的商品與任何物品交換，雖然該種物品可能並非是他自己直接想要的東西，但是卻擁有巨大並且廣泛的需求，而且很容易分割，以至於他有把握可以用它來購買任何待售的物品。生活的基本必需品在很大程度上具有這些特徵。麵包是可分的，而且擁有廣泛的需求，但是它仍然不是人們所需要的那種物品。因爲除非預期食物短缺，否則便沒有人願意在短時間內保存它的數量多於立即需要消費的數量。所以人們無法確信能夠隨時找到想要食品的購買者；同時，除非能夠迅速地處置它們，否則它們中的大部分將會腐爛。人們願意選擇持有的、用於購買目的的這種物品，除易於分割和需求廣泛之外，還要方便保存，不易變質。這就將選擇的範圍限定在少數物品之中了。

§二　幾乎所有國家在非常早的時期就達成了某種默契，確定將某些金屬——特別是黃金和白銀——用於這個目的。沒有其他什麼物質能夠在極大的程度上同時具有這些必要的特性以及許多次要的優點。在人類社會的蠻荒時期，繼食品和服裝之後，在某些氣候條件下甚至在服裝之前，人們強烈愛好的物品是個人裝飾物，以及源於這些裝飾物的稀少性或者昂貴性而產生的滿意感。當直接的生活必需品的需求被滿足之後，每個人都渴望積累昂貴的而且具有裝飾性的物品，主要包括黃金、白銀和珠寶。每個人都願意占有這些物品，而且確信能夠找到願意用任何其他種類的產品與之交換的人。它們在所有物質中是最不易磨損的和便於攜帶的，在很小的體積中蘊含著很大的價值。它們容易隱藏，這一點在不安全的時代尤爲重要。寶石在可分割性上次於黃金、白銀，而且具有多種不同的品質，進行精確鑑別的難度很大。黃金、白銀很容易分割，而且純金和純銀的品質總是單一的，它們的純度也可以透過公共機關加以鑑定和證明。

因此，雖然有些國家曾經使用獸皮作爲貨幣，另外一些國家曾經使用家畜作爲貨幣，中國的韃靼地區曾經使用茶磚作爲貨幣，非洲西海岸曾經使用被稱之爲瑪瑙貝的貝殼作爲貨幣，而阿比西尼亞直到今天仍然使用鹽塊作爲貨幣；雖然卑金屬有時也被選作爲貨幣，例如，古代斯巴達人實行禁慾政策因而選用鐵作爲貨幣，早期的羅馬共和國由於人民貧困因而選用銅作爲貨幣等。但是，凡是能夠透過工業、商業或者征服擁有黃金、白銀的國家都更願意選用黃金、白銀作爲貨幣。黃金、白銀除前述的性質之外，還有一種重要的性質正在逐漸顯現出來。相對於所有其他的商品來說，黃金、白銀受到引起價值變動的各種原因的影響最小；沒有任何商品可以完全擺脫這種變動的影響。由於美國礦山的發現，因此曾經造成黃金、白銀的價值發生有史以來最爲嚴重、持久的變動。又如在上一次大戰中，由於金屬被人們收藏，並不斷地被戰場上龐大的軍隊的金庫所吸收，因此也曾經造成黃金、白銀的價值發生暫時變動。當前，烏拉山脈、加利福尼亞州和澳洲等地非常豐裕的新的資源的開發，也可能導致又一個黃金、白銀價值下降時期的到來。當然，現在就推測這種下降的幅度是徒勞的，但是從總體來看，沒有任何商品受到變動的影響會比黃金、白銀小。在生產成本方面所發生的變動，黃金、白銀幾乎比任何其他物品都還要小，並且由於它們的耐用性，黃金、白銀的存量相對於年開採量的比例在任何時候都很大。因此，即使生產成本發生變化，但也不會對價值產生急劇的影響。黃金、白銀存量實質性的減少需要相當長的一段時間，甚至將其顯著增加也難以在短期內奏效。因此，黃金、白銀比其他任何物品都更適合用來做遠期定額收付契約之標的物。如果以穀物作爲契約的標的物，則農業歉收可能導致支付方的負擔增大到當初的四倍，而農業豐收又可能使支付方的負擔減小到當初的四分之一。如果標的物是紡織品，則生產領域的某些發明創造可能使支付額永久性地減少到當初的十分之一。即使以黃金、白銀作爲標的物，這種情況也會發生。不過，迄今爲止，美國礦山的開發導致黃金、白銀價值的大跌，仍然是這方面唯一得到證實的例子；而且在此實例中，這種變動也是經過多年時間極其緩慢地逐步展現的。

黃金、白銀最終一旦成爲一種交換的媒介，即成爲人們一般出售時想要換取的物品，以及人們一般購買時需要支付的物品，則無論人們出售或者購買什麼物品，均會自然地想到使用鑄造的硬幣。在這一過程中，人們將金屬分割成小到任意程度的、便於使用的各個部分，並使各個部分之間的比例關係易於識別，就可以省去鑄幣每一次換手時進行稱重和檢驗的不便；在進行小額購買時，這種不便是難以承受的。政府察覺到獨攬鑄幣大權、嚴禁私人參與是有利可圖的。的確，政府的擔保往往是唯一可以信賴的，雖然政府經常失信於民。直到近代，肆意揮霍的政府，仍然毫無顧忌地採用降低鑄幣標準這種異常淺薄而且厚顏無恥的手段，掠奪自己的債權人，並放任其他債務人趁火打劫他們的債權人。在這些欺詐手段中最爲眾目昭彰的是，把一先令法定爲一鎊，於是一百先令即可償還一百鎊的債務。爲達到相同的目的，同樣簡單的做法是，頒布法令，將一百縮減並解釋成五，這將有效地貶損一切有關金錢的契約，而且也不會有任何羞愧之感。雖然現在仍然有人推舉這種政策措施，但是，政府除偶然地透過紙幣發行（在這種情況下，問題更加隱蔽，性質也較爲曖昧）予以實施之外，它們實際上已經被廢除了。

§三 貨幣的使用一旦形成習慣，便會成爲社會不同階層成員的收入分配的媒介，以及估算他們的財產的尺度。因爲人們經常使用貨幣購買他們必需的物品，所以在人們的頭腦中便產生出一種強烈的聯想，認定貨幣是比其他任何物品都具有更爲特殊意義的一種財富，甚至畢生都在生產最爲有用的物品的人們，也習慣性地認爲他們所生產的物品之所以重要，乃是因爲它們具有與貨幣進行交換的能力。人們往往認爲，一個人使用貨幣換取商品，除非他意在出售商品，否則與使用商品換取貨幣的人相較，他其實是在進行一種錯誤的交易；前者似乎是在消耗他的財力，而後者卻是在增加他的財力。這種錯覺雖然現在勢頭受挫，但是仍然造成很大影響，足以支配歐洲包括投機分子與實務家在內的每一位政治家的頭腦。

然而，顯而易見的是，僅採用一種特殊的方法來完成物品之間的交換，即先用物品交換貨幣，然後再用貨幣交換其他物品，並不能改變交易的本質。從本質來看，物品的購買並非仰仗貨幣。並沒有哪個人的收入（除開採黃金或者白銀的礦主們以外）源自於貴金屬。一個人每週或者每年所領取的英鎊或者先令，並不構成他的收入；它們不過是一種票據或者授權證明，他可以在喜歡的商店裡用於支付商品的購買，使他有權獲得他所選擇的具有一定價值的任何商品。農場主使用這些票據對他的勞工和地主進行支付，因爲對他本人和他的勞工及地主來說這是最便捷的方法。不過，勞工和地主的眞正收入是從農場主那裡分得穀物、家畜和乾草，而農場主是直接把這些東西分給他們，還是替他們先將這些東西賣掉然後再分給他們相應的貨幣，兩者在本質上並無區別。但是，如果農場主沒有把它們賣掉，那他們就不得不自己去賣掉它們以換取貨幣。由於無論如何農場主都要進行銷售，所以使大家的目的均能到滿足的方法是，他把自己的和他們的物品一起賣掉，使勞工有更多的時間休閒以便更好地工作，也使地主有更多的時間休閒。除那些貴金屬的生產者之外，資本家收入的任何一部分都並非來自於這些金屬，因爲他們只能用自己的產品來購買貴金屬才能獲得貴金屬。而其他所有人的收入都是由資本家所支付的，或者是由從資本家那裡得到支付的人所給予的，同時，因爲資本家最初除他們的產品之外，沒有任何其他東西，所以，資本家所支付的一切收入都是由他的產品所提供的。簡言之，在社會經濟中，從本質來講，貨幣是最沒有意義的物品；除了它具有節省時間和勞動的性質。貨幣是一種可以迅速而便捷地完成工作的機器，沒有它，工作仍然可以完成，只是較爲緩慢並且不便罷了。與其他許多機器相似，只有當它發生故障時，才會展示其顯著而且獨特的影響。

貨幣的介入對我們前幾章討論的價值規律之作用並未造成影響。物品的暫時價值或者市場價值取決於需求與供給，而它們的平均價值和永久價值則取決於它們的生產成本，正如它們適用於以物易物制度那樣，所有這些也適用於貨幣制度。透過以物易物，物品可以進行相互交換。如果銷售物品換取貨幣，則可以交換到等量的貨幣，因此仍然可以進行互相交換，儘管交換的過程由一項活動改變爲兩項活動。貨幣並未改變商品之間的相互關係，唯一新建立起來的關係只是這些商品與貨幣本身的關係，它們將換取或多或少的貨幣；換言之，如何確定貨幣自身的交換價值。而且，當將貨幣被視爲某種特殊物品並認爲它不受其他各種物品所遵循的規律支配的錯覺消除時，解決這個問題將毫無困難。貨幣也是一種商品，它的價值的決定方式，與其他商品的一樣，其暫時價值取決於需求與供給，而永久價值和平均價值則取決於生產成本。在考慮將這些原理應用於貨幣時，必須對某些細節加以說明，因爲對此問題缺乏科學訓練的人們頭腦中會充滿困惑。這部分地是由於多年錯誤的聯想揮之不去，部分地是由於近期以來有關這個問題的不實之詞和無稽之談，遠勝於政治經濟學所有其他問題。因此，我們有理由利用單獨的一章來探討貨幣的價值。

◆註解◆

[1] 參閱孟德斯鳩，《論法的精神》，第二十二編，第八章。

約翰・斯圖爾特・彌爾年表

年代	生平記事
一八〇六年	五月二十日生於倫敦，也是著名功利主義哲學家詹姆斯·彌爾（一七七三－一八三六）的長子。
一八一四年	學習拉丁文、代數和幾何。
一八一五年	當時大學所交希臘作家的重要著作已經全部讀過。
一八一六年	讀完柏拉圖和狄摩西尼（Demosthenes）的原文著作。
一八一八年	澈底研究邏輯學，熟讀亞里斯多德邏輯學論文。
一八一九年	研習亞當·史密斯和大衛李嘉圖的學說，學習政治經濟學。
一八三〇年	父親詹姆斯·彌爾過世。
一八二三年	組織了一個研討邊沁功利主義的學會（Utilitarian Society），鼓勵討論自由。
一八二五年	成立讀書會和哲學研究會，和很多人做專題的研究和辯論。 發表討論商業政策與貨幣政策的論文。 與邊沁合編《司法證據的理論基礎》，又發起組織了「思辨學會」。
一八二六年	進入了一種精神危機的狀態，不斷思索作為一個人的價值何在。
一八三一年	大量閱讀具有不同觀點人士的著作，如：塞繆爾·泰勒·柯勒律治、奧古斯特·孔德、聖西蒙。
一八三六年	擔任急進派刊物《倫敦和西敏寺評論》主編。

一八四三年	出版《邏輯學體系》（*The System Logic*），共兩冊。
一八四四年	發表第一部經濟學論文集《政治經濟學有待解決的若干問題論文集》（*Essays on Some Unsettled Questions of Political Economy*）。
一八四八年	發表《政治經濟學原理》（*Principles of Political Economy*），為彌爾的最重要的經濟學著作。
一八五一年	與哈迪結婚。彌爾對哈迪的才智、魄力和精神極為推崇。
一八五七年	哈迪去世於法國阿維尼翁。
一八五九年	出版《論自由》（*On Liberty*）一書，迄今仍為關於人類權利的經典著作。還有《對國會改革的意見》（*Thoughts on Parlimentary Reform*）出版。
一八六一年	出版《代議政治論》（*Considerstions On Representative Government*），表現他對民主政治的熱心。
一八六三年	出版《功利主義》（*Utilitarianism*）。
一八六五年	出版「漢彌登爵士哲學的檢討」和「孔德與實證主義」。這兩篇論文中的用字比任何時期都更像父親以及邊沁。
一八六七年	和幾位婦女組織了第一個婦女參政社，成為一個全國性的婦女參政團體。
一八六九年	出版《人類精神現象的分析》，加上自己的說明和註解。
一八七三年	逝世於法國亞維農附近的別墅。

經典名著文庫 193

政治經濟學原理：及其在社會哲學上的若干應用（上卷）

Principles of Political Economy with Some of Their Applications to Social Philosophy

作　　者——約翰·斯圖爾特·彌爾（John Stuart Mill）
譯　　者——金鏑、金熠
發 行 人——楊榮川
總 經 理——楊士清
總 編 輯——楊秀麗
文庫策劃——楊榮川
本書主編——劉靜芬
責任編輯——黃郁婷、游雅淳、石曉蓉
封面設計——姚孝慈
著者繪像——莊河源
出 版 者——五南圖書出版股份有限公司
地　　址——台北市大安區 106 和平東路二段 339 號 4 樓
電　　話——02-27055066（代表號）
傳　　眞——02-27066100
劃撥帳號——01068953
戶　　名——五南圖書出版股份有限公司
網　　址——https://www.wunan.com.tw
電子郵件——wunan@wunan.com.tw
法律顧問——林勝安律師
出版日期——2023 年 6 月初版一刷
定　　價——580 元

國家圖書館出版品預行編目資料

政治經濟學原理：及其在社會哲學上的若干應用 / 約翰·斯圖爾特·彌爾（John Stuart Mill）著; 金鏑, 金熠譯. -- 初版 -- 臺北市：五南圖書出版股份有限公司，2023.06
冊；公分
譯自：Principles of Political Economy with Some of Their Applications to Social Philosophy
ISBN 978-626-343-962-7（上卷：平裝）. --
ISBN 978-626-343-963-4（下卷：平裝）

1.CST: 政治經濟學

550.1657　　112004177